2012年度安徽省高校人文社科重点研究基地招标项目“旅游化进程中的旅游地景观变迁研究”(SK2012A146)结项成果

安徽师范大学学术著作出版基金资助出版

地方高水平大学重点学科建设经费资助出版

旅游博雅

旅游地景观变迁研究

黄成林　刘云霞　王　娟◎著

安徽师范大学出版社

责任编辑：黄成林　祝凤霞
责任校对：潘　安
装帧设计：丁奕奕
责任印制：郭行洲

图书在版编目（CIP）数据

旅游地景观变迁研究 / 黄成林，刘云霞，王娟著. —芜湖：安徽师范大学出版社，2013.12
ISBN 978-7-5676-0981-5
Ⅰ. ①旅… Ⅱ. ①黄… ②刘… ③王… Ⅲ. ①旅游－景观美学－研究 Ⅳ. ①F590 ②P901

中国版本图书馆CIP数据核字(2013)第230278号

旅游地景观变迁研究
黄成林　刘云霞　王　娟　著

出版发行：安徽师范大学出版社
芜湖市九华南路189号安徽师范大学花津校区　　邮政编码：241002
网　　址：http://www.ahnupress.com/
发 行 部：0553-3883578 5910327 5910310（传真）　E-mail：asdcbsfxb@126.com
经　　销：全国新华书店
印　　刷：安徽芜湖新华印务有限责任公司
版　　次：2013年12月第1版
印　　次：2013年12月第1次印刷
规　　格：700×1000　1/16
印　　张：22.5
字　　数：369千
书　　号：ISBN 978-7-5676-0981-5
定　　价：48.00元

前 言

本书是我们研究安徽旅游的三部曲之一。

2006年，安徽人民出版社出版了我们的《安徽省旅游业竞争力研究》。该书针对安徽省旅游业发展实际，以全国旅游业发展为背景，以坚实的理论、丰富的资料、科学的评价体系为基础，以其他省份为参照系，全面分析了安徽省旅游资源竞争力、旅游产品竞争力、旅游市场竞争力、旅游管理竞争力、旅游经济竞争力、旅游综合竞争力，以及旅游现实竞争力、旅游潜在竞争力、旅游支持竞争力，系统提出了提升安徽省旅游业竞争力的系列对策，试图对安徽省提升旅游业竞争力有所帮助，为其他地域提升旅游业竞争力提供借鉴。

旅游的表象是经济，旅游的内核是文化。对于旅游者而言，旅游是从经济中进去、从文化中出来的一种异地文化消费活动。之所以有些景区景点能成为旅游热点，关键在于这些景区景点竞争力强，能为旅游者提供内容丰富、形式多样、内涵深厚的旅游客体。于是，我们在初探安徽省旅游业竞争力以后，立即把研究对象转向旅游客体，研究安徽旅游客体中的文化。2011年，安徽师范大学出版社出版了我们的《安徽旅游文化研究》。该书在廓清旅游文化多维概念的前提下，基于旅游者视角，把旅游文化界定在中观层面、“内涵说”或旅游客体文化内涵上，以安徽最为国内外旅游者欣赏的山岳、民居、村落、牌坊、园林、饮食、宗教、戏曲等旅游客体为研究对象，阐述其中最让旅游者感兴趣、最值得旅游业界大力发掘的文化内涵，提炼其中的一般规律，提醒旅游者如何欣赏旅游客体，旨在展示和传播文化安徽，宣传安徽旅游文化，让读者在阅读和旅游中认识文化安徽，积极研究、发展和参与安徽文化旅游。

改革开放以来，我国旅游业发生了翻天覆地的变化。随着我国人均可自由支配收入和闲暇时间增多，外出旅游日渐成为我国公民生活中的必要组成部分，旅游产业日渐成为“战略性支柱产业”，旅游业的经济属性和文化属性空前凸显。与此同时，景区景点越来越多，旅游地景观不断发展，旅游景观类型日渐丰富，出现了很多“无中生有”的文化演绎类的旅游景观。不仅如此，旅游者的旅游活动方式也发生了变化，传统的“静态”“看景”依然存在，但通过“动态”“参与”获得深度体验渐成潮流，在静态看景中通过理性思考旅游客体内涵、从中获取知识的旅游者比重似乎呈下降趋势，而在动态体验中通过外显的文化符号具象感知旅游客体的旅游者比重似乎在增多。旅游地景观发生了巨大变化，这种变化是否有规律可循？今后会朝哪个方向发展？引起这种变化的动力机制到底是什么？是不是旅游者的视觉范式发生了变化，以致旅游快餐文化层出不穷？先期开发的旅游地在旅游景观建设中如何做到“宝刀不老”“永葆青春”？后来的旅游地如何能够“后来居上”甚至“更上一层楼”……于是，我们开始了旅游地景观变迁的研究，试图回答上述问题。本书就是这项研究的总结性成果。

总体上，本书以旅游地景观建设为抓手，以满足旅游者“求新”“求异”“求知”“求美”“静观”“参与”等文化诉求为着眼点，从地理学之景观角度出发，理论探索与实践归纳相结合，归纳不同类型旅游地景观特征，总结不同类型旅游地景观变迁特征，分析不同类型旅游地景观变迁动力机制。其研究意义主要在于既能弥补文化地理学和旅游研究中旅游景观研究方面之不足，又能为不同类型旅游地景观建设提供借鉴，努力使旅游地景观建设少走弯路，避免破坏性建设和无效建设，促进旅游地景观建设和旅游业又好又快发展。

从地理学角度说，景观是一种地理综合体，包括自然景观和文化景观。文化景观是文化地理学研究内容之一，包括景观的组成、类型、变迁、感知、解释、生态、保护和规划等。旅游景观是景观的一部分，既有自然景观，也有文化景观，而且越来越多的是文化景观。研究旅游地景观特征、变迁规律及其形成机制，是对地理景观研究领域的拓展和研究内容的深入与细化。

旅游地景观是多维的，既包括旅游景观（旅游者所利用的景观），也包括非旅游景观（旅游者不利用的景观）。对于东道地居民而言，似乎真的是“熟悉的地方没有风景”，对身边的旅游景观不以为然；对于旅游者而言，这些异地异质多维旅游景观恰恰是旅游者产生旅游体验的客观对象。因此，本书所讨论的景观主要基于旅游者角度，主要讨论旅游地的旅游景观，兼顾非旅游景观。

第一章　旅游地景观变迁基本原理

作为本书开篇之言，开宗明义，廓清相关概念，梳理旅游地景观变迁的一般规律，厘清隐含在旅游地景观变迁一般规律背后的机制，对于认识本书的研究思路和以后各章脉络都具有重要意义。本章以"旅游地景观变迁基本原理"为题，意在表明本章是全书的总论，其他诸章是在本章基础上的深化和细化，并辅以案例实证。

旅游地景观变迁是多方向的，有好有坏，有的因为旅游而变，有的变迁与旅游无关。本书所讨论的旅游地景观变迁主要是指那些与旅游有关的旅游地景观变迁。当然，很难严格区分哪些景观变迁与旅游有关，哪些变迁与旅游无关，因为很多并非为了发展旅游而发生的景观变迁都直接或者间接地对旅游产生了影响。

第一节　相关概念辨析

旅游、旅游化、旅游地，景观、旅游地景观系统，旅游资源、旅游景观，等等，都是专业名词。基于本研究特殊的视角，本节重在厘清各自概念，注意剖析在特定语境中几组词之间的联系和区别，如旅游资源与旅游地，景观与旅游资源、旅游景观等。

一、旅游、旅游化与旅游地

旅游是一个至今仍人云亦云的名词，旅游化是一个偶见使用、未见界定的名词，对旅游地的认识也是见仁见智。

(一)旅　游

"旅游"作为一个普通名词，从字义上看很好理解："旅"是旅行，即为了实现某一目的而在空间上从甲地到乙地的位移过程,“游”是外出游览、观光、娱乐,二者合起来即为“旅游”——为了达到游览、观光、娱乐等目的所作的旅行。“旅行”偏重于“行”,“旅游”不但有“行”,而且有“观光”“娱乐”等愉悦精神方面的活动。旅游者通过旅游活动,花费的是金钱、时间和精力,最终留下的是回忆,得到的是感受,增长的是阅历,丰富的是知识。

“旅游”作为一个专业名词,不同学者基于不同的视角有不同的解释:有的强调旅游的目的和内容,有的强调旅游的时间尺度和空间范围,有的强调旅游的功能,有的强调旅游的本质,有的强调旅游的综合关系;有官方的,也有半官方的,莫衷一是。尽管这些表述互有差异,但有三点共识:①旅游是人们离开自己的定居地去异国他乡的访问活动——异地性;②旅游是人们前往旅游地,并在那里作短暂停留的访问活动——暂时性;③旅游是非定居者的旅行和暂时居留而引起的一种现象及关系的总和——综合性[1]。

旅游活动涉及旅游者、旅游经营者和旅游行政管理者。因为各自在旅游活动中角色的差异,所以三者对旅游的认识和理解也有差异。对于旅游者而言,旅游是一种从看景中开阔视野、增长知识、提升生活质量的过程,一种积极、健康的社会交往活动,一种综合性的审美实践,一种以精神享受、感性消费为主的消费行为,也是一个从经济中进去、从文化中出来的过程,一个离开定居地、前往旅游地消遣、返回定居地的过程,一个异地、短暂的户外休闲过程。对于旅游经营者而言,他所从事的“旅游”是一种从文化中进去、从经济中出来的过程,是一种提供精神消费产品、力图利润最大化的经济行为。对于旅游行政管理者而言,他所关心的“旅游”等同于“旅游业”,是第三产业的重要组成部分,是拉动消费、促进货币回笼的重要抓手,是发展经济的重要增长点。

“旅游就是艳遇”,也是一说。“艳”,香艳,令人羡慕,这里可以转义为奇幻迷离、新奇迭出、未曾谋面、与众不同、怦然心动、令人向往,意即令人既感兴趣却又陌生的地方、陌生的人和陌生的文化,或者说是异地异质文化;“遇”,不可强求,“昙花一现”,“守株待兔”难以得到,也可能是“踏破铁鞋无觅处,得来全不费工夫”。对旅游者而言,旅游何尝不是这样?!想欣赏“风花雪月地”大理,未必四景时时恭候;想俯瞰峨眉山佛光圣灯,气象条件不一定

[1] 卢松,潘立新.旅游学概论[M].合肥:安徽人民出版社,2009:2-3.

天天满足；想看黄山日出云海，也许恰恰细雨绵绵；想“会当凌绝顶，一览众山小”，有可能薄雾蒙蒙……“旅游就是艳遇”，细想起来，倒也确实如此。

“旅游是从自己待烦的地方到别人待烦的地方去”，也很有道理，它强调了旅游的异地性特征。

（二）旅游化

“化”的含义很多，用在名词或形容词后面，构成动词，表示转变成某种性质或状态，如城市化、绿化、电气化、现代化等。

1. 旅游化概念

什么是旅游化，到目前为止偶见使用、未见界定，但是我们可以从“工业化”“城市化”定义中得到启发。工业化通常被定义为工业（特别是其中的制造业）或第二产业产值（或收入）在国民生产总值（或国民收入）中比重以及工业就业人数在总就业人数中比重不断上升的过程。剔除定语成分，上述工业化定义缩略为“工业化是一个过程”。城市化一般是指人口向城市地区聚集和乡村地区转变为城市地区的过程。剔除定语成分，上述城市化定义缩略为“城市化是一个过程”。据此可以推断：旅游化也是一个过程，一个旅游不断发展的过程。

现实中，我们能深深感受到“旅游化”这种过程：①从旅游者层面看，它是从“偶尔出游”到“习以为常”（旅游成为大众日常生活中不可缺少的一部分）、出游率不断提高的过程，是旅游从“鲜见”发展到“常态”的过程；②从旅游地层面看，它是通过不断建设，以使旅游地面貌不断变化，景观和设施类型不断增多、数量不断增长、品质不断改善，日益满足旅游者数量不断增长、需求不断提升的过程；③从经济层面看，它是旅游在就业和在国民经济中的地位不断提升的过程；④从功能层面看，在单一旅游功能的旅游地不断增加的同时，原本不具有旅游功能的设施、产业不断具有了旅游功能。如从“千城一面”到“千城千面”，城市道路“一路一树种，一路一手法，一路成一景”，城市景观多样化、特色化，城市的旅游功能进一步彰显；农业旅游、工业旅游等使原本没有旅游功能的第一、第二产业附加了旅游功能。

没有旅游就没有旅游化，旅游化是社会经济发展到一定阶段的产物。如同工业化有初步工业化、工业化、后工业化或新型工业化之分，只有起点没有终点，旅游化也只有起点没有终点，起始于现代旅游开始之日，随着旅游发展水平的提升，一般意义上的旅游化会发展成为新型旅游化。

2. 旅游化指标体系与优势产业、主导产业和支柱产业

到目前为止，有很多衡量工业化、城市化等发展水平的评价指标体系，但不见衡量旅游化发展水平的评价指标体系。

我们经常听到很多地方将旅游业作为地方经济发展的“优势产业”“主导产业”或“支柱产业”来发展的说法。旅游化是一个过程，说旅游已经发展成为某地的“优势产业”“主导产业”或“支柱产业”，可以用来说明该地旅游发展水平，但“优势产业”“主导产业”或“支柱产业”是一个静态的阶段性指标，不能代表衡量该地旅游化发展水平的评价指标体系。

优势产业是指具有较强的比较优势和竞争优势的产业，是比较优势和竞争优势的综合体现。一般认为，在有限的空间内（即地域范围较小的局部地区），旅游业成为一个地域经济发展的优势产业是可能的。

主导产业是在区域经济中起主导作用的产业，是指那些产值占有一定比重，采用了先进技术，增长率高，产业关联度强，对其他产业和整个区域经济发展有较强带动作用的产业。从量的方面看，它是在国民生产总值或国民收入中占有较大比重或者将来有可能占有较大比重的产业部门；从质的方面看，它是在整个国民经济中占有举足轻重的地位，能够对经济增长的速度与质量产生决定性影响，其较小的发展变化足以带动其他产业和整个国民经济发生变化，从而引起经济高涨的产业部门。一般认为，我国目前的主导产业是食品工业、汽车工业、建筑业和电子工业。旅游业目前尚不可能成为一个较大地域单元（如省份）经济发展的主导产业。

支柱产业是指在国民经济中发展速度快，对整个经济起引导和推动作用的先导性产业。支柱产业具有较强的连锁效应，如诱导新产业崛起，对为其提供生产资料的各部门、所处地区的经济结构和发展变化有深刻而广泛的影响等。主导产业起始状态是先导产业，进入成熟状态始成为支柱产业。一般认为，我国目前的支柱产业是机械电子、石油化工、汽车制造和建筑业。旅游业难以成为一个较大地域单元（如省份）经济发展的支柱产业。

很多地方力图把旅游业建设成为当地的支柱产业，并且以旅游业总收入相当于GDP的5%作为支柱产业的门槛。“旅游业总收入相当于GDP的5%”为支柱产业的门槛，源于《中国支柱产业振兴方略：机械电子、石油化工、

汽车制造、建筑业发展目标与对策》[1]中提出的考察我国当时四大支柱产业的九项量化指标之中的第一项：工业增加值在GDP中的比重为5%左右，其产值占工业总产值8%左右。

制定旅游化测量评估体系是一件很复杂的工作，本章不作分析，但旅游行业很多评估指标对制定旅游化测量评估体系有重要的借鉴意义。如：①国家旅游局《中国优秀旅游城市检查标准》(2007修订本)指标体系设有20个大项183个评分点；②国家旅游局《中国旅游强县标准(试行)》(2007)指标体系设有9个大项100个子项165个小项；③某些省份还有“优秀旅游乡镇”指标体系，如《安徽省创建优秀旅游乡镇评定标准(试行)》(2006)指标体系设有8个大项44个子项187个小项。一些已经很成熟的产业、部门和普适性评价指标体系，如工业化评价指标体系、城市化评价指标体系、竞争力评价指标体系等，对建立旅游化评价指标体系具有借鉴意义。

(三)旅游地

本书中的旅游地，指具有旅游功能的地域，既包括主体功能是旅游的地域，如风景名胜区、森林公园、主题公园等，也包括兼有旅游功能的地域，如自然保护区、重点文物保护单位、历史文化名城名镇名村、工农业旅游示范点等。旅游地质量等级不同，对旅游者的吸引力不同，旅游地质量与旅游地对旅游者的吸引力成正比。

1. 旅游地概念

旅游地是能够吸引旅游者作短暂停留、参观游览的地方。旅游地必须具备旅游吸引物(旅游资源)、旅游设施和旅游服务，三个要素质量可能差异很大，但缺一不可。旅游地，首先必须具有旅游功能，即必须拥有旅游资源；其次必须有一定面积，旅游者能够进得来、散得开，具有集散和接待服务功能。城市、乡村等任何能够吸引旅游者作短暂停留、参观游览的地方，都是旅游地。没有一定空间地域的旅游，只能是“卧游”或“网游”。一件珍贵的一级文物，哪怕价值连城，可以算作旅游资源，但它空间极其有限，不应称之为旅游地，而收藏该文物的博物馆因为具有一定的空间，可以称为旅游地。由此可见，是旅游地的一定拥有旅游资源，而旅游资源并不一定都是旅游地。

根据国家标准《旅游区(点)质量等级的划分与评定》(GB/T 17775—

[1]郑新立. 中国支柱产业振兴方略：机械电子、石油化工、汽车制造、建筑业发展目标与对策[M]. 北京：中国计划出版社，1995.

有代表性或较高历史、文化、旅游价值的地质景观。”“县级：一、在本县的范围内具有科学研究价值的典型剖面、化石产地。二、在小区域内具有特色的地质景观或地质现象。”从中可以看出，同为地质遗迹保护区域，级别不同，代表性、典型性、影响力不同，级别越高，代表性、典型性、影响力越突出，反之亦成立。这里的代表性、典型性和影响力，就是旅游地的内在质量。

国家标准《旅游资源分类、调查与评价》(GB/T 18972—2003)根据得分，将旅游资源分为五个等级(五级、四级、三级、二级和一级)，其中五级称为“特品级旅游资源”，五级、四级、三级通称为“优良级旅游资源”，二级、一级通称为“普通级旅游资源”。这种等级系统也是一种质量等级系统。

(3)影响等级系统。一般地，空间等级系统与质量等级系统不具有对应关系，高空间等级系统的旅游地不一定就是高质量等级系统的旅游地。影响等级系统是指旅游地的市场响应范围。一般地，高质量等级的旅游地，影响等级高，市场响应范围广。如中国旅游地千千万，传统地，尤以以下六类旅游地最为旅游者推崇，就是因为它们质量影响等级高：①以北京、西安、南京等古都为代表的历史文化名城景观；②以上海、香港、深圳为代表的现代都市景观；③以黄山、桂林山水、五岳为代表的自然山水景观；④以杭州西湖、苏州园林、江浙水乡村落为代表的江南园林与村落景观；⑤以佛教四大名山、道教四大名山等为代表的宗教文化景观；⑥以西部山川风貌和少数民族风情为代表的西部景观。

对于旅游者而言，影响等级对旅游者选择旅游地具有重要意义。如一些规模很小的风味美食店，营业面积不大，门脸并不辉煌，也不是“中华老字号”，但在地方的影响很大，门庭若市，就是因为这家饮食店影响等级高。

二、景观与旅游地景观系统

一般地，景观是一种有生命或者无生命的物质实体，是人们对感知对象的综合性整体风貌的统称。任何类型的旅游地，其景观都是一个系统，如农村景观系统，至少包括农村、农业、农民三部分，其中每一部分又可细分为许多景观单元。

(一)景观的概念和特征

1.景观的概念

“在欧洲，‘景观’一词最早出现在希伯来文本的《圣经》旧约全书中，用来描写所罗门群岛皇城(耶路撒冷)的瑰丽景色。这时,‘景观’的含义同汉语中的‘风景’、‘景致’、‘景色’相一致,等同于英语中的‘scenery’,都是视觉美学意义上的概念。”[1]在我国,“‘景观’一词在汉语中直到近代才出现,山水、风景一直被沿用。”[2]“景观”一词,在地理学、美学、生态学中出现的频率较高。

在上海辞书出版社第六版《辞海》中,对“景观”作如下解释:“❶ 风光景色。如:自然景观;人文景观。❷ 地理学名词。(1)地理学的整体概念:兼容自然与人文景观;(2)一般概念:泛指地表自然景色;(3)特定区域概念:专指自然地理区划中起始的或基本的区域单元,是发生上相对一致和形态结构同一的区域,即自然地理区;(4)类型概念:类型单位的通称,指相互隔离的地段,按其外部的特征的相似性,归为同一类型单元,如荒漠景观、草原景观等。”

在美学中,景观就是人们的审美对象。

在生态学中,景观是一个生态系统,其结构包括斑块、廊道和基质等。斑块数量越多、面积越小,廊道越长,基质分割越破碎,越不利于生物多样性保护。这就是铁路和高速公路穿越生物多样性丰富的地区,尤其是穿越动物多样性丰富的地区,每隔一段距离就要建高架或者打隧道通过(给动物迁徙留下无障碍通道)的主要原因之一。依据生态学的景观概念,对于一个自然型旅游地,接待服务设施等点状建筑物类似于“斑块”,道路类似于“廊道”,广袤的自然本底就是“基质”;接待服务设施和基础设施越多,自然风貌区块越破碎、面积越小,人文化气息越浓,城镇化倾向越明显。

本书中的景观取上海辞书出版社第六版《辞海》中的两种含义:一是风光景色;二是地理学的类型概念,即按照一定指标归纳出来的可以重复出现的类型单元,如按照植被类型归纳出来的草原景观、森林景观等,按照经济活动方式归纳出来的工业景观、农业景观、旅游景观等,按照聚落规模大小和功能归纳出来的城市景观、乡村景观等,按照乡村经济活动方式归纳出来的农村景观、林村景观、牧村景观、渔村景观等。在具体使用时,依语境不同而有差异:有时表示具体的某种景观,即风光景色,如黄山云海等,类似于“独立型旅游资源单体”;有时表示某种类型景观,如民居景观、山岳景观等,

[1] 俞孔坚. 论景观概念及其研究的发展[J]. 北京林业大学学报,1987,9(4):433.
[2] 俞孔坚. 论景观概念及其研究的发展[J]. 北京林业大学学报,1987,9(4):435.

类似于“集合型旅游资源单体”。

“景观”和“风景”有区别，有时候也可以换用，但在旅游方面用景观更准确些。一是“‘景观’的概念可以不带感情色彩和美学意味，‘风景’则含有一定的美学色彩和价值判断”。因为在旅游活动中，并非所有景观都是美的。如参观侵华日军南京大屠杀遇难同胞纪念馆，面对一件件日寇屠杀手无寸铁的中国平民的铁证，面对日寇对中国人民犯下的滔天罪行，我们感到日寇无比可恶，我们必须勿忘国耻，必须时刻牢记中华民族曾经经历的一段苦难历程，前事不忘，后事之师，以史为鉴，继往开来。二是“‘风景’是一个日常生活中的常用词汇，‘景观’则经过了学者们多年的研究和发展，成了科学（主要是地理学）术语”[1]。“景观”是一个科学术语、专业术语，用在旅游方面亦是很好的选择。

2. 景观的特征

(1)综合性。景观的综合性特征是由景观本身的综合性风貌演绎而来的。景观承载了很多信息，任何一种景观都是特定地域或事物风貌的综合性反映。如庐山600余栋掩映在蓝天绿树间的中西别墅，既反映了庐山适合避暑的气候条件，也记录着西方殖民者对庐山的殖民历史。俗话说“吃没吃看脸上，穿没穿看身上”，虽然说的就是通过人的脸色和衣着这一道景观可以反映其家境的殷实程度，但同样说明景观具有综合性。

(2)区域性。无论自然景观，还是文化景观，由于各地地理环境不同，各地景观都表现出明显的区域性特征。如同为森林景观，海南尖峰岭国家森林公园，主峰海拔1 412米，因地处热带，乔木高大，老茎生花，蕨类如树，树藤相缠，“空中花园”四季有花，终年常绿，树种差异大，附生植物多；而吉林长白山国家级自然保护区，主峰海拔2 691米，地处温带，植物季相四季分明，垂直地带性明显，纯林现象明显。又如同为农田景观，山区坡度大，水平耕作，田块面积小，弯曲如月，如云南元阳哈尼梯田、广西龙胜梯田、浙江云和梯田等；而平原地区则地势平坦，田块面积大，或麦浪滚滚，如华北平原，或稻花千重，如长江中下游平原。

“一方水土养一方人，一方人成就一方文化”，是对景观区域性特征的绝好解答。“一方水土养一方人”，地球表面有“千万方”水土，每一“方”水土就

[1] 但强，朱珠. 旅游景观内涵探析[J]. 重庆科技学院学报：社会科学版，2005(4)：64–66.

是一道景观，"千万方"水土就是"千万方"景观。"千万方"水土养育了"千万方"人，"千万方"人必然会成就"千万方"文化。如此"千万方"的相互影响和作用，景观区域性差异的原因不言自明——地理环境的影响。

(3)时代性。时代在发展，景观在变化，景观具有时代性特征。景观具有时代性，有的是自然因素造成的，如森林群落景观的自然演替等；有的是人文因素造成的，如同为农耕景观，过去为刀耕火种、老牛拉犁，发展到今天的喷灌滴灌、机耕机收。有些自然景观，因为人文因素变化，也具有明显的时代性。如二十世纪八九十年代对我国部分河流有"五十年代淘米洗菜，六十年代洗衣灌溉，七十年代水质变坏，八十年代鱼虾绝代"的顺口溜，如今一些河流污染已经成为历史，水质明显改善，重又鱼翔浅底，游鱼群群。

(二)旅游地景观系统

旅游地景观丰富多样，系统复杂，按照不同的分类标准，有不同的旅游地景观系统。

1. 按照景观形成的主导因素分类

按照旅游地景观系统形成的主导因素分类，旅游地景观系统可以分为自然景观与人文景观两大类。

(1)自然景观。自然景观是指完全未受人类活动直接影响或受这种影响的程度很小的自然综合体，与人文景观相对应。如热带雨林景观、日出景观、晚霞景观等。自然景观类型多样，包括在地质历史时期形成的规模宏大、丰富多彩、令人目不暇接的地质地貌景观，也包括当今生机盎然的生物景观、水体景观和变幻莫测的宇宙景观。地质景观包括矿物景观、岩石景观、古生物化石景观、地层景观、地质构造景观、火山景观、地质灾害景观等，如淮南八公山淮南虫古生物景观。地貌景观包括构造地貌景观、河流地貌景观、风沙地貌景观、海岸(海岛)地貌景观、冰川与冻土地貌景观等，如黄山花岗岩峰林地貌景观。水体景观包括湖泊景观、河流景观、瀑布景观、温泉景观、海洋景观、潮汐景观等，如安徽祁门县九龙池景观、岳西县通天瀑布景观。由于人类活动及其影响几乎遍及全球每一个角落，地球上原始自然景观已经越来越少，目前所称的自然景观实际上是自然意韵大于人文意韵的景观，如自然保护区、地质公园、森林公园、风景名胜区等。

自然景观是大自然馈赠人类的瑰宝，不仅构成多彩的人类生存环境和旅游资源，而且蕴藏着丰富的科学内涵和美学价值，是认识和探索自然奥秘的载体,许多科学发现和自然规律都直接或间接来源于人们对自然景观的认识和探索。通过赏析自然界为我们提供的雄伟、秀丽、奇特、险峻、幽静、奥妙、空旷等特色的景观,我们从中可以了解各种自然景观的成因与演化,能够获得美的享受,陶冶情操,提高科学素养、审美情趣和审美能力。

(2)人文景观。人文景观又称文化景观,是指人类为了满足某种需要,利用自然界提供的材料,在自然景观之上叠加人类活动的结果而形成的景观。我们日常所见的景观,如城市、乡村、工厂、农田、主题公园、重点文物保护单位等,都是人文景观。人文景观是人类劳动的成果,因为人们观念、技术、经济实力等因素因时代而异,所以不同时代有不同时代的人文景观。文化造就了人文景观,人文景观固化了文化。通过人文景观,我们可以观照到人文景观诞生时代的自然风貌、物质生活、历史文化、科技水平、审美情趣和人文精神。

人文景观具有历史和文化价值。如世界文化遗产故宫,是世界上现存建筑面积最大、保存最完整的古代宫殿建筑群,不仅集中体现了中国古代建筑艺术的优秀传统和独特风格,而且承袭了中国古代宫殿的传统形式、典制规范,在总体布局上体现了“左祖右社”“面朝后市”“五门三朝”等封建礼制,在建筑设计上反映了中国传统哲学思想(如天人合一)、伦理思想(如皇权至上)、美学思想(如壮丽崇威、平衡对称)以及阴阳五行学说。不仅如此,故宫不是个“空壳”,故宫博物院收藏了100多万件珍贵藏品;明清两代诸多皇帝在此登基执政,490年间中国历史上的许多重大事件在此发生,其千门万户都有丰富的内涵,都承载、见证着一段历史。

人文景观具有美学价值。如作为2010年上海世博会后永久保留建筑之一的中国馆,从规划布局、空间形态、艺术形象、建筑技术、建筑环境及其所反映的设计理念等多个方面体现了中国传统的文化精神和美学特征,以及当代国际建筑设计的重要理念,具有多元、丰富的建筑美学内涵。“中国馆充分利用象征隐喻的表现手法,造型简洁,雕塑感强烈。国家馆居中升起、层叠悬挑,总体形象综合象征多种传统文化艺术形态,蕴涵着创作者丰富的情感,给人以强烈的视觉感受和超越时空的想象。由四组巨柱托起的倒金字塔形主体建筑,从远处眺望或在下面仰视,很像一个古代的‘冠帽’、一个古代量测谷物的‘斗’或‘升’或一个储存谷物的‘仓’、一个传统木构建筑中的‘坐斗’、一个古代乐器的‘缶’,又酷似一只古代巨大的烹饪之器和立国重器的四足'鼎',被誉为'东方之冠'、'天下粮仓'和'中国器'。"[1]大面积的"中国红"——"故宫红"作为建筑物的主色调,色彩夺目且沉稳大气,象征着中华民族"热忱、奋进、团结"的民族品格。

人文景观具有教育价值。如人民英雄纪念碑,承载着无数革命先烈为了中华民族的解放事业而英勇献身的历史,教育人民要牢记历史,理解历史,更加珍惜今天,努力开创美好未来。有些人文景观甚至告诉我们,物质生活水平提高了,"一切向钱看"的"唯物主义"不可取,在物欲横流的社会,不要富于物质,不要贫于精神,不要没有精神家园。

2.按照感知景观的感觉系统分类

按照感知景观的感觉系统,旅游地景观系统可以分为视觉景观、听觉景观、嗅觉景观、味觉景观、触觉景观和意觉景观等类型。意觉是感知景观必不可少的方式,五觉必须和意觉相结合才能准确评判景观。人类很少依靠一种知觉去感知景观,即使盲人摸象,也是触觉和意觉的结合。如果盲人没有"墙""柱子"和"扇子"等的意觉概念,无论怎么摸,也不可能想象到大象像"墙""柱子"和"扇子"等。

有些景观必须靠视觉和意觉去感知,如我们欣赏景观以及欣赏景观之后的所思所想;有时候甚至限于特定人群,如"暗送秋波",唯有"心有灵犀一点通"的"有情人"才能"心领神会"。有些景观我们主要靠视觉、听觉和意觉去欣赏,如看凤阳花鼓灯演出等。有时候我们需要调动更多的感觉器官去感知景观,如享受美食:首先一饱眼福,色彩可人,荤素搭配,造型寓意深刻,器皿华美;继之空气中弥漫着美食特有的香气,嗅觉空前活跃和享受;举筷动箸,或硬或软,一触即知;美食入口,味蕾告诉你,"味道好极了";推杯换盏声、吮吸高汤的咂嘴声、劝别人喝酒的花言巧语声、几分醉意的豪言壮语声,甚至亲切问候声、窃窃私语声,声声不绝于耳;最后是意觉对美食的综合评判:秀色可餐,香气四溢,软硬适中,美味佳肴,大餐盛宴,悦目悦鼻,悦耳悦舌,悦心悦意,悦志悦神。

3.按照景观形态分类

按照景观形态,旅游地景观可以分为物质景观和非物质景观等类型。

(1)物质景观。物质景观也称物质文化景观,是通过触觉、视觉就可以

[1] 伍国正.论2010年上海世博会中国馆的建筑美学意义[J].海南大学学报:自然科学版,2011,29(3):246-251.

感知的景观，具有一定的物质形态。物质景观的功能是物质性的，如日月水火、山石田土、五谷杂粮等。我们触觉、视觉等感知器官所感知的绝大多数景观都是物质景观。旅游虽然获得的是精神享受，但精神享受很大一部分来自对物质景观的感悟。物质景观通常是其他景观的基础。

(2)非物质景观。非物质景观也称非物质文化景观，并非说其景观一定是非物质的，而是说其功能一定是非物质的，即精神的。如芜湖铁画由铁锻造而成，外加木质底板和外框等，其材料有物质成分(铁、木材等)，但其功能是精神方面的，或者愉悦，或者励志，等等。非物质文化遗产就是非物质文化景观。根据国务院办公厅《国家级非物质文化遗产代表作申报评定暂行办法》(2005)："非物质文化遗产指各族人民世代相承的、与群众生活密切相关的各种传统文化表现形式(如民俗活动、表演艺术、传统知识和技能，以及与之相关的器具、实物、手工制品等)和文化空间。"非物质文化遗产可分为两类：①传统的文化表现形式，如民俗活动、表演艺术、传统知识和技能等；②文化空间，即定期举行传统文化活动或集中展现传统文化表现形式的场所，兼具空间性和时间性。非物质文化遗产是发展旅游的重要资源，有些旅游节庆就是在非物质文化遗产基础上发展起来的，如安庆黄梅戏艺术节等。

非物质景观通常以物质为载体，完全没有物质的文化景观难以延续。物质性是文象，非物质性是文脉。人类之文明，无文象不生，无文脉不传，无文象无体，无文脉无魂。"画饼"不能"充饥"，"望梅"不能"止渴"，就是因为这种"饼"和"梅"不是物质文化景观，所以"画饼充饥""望梅止渴"都只能是自己安慰自己。

语言景观是重要的非物质文化景观，语言景观的变迁蕴含着丰富的信息。如在旅游地，讲方言的人越来越少，讲普通话的人越来越多，能用外语与旅游者交流的东道地居民日渐增长；东道地居民与旅游者交流多用普通话，相互之间交流多用方言。这看上去就是语音、语调和语速的变化，实质上观照着客源地文化对东道地文化的影响，东道地居民因发展旅游而主动加快了本地语言被同化的进程，是东道地居民和旅游者交往不断加深的结果。

三、旅游资源与旅游景观

通常，人们并不在意旅游资源与旅游景观有无区别，往往混用，实际上二者有些区别，应该区别使用。就来源而言，旅游资源中的“资源”二字来自经济学，旅游景观中的“景观”二字更多地来自地理学。就学科属性而言，旅游资源属于资源学，旅游景观属于景观学。

（一）旅游资源

关于旅游资源概念，同样见仁见智[1-3]。国家标准《旅游规划通则》（GB/T 18971—2003）和《旅游资源分类、调查与评价》（GB/T 18972—2003）对旅游资源的定义都是同一个具有普适性意义的定义：“自然界和人类社会凡能对旅游者产生吸引力，可以为旅游业开发利用，并可产生经济效益、社会效益和环境效益的各种事物和因素。”

分析上述定义可以看出，“事物”和“因素”可大可小，意即旅游资源同样可大可小，甚至具有包容关系。以城市旅游为例，城市是旅游资源，可以看做是一个“事物”，那么构成城市的各类建筑物、绿地系统、商业系统、生产生活状态的市民等都是构成城市的“因素”，它们同样是旅游资源。

从上述定义还可以看出，旅游资源有时候等同于旅游地。如城市，既是城市旅游必不可少的旅游资源，也是旅游地。同理，我国很多品牌旅游资源，如风景名胜区、地质公园、水利风景区、森林公园等，既可以作为旅游资源看待，同时也是旅游地。国家标准《旅游资源分类、调查与评价》（GB/T 18972—2003）将旅游资源分为8个主类31个亚类155个基本类型。事实上，在国家标准《旅游资源分类、调查与评价》（GB/T 18972—2003）155个基本类型中，很多也是以“××地”的形式出现的，如“山丘型旅游地”“沼泽与湿地”“林地”“避暑气候地”“历史事件发生地”“康体游乐休闲度假地”。

旅游资源具有广泛多样性、不可移动性、环境依存性、可直接消费性、塑损两面性和被动外向性等基本特征[4]。

资源是一个相对概念，“有用既是资源”。何时“有用”，取决于科学技术进步和市场需求。旅游资源同样如此，并且旅游资源是一个现代概念。在

［1］喻小航. 论旅游资源的内涵与特性［J］. 西南师范大学学报：人文社会科学版，2004，30(3)：105–109.

［2］王清廉. 旅游资源与旅游景观概念浅析［J］. 旅游学刊，1988（增刊）：17–22.

［3］冯学刚，黄成林. 旅游地理学［M］. 北京：高等教育出版社，2006：101–102.

［4］喻小航. 论旅游资源的内涵与特性［J］. 西南师范大学学报：人文社会科学版，2004，30(3)：105–109.

旅游业兴起之前,很多今天的旅游资源当时以其他方式服务于社会,旅游业兴起以后,这些资源增加了旅游功能,以旅游资源的方式服务于旅游者。如森林资源,早期人们以小规模的狩猎樵采方式利用它,打野兽、穿树皮、食野果、住树洞、搭茅棚,茹毛饮血,森林是人类的"衣食之源";后来发展到砍伐森林,森林资源成为工业资源木材的来源地;如今,森林除了继续发挥工业资源作用之外,生态功能空前凸现出来,有些森林不但没有被砍伐,而且还在不断被更新抚育,甚至用于动物放归野化,让游人"进氧吧""看树""森林浴",森林成了旅游资源,具有了旅游功能,森林的生态价值、经济价值得到了空前的提升。

(二)旅游景观

尽管我们经常听到旅游景观一词,但何为旅游景观,同样莫衷一是,早期曾引起比较广泛的讨论,不少观点对于我们全面认识旅游景观很有意义。

有学者认为:"旅游景观是指存在于旅游区内的由自然和人文多种要素(岩石、大气、阳光、水分、土壤、植被、生物、建筑、人类和诸文化形态)有规律地组合起来的有形和无形地域客体。"[1]

有学者认为:"当景观具备旅游条件和旅游意义时,称为旅游景观。"[2]

有学者认为:"自然和文化景观也不全是旅游景观,只有那些具有旅游价值的景观才是旅游景观","在旅游地理学中所谓旅游景观也应具有两种含义,一是在一定的区域内具有旅游功能的自然景色和文化事象,以及两者的综合体。二是指具有旅游功能的自然景色和文化事象大致相同的区域。"[3]

有学者认为:"所谓旅游景观,系指一个区域内各种具有旅游价值的事物组成的综合体。景点,是旅游景观的精华所在,具有点睛之效。"[4]

有学者认为:旅游景观"是指人们进行浏览、观光、疗养等各项旅游活动的对象物的总称,包括各种景点、景物等旅游设施和人文环境","旅游资源是旅游景观的前提或条件,而旅游景观则是旅游资源的派生物或发展方向。二者转化的条件为旅游开发,即旅游资源通过人类的旅游开发活动而

[1] 吴必虎. 论旅游景观[J]. 社会科学家,1987(4):73-76.

[2] 何京生. 旅游景观资源的分类与归属——兼与汪训一、谭鹏家二位商榷[J]. 中国岩溶,1988,7(2):147-152.

[3] 王清廉. 旅游资源与旅游景观概念浅析[J]. 旅游学刊,1988(增刊):17-22.

[4] 陈彦光,王义民. 论分形与旅游景观[J]. 人文地理,1997,12(1):62-66.

转化为旅游景观。从这个意义上讲，旅游资源是指那些尚未被开发利用的具有旅游价值的自然和人文因素，是构成或造就景观的素材，旅游景观则是旅游开发后形成的产品。”[1]

有学者认为：“二十世纪七八十年代，‘景观论’被引入旅游科学，出现‘旅游景观’新概念。将区域中具有一定景色、景象和形态结构，可供观赏的景致、建筑和可供享受的娱乐场所等客观实体，以及能让旅游者感受、体验的文化精神现象，甚至于该区域存在的优美的环境条件以及旅游接待服务设施等内容泛指为旅游景观。”[2]

有学者认为：认识旅游资源是从人们认识和利用这个角度出发的，对旅游景观的认识关键是基于什么角度去理解，从旅游者角度分析，会比较清楚，“旅游景观是旅游者进行旅游活动的对象，是产生旅游体验和经历的基础”，“旅游景观是指对旅游者具有吸引力的，并能促使其进行旅游活动和产生愉悦体验的景观。”[3]

笔者认为，应该从多层面认识旅游景观：一般意义上，旅游景观是指能够吸引旅游者的可感知对象的总称；在旅游者感知意义上，旅游景观是一定区域内相互关联的诸多要素（自然要素、人文要素）独自或相互作用形成的具有旅游价值或意义的可感知的对象。旅游景观源于对旅游者有吸引力的事物，“对旅游者产生吸引力，可以为旅游业开发利用，并可产生经济效益、社会效益和环境效益的各种事物和因素”的旅游资源是旅游者产生感知的来源；旅游景观是景观的一部分，能为旅游者利用的景观才是旅游景观。如同为农田花海，农民身在其中是劳作，农田花海是生产场景，旅游者身在其中是观景，农田花海是旅游景观。

（三）资源、旅游资源与旅游景观的关系

第一，资源与景观相关联，前者包容后者。资源即“资财之源”，是人类创造社会财富的源泉。景观能够创造社会财富，景观就是一种资源。

很多资源不可再生，不可重复利用，用一点就会少一点；而很多旅游资源属于可再生资源，可重复利用，不会“看”一点就少一点，如很多自然景观。虽然人文景观生命周期较短，但人类不断创造着新的更好更多的人文

［1］王德刚.旅游资源与旅游景观［J］.旅游论坛，1998，1(1)：11-14.

［2］方海川.景观及旅游景观特征探讨［J］.乐山师范学院学报，2002，17(3)：101-104.

［3］但强，朱珠.旅游景观内涵探析［J］.重庆科技学院学报：社会科学版，2005(4)：64-66.

景观。因此,排除破坏性因素的影响,旅游资源不会因为旅游活动而减少,而会随着旅游活动的不断发展而增多。

第二,旅游资源与旅游景观是包容关系。在国家标准《旅游资源分类、调查与评价》(GB/T 18972—2003)“旅游资源分类表”8个主类名词中,3个使用了“景观”一词,分别是“地文景观”“生物景观”“天象与气候景观”,全表8个主类31个亚类155个基本类型没有一个使用“资源”二字,似乎把“景观”作为“资源”的“下位词”“从属词”使用,意味着旅游资源包括旅游景观。

应该说,旅游景观是从景观学角度说的,更多的是以“看”的方式来感受的;旅游资源是从资源学角度说的,有些旅游资源不仅仅是“看”的景观,还有参与的功能,如游乐设施。游乐设施是旅游资源,游乐设施的核心价值不在于供旅游者“看”和“看”过以后的所思所想,而在于旅游者在参与中获得的体验。

第三,旅游景观是资源的一种特殊表现形式,这种表现形式有时候仅仅能用于旅游。如气候资源,既包括光、热、水、气等物质资源和热量资源,也包括光、热、水、气在运动中形成的大气现象和气候条件(光、热、水、气的质量及其空间组合)以及风能资源。我们可以利用气候资源发展农业生产等,但“春光明媚”“秋高气爽”这种气象要素组合的景观只能用于旅游,让旅游者“观”天象,“爽”心情。

第四,旅游景观往往是资源的综合体。以水资源为例,水资源存在于陆地、海洋和大气之中,包括淡水资源、咸水资源和水能资源,无论固态还是液态或气态的水,其分子结构都是相同的,而旅游景观瀑布不仅需要持续大流量的水体,更要在短距离内有高坡降的河床陡坎以及周边的自然环境。

第五,旅游景观是资源的一种特殊利用方式。资源的常规利用方式更多的是用于物质生产,而景观这种资源的利用方式更多的是用于精神生活。还以水资源为例,常规利用方式是饮用、洗涤、灌溉、养殖、航运、发电、消防,而水资源呈现方式之一水景观,无论是瀑布、温泉、喷泉、河流景观,还是湖泊、潮汐、海洋景观,更多的利用方式是通过感觉系统来完成。如瀑布,看到的是“飞流直下三千尺,遥看瀑布挂前川”,喷珠溅玉,听到的是“声震如雷”,感受到的是“雾一般地扑面而来”“丝丝凉意”。

第二节　旅游地景观变迁一般规律

一般规律又称普遍规律，与特殊规律相对应，具有最大的普遍性，是适用于大多数事物的规律。特殊规律是指对部分事物适用的规律，明显区别于一般规律。一般规律和特殊规律的区分又是相对的。一般规律和特殊规律相互关联，一般规律总是存在于特殊规律之中，掌握了一般规律，就可以用它去指导进一步认识特殊规律，认识了特殊规律，有助于去掌握一般规律。

本节所讨论的一般规律是针对所有类型旅游地景观变迁的共同规律，以后诸章第一节所讨论的规律是针对某一类型旅游地景观变迁的特殊规律。

纵观改革开放以来我国旅游地景观变迁的轨迹，大体上是在遵循自然规律的基础上，朝着多样化、品牌化、文化化、区域化、资本化等方向发展。保护景观与发展旅游是旅游地景观变迁永恒的主题，人们在保护旅游景观中发展旅游，在发展旅游中优化和提升旅游景观。旅游地景观变迁多样化、品牌化、文化化、区域化、资本化等，是说旅游地景观越来越丰富多样，越来越强调品牌，越来越有文化内涵，越来越表现出区域性，资本在景观建设中的重要性越来越突出。

旅游地景观变迁也有其“底线”：遵循自然规律，遵守国际公约、国家法律法规和方针政策，旅游地景观变迁有利于旅游业发展；违背自然规律，违背国际公约、国家法律法规和方针政策，由此带来的旅游地景观变迁有可能一时使旅游企业得利，但肯定不利于旅游业的可持续发展。

一、多样化

旅游景观多样化是旅游地景观变迁的最基本特征，也是旅游业兴旺发达的标志之一。今天看来，没有什么地方没有旅游景观，没有什么地方不可以旅游。几位巨贾富绅乘坐宇宙飞船在失重的条件下看地球、看月亮、看茫茫宇宙，芸芸众生脚踏实地地在地球上看万事万物；喜庆之地可以旅游，悲惨之地可以旅游（如“黑色旅游”等），悲壮之地亦可旅游（如“红色旅游”等）；

青山绿水可以旅游，城市乡村可以旅游，荒野大漠也可以旅游（如“探险旅游”等）；企业单位可以旅游（如“工业旅游”等），事业单位也可以旅游（如“教育旅游”等）；对外开放的地方可以发展旅游，不对外开放的地方亦可有条件地接待旅游者。

（一）从“白天爬山看庙，晚上关门睡觉”到“风光无限”

“白天爬山看庙，晚上关门睡觉”，是对改革开放初期我国旅游地比较少、旅游供给严重不足、旅游夜生活极其贫乏的真实写照。如今，山更青，水更秀，寺庙香火更旺，进入游人眼帘的景观空前丰富，车过景移，步移景换，任何人都不可能很轻松地开出一张进入游人视野的旅游景观类型的清单，旅游地遍及城乡，连工农业生产活动及其场所都成了旅游景观（工业旅游示范点、农业旅游示范点）。

旅游景观是一个相对概念，过去认为是旅游景观的现在依旧是旅游景观（如青山绿水、寺庙观堂等），过去不认为是旅游景观的现在也成了旅游景观（如北京胡同、广西龙胜梯田等）；过去不曾有的旅游景观现在有了（如众多类型的主题公园等），过去就存在但不为外界所知的景观现在为游人所追捧（如新疆喀纳斯湖等）。旅游景观局限于自然禀赋和历史遗存已经成为历史，新的旅游景观不断被创造，并且不断推陈出新，用“风光无限”来形容目前旅游景观类型之多、旅游地数量之多，无论如何也不过分。

在旅游地类型不断增多的同时，旅游地数量空前增长。目前，我国拥有成规模的景区景点两万多处。

（二）从“资源—产品—市场”到“产品引领市场”

在我国旅游发展初期，由于开发经验不足，加之旅游需求旺盛，旅游行业处于“卖方市场”阶段，通常是“有什么粉做什么饼”，几乎不加修饰和包装就将旅游景观推向市场，修个票房就卖票赚钱。改革开放初期，说旅游产业“低投入高产出”，估计与这种“修个票房就赚钱”的事实不无关系。

随着旅游供给的增加，我国旅游市场进入“买方市场”阶段。旅游开发者借鉴国外旅游发展先进经验，研究旅游需求，依托乃至遴选本地旅游资源，开发出市场急需的旅游产品，旅游资源、旅游市场和旅游产品“三位一体”，此时的“饼”和原来的“粉”并不完全一样。

猎奇是旅游动机之一，旅游者追新求异永无止境可以用“人心无足”来形容。随着旅游业的发展，旅游企业为了获得市场主动权，千方百计打造旅游新产品，引领旅游市场需求。如为了引领户外娱乐需求，各种游乐性质的机械、卡通、动漫类的主题公园雨后春笋般地破土而出；针对不愿意阅读文本的“读图时代”，“一天等于五千年”的历史文化类主题公园横空出世；在“数字化”的“快时代”，成都、丽江的慢生活亦为游人所追捧……“引领市场”成为旅游产品发展的重要方向。

如果说“资源—产品—市场”阶段的旅游景观是“原生景观”的话，那么资源、产品、市场“三位一体”的旅游景观就是“再生景观”，而“引领市场”的旅游景观则是“创新景观”。

(三)从“好中选优”到“无中生有”

随着旅游业的发展，有些景观逐渐淡出了人们的视野，旅游开发者“好中选优”，重点开发；有些景观瞬间跃入眼帘，“无中生有”。

二十世纪八十年代，皖南溶洞开发空前活跃，宣州的龙泉洞、白云洞，广德的太极洞、桃姑迷宫，贵池的大王洞，石台的蓬莱仙洞、鱼龙洞、慈云洞，太平的神仙洞先后开发开放，游人众多。时过境迁，由于溶洞景观的同质性和可替代性，加之因为景观并非首屈一指、缺少核心景区带动、市场半径狭小，以致今天除了国家级风景名胜区太极洞、省级风景名胜区大王洞和蓬莱仙洞依然在开门纳客，其余溶洞几乎都淡出了旅游市场。

二十世纪八十年代末开始，中国大大小小的主题公园如雨后春笋般崛起，尽管相当一部分都是“昙花一现”，经历短暂的生命周期后就被人们所遗忘，但“前赴后继”者络绎不绝。“无中生有”中的“无”，有的是本地“无”、外地“有”，从外地“克隆”“移植”“浓缩”过来，从而实现了本地的“有”，如深圳“锦绣中华”，非滨海城市的海洋馆，安徽太湖“五千年文博园”，“中国(合肥)非物质文化遗产园”等；有的是本地外地当下地面上“无”(无实物)，脑海里“有”(“有历史”“有说法”“有科学”“有道理”)，市场需求“有”，经过科学复原、再现、打造了出来，从而实现了具有普遍意义的“无中生有”，如常州恐龙园、芜湖方特欢乐世界、芜湖方特梦幻王国等。

主题公园建设能够创造旅游景观，增加就业，优化区域产业结构，提升区域旅游形象，增强区域文化实力，促进区域经济发展。如研究表明，“方特欢乐世界建成开业，极大地提升了芜湖市旅游形象、扩大了芜湖市的知名度和影响力，带来了就业机会、投资增加和基础设施改善，推动了当地经济发展，同时促进了市容市貌的美化，增加了城市的休闲和景观功能”[1]。特别是倡导文化产业大发展大繁荣以来，围绕文化休闲娱乐服务的主题公园建设进入新的高潮。

(四)非旅游产业和行业叠加旅游功能

旅游景观最基本的功能就是旅游功能，如风景名胜区等。有些景观本来与旅游无缘，但市场需求旺盛，在不影响原来功能的基础上，叠加了旅游功能，如“工业旅游示范点”“农业旅游示范点”，由林场演变而来的“森林公园”，由生产生活集聚地演变而来的城市旅游地、乡村旅游地等。

一产“接二连三”(如在种植业、养殖业基础上，发展加工业和休闲度假)发展农业旅游、工业旅游、购物旅游，二产“前伸后延”(如在铜冶炼基础上，看铜矿开采和选矿、铜材加工和铜工艺品生产线，逛铜工艺品市场)发展工业旅游、购物旅游，都是非旅游产业叠加旅游功能的典型模式。

《国务院关于加快发展旅游业的意见》(国发〔2009〕41号)明确要求：“大力推进旅游与文化、体育、农业、工业、林业、商业、水利、地质、海洋、环保、气象等相关产业和行业的融合发展，培育新的旅游消费热点，丰富旅游文化内涵。”这意味着旅游与相关产业和行业的融合必将成为常态，非旅游产业和行业具有旅游功能是一种发展必然。“旅游产业融合是社会经济发展到一定阶段的产物，是伴随着旅游业和社会不断发展而出现的一种必然现象。旅游产业融合作为旅游业发展的一种创新形式，为我国旅游业的发展注入了生机和活力。”[2]

《国家“十二五”时期文化改革发展规划纲要》(2012)指出，要“积极发展文化旅游，促进非物质文化遗产保护传承与旅游相结合，提升旅游的文化内涵，发挥旅游对文化消费的促进作用”，必将进一步推动我国旅游地景观建设的多样化，实现文化传承“有说头”，文化利用“有看头”，文化产业“有赚头”。

二、品牌化

品牌是指消费者对产品的认知程度，是质量和信誉的保证，是企业的

[1] 卢松，杨兴柱，唐文跃. 城市居民对大型主题公园旅游影响的感知与态度——以芜湖市方特欢乐世界为例[J]. 旅游学刊，2011，26(8)：45-52.

[2] 程锦，陆林，朱付彪. 旅游产业融合研究进展及启示[J]. 旅游学刊，2011，26(4)：13-19.

“摇钱树”，能给人以心理暗示，满足消费者情感和精神寄托。品牌产品可以卖得更贵，卖得更多，卖得更好。“水卖成金子”不是神话，品牌饮料“可口可乐”就是“水卖成金子”的典范。

品牌已经不是一个仅仅停留在挑选日常生活用品时的时髦词语，而是一个已经上升到竞争力高度的国家战略，甚至发展到有这样一说：没有强势的品牌就没有强势的企业，没有强势的企业就没有强势的产业，没有强势的产业就没有强势的经济，没有强势的经济就没有强势的民族和国家。所以，在经济全球化的今天，经济的竞争就是品牌的竞争，现代旅游业的竞争同样也是品牌的竞争。

（一）旅游品牌

旅游品牌的概念范畴主要包括两个层面：广义的旅游品牌和狭义的旅游品牌。广义的旅游品牌，主要指一个城市或景区景点在旅游者心目中的形象地位，也可以称之为旅游地品牌；狭义的旅游品牌，是指旅游企业品牌和旅游产品品牌。如果扩大旅游品牌的外延，也可以包括一个城市和地区的旅游产品、旅游线路组合以及特定旅游项目品牌。比如，桂林阳朔的大型山水实景演出“印象·刘三姐”，在游客心目中就是一个相对独立的旅游产品品牌。对旅游者而言，旅游品牌实质上是能给旅游者带来独特精神享受的一种利益承诺。

旅游品牌的关键作用，是谋求消费者的心理认同，影响消费者的选择偏好，使企业竞争优势最大化。旅游品牌形象的成功塑造，能够激发旅游市场的潜在需求，刺激旅游者的消费欲望和行为，推动旅游地的旅游发展。就旅游企业和旅游产品而言，旅游品牌的强势地位一旦形成，其最大的好处是能拓展企业和产品的市场边界，全面提升营销绩效。为什么景区景点有“热点”“温点”和“冷点”之分，除了距离、交通和门票因素之外，品牌是一个重要原因。

1.旅游为什么更需要品牌

旅游为什么更需要品牌？因为旅游往往是“远看品牌近看景”[1]，“先看品牌后看景”。

与其他服务业产品不同，旅游是一种异地消费，旅游产品具有不可移动

[1] 彭利民. 旅游为什么更需要品牌[J]. 中国质量与品牌，2005(1)：60-62.

性、不可试用性和难以重复消费等特征。因此,旅游产品的特征和形象很难直接呈现在消费者眼前,消费者主要凭借来自不同渠道的信息构成对旅游地的间接形象,进而决定旅游消费的欲望和选择取向。只有唤起美好印象的旅游地才能引起旅游者向往,这种美好印象就是旅游品牌。

旅游品牌可能来自品牌旅游资源。品牌旅游资源作为旅游资源的一种特殊类型,一方面拥有旅游资源的众多共性,如类型多样性、地域分异性、动态变化性和宜游季节性等,另一方面又具有自己独特的个性,如相对垄断性、等级层次性、法律保护性、身份多样性、功能多宜性和市场分散性等。

旅游品牌可能来自旅游者的感知和口碑。如媒体评选景区景点,有时候就没有明确标准,旅游者的标准就是标准,最后脱颖而出者肯定与旅游者的感知和口碑关系密切。

旅游品牌可能来自组织或机构依据一定标准对旅游地授予的某种称号。本章中旅游品牌特指这种来自组织或机构依据一定标准对旅游地授予的某种称号。这些品牌是对旅游地景观质量(包括管理质量)的认定(至少获取该品牌时,该旅游地景观质量达到该品牌标准),有利于旅游地营销,有利于旅游者识别景观质量。

2.我国品牌旅游地发展历程

现代旅游业兴起之前,人类就有了游历活动,旅游品牌也随之而产生。大体上可以说,旅游品牌发展经历了从无到有、从民间到官方、从国内到国际的发展历程。

我国品牌旅游地的推手,大体可以相对分为四种情况:名人游历,国家保护,媒体宣传和政府推动[1]。这四大推手虽然“出手”早晚不一,但又不是彼此前后相继,而是后出手者往往与先出手者共同推动品牌旅游地的发展。

(1)名人游历。在新中国成立以前的名人游历阶段,帝王显贵、文人墨客、旅行家们是造就品牌旅游地的主要推手。如“五岳”来自帝王的钦定;庐山黄岩瀑布“飞流直下三千尺,疑是银河落九天”是诗人李白的杰作;“桂林山水甲天下”来自南宋嘉泰元年(1201)农历九月十六时任广西提点刑狱权静江知府王正功为桂林乡试高中的十一位学子特设鹿鸣宴上的即兴赋诗;“薄海内外无如徽之黄山,登黄山天下无山,观止也”,相传是明代大旅行家

[1] 李经龙,刘万青,舒莹.我国品牌旅游资源的发展历程[J].科技创新导报,2008(7):170-171.

徐霞客的绝唱等。

(2)国家保护。新中国成立以后,国家出于保护野生动植物及其生境、山容地貌、文化遗产,促进社会经济发展等需要,授予不同的地域以不同的称号(表1–1)。这些被授予称号的地域有的根本目的是出于保护,有的主要目的就是发展旅游。

从表1–1可以看出,我国保护不同类型的地域并授予称号的实践起步比较早,称号类型丰富多样,涉及部门多。

设立这些类型地域的初衷并非全是为了发展旅游,但为什么这些类型的地域都可以从事旅游活动呢?

一是确立品牌的法律法规、规章和技术文件本身规定该类型地域具有旅游功能。如自然保护区的首要和核心功能是保护,但旅游功能是自然保护区的五大功能之一。《自然保护区条例》(1994)第十八条明确规定:“缓冲区外围划为实验区,可以进入从事科学实验、教学实习、参观考察、旅游以及驯化、繁殖珍稀、濒危野生动植物等活动。”又如重点文物保护单位,同样可以有条件地发展旅游。《中华人民共和国文物保护法》(2007)第二十三条规定,核定为文物保护单位的属于国家所有的纪念建筑物或者古建筑,“可以建立博物馆、保管所或者辟为参观游览场所”,只需要满足第二十六条之规定:“使用不可移动文物,必须遵守不改变文物原状的原则,负责保护建筑物及其附属文物的安全,不得损毁、改建、添建或者拆除不可移动文物。”

二是封闭式保护不利于发展,也违背了保护的初衷,开放式、多功能、利用式保护是最科学的保护。因为在诸多保护途径中,旅游这种利用方式对保护对象破坏最小,旅游者只是“留下了金钱和脚印”,“带走了记忆和照片”。正如《国务院关于加快发展旅游业的意见》(国发〔2009〕41号)指出的:“旅游业是战略性产业,资源消耗低,带动系数大,就业机会多,综合效益好。”当然,必须谨防开发中的破坏,旅游者也必须文明旅游。

(3)媒体宣传。媒体对旅游地的宣传,特别是媒体开展的品牌旅游地评选活动,提升了我国旅游地的品牌意识,对我国旅游业发展和旅游地景观建设起到了积极的推动作用,为旅游者提供了中国旅游指南。特别是在媒体评选活动中屡屡上榜的旅游地,屡经考验,已经成为表里如一、地地道道的中国旅游品牌。表1–2为我国部分媒体组织评选的部分旅游地品牌。

表1-1 我国与旅游有关的部分旅游地类型名称和首批批准时间及数量

名 称	首批批准时间及数量
自然保护区	1956年设立我国第一个自然保护区——广东鼎湖山自然保护区
重点文物保护单位	1961年3月4日，国务院公布首批全国重点文物保护单位，共180处
历史文化名城	1982年2月15日，国务院公布首批国家历史文化名城，共24座
森林公园	1982年9月15日，国务院批准张家界林场更名为张家界国家森林公园
风景名胜区	1982年11月8日，国务院公布首批国家级风景名胜区，共44处
汉族地区全国重点寺庙宫观	1983年4月9日，国务院批转宗教事务局关于确定汉族地区佛道教全国重点寺观的报告，确定142座佛教寺院和21座道教宫观作为汉族地区全国重点寺庙宫观
重点烈士纪念建筑物保护单位	1986年10月28日，国务院公布首批重点烈士纪念建筑物保护单位，共32处
国家园林城市	1992年12月，建设部公布首批国家园林城市，共3座
爱国主义教育基地	1995年1月27日，民政部确定首批爱国主义教育基地，共100处
中国优秀旅游城市	1998年12月18日，国家旅游局命名首批中国优秀旅游城市，共54座
地质公园	2001年3月16日，国土资源部公布首批国家地质公园，共11处
国家等级旅游区(点)	2001年8月28日，国家旅游局公布首批国家AAAA级旅游区(点)，共187家
国家水利风景区	2001年10月26日，水利部公布首批国家水利风景区，共18处
历史文化名镇(村)	2003年10月27日，建设部、国家文物局联合公布首批10个中国历史文化名镇、12个中国历史文化名村
国家城市湿地公园	2004年2月11日，建设部批准荣成市桑沟湾为国家城市湿地公园
全国工业旅游示范点	2004年7月12日，国家旅游局公布首批全国工业旅游示范点，共103处
全国农业旅游示范点	2004年7月12日，国家旅游局公布首批全国农业旅游示范点，共203处
红色旅游经典景区	2004年12月，中共中央办公厅、国务院办公厅印发《2004—2010年全国红色旅游发展规划纲要》，公布首批全国红色旅游经典景区123处
国家湿地公园	2005年2月，国家林业局批准建设杭州西溪国家湿地公园
国家矿山公园	2005年8月，国土资源部公布首批国家矿山公园，共28处
国家自然遗产，国家自然与文化遗产	2006年7月5日，建设部公布首批《中国国家自然遗产、国家自然与文化双遗产预备名录》，共30个项目
国家重点公园	2007年2月14日，建设部公布首批国家重点公园，共20处
中国旅游强县	2007年12月5日，国家旅游局公布首批中国旅游强县，共17个
全国特色景观旅游名镇(村)	2010年3月10日，住建部和国家旅游局联合公布首批全国特色景观旅游名镇(村)示范名单，共105个镇(村)
全国休闲农业与乡村旅游示范县	2011年2月12日，农业部和国家旅游局联合公布全国休闲农业与乡村旅游示范县，共32个
全国休闲农业示范点	2011年2月12日，农业部和国家旅游局联合公布全国休闲农业示范点，共100家

表1-2　我国部分媒体组织评选的部分旅游地品牌基本情况一览

年份	品牌名称	评选主办单位
1985	中国十大风景名胜	中国旅游报社
1991	中国旅游胜地四十佳	中国旅游报社
2002	中国旅游知名品牌	中国旅游报社
	中华十大名山	中国国土经济学研究会，今日国土杂志社
2004	中国十大魅力城市	中央电视台
2005	中国最美的地方	中国国家地理杂志社
	中国顾客十大满意风景名胜区	人民日报社市场信息中心
	中国最值得外国人去的五十个地方	环球游报社
	中国十大魅力名镇	中央电视台
2006	中国最令人向往的地方	中国旅游电视协会
	中国青年喜爱的旅游目的地	中国青年报社
	中国十佳旅游线路	中央电视台
	中国十大魅力乡村	中央电视台
	中国十大魅力城市	中央电视台
	全国民族文化旅游十大品牌	中国民族报社
2008	美景中国——中国最佳旅游胜地	行游天下杂志社
2009	中国历史文化名街	中国文化报社，中国文物报社
2011	美景中国——中国潜力景区	行游天下杂志社

除了全国性媒体在全国范围内开展的品牌旅游地评选活动外，还有很多省份和城市的媒体在辖区内开展“最佳”“最美”“最喜爱”“100个必去”之类的旅游地评选活动，也促进了区域性旅游品牌的建设。

在旅游地品牌建设中，我国学术团体的作用功不可没。如中国旅游协会休闲度假分会，以国家旅游局课题“中国休闲城市发展综合评价体系”为依据，基于已经公布的休闲城市国家标准体系，综合网络公众评价、专家评定等方式，按照科学严谨、专业规范、大众参与、公正公开的原则，展开针对城市休闲功能、休闲环境建设的评价，并于2012年10月31日在山东烟台正式发布了“2012中国城市休闲指数”“2012中国最佳休闲城市”“2012中国特色休闲城市”和“2012中国休闲小镇”。在这次活动中，安徽省黄山市、芜湖市入选“2012中国最佳休闲城市”（共10个），池州市入选“2012中国特色休闲城市”（共10个）。

（4）政府推动。政府推动批量旅游地品牌建设始于我国风景名胜区制度的创立。据2012年12月4日风景名胜区主管部门住建部发布的《中国风景名胜区事业发展公报》，自从1982年我国正式建立风景名胜区以来，国务院共批准设立国家级风景名胜区225处，面积约10.36万平方千米；各省级人民政府批准设立省级风景名胜区737处，面积约9.01万平方千米；两者总面积19.37万平方千米，约占我国陆地总面积的2.02%。

风景名胜区国家行政主管部门多次启动风景名胜区创建考评工作，如在全国风景名胜区系统开展评选"全国风景名胜区系统先进集体""全国风景名胜区环境卫生达标单位""全国风景名胜区安全管理达标单位""全国文明风景名胜区""全国风景名胜区系统先进单位"活动等，为风景名胜区的发展和品牌建设做出了积极贡献。

就空间范围而言，如果把景区景点作为一个"点"来看待，城市型旅游地应该是一个"面"。一般地，就功能而言，景区景点主要是观光功能，城市既具有观光功能，又具有旅游集散和游客接待功能。政府旅游行政主管部门国家旅游局1995年组织启动的创建"中国优秀旅游城市"活动，国家旅游局与世界旅游组织联合启动的"中国最佳旅游城市"项目，把中国旅游品牌建设推向一个新的高度，把"点"的品牌创建拓展到"面"的品牌创建。旅游城市创建活动，最终为市民创造了一个好的生活环境，为企业创造了一个好的经营环境，为城市创造了一个好的发展环境，为游客创造了一个好的旅游环境[1]。

地方政府亦是打造品牌的发动机。如2012年10月，芜湖市委市政府提出全力打造"中国欢乐城市——芜湖"的发展目标，随后开展了诸如标识征集等系列活动。目前，芜湖正在全力打造"中国未来的奥兰多之城"。

3.我国品牌旅游地创建中的问题

我国旅游地和旅游企业在创建旅游品牌过程中，在认识上存在一定的误区。

一是把品牌纯粹建立在有关部门评定的称号上，似乎冠以"世界"字样就是世界品牌了，冠以"中国""全国""国家"字样就是中国品牌了。殊不知，评定的称号只是品牌构建的基础（表明在评定那个时点，其质量达到了相应级别的标准），真正的品牌还是来自旅游地和旅游企业的长期倾心打造，来

[1] 魏小安. 旅游城市和城市旅游——另一种眼光看城市[J]. 旅游学刊，2001，16(6)：8–12.

自消费者的认同。现实生活中,社会效益、经济效益不佳的“世界”“国”字号旅游地肯定存在,受到“黄牌”警告的也偶有发生。《国务院关于加快发展旅游业的意见》(国发〔2009〕41号)明确要求“逐步建立以游客评价为主的旅游目的地评价机制”,这给那些把品牌建设完全寄托在有关部门评定称号上的旅游地和旅游企业敲响了警钟。

二是认为媒体广告是建立品牌的唯一办法,认为做广告就是做品牌。不可否认,广告是推广产品、树立形象的重要手段,如“好客山东”系列、“老家河南”、“七彩云南,旅游天堂”、“江西风景独好”、“旅游难忘安徽”、“魅力江淮,皖如仙境,美好安徽,迎客天下”、“走遍大地神州,还是多彩贵州”、“天下风景,美在广西”、“中国山西,晋善晋美”、“神奇灵秀地,大愿九华山”等旅游广告,确实带来了积极的市场响应。但是,没有真质量,单凭广告是难以树立旅游品牌的,即使一时把旅游者“忽悠”来了,让旅游者产生负面口碑,认为看了广告不来景区景点“终身遗憾”,来看了景区景点“遗憾终身”,等于“搬起石头砸自己的脚”。这种情况也许在我国旅游领域尚未出现,但在我国其他产业因为某一产品出现质量问题而使整个产业或行业出现信任危机并非危言耸听。

品牌的评选活动既是一种质量认证活动,也是对参评对象的一种质量分层活动。没有品牌旅游资源不一定就没有市场,有品牌旅游资源也不一定肯定有市场。

三是重品牌评选轻品牌建设,重发展旅游轻科普教育。为了获得品牌不遗余力,拿了品牌以后除了门票涨价之外,就是“马放南山”。

(二)从单一品牌到多种品牌

新中国成立以后,政府部门主要出于保护目的而设立、同时具有旅游功能的第一种保护地类型是自然保护区,主要出于旅游目的而设立的第一个品牌旅游地类型是风景名胜区。改革开放以后,尤其是旅游产业蓬勃兴起之后,品牌旅游地类型空前发展。目前,我国旅游地品牌体系已经形成(表1-3),绝大多数旅游地都有政府组织或机构授予的级别不同的品牌称号。

除了全国性的系统建设的旅游地品牌外,部分省份还创建自己的品牌。如安徽省创造性地开展了“红色旅游县(区)、乡镇”和“森林旅游人家”建设活动等。

表1-3 我国目前部分品牌旅游地等级系统

品牌名称	品牌等级	国家主管部门
全国红色旅游经典景区		中宣部、国家发改委、财政部、国家旅游局等14个部委
自然保护区	国家级自然保护区，地方级（省级、市级、县级）自然保护区	国家林业局、环保部、国土资源部、国家海洋局等
重点文物保护单位	全国重点文物保护单位，省级重点文物保护单位，市级重点文物保护单位，县级重点文物保护单位	国家文物局
风景名胜区	国家级风景名胜区，省级风景名胜区	住建部
历史文化名城	国家历史文化名城，省级历史文化名城	住建部
历史文化名镇	国家历史文化名镇，省级历史文化名镇	住建部
历史文化街区	国家历史文化街区，省级历史文化街区	住建部
历史文化名村	国家历史文化名村，省级历史文化名村	住建部
国家城市湿地公园		住建部
国家重点公园		住建部
森林公园	国家级森林公园，省级森林公园，市级森林公园，县级森林公园	国家林业局
国家湿地公园		国家林业局
地质公园	国家地质公园，省级地质公园	国土资源部
国家矿山公园		国土资源部
水利风景区	国家级水利风景区，省级水利风景区	水利部
国家等级旅游区（点）	AAAAA级旅游区（点），AAAA级旅游区（点），AAA级旅游区（点），AA级旅游区（点），A级旅游区（点）	国家旅游局
中国优秀旅游城市		国家旅游局
全国工业旅游示范点		国家旅游局
全国农业旅游示范点		国家旅游局

安徽省是红色旅游资源大省，是皖南事变、淮海战役、渡江战役等许多重大历史事件发生地，有全国重点红色旅游经典景区14个，红色旅游资源点上百处。按照《关于开展创建安徽省红色旅游县（区）、乡镇活动的实施意见》(2008)，经有关市委市政府申报、省红色旅游工作领导小组评审，报省委省政府同意，安徽省红色旅游工作领导小组于2009年3月和2011年1月先后公布了两批安徽省红色旅游县（区）（共7个）和红色旅游乡镇（共6个）。

"森林旅游人家"是指在森林公园、自然保护区、乡村林场等具有良好生态环境的林区，利用森林生态资源和乡土特色，融森林文化与民俗风情为一体，为游客提供价廉物美的吃、住、游、购、娱服务的健康、生态、休闲度假型旅游产品。"森林旅游人家"建设对于开发利用森林自然景观，转变生态公益林的利用模式，解决公益林保护与利用矛盾，提高森林复合利用价值，增加林农收入，促进森林公园建设与森林旅游的发展都具有重要的意义。2008年7月10日，安徽省林业厅和安徽省旅游局联合公布了首批205家"森林旅游人家"。

景区景点型旅游地，其品牌的重要性不一定在于本身门票有多贵，能赚多少钱，关键是其吸引力所产生的品牌效应，在于其拉动作用所产生的联动效应，在于其本身"游"要素功能特别强大而带动其他五个要素的发展，在于所在地如何完善旅游产业链，在于其"一业带百业"的综合效益。世界文化遗产杭州西湖免票开放，依靠丰富的旅游业态，"挣了面子赚了钱"，打破了"门票经济依赖症"的坚冰，值得其他景区景点借鉴。

（三）从国内品牌到国际品牌

新中国成立后，我国旅游业的发展起步于入境旅游。旅游地获得国际认同，采用国际标准认定我国旅游地质量等级，无疑对发展入境旅游具有积极意义。我国政府主管部门和旅游地管理机构为此做出了不懈努力，取得了显著成绩。

1.四大国际品牌相继登陆中国

改革开放以来，伴随着中国旅游业的发展，具有国际影响力的世界品牌评选活动进入中国，使中国旅游地能够参与国际比较，有了国际旅游者普遍认同的"身份证"。这些旅游地类型包括世界遗产、世界地质公园、世界生物圈保护区和国际重要湿地。

联合国教科文组织设立世界遗产的目的，是为了使它们免遭破坏，将它们作为人类的共同财富加以保护和管理，传给子孙后代；设立世界地质公园的目的是保护地质遗迹。

无论世界遗产，还是世界地质公园，最佳保护方式就是合理发展旅游。

关于世界遗产和世界地质公园的来龙去脉、设置目的、项目组成、评价标准，以及中国的世界遗产的保护和利用问题，笔者有过阐述[1]。截至2013

[1] 黄成林，等. 安徽省旅游业竞争力研究[M]. 合肥：安徽人民出版社，2006：54-61.

年6月22日第37届世界遗产大会闭幕，我国有世界遗产45项（世界文化遗产27项，世界自然遗产10项，世界文化与自然遗产4项，世界文化景观4项）。截至2012年9月21日，我国已有27处世界地质公园。

2.世界生物圈保护区和国际重要湿地

（1）世界生物圈保护区。世界生物圈保护区和世界遗产同属于联合国教科文组织在世界范围内建立的两大保护系列。生物圈保护区源自“人与生物圈计划”。“人与生物圈计划”是联合国教科文组织1971年发起的一项政府间跨学科的大型综合性的研究计划，提倡采用跨领域方法进行与生态保育和持续利用自然资源相关的管理、研究和教育工作。

1977年，该计划建立了“世界生物圈保护区网络”。生物圈保护区是“人与生物圈计划”的核心部分，“世界生物圈保护区网络”是“人与生物圈计划”中指定的生物圈保护区的总称。根据《世界生物圈保护区网络章程框架》（1995），建立生物圈保护区，“旨在展示和促进一种人与生物圈之间的平衡关系”，“生物圈保护区具有以下三种功能，应努力成为探索和示范地区范围有关保护和持续发展之方法的最佳场所：①保护功能——致力于自然景观、生态系统、物种和遗传变异的保护；②发展功能——促进具有社会文化和生态持续性的经济与人类发展；③后勤支持功能——支持与地方、地区、国家和全球性保护与持续发展问题有关的示范项目、环境教育与培训、研究和监测。”生物圈保护区是一种新型的自然保护区，将传统的绝对保护过渡到开放式、多功能的积极保护。它由两个区域组成：中心区和缓冲区。在中心区，强调保护生物物种；在缓冲区，开展实用研究，开发小型项目。在生物圈保护区缓冲区发展旅游，符合《世界生物圈保护区网络章程框架》（1995）要求。

截至2013年5月28日，该网络共有来自117个国家和地区的621个生物圈保护区；自1979年开始，我国共有32个生物圈保护区被纳入联合国教科文组织“人与生物圈计划”，成为世界生物圈保护区网络的中国生物圈保护区网络成员。

（2）国际重要湿地。《国际重要湿地公约》（1971）是一个政府间的协定，该协定构建了湿地资源保护和利用的国家措施及国际合作框架。《国际重要湿地公约》（1971）表明：“公约的任务是通过地方、区域、国家的保护措施及国际合作以保护及合理利用湿地，为全世界的可持续发展做出贡献。”

依照《国际重要湿地公约》第二条，各缔约方应指定其境内适当湿地列入《国际重要湿地名录》，并给予充分、有效的保护。截至2013年2月2日，签订该公约的成员达到164个，共有2 083个国际重要湿地，总面积达198万平方千米，覆盖地球上所有的地理区；我国共有41个湿地列入了该名录，总面积3.71万平方千米。

湿地是“地球之肾”，是净化水体和发展生态旅游、观鸟旅游、科普旅游的重要场所。

三、文化化

自然山水一经开发，就开始按照人们的意愿发生了变化，逐渐被“文化”。近些年来，由于人们旅游需求日益强烈，旅游开发力度不断加大，自然山水的文化印记日渐加深，本来非旅游功能的人文景观日渐彰显其旅游功能，人造纯旅游功能的人文景观逐渐增多，似乎只有用“文化化”方能表达这一快速发展的过程。

旅游景观文化化发展趋势，是说旅游景观越来越凸显出人类的文化创造，纯自然意韵的旅游客体越来越少，文化型旅游客体越来越多。

旅游是一种在文化之海的泛舟。旅游者需要文化，文化追求、文化享受是旅游者的主要目的之一。不同文化层次、不同职业背景的旅游者对旅游客体、旅游经历和旅游体验的要求千差万别，旅游地必须为其提供满足其需求的旅游产品。不同文化层次和职业背景的旅游者，对同一旅游景观的感知和理解也不一样，景观感知具有主观性。

旅游企业和员工需要文化，特别是景区景点类、旅行社类旅游企业和员工的文化。只有旅游从业人员有丰富的旅游文化，方可以更好地认识景物，剖析景物，重构景物，诠释景物，帮助游人理解景物，理解景物中的科学。

旅游景物需要文化，这不仅仅指文化景观类旅游客体必须有丰富的文化内涵，就是自然景观也需要旅游开发者和旅游者赋予其文化内涵。如在黄山，同为上小下大的两块岩石(体)，有的称“飞来石”，有的称“猴子观海”，有的称“仙人指路”，有的称“老虎驮羊”；同样是相向而立的两块岩石(体)，有的称“武松打虎”，有的称“达摩面壁”，有的称“介子背母”，有的称“关公挡曹”。没有丝毫生机的岩石(体)，经过旅游开发者和旅游者的一番努力，有了生机和活力，这个过程就是旅游景观的文化化过程。

旅游是商品化的文化，但是旅游中的文化不能过度商品化，过度商品化有可能成为"制假贩假"，反而不利于旅游业的发展。目前，文化过度商品化主要表现形式有：建造假景观，自然景区人工化痕迹过浓（如森林型景区园林化倾向），景区商业化，编造假文化（如编故事式的伪文化，商业化的假民俗，标本式的伪生态等），营造假环境。如果旅游开发沦为造假行为，遮蔽了原真性的资源，割断了延续性的文脉，丢失了原生态的环境，这样做的结果只会是"旅游摧毁旅游"[1]。旅游不需要"外墙皮"式的文化，需要有纵深感的文化。

"如果没有旅游中的文化的商品化，民族文化中某些值得保留的东西将会在外界的冲击下逐渐褪色消失，而文化商品化就不仅保护了这些濒临灭绝的文化内容，而且还可以帮助文化突破自身局限，吸收外来文明的先进部分，从内涵向外延发展。况且，民族文化的保护需要资金来源，文化商品化可以为民族地区带来经济利益，这既提高了民族地区人民的生活水平，又为保护民族文化提供了资金来源。因此对文化商品化只要持有可持续发展的观点，把文化商品化当做是文化发展的一条途径和一种方式，那么文化商品化对文化的发展就是有益的……"[2]民族地区的传统文化发展是这样，其他地区的传统文化发展又何尝不是这样？！

必须指出，旅游过程中有很多"三七开"的说法，如天下美景是"三分山水七分打扮""三分天然七分人工""三分相像七分想象""三分靠景色七分靠宣传"，旅游是"三分看七分听""三分景色七分导游"等，说的都是景区景点开发、宣传与旅游感知效果的客观关系，也形象地说明了文化与旅游的关系，但绝不能将其理解为旅游景观是"三分真七分假"。

（一）景区景点：从"天造黄山""佛造九华"到"人造方特"

"天造黄山""佛造九华""人造方特"，既是旅游者对安徽三大旅游地及其景观成因的客观表达，也是旅游主体对旅游地发展演变过程的科学概括。

自然环境是人类活动的基础，人类发展到今天，对自然界的干扰几乎无孔不入，自然风貌特别浓郁的旅游地越来越少。人类在改造自然的同时，塑造了很多自然界无法比拟的物质和精神世界，包括众多的旅游客

[1] 范方舟. 旅游景区过度商业化问题剖析[J]. 商业时代，2010(25)：124-125.

[2] 林美珍，黄远水. 文化旅游之下的文化真实性与文化商品化[J]. 广西民族学院学报：哲学社会科学版，2008(社会科学专辑)：132-136.

体。但是,这些还不够,随着旅游业的发展,“天造的”“黄山们”、“佛造的”(本质上还是“人造的”)“九华山们”满足不了旅游者的愿望,二十世纪八十年代以来,尽管有生有灭,突然间众多“人造的”主题公园“方特们”出现在旅游者面前。

(二)景点标牌:内容科学化,功能多样化

景点标牌演变包括三个层面。①标牌材料的演变。从早期的石材、竹材、木材等传统材料发展到后来的混凝土、不锈钢、复合材料等,越来越现代化。现代材料有防腐等传统材料不具备的长处,采用什么材料最好,与牌示景观协调性最好的材料最佳。②内容和功能的演变。早期的标牌仅有景点名,主要起导向功能,现在最优秀的景点标牌通常是集景点名、景点成因、科学价值、美学价值于一体,除了导向功能外,标牌的科普功能、教育功能、文化功能越来越突出,越来越科学化。③勒刻、招贴方式的演变。早期直接在山崖上勒石,如黄山“鳌鱼洞”,岩石、景点名浑然一体,后来发展到或者写在经过防腐处理的竹片、木片上,或者刻在经过切割打磨的石材上,或者刻在混凝土碑上,或者刻在复合材料上,越来越人工化,但有的因此也显得很突兀,与环境格格不入。

充分发挥标牌的导向、教育、文化功能值得提倡,标牌材料、勒刻和招贴方式与环境和谐协调值得关注。

(三)旅游演艺:从无到有,日渐繁荣

改革开放以后,我国以游客为观众的旅游演艺活动始于何时,几无查考,也许就来自桃园里、葡萄架下的一次果农不经意间的歌唱。有模有样的旅游演艺活动始于1982年9月陕西省歌舞剧院演出的《仿唐乐舞》。陕西为了改变游客“白天看庙、晚上睡觉”的旅游市场资源“浪费”的局面,精心打造了《仿唐乐舞》和《唐·长安乐舞》等一批旅游演艺产品,并使之成为我国最早的文化演绎型旅游演艺品牌。此后,深圳华侨城推出了一批驻场演艺节目,得到了旅游者的追捧,提升了旅游产品的竞争力,旅游演艺得到广泛认可。

进入二十一世纪以后,景区大型演艺活动风起云涌,一大批品牌项目如杭州的《宋城千古情》、张艺谋导演的“印象”系列、湖北的《盛世峡江》等,均成为旅游演艺业发展的亮点和时尚。目前,全国成规模并投资在100万元以上的具有一定知名度的演艺项目不少于200个,不少景区乃至一些宾馆饭店都有自己的演艺团队,呈现出“南北东西各展风采,民营国有百花齐放,品牌产品声誉日隆，艺术市场多元扩大”[1]的发展态势。传统文化产业演艺业与朝阳产业旅游业携手并进，演艺业的优势——文化和旅游业的优势——市场有机结合，打出了双赢的结果和灿烂的前景。

我国旅游演艺产品大体分为民族风情展示型（如《印象·丽江》）、山水实景演出型（如《印象·刘三姐》）、文化遗产演绎型（如《印象·西湖》）三分天下的格局[2]。旅游演艺产品使静态景观动态化，鲜见景观常态化，抽象内容具象化，死文化变成了活文化，不仅改变了旅游者“白天看庙、晚上睡觉”的单调感觉，丰富了旅游景观，营造了“山水不可易、人文日日新”的新的感官消费模式，而且丰富了传统旅游产品的内涵，使自然山水与人文风情有机结合、相得益彰，增加了旅游活动的魅力。

优秀的旅游演艺项目具有诸多特征，如编演阵容庞大，艺术叙事宏观，音乐舞蹈原创，舞美声光时尚，服装道具华美，演出场地多样，观众层次广泛，观赏效果逼真，市场需求稳定，经济效益明显等。旅游演艺项目成功与否，还取决于内容是否与当地文化资源有关，文脉和地脉是否相通，表演形式是否与当地表演艺术传统有关，是否真的“依山傍水”、“土生土长”[3]、特色鲜明。

（四）旅游景观：从原始真实到人工真实

在旅游发展初期，呈现在旅游者面前的景观是原始的真实景观：如造型奇特的观赏树、形态各异的象形石甚至连名字都没有；乡村旅游地鸡飞狗叫，道路上牛来马往，东道地居民通常会对陌生的旅游者表现出传统的好客行为和情感，生产生活化的场景随处可见。称之为“原始真实”，是因为没有经过人工刻意为旅游者而准备，是“原生态”的景观。

随着旅游开发的深入，“村姑”变成了“模特”，从“原始真实”发展到“人工真实”：奇树怪石有了动听的名字；村庄被整饰，商业化、舞台化、程式化的场景取代了生产生活化的场景，东道地居民的好客行为有的甚至染上了商业气息，本能的逐利心理使东道地居民向游客展示目的地文化的行为具有了表演的成分等。称之为“人工真实”，是基于它是为了更好地迎合旅游者

[1] 刘玲，林宪生. 中国沿海与内陆旅游演艺差异性分析[J]. 云南地理环境研究，2011，23(2)：74-79.

[2] 徐世丕. 旅游演艺的历史、形态、格局与类型[N]. 中国文化报，2009-05-15(3).

[3] 徐世丕. 旅游演艺的历史、形态、格局与类型[N]. 中国文化报，2009-05-15(3).

需求刻意为之，添加了人们的“私心杂念”——逐利。

到底是“原始真实”好，还是“人工真实”好，没有答案，“萝卜白菜，各有所爱”：小众旅游者专门去其他旅游者不想去的地方旅游，喜欢带有探险性和挑战性的户外休闲，谓之为“驴友”，说是这些地方“原始”“质朴”；大众旅游者不喜欢去这些“另类”旅游地，而是去那些安全系数高的普适性的旅游地，同样说去这些旅游地是“返璞归真”“回归自然”。

今天，“人工真实”已经成了旅游景观的主体：残破的山体经过了人工修饰，古村落也不是“古时候”的模样。但是，由于对“真实”理解的误区，误读文化的景观营造并非骇人听闻。

一提到“原始真实”，人们就想到“原真性”。“原真性”是《威尼斯宪章》倡导的文化遗产保护的基本原则，本章的“原始真实”和“人工真实”与文化遗产保护的“原真性”不完全是一个概念，“原真性”仅仅是针对文物保护与修复而言的。“‘原真性’是英文‘authenticity’的译名。它的英文本义是表示真实的、而非假的，原本的、而非复制的，忠实的、而非虚伪的，神圣的、而非亵渎的含义。”[1]有学者认为，用“真实性”比“原真性”好：“《威尼斯宪章》中讲了文物保护修复的原则，一是规定要保存历史的原物，修复要以历史真实和可靠文献为依据，反对一切形式的伪造；二是要保存全历史信息，要保护古迹在各个时期的叠加物，如同让人读出历史长卷的各个章节；三是修补时要和整体和谐，但又要和原来的部分有明显区别，让人可以区分真假；还要保护遗址的完整性，用正确的方式清理开放而不应重建，古迹的保护包含着它们所处的环境，一般不得迁移……”“从文字学的角度看，‘原真性’让人一看就看出有‘原初的真实可信’的意思，与‘authenticity’字典上的意义更接近一些。但从专业术语上看‘authenticity’所要表达的不只是‘原初的真实可行’，还要表达历史全过程的真实可信，所以用‘原真’倒是显得不全面了。而用‘真实’，它既没有强调原初，也没有强调全过程，但哪项也没丢，所以它更接近专业上的含义。”“在国家的正式法规文件中用的都是‘真实性’，要求保护历史过程的全部真实，不赞成恢复到原初的状态，不要修旧如新。”[2]有学者认为：“总结‘真实性’、‘原真性’二词在国内二十余年来的使用历程，表明从学术视野看，‘真实性’的使用较之‘原真性’，不具有先天优势。从字面表达

[1] 阮仪三，林林. 文化遗产保护的原真性原则[J]. 同济大学学报：社会科学版，2003，14(2)：1-5.

[2] 王景慧. “真实性”与“原真性”[J]. 城市规划，2009(11)：87.

看，两个译词侧重不同，但通过不同的表达途径最终趋于认识上的一致。”[1]

旅游地景观建设中必须处理好“舞台真实”和“后台真实”的关系。一些只有在特定时间出现的场景，如婚俗、祭祀、迎驾活动等，在旅游地被频繁上演，“婚俗表演”“祭祀表演”“迎驾表演”成了一种“舞台真实”。尽管这种表演表面上似乎还保持着原貌，但已经成了一种固定的商业运作模式。实际上，很多原本真实淳朴的“后台真实”已经不复存在，“舞台真实”弄得不好有可能“画虎类犬”，甚至亵渎了传统文化。

（五）旅游地名：虚实并举，诗情画意

地名是一种文化，蕴含着丰富的文化信息，具有表征意义。地名通常由“专名”+“通名”组成，如地名“九华山”的“专名”是“九华”，“通名”是“山”。山峰岭谷、崖洞坑窟、河泉瀑潭、城镇村寨、亭台楼阁、寺庙宫观、塔桥祠坊等，是旅游地名中常见的“通名”。“通名”反映了景区景点的属性，旅游者通过通名可以捕捉到旅游地的基本属性。地名是重要的人文景观，凝聚着历史和文化，属于旅游资源范畴[2]。

旅游地名是一块招牌，拥有一个好名字，又是高质量的旅游地，如同做了一个好广告，对提高旅游地知名度、增强对游客的吸引力、促进旅游业发展具有重要的作用[3]。旅游地名与旅游关系密切，对旅游活动起着推动或者阻碍作用，影响旅游者决策，在旅游中发挥着导向作用。旅游地名不仅仅是一个抽象符号，而是有着多重功能和实际价值，否则也不会出现一些行政地名以风景区名易名的现象。旅游地名具有实用功能，旅游者可以“按名寻地”。旅游地名具有知识功能，反映了一定的地理、历史、人文风貌，有助于旅游者对景观的理解，旅游者可以“循名求源”。如“一线天”“试剑石”得名多源于断层、岩体垂直节理；“明孝陵”点明时代；“黄帝陵”表明事主；故宫三大殿（太和殿、中和殿、保和殿）名字中均带有“和”字，再现了中国传统文化中的“和合”观念[4]。旅游地名具有审美功能，能够深化旅游者的审美感知，启发旅游者的审美想象，强化旅游者的审美情感。如一听到“翡翠谷”，游人依据自身经历，通过联想，马上意识到该景区是一个山清水秀的谷地；“连理

[1] 张成渝.“真实性”和“原真性”辨析[J]. 建筑学报，2010(S2)：55-59.

[2] 王荣，何彤慧. 地名旅游资源特征及其开发利用初探[J]. 桂林师范高等专科学校学报，2009，23(4)：72-75.

[3] 张勇. 中国风景名胜的命名研究[J]. 桂林旅游高等专科学校学报，2002，13(4)：24-27.

[4] 文明陵，晓畅. 旅游地名的功能分析[J]. 中国地名，1999(4)：14-15.

松”让人体味到“在天愿做比翼鸟，在地愿为连理枝”的神韵；“猴子观海”使原本没有情味的硬邦邦的岩石（体）变成了有情有义的美的形象。

汉语言丰富多彩，面对相近的象形景物，旅游人取了很多有趣的名称，叫人“不看不像，越看越想越像”，甚至忍俊不禁。如还在黄山，同为两块岩石（体），上小下大者，有的名“仙女晒鞋”，有的名“仙人晒靴”，有的名“松鼠跳天都”，有的名“鳌鱼驼金龟”；一左一右者，有的叫“童子拜观音”，有的叫“鳌鱼吃螺蛳”，有的叫“张公背张婆”，有的叫“刘海戏金蟾”。

为了提高知名度、美誉度和响应度，景区景点命名特别强调修饰，努力使景区景点名称充满诗情画意，让游人产生旅游欲望。我国三个字的景区景点命名主要有八种修饰方法：①以景点特征（包括形态、高度、温度、颜色、声响、地理位置等）为修饰语，如黄山“人字瀑”“百丈瀑”“翡翠谷”；②概括历史故事、民间传说等为修饰语，如淮南“八公山”，贵池“大王洞”；③取某种意境为修饰语，如黄山“步仙桥”，歙县“岁月滩”，金寨“天堂寨”；④以历史人物（包括传说中的人物）的姓名为修饰语，如黄山“轩辕峰”，齐云山“方腊洞”；⑤以景点的动植物名、物产名为修饰语，如泾县“桃花潭”、来安“白鹭岛”；⑥以景点收藏物为修饰语，如北京房山“石经山”；⑦以景点周围地理环境名为修饰语，如安徽“太平湖”、安徽岳西“天峡”；⑧以景点的功能为修饰语，如黄山“观瀑楼”，苏州“听雨轩”。我国四个字的景区景点命名方法主要有四种：①景点+该点所见佳景，如九华山“五溪山色”“闵园竹海”“天台晓日”等；②景点+（某时+）游览行为，如杭州西湖“花港观鱼”；③虚实结合，如九华山“天柱仙踪”等；④化静为动，如黄山“苏武牧羊”等[1]。这些命名方法，对传播和推广景区景点很有帮助。如北方某地计划建设一个名叫“印象江南”的景区，名字就立即给人一种山明水秀、杨柳依依、荷塘月色、物产富饶的意象，无疑有利于市场推广。

景区景点地名具有五个基本特征：概括特征，突出个性；虚实结合，诗情画意；韵味含蓄，通俗易懂；寓意深刻，发人深省；平仄协调，音节和谐[2]。其中，最主要的是虚实结合，诗情画意。“实”指景观，“虚”指意境。景区景点命名以“实”为基础，以“虚”为意象，有实有虚，虚实结合，情景交融，可以在旅游者心中营造出“诗情画意”的境地，有利于市场推广，降低营销成本。为什

[1] 钟志平. 试谈我国风景点的取名[J]. 赣南师范学院学报，1992(1)：75-80.

[2] 李进学. 景点命名艺术谈[J]. 花木盆景·花卉园艺，2009(5)：42-44.

么要“实”？没有“实”，空穴来风，名称再好，毕竟是镜中月、水中花，不可能吸引游人。为什么要“虚”？“虚”是“实”的合理发展或者推衍，“虚”能创造意境，意境能悦耳修身养性，能够吸引游人。“诗情画意”是“虚实结合”试图达到的结果，游人凭借自己的阅历和知识，寻求“诗情画意”的旅游地。虚实结合，诗情画意，能够让游人未见其物，先闻其名，心向往之。

改革开放以后，景区景点地名改名比较多，比较常见的就是将“水库”改称“湖”，如皖南“陈村水库”改名为“太平湖”，太湖县“花凉亭水库”改名为“花亭湖”，舒城县“龙河口水库”改名为“万佛湖”。我国最早将水库改称湖的可能是庐山的“如琴湖”和“芦林湖”。

有些景区景点名称取得好，得到了社会的认同。如哈尔滨的太阳岛系从满语“圆鳊花鱼”的音译演变而来。满语对三种鳊花鱼有三种叫法，普通鳊花鱼称“海花”，黑鳊花鱼称“法卢”，圆鳊花鱼称为“太宜安”。“太宜安”与汉语“太阳”发音十分相似。岛周边盛产圆鳊花鱼，岛上细沙洁净，夏日阳光下格外炽热，故称“太阳岛”。

有些景区景点名称改得很成功，以致出现了很多模仿者，大有神州处处“千岛湖”之势。浙江淳安千岛湖系由1959年建设的新安江水库(属于1982年国务院公布的首批44个国家级风景名胜区之一富春江-新安江风景区的一部分)改名而来，因水库内面积2 000平方米以上的岛屿有1 078个，1984年12月改为今名。江苏溧阳天目湖由沙河和大溪两座水库演绎而来，两大水库地处天目山余脉，从空中鸟瞰恰似两颗明珠镶嵌在大地上，故改为今名。如今，“天目湖”已经成为一个品牌，成立了“天目湖旅游股份有限公司”，旗下包括天目湖山水园景区、天目湖南山竹海景区、天目湖御水温泉景区和天目湖旅行社，甚至有人议论要将溧阳市改名天目湖市。

也必须指出，目前景区景点命名也有不少问题，如把没有的说成有的，把平庸的说成神奇的，把本该有序的搞成杂乱无章的(指一个景区内诸多景点命名不按照一个套路，而是五花八门，有的取自儒家、道家、释家，有的来自典故、民俗、附会等)，把雅的说成俗的。之所以出现这些问题，一是源于利益驱动，二是源于文化缺失，三是源于管理(尤其是地名管理)不到位[1]。还有，景区名称规范程度差，甚至同一旅游地在行政主管部门评定品牌时的

[1] 陈文君，曾大兴. 旅游设施和景点的命名问题[J]. 生产力研究，2006(4)：141-142，167.

名称都不一样，这也必须引起重视[1]。

2010年以来，我国旅游地名标准化取得积极进展。如九华山风景名胜区地名命名标准化获批准并向社会公布[2]；旅游标准化试点工作开始起步，如国家旅游局于2012年3月6日公布了全国首批旅游标准化示范单位。

旅游地名不当，会带来消极影响。如出现上述问题，会出现负面口碑；又如一些行政区地名以风景区名易名，易名后的一段时间里不利于旅游者“对号入座”[3]。当然，尽管“皖南处处皆黄山，到了黄山不见山”不是好事，但行政区地名以风景区名易名引起的讨论实际上也起到了“推介”“营销”和“传播”新地名的目的。但愿这一类“推介”“营销”和“传播”还是少一点为好，不能只要地脉不要文脉，因为地脉易求，文脉难续。

四、区域化

“熟悉的地方没有风景。”换个角度来理解这句话，对于任何人，不熟悉的地方太多太多，意即“锦绣河山，处处有风景”。改革开放以来，我国旅游地景观日渐丰富，越来越呈现出区域化发展特征。

从宏观上看，植树造林、退耕还林、封山育林（我国森林覆盖率由1978年的13.92%上升到2008年的20.36%），生态省、生态城市、生态县、生态村、美好乡村建设，农田道路林网建设，美丽中国建设等，生态环境长期向好，整个神州大地越发锦绣靓丽，处处可游。从中观上看，城市从“千城一面”慢慢发展成“千城千面”，“城市客厅”让人怦然心动，住区环境空前改善，城市处处可圈可点；建设美好乡村，生态宜居村庄美，兴业富民生活美，文明和谐乡风美，乡村成了宜居宜业宜游的大观园。从微观层面看，局部景观质量绝佳，成为游人向往的旅游热点。

（一）从单一景点到景点成群连片

在我国旅游发展早期，景区景点少之又少，彼此之间距离很远，旅游者出游类似于“长途奔袭”“打一枪换一个地方”，旅行时间长，游览时间短。如在改革开放初期，皖南景区只有黄山、九华山、齐云山“三座大山”。随着旅

[1] 赵彬. 旅游景区景点命名的规范化问题探讨[J]. 中国地名，2011(8)：46–47.

[2] 安徽旅游信息中心. 九华山风景区地名命名标准化获批准并向社会公布[EB/OL]. (2010-03-08)[2012-09-19]. http://www.cnta.gov.cn/html/2010-3/2010-3-8-13-54-47438.html.

[3] 许宗元. 旅游地市行政地名命名的思考[J]. 旅游科学，2002(2)：23–27.

游需求的增加,旅游开发的深入,旅游景区景点空前增多,呈片状之势。如仅在黄山南大门汤口沿205国道向谭家桥方向10千米内就有九龙瀑、翡翠谷、凤凰源等景区景点或旅游项目,沿103省道向休宁方向10千米以内就有浮溪猴园、香溪漂流等景区景点或旅游项目。

又如黄山市徽州区,面积442.6平方千米,总人口10万,经过20多年的建设和发展,全区大地处处可游,以致该区说"人生有梦,梦圆徽州"。该区现有全国重点文物保护单位四处(潜口民宅博物馆、呈坎古建筑群、老屋阁和绿绕亭、岩寺新四军军部旧址),"国保"拥有量居全省各县(区)前列;AAAA级景区三家(唐模、呈坎、潜口民宅),AAA级景区一家(丰乐湖),全国农业旅游示范点两家(蜀源、丰乐湖);国家历史文化名村一处(唐模),省级历史文化名村三处(潜口、西溪南、呈坎村);区政府所在地岩寺是南方八省游击队的集结地、新四军的成军地和东进抗日的出征地,是两条"全国红色旅游线路"的结点,是"安徽省红色旅游十佳景点"之一。

大城市周边的环城游憩带是旅游地景观区域化的另一种表现形式。称为游憩带,并非是一个完整的同心环,而是点(如农家乐)面(如采摘园)结合、宽度不一、时断时续的似环状区域。环城游憩带主要是农家乐、采摘园、生态观光、乡村度假等具有"乡村性"的休闲活动场所,一般以一日游为主,主要消费对象是城市居民。城市越大,环城游憩带离中心城区越远。

城市建设日益注重景观营造是城市型旅游地景观变迁区域化特征的表现形式之一。如今,"千城千面""显山露水""彰显地脉、凸现文脉"等城市建设理念得到了普遍认同,城市中心广场的"客厅"功能日益明显,建筑物的造型和外立面色彩日益景观化,滨江、滨河公园建设如火如荼,森林进入城市,"园林城市"朝"森林城市"发展,公共绿地越来越多,霓虹灯、商业广告越来越漂亮,城市景观越来越具有了旅游功能,城市景观对旅游者的吸引力越来越强。但也必须指出,城市景观营造中,"雷人"的建筑外形,违背生态规律的水景观和森林景观,违背生态规律、不符合中国国情的大草坪点缀独赏树外加花岗岩广场、模纹灌丛和文化石的所谓"现代城市园林",实不可取,必须坚决摒弃。

景区景点成群连片,只要彼此之间互补,就有利于组织旅游线路,降低营销成本,充分利用游客资源,缩短游客旅行时间,增加游览时间,充分利用游客出游时间,为游客所欢迎。

（二）从同质竞争到优势互补

今天景区景点“成群连片”，与过去“遍地开花”有着本质上的区别。过去是同质性竞争、单打独斗，现在是优势互补、差异化发展、共谋发展、抱团发展。如徽州区，虽然唐模、呈坎、蜀源同为徽派民居村落，但通过有机整合，求异发展，彼此主打品牌不同：唐模重在水口园林，小桥流水，山乡水村，重在乡村旅游；呈坎重在八卦形村落形态，彰显民居、村落、祠堂和风水观光旅游；蜀源以山峦叠翠、溪水汩汩、农舍掩映、山水画境为特色，主打养生旅游。

（三）从点线结构到区域旅游为主的板块结构

从空间看，改革开放初期，我国旅游地点状发展，城市观光旅游主要呈现出以北京、上海、广州、西安、桂林等少数热点城市串联起来的线状结构。随着旅游市场的多元化，各级各类旅游中心城市不断涌现，带动了周边地区的旅游开发，形成了以区域旅游为主的板块结构。

《中国旅游业“十二五”发展规划纲要》（2012）提出要抓好区域旅游合作，秉承整体规划、优势互补、信息互通、资源互享、市场共有、效益共赢的原则，在资源、资金、信息、交通、人才、产品和市场等生产要素上展开区域旅游合作，寻找最优组合，达到“共赢”目的，要重点打造环渤海、长三角、泛珠三角、丝绸之路、青藏铁路沿线、东北老工业基地、京杭大运河沿线、武陵山区等无障碍区域合作示范区，实际上也是朝着旅游地景观建设区域化方向发展。

五、资本化

旅游地景观建设呈现的“资本化”趋势，与经济学中的资本化不同，与旅游资源通过上市实现资本化也不同，不是说旅游地景观建设离不开资本，而是说在旅游地建设过程中，资本的地位日渐突出，旅游地景观建设越来越需要大量的资本投入。

（一）投入主体：自然—知识—资本

从旅游发展历程看，早期的游览对象要么是真山真水，要么是实实在在的生产生活场景，虽然山水有名，恐怕奇花异草、秀木巧石都没有名字，一切都那么“原始真实”。

随着文人上山，旅游活动逐渐普及，自然景观越来越文化化，人类赋予自然物以情感,无情的山石草木变成了有情有义的灵物,景区景点景物越来越有文化意境,知识在景观建设中的地位明显上升,如何取名、如何整修、如何造景,都仰仗于人的知识。在相当长的一段时间里,邀请文人采风、举办摄影大赛、聘请名家题词,是不少旅游地景区景点景物知识化的主要举措。

改革开放以来,特别是九十年代以来,旅游景观建设日益趋向于资本化。否则,无论创意多么丰富,最后只能是"镜中月""水中花"。过去资本投入主要用于接待服务设施建设,现在资本投入主要用于旅游景观建设。过去投资一百万元的旅游项目就是大项目,如今一两千万元的旅游投资项目人们并不看重,动则投资数亿元到数十亿元。

将投入主体划分为自然投入为主、知识投入为主和资本投入为主三个阶段,只是为了叙事的方便。其实,在旅游景观建设和发展过程中,自然始终是基础,知识(文化)是卖点,资本是推动知识(文化)外显、具象的重要条件,知本是资本化的前提。改革开放以来,我国景区景点建设三部曲("开发景点卖门票"→"兴建酒店卖床位"→"发掘内涵卖文化"),至少说明在旅游地建设中,知本和资本发挥着重要作用。过去由于实践时间短,认为旅游业是"低投入高产出"的产业,后来慢慢意识到旅游业是"高投入高产出"的产业,也充分说明资本之于旅游地建设的重要性。以目前而论,大量资本投入景观建设是以高知识投入为前提的,否则资本投入越多亏损越大,不但主题公园建设是这样,而且自然景观修复也是这样。

(二)巨额资金:旅游景观大制作

旅游地景观变迁中的资本化趋势,突出反映在宗教造像、旅游演艺和主题公园建设方面。由于宗教自身和信众的原因,宗教造像大制作突出反映在佛教造像方面。

1.佛教造像大制作

佛教自汉代传入中国,在其长达2 000年的传播过程中,历经数次兴盛和衰落。改革开放前,我国最高的佛像当属岷江、青衣江、大渡河三江汇流处凌云山栖霞峰临江岩壁上的乐山弥勒佛石质坐像,"山是一尊佛,佛是一座山",通高71米;室内最高的大佛当属北京雍和宫释迦牟尼佛木质立像,佛体高18米;石窟中的石雕佛像以洛阳龙门石窟中的卢舍那佛石雕像为最,通高17.14米。

1982年3月31日,中共中央颁布《关于我国社会主义时期宗教问题的基本观点和基本政策》(简称19号文件)。该文件全面阐述了中国共产党在宗教问题上的基本观点和政策,奠定了我国改革开放之后宗教信仰自由的大格局和"政治上团结合作,信仰上互相尊重"的基本原则。随着经济发展,信众增多,神州大地似乎掀起了一场造佛运动。

2004年,国务院颁布《宗教事务条例》。《宗教事务条例》明确规定宗教团体拟设立宗教活动场所必须实行报批制度,宗教团体、寺观教堂拟在宗教活动场所外修建大型露天宗教造像必须实行审批制度,宗教团体、寺观教堂以外的组织以及个人不得修建大型露天宗教造像。20世纪末以来,宗教造像越造越高,越造越大,越造投资越多。如1997年落成开光的无锡灵山释迦牟尼佛立像通高88米(佛体高79米,莲花座高9米),耗资3.5亿元人民币;2008年落成开光的河南鲁山释迦牟尼佛立像通高208米(佛体高108米,莲花座高20米,金刚座高25米,须弥座高55米),耗资12亿元人民币。就观音菩萨而言,1997年落成开光的浙江普陀山南海观音菩萨立像通高33米(佛体高18米),1998年落成开光的广东佛山南海观音菩萨坐像通高61.9米(暗含观音菩萨成道日6月19日之意),而2005年落成开光的海南三亚南海观音菩萨立像通高108米(佛体高78米),耗资8亿元人民币[1]。

与佛教造像越造越大的同时,宗教活动场所越来越多。据中共中央《关于我国社会主义时期宗教问题的基本观点和基本政策》,"现在连同寺庙观堂、简易活动点和教徒自行建立的活动场所合计在内,约有三万所"。而到了二十一世纪头十年中期,"据不完全统计,中国现有……宗教活动场所8.5万余处"[2];"目前全国共有登记在册、可开展宗教活动的寺院3.3万余座、道观9 000余所。但同时,还有不少历史上留下来及新建的佛、道教建筑并不以宗教活动场所的身份开放"[3]。这两个数字哪个最准确并不重要,宗教活动场所在过去30年呈增长态势是事实。

2.主题公园大制作

在旅游发展的绝大部分历程中,旅游资源主要是核心功能并非旅游的其他资源和场所,如山水、宗教活动场所,专门用于旅游的资源很少,主要是

[1] 佚名. 佛教在中国的起起伏伏,中国乃至世界佛像之最[EB/OL]. (2012-06-10)[2012-09-02]. http://tieba.baidu.com/p/1649771922?pn=1.

[2] 张新悦. 我国有多少宗教活动场所[J]. 四川统一战线,2006(5):23.

[3] 朱珉迕. 整顿宗教场所承包上市 "假僧假道"未来可由网络鉴别[EB/OL]. (2012-06-06)[2012-09-16]. http://www.sara.gov.cn/xwzx/mtjj/14711.htm.

帝王御园，商贾官宦的私家园林，而且享受者限于帝王将相、皇亲国戚、商贾富绅、才子佳人等。自从1955年7月18日美国加州迪斯尼乐园问世以后，专门用于旅游的场所越来越多，主题公园就是专门用于旅游的场所之一。

主题公园是根据某个特定的主题，采用现代科学技术和多层次活动设置方式，集诸多娱乐活动、休闲要素和服务接待设施于一体的现代旅游地。中国主题公园萌芽应该是1982年建成的广东中山长江乐园。自此以后，主题公园面积越来越大，主题越来越丰富，创意越来越新颖，建造周期越来越短，投资越来越多，主题公园连锁越来越多，似乎真切地感受到“不怕做不到，只怕想不到”，呈现出一派大发展、大繁荣的兴旺局面。到目前为止，1989年11月22日开业的深圳“锦绣中华”（占地30公顷，82个景点按照其在中国版图上的位置布局）仍然是世界上面积最大、内容最丰富的实景微缩景区。

华侨城集团总裁任克雷认为，中国主题公园，1990—2000年是它的开创期或者探索期；2000—2010年是它的自觉发展期，此期间投资商知道自己在做什么，无论是华侨城的欢乐谷，还是番禺长隆欢乐世界，或者是大连的极地海洋馆，都是这10年中发展起来的主题公园；2010—2020年将是国际品牌和本土品牌的共同成长期[1]。

与自然禀赋类和历史遗存类旅游景观不同，与相关产业和行业融合、嫁接旅游功能而形成的旅游景观也不同，参与性主题公园类产品维护、运营、更新成本高，生命周期短，资本、知本投入尤为重要。

必须指出，在主题公园发展过程中，应该谨防重复建设和无创意建设，谨防借发展文化产业之名行圈地之实。

3.旅游演艺大制作

1982年9月，陕西省歌舞剧院推出《仿唐乐舞》表演，拉开了我国旅游演艺业的序幕，也让到西安参观秦兵马俑的国内外游客不再“白天看庙、晚上睡觉”。1998年，深圳华侨城开发的主题公园“世界之窗”推出大型音乐舞蹈史诗《创世纪》，创下国内晚会演出场次最多、观众人数最多两项纪录。

真正的旅游演艺大制作，始于2003年3月20日公演的大型桂林山水实景演出《印象·刘三姐》。《印象·刘三姐》是漓江山水剧场之核心工程，我国著名导演张艺谋、王潮歌、樊跃出任总导演，国家一级编剧、中国实景演出创始

[1] 蔡良焕，胡梅林，关山，等. 中国将进入大型主题公园发展新时期[N]. 2008-07-30(A7).

人梅帅元任总策划和制作人，历时五年半制作完成，资本投入3.2亿元[1]，1.654平方千米水域、12座山峰是舞台，61位中外著名艺术家参与创作，109次修改演出方案，600多名演职人员参加演出。它集漓江山水、广西少数民族文化及中国精英艺术家创作之大成，是中国第一部全新概念的山水实景演出。《印象·刘三姐》因为高演出场次、高上座率、高收入，成为国内文化产业成功运作的典范，由此引发了国内大型实景演出的热潮。

此后，一大批投资亿元的旅游演艺项目纷纷面世，如《印象·丽江》历时一年半打造，投资2.5亿元，《禅宗少林·音乐大典》历时三年，投资3.5亿元[2]。

必须指出，旅游演艺业应当内容为王，质量第一；必须抵制低俗、庸俗、媚俗的文化垃圾；必须有特色，有深度，切忌模仿、雷同。

第三节　旅游地景观变迁动力机制

任何旅游地景观都不是一成不变的，不仅人文景观，而且自然景观。处在不断变化中的景观，有的更加秀美，有的日渐式微。如同为花岗岩景观，由于岩性差异、年龄不同，景观差别很大。黄山目前“群峰秀丽”也只说明黄山花岗岩体正处于演化的“风华正茂”时期，将来也会逐渐坍塌，失去今日俏丽的容颜，沦为“明日黄花”。人文景观始终处在变化之中，如新建筑日渐出现沧桑感，建筑物年代久了要维修，非物质文化景观年代久了要变异乃至消弭等。

旅游地景观变迁是一个复杂的过程，从促使变迁的因素来看，既有自然因素，也有人文因素，更多的是二者的综合作用。大体上，在旅游地景观变迁中，自然因素是景观变迁的基础，人文因素是景观变迁的主要推动力。

旅游地景观变迁的时间尺度有长有短。生物景观变化既有以年为单位的周期（如植物春华秋实，“离离原上草，一岁一枯荣”），也有以生物年龄为周期的生命周期。自然景观的变化有的瞬息万变，此一时彼一时，如流云飘烟、朝晖晚霞等，有的需要用地质年龄来衡量，短期内难以观察到，如“沧海桑田”等。人文景观的变迁同样遵循一定的生命周期。如当今民居古建筑中以清代居多，明代极少，就是因为民居建筑经不起长期的自然和人为损

[1] 胡洪伟，孙金龙. 对我国旅游文化资本化的思考[J]. 经济师，2009(6)：258-259.

[2] 胡洪伟，孙金龙. 对我国旅游文化资本化的思考[J]. 经济师，2009(6)：258-259.

毁。一些唐宋时代的庙寺观堂、楼台亭阁等能够延续到今天，甚至不减当年，绝非当年原物，而是人类不断修葺的结果，其风貌肯定较当年有所变化。

旅游地景观变迁是一个不以人们的意志为转移的过程，但人们的行为可以加速或延缓这个过程。符合景观演变规律的人类行为有利于旅游地景观的保护和发展，如对珍稀濒危动植物、古树名木的保护，让"疲劳"景区景点"轮休"等。违背景观演变规律的人类行为有可能加速旅游地景观的退化或者消亡，如山岳型景区植被景观营造采用非乡土物种有可能造成"生物入侵"，超容量开采温泉使温泉水温降低、不再自流等。

一、自然因素的作用

自然因素对旅游地景观的影响，有时是瞬间、突变性的，更多的是缓慢、渐变性的；既有破坏性的，也有建设性的。

（一）自然因素对旅游地景观的突变性影响

对旅游地景观造成突变性影响的自然因素，主要是火山、地震、海啸、滑坡、泥石流等地质灾害和冻雨、雪灾、台风、暴雨、洪水、干旱、酷寒等气象灾害。突变性的自然因素对旅游地景观的影响几乎都是破坏性的。虽然火山爆发瞬间会产生壮美奇观，但火山爆发会影响气候、破坏环境、影响生活，其对景观的破坏性影响远非瞬间壮美奇观可以抵消。

大范围突发性自然灾害对旅游地景观的破坏性影响最为明显。例如，"五一二"四川汶川八级特大地震及其次生灾害如塌方、滑坡和泥石流等，不仅使灾区人民蒙受了巨大的生命和财产损失，也使美丽的川西大地满目疮痍，无论是秀丽的自然风景，还是历史悠久的文化遗产，都遭受了空前的浩劫。地震、暴雨、洪水以及地震、暴雨引发的次生灾害滑坡、泥石流，使山体垮塌，青山顷刻变成秃山，绿水变成浊水，河流被壅塞；汶川、北川县城满目疮痍，已经不宜居住，只得异地重建；汶川县雁门乡境内岷江南岸高山台地上羌寨、世界上最大最古老的用黄泥建造的民族村落——萝卜寨，几乎被夷为平地；沿龙门山脉一线的景区，特别是川北一带的景区和青城山-都江堰景区受灾严重，其中青城山-都江堰景区二王庙垮塌，伏龙观变形，俯瞰整个都江堰水利工程的最佳观景点秦堰楼只留下几堵残垣断壁；江油市内清代建筑几乎全部倒塌，重要文物陇西院照壁、粉竹楼照壁、太白祠、白云寺的窦真殿和东岳殿都全部垮塌……据文物部门统计，截至2008年5月16日，四川省共有56

处全国重点文物保护单位和79处省级重点文物保护单位在汶川地震中遭受严重损失;馆藏文物损失758件,其中珍贵文物85件,一级文物9件。

小范围的灾害也会使局部地区自然景观发生很大变化,如冰冻雪压对黄山迎客松的摧残等。迎客松是黄山标志性景观,也是一道极具文化内涵的景观。因为人民大会堂安徽厅悬挂有依据迎客松形象锻造的巨幅铁画《迎客松》,老一代党和国家领导人曾在《迎客松》铁画前接见外国友好使者,迎客松因此成为友谊的象征。黄山迎客松,有名有姓才150多年:徐霞客游记中未见其名,也不在康熙八年(1669)《黄山志》所列九大名松之列,直到咸丰九年(1859)三月初五,歙人黄肇敏在《黄山纪游》中描写文殊院的景色中才见迎客松名。近30多年来,迎客松景观变化很大:1974年冬,因为冰冻雪压,倒二枝折裂;1979年,再次遭受冰冻雪压,倒二枝扭裂,不得不用一根杉木支撑着倒二枝,有人戏称迎客松"拄着拐杖";1985年,倒二枝枯死,为了迎客松的原真性,保留了倒二枝残体;1989年,为了保证迎客松不再出现雪压冰冻、断干折枝的危险,设计了保护迎客松活动支架,每年"立冬"后撑起,次年"清明"后拆除,并将倒一枝用钢缆斜拉在迎客松树干上。

暴雨以及暴雨引发的洪水对景区景点的影响,尤其对滨水景区景点、水景性景点、以水为载体的景区景点破坏性最大。

(二)自然因素对旅游地景观的渐变性影响

自然因素对旅游地景观的渐变性影响,既有积极的,也有消极的;既有建设性的,也有破坏性的。

1.地质作用

大范围的以地质年龄衡量的内力作用对旅游地景观的影响非常缓慢,在短暂的人生中难以觉察,但对地质景观的营造非常显著,如沧海桑田,不同地质作用、不同岩性、不同地质年龄的山地景观差异很大等。地质作用是地貌景观的形成基础,自然外力作用无时无刻不在精雕细刻着地貌景观。

2.风化作用

在光、热、水、气的综合作用下,生物按照自己的规律发展和演替,周而复始,小树长成大树,雏鹰长成雄鹰,景观日渐丰富;达到生命极限的生物自然消亡,景观因此而逊色。四季更替会给很多地区带来明媚春光、炎炎夏日、秋高气爽、三九严寒的天气,会使很多地区植物春季繁花似锦,夏季满目苍翠,秋季满山红叶,冬季银装素裹,植物季相变化带来的景观变化非常之大。

风化作用是诸多自然要素共同作用的表现形式之一。风化作用是指由于长期的风吹日晒、雨水冲刷和生物的影响等,地表岩石受到破坏或发生分解的变化过程。风化作用一般分为物理风化、化学风化和生物风化三类。

岩石是热的不良导体,在温度的变化下,岩石表层与内部受热不均,产生膨胀与收缩,如此这般长期作用的结果使岩石发生崩解破碎;在气温的日变化和年变化都较突出的地区,岩石中的水分冻融交替,结冰时水分体积膨胀,好像一把把楔子插入岩石体内,消融时水分重又回归液态,但进一步渗入岩石内部,如此周而复始、循环往复,直到把岩石劈开、崩碎。黄山形成今天这般的花岗岩峰林地貌、象形石,乃至出现沙化地,物理风化作用的影响不可小觑。

岩石中的矿物成分在氧气、二氧化碳以及水的作用下,常常发生化学分解作用,产生新的物质。这些物质有的被水溶解,随水流失,有的不溶解,残留在原地。这种改变原有化学成分的作用称化学风化作用。今天众多的岩溶地貌、造型奇特的灵璧石和太湖石,无不与化学风化作用密切相关。

植物根系的生长,穴居动物的活动,生物体死亡后分解形成的腐殖酸对岩石的分解,都可以缓慢改变岩石的状态与成分。这就是生物风化作用。岩石裸露地区植物能够生存下来、不断长大,与植物根系分解有机酸不无关系。虽然这些生境恶劣的植物长期"营养不良",但恰恰是这种"营养不良"使植物奇态百出,甚至由大丑达到大美,大俗达到大雅。

3.其他作用

除了地质作用、风化作用之外,许多地理作用或者过程,都对景观的营造和变化产生影响。如大气运动过程,输送热量和水汽,使天气不断发生变化,出现多种多样的气象气候景观。

二、人文因素的作用

人文因素对旅游地景观变迁的影响非常大,尽管其中有因为认识的局限性而带来的对景观的破坏性影响,总体上是趋好的建设性影响。在很大程度上,人文因素对旅游地景观的影响往往要借助自然因素。如对自然景观的修复,没有自然因素的参与是不可能实现的,对乡村景观的营造同样需要依托自然本底。

作用于旅游地景观变迁的人文因素是多方面的，有人类行为、经济发展、政策推动、市场需求、供给驱动等，它们共同、综合发挥作用，“群策群力”于景观变迁，使旅游地景观表现出多样化、品牌化、文化化、区域化和资本化等发展趋势。这其中，人类行为是要件，经济发展是前提，政府推动是拉力，市场需求是直接动因，供给驱动是对政策推动、市场需求的积极响应。

人类行为，大至价值观念，小至举手投足，对旅游地景观的影响都非常大，甚至有什么样的价值观就有什么样的旅游地景观。珍爱环境，蓝天白云，山清水秀，秃岭可以披绿，荒山也能锦绣，时时有景，处处可游。破坏环境，浓烟蔽日，污水横流，青山可以变秃，长河可以断流，满目疮痍，触目惊心。

人类的城市化过程、农田林网化过程、绿化过程、现代化过程等，都在改造着景观，其中相当一部分成为旅游景观。

(一)经济驱动

1.经济发展导致旅游需求旺盛

众多研究都表明，经济发展水平与出游呈正相关关系。一般认为，旅游一般要经历“观光游—休闲游—度假游”三个发展阶段。世界旅游组织研究表明，当人均GDP达到300美元，产生国内旅游需求；当人均GDP达到1 000美元时，观光游获得快速发展；当人均GDP达到2 000美元时，休闲游获得快速发展；当人均GDP达到3 000美元时，旅游需求出现爆发性增长，旅游形态以度假游为主；当人均GDP达到5 000美元时，步入成熟的度假游时代，休闲需求增长，消费能力日益增强，并呈现出多元化旅游需求趋势。

(1)我国人均GDP短期内快速增长，老百姓有了一定的可以自由支配收入，观光游、休闲游、度假游在很短的时间内接踵而至，旅游需求进入爆发期。继1997年我国基本解决温饱问题之后，2002年我国总体上达到小康水平，目前正在全面建设小康社会。在小康社会，旅游需求呈现出多样化、综合化、体验化、个性化、返璞化、生态化、普及化和大众化趋势[1]。我国人均GDP，1990年为324美元；2001年突破1 000美元，达到1 032美元；2006年突破2 000美元，达到2 155美元；2008年突破3 000美元，达到3 377美元；2011年突破5 000美元，达到5 432美元。即使世界旅游组织上述关于人均GDP与旅游需求的对应关系不完全符合我国实际，我国旅游需求进入爆发期也

[1] 李晴，李红. 小康社会旅游需求的发展趋势[J]. 辽宁师范大学学报：自然科学版，2009，32(4)：509-511.

确信无疑。这几年“黄金周”期间，我国旅游者“上山不见山——人山，下海不见海——人海”，即使阴雨天山岳景区“上面是雾，下面是路，左右是树，前后是塑料布（雨衣）”也在所不辞，景区频频“爆棚”。旅游需求旺盛，必然带来旅游供给增加，旅游地景观建设蓬勃发展。

（2）经济发展，劳动生产率提高，假日制度发生变化，老百姓闲暇时间增多，“休闲时代”日渐到来。改革开放以来，我国法定假日制度经历了三次大的变化。1995年5月1日开始，我国实行每周五天工作制，双休日制度开始形成，每年法定休假日达到109天；1999年9月18日国务院修订发布《全国年节及纪念日放假办法》，春节、“五一”、“十一”放假3天加上双休日调休，形成三个7天连休的黄金周，每年法定休假日达114天；2008年开始，“五一”劳动节假期改为一天，清明节、端午节、中秋节列为假日，使我国每年法定休息日达到115天。假日制度格局的调整，《职工带薪年休假条例》全面贯彻落实，中国人的闲暇时间不断增多。

与此同时，经济大发展，服务行业大发展，很多传统的家务劳动逐渐由社会组织或机构（如洗衣房、快餐外卖、家政服务等）承担，把一部分人从琐碎的家务劳动中解放了出来。还有，弹性工作制、家庭办公等灵活工作方式，也增加了国民的闲暇时间。

闲暇时间对实现旅游需求具有重要意义。它不仅直接影响居民选择旅游地，而且也影响居民的旅游方式及消费时间的集中程度，并进而关系到旅游产业结构的转型和产业素质的提升。假期越来越长，带薪休假、奖励休假和寒暑假等休假方式的多元化，使人们意识到“休闲时代”日渐来临。旅游是离开常住地到异地的消费行为，没有足够的闲暇时间不可能出外旅游，也不可能产生足够的旅游消费。“休闲时代”日渐来临，意味着外出旅游的可能性增加，必然导致旅游供给增加，旅游地景观不断发生变化。

2.经济发展导致旅游供给增加

（1）经济高速发展带来基础设施和接待服务设施的大发展，出游条件更加完善、便捷。我国航空业快速发展；我国高速公路里程跃居世界第二位，已经形成了比较完善的五纵七横的高速公路网；我国拥有全世界最大规模以及最高运营速度的高速铁路网，基本建成了以四纵四横为骨架的全国快速客运网；交通工具日渐现代化、高速化，轿车逐渐走进普通百姓家庭，为旅游者出行提供了空前的便利条件。另外，我国旅游接待服务设施发展很快，新的旅游产品不断推出，逐渐形成了一个比较完备的旅游服务体系。

(2)经济发展导致景区景点数量与日增长，类型日渐增多，景观建设创意化、资本化，旅游和其他产业、行业逐渐融合。旅游作为战略性支柱产业，在转变经济增长方式、扩大内需、调整产业结构、保障国民经济适度增长、促进就业、惠及民生等方面意义重大，进一步引发了旅游产业投资和旅游地景观建设热潮。

(二)政策驱动

政策是国家或政党为实现一定历史时期的路线而制定的行动准则。产业政策具有引导产业发展、优化产业环境、规范市场秩序等重要作用。国家日渐利好的旅游产业政策，促进了旅游地景观建设。

1.政府对旅游功能和地位的认识不断深化

"二十世纪八十年代，旅游业是重要的创汇产业，国家发展旅游业的重点是尽快弥补外汇短缺；二十世纪九十年代，国家提出把旅游业培育成为新的经济增长点，旅游业成为扩大内需的重要手段；进入新世纪，国际经济环境和国内发展环境发生了重大变化，国家把发展旅游业作为拉动消费和树立国际形象的重要产业；党的十七大以来，落实科学发展观和全面建设小康社会的战略举措，更加重视民生问题和生态文明建设，旅游业被定为国民经济重要产业，进一步成为广泛涉及政治、文化、社会、生态的复合型产业。"[1] 2009年以后，旅游业又被确认为"战略性支柱产业"。

旅游业在不同阶段承担不同责任，反映了旅游业自身本质特征的阶段性。就目前而言，人们普遍认为：旅游业是包含生产性服务、消费性服务以及公共服务的综合型产业；旅游业是实现经济增量发展的集成产业，直接和间接影响的细分行业有100多个，通过产业融合，形成资源共享，实现协同发展，创造新增价值；旅游业是劳动密集型产业，可以有效扩大就业空间，增加就业渠道；旅游业是对外交流的窗口和桥梁，具有积极活跃的外交功能、经贸效应、文化作用和统战作用；旅游业是综合性事业，除了经济功能、社会功能外，还具有促进精神文明，建设生态文明，保护传统文化，追求真善美，实现社会全面和谐、人民幸福、人的全面发展的深层次功能。

认识的不断提高，必然带来相关产业政策的不断调整，以促进旅游产业

[1] 国家旅游局课题组. 中国旅游业改革开放30年发展报告[EB/OL].(2009-01-07)[2012-09-24].http://www.chinabgao.com/freereports/26094.html.

的不断发展。要实现旅游产业的不断发展,旅游地景观必须不断发生变化。

2.我国旅游产业政策演变对旅游地景观变迁的影响

我国旅游业发展虽起步较晚,但发展速度举世瞩目。改革开放前,我国旅游业以外事接待为主,只具备产业雏形,不完全属于产业范畴。1978年开始转换机制,发展产业型旅游业。如今,中国已经成为亚洲旅游强国,世界旅游大国。中国旅游业的快速发展,旅游地景观不断变迁,旅游政策的拉力功不可没。

(1)从我国旅游业发展的历史进程看,我国旅游产业政策发展大致可以分为四个阶段。

①旅游是民间外交的重要手段(1949—1977)。这一阶段,我国的旅游只是政治的重要补充形式,旅游业主要表现为若干个旅行社的外事接待活动,不具有完整的经济属性,更谈不上产业规模,只是民间外交的主要手段。

1964年3月17日,中共中央批转中央外事小组《关于开展我国旅游事业的请示报告》。该报告具体包括六条建议,其中包括:针对自费旅游者,建议首先开放北京、天津、武汉、南京、苏州、无锡、上海、杭州、广州、昆明等十个城市供外国自费旅行者游览;加强旅游事业的组织和领导,仍保留中国国际旅行社总社的名义,以便对外;改组和扩大国际旅行社总社为旅游事业管理局,直属国务院,负责对外国自费旅行者的旅游管理工作,领导各有关地区的国际旅行社和直属的服务机构的业务;明确发展旅游事业的方针政策是"扩大对外政治影响""为国家吸取自由外汇"。中国旅游事业从此开始发展,此时我国旅游行政管理机构与中国国际旅行社总社实为一体。

②旅游经济产业地位逐步确立(1978—1989)。这一阶段,在政策的催生下,我国旅游业超常规发展,丰富的旅游资源和庞大的市场需求开始释放潜能,旅游业作为一个经济产业的地位开始萌生。

1978年3月,中共中央批转外交部《关于发展旅游事业的请示报告》。该报告提出将中国旅行游览事业管理局改为直属国务院的管理总局,由外交部代管;各有关省份成立旅游局或成立旅游事业领导小组等。1978年7月,国务院据此作了批复。

1978年12月,中共中央十一届三中全会确定工作重点向社会主义现代化建设转移,我国旅游业因此进入了新的发展时期。1978年10月至1979年7月,邓小平同志五次专门谈话,要求尽快发展旅游业,"旅游事业大有文章可做，要突出地搞，加快地搞”[1]；“搞旅游要把旅馆盖起来。下决心要快，第一批可以找侨资、外资，然后自己发展”[2]。邓小平同志五次谈话内容非常丰富，涉及旅游经济、旅游开发、旅游规划、旅游管理、旅游市场、旅游促销、旅游教育、旅游服务、旅游环境保护等内容。开放的环境和高层决策极大地推动了我国旅游业发展的步伐。

1979年5月，国务院批准北京等四个城市利用侨资外资建造6座旅游饭店，如北京建国饭店、长城饭店，广州白天鹅宾馆，南京金陵饭店等。

1979年9月，全国旅游工作会议提出旅游工作要从“政治接待型”转变为“经济经营型”，并对旅游住宿和旅行社外联权等作了重要决定。

1981年3月，中共中央书记处和国务院常务会议听取旅游工作会议汇报，提出今后一个时期发展旅游事业方针（“积极发展，量力而行，稳步前进”）和旅游管理体制原则（“统一领导，分散经营”），并决定旅游总局要与中国国际旅行社总社分开，国务院成立旅游工作领导小组。

1981年7月，国务院组织召开第一次全国旅游工作会议，明确提出：旅游事业是一项综合性的经济事业，是国民经济的一个组成部分，是关系国计民生的一项不可缺少的事业。会后国务院发布的《关于加强旅游工作的决定》指出：国内旅游事关党和政府与群众的关系问题，要积极创造条件，组织接待好旅游的群众。

1982年，国家旅游局与中国国际旅行社正式分开；国家旅行游览事业管理局正式更名为国家旅游局，作为国务院行政管理机构，实施对全国旅游事业的领导和管理。

1984年7月27日，中共中央中央书记处和国务院批准国家旅游局《关于开创旅游工作新局面几个问题的报告》，提出了加快旅游基础设施建设要采取国家、地方、部门、集体和个人一起上，自力更生和利用外资一起上的方针和旅游行政部门简政放权等措施，揭开了全方位发展旅游产业的序幕。1984年8月，全国旅游工作会议传达了该报告，并部署了相关工作。

1985年1月31日，国务院批转国家旅游局《关于当前旅游体制改革几个问题的报告》，提出旅游管理体制实行“政企分开，统一领导，分级管理，分散经营，统一对外”的原则，向各省份下放外联权的签证通知权，从而解决了改

[1] 中共中央文献编辑室，国家旅游局. 邓小平论旅游[M]. 北京：中央文献出版社，2003:5.
[2] 中共中央文献编辑室，国家旅游局. 邓小平论旅游[M]. 北京：中央文献出版社，2003:6.

革开放以来旅游系统普遍关心的问题。

1985年5月11日，国务院发布了《旅行社管理暂行条例》。这是旅游产业第一部行政法规。

上述法规、文件的颁布和积极贯彻执行，极大地调动了各方面办旅游的积极性，旅游工作出现新气象，开始实现四个转变：一是从过去主要搞旅游接待，转变为开发旅游资源与旅游接待并举；二是从只抓入境旅游，转变为入境旅游、国内旅游一起抓，相互促进；三是旅游基础设施建设从以国家投资为主转变为“五个一起上”，自力更生与利用外资一起上；四是旅游经营单位由事业单位转变为企业化经营。

1985年12月20日，国务院第九十二次常务会议原则批准《全国旅游事业发展规划(1986—2000)》，决定把旅游业作为国家重点支持发展的一项事业纳入国民经济和社会发展“七五”计划，并增加投资。旅游业的产业地位第一次得到明确。

1986年《国民经济和社会发展第七个五年计划》把旅游业列在第三十七章，“要大力发展旅游业，增加外汇收入，促进各国人民之间的友好往来”。这是旅游业第一次在国家计划中出现，是旅游产业发展的一个重要标志。

③旅游业是国民经济新的增长点(1990—2008)。这一阶段，我国旅游业在国民经济结构调整过程中充分显示出朝阳产业的特征。随着旅游业的壮大，其作为国民经济增长点的特征日益突出，国家对旅游业的认识经历了几次大的飞跃。

1992年，中共中央、国务院《关于加快发展第三产业的决定》，把旅游业作为投资少、收效快、效益好、就业容量大、与经济发展和人民生活关系密切的行业，首次列为第三产业中重点发展的产业。

1995年，中共中央《关于制定经济和社会发展“九五”计划和2010年远景目标纲要的建议》，将旅游业列为第三产业积极发展的新兴产业序列的第一位。

1998年，中央经济工作会议进一步提升了旅游业在国民经济中的地位，把房地产业、信息业和旅游业确定为国民经济新的增长点。在这一政策推动下，全国绝大多数省份相继把旅游业确立为支柱产业或重点产业或先导产业。

2001年，国务院《关于进一步加快旅游业发展的通知》明确提出：“树立大旅游观念，充分调动各方面的积极性，进一步发挥旅游业作为国民经济新的增长点的作用。”

2003年，温家宝总理在世界旅游组织第十五次大会致辞中提出：“要把旅游业培育成为中国国民经济的重要产业。”

2007年，吴仪副总理再次强调：努力把旅游业培育成国民经济的重要产业，为促进中国经济社会又好又快发展做出新的更大的贡献。

④旅游产业是战略性支柱产业（2009年以来）。2009年，《国务院关于加快发展旅游业的意见》明确指出，旅游业是“战略性支柱产业，资源消耗低，带动系数大，就业机会多，综合效益好”，要充分发挥旅游业在保增长、扩内需、调结构等方面的积极作用，要“转变发展方式，提升发展质量，把旅游业培育成国民经济的战略性支柱产业和人民群众更加满意的现代服务业。”

2012年7月24日，国务院批准交通部等部门重大节假日免收小型客车通行费实施方案（国发〔2012〕37号），促使我国重大节假日短途游、自驾游、全家游呈井喷式发展，不少景区日接待量不断创造新高，严重者达到合理容量的两倍以上。

2013年2月2日，国务院办公厅印发《国民旅游休闲纲要（2013—2020）》，提出“到2020年，职工带薪年休假制度基本得到落实，城乡居民旅游休闲消费水平大幅增长，健康、文明、环保的旅游休闲理念成为全社会的共识，国民旅游休闲质量显著提高，与小康社会相适应的现代国民旅游休闲体系基本建成”的发展目标，并有六项任务和保障措施。

《中华人民共和国旅游法》2013年10月1日起施行。这是我国旅游业发展史上的一个里程碑。

（2）我国旅游产业政策演变对旅游景观变迁的影响。总体上，旅游业在我国国民经济和社会发展中的地位不断上升、越来越高，从名不见国民经济中的部门逐渐发展成为“战略性支柱产业”，从“民间交往的重要手段”逐渐提升到“国民经济新的增长点”。产业政策的演变是基于我国旅游业发展实际提出的，利好的产业政策的提出又进一步推动了旅游业的进一步发展，二者相互促进，共同发展。

旅游是以看景观为前提的，产业政策的调整必然推动旅游地景观发生变化，从而使旅游景观日渐多样化，不断满足日益增长的旅游市场需求。例如，旅游演艺业蓬勃发展就与政策推动作用密切相关。2009年9月，文化部和国家旅游局共同发布《关于促进文化与旅游结合发展的指导意见》，提出要从促进旅游发展的角度，鼓励对现有演艺资源进行整合利用，鼓励社会资本以投资、参股、控股、并购等方式进入旅游演出市场，允许适度引进境外资本投资国内旅游演出市场，我国旅游演艺产业从此驶上蓬勃发展的快车道。

2012年6月5日，国家旅游局正式对外颁布《关于鼓励和引导民间资本投资旅游业的实施意见》，主要内容包括坚持旅游业向民间资本全方位开放，鼓励民间资本投资旅游业，提高民营旅游企业竞争力，为民间旅游投资创造良好环境，加强对民间投资的服务和管理，这无疑为民间资本投入旅游业提供了强有力的政策保障。

不仅有扶持旅游的方针政策，还有扶持旅游的“真金白银”——政府旅游支持性资金。政府旅游支持性资金利息低，甚至免利息，偿还期限长，甚至不用偿还。目前国家旅游支持性资金主要包括旅游国债、旅游发展基金、旅游发展专项资金、政策性银行贷款、国际金融组织和外国政府贷款、国家扶贫资金等。

旅游发展专项资金用途针对性强。政府部门为促进旅游发展，划拨一定资金，专门用于完善旅游基础设施建设，改善旅游发展基础条件。旅游发展专项资金分为国家级、省级、市级、县级等不同级别。另外交通、文物、林业、环保、经贸、水利等部门都有部门资金或专项资金，可直接或者间接地支持旅游开发项目。目前国家旅游发展专项资金主要包括国家红色旅游专项资金、国家历史文化名城名镇名村专项保护资金、国家文化和自然遗产地保护资金等。在中央的带动下，各省份也纷纷从省级财政中拨出一定资金建立旅游发展专项资金，推动旅游基础设施建设；很多市县从地方财政拨出一定资金设立本地旅游发展专项资金，集中用于那些具有高品位旅游资源、旅游发展潜力较大的地区；很多省份还有旅游项目贷款贴息、降低旅游企业贷款准入门槛等推动旅游投资的信贷优惠政策。

作为旅游者，还可以申请旅游贷款，包括出国旅游保证金贷款和旅游消费贷款。

3.我国旅游市场战略的演变对旅游地景观变迁的影响

(1)旅游市场从“一枝独秀”到“三足鼎立”。从我国旅游市场战略四次转变，同样可以看出政策对旅游发展的拉力。

①大力发展入境旅游。改革开放以后较长的一段时间里，我国旅游业

没有明确提出市场发展战略，但从旅游实践中可以简要概括当时的旅游市场战略，即大力发展入境旅游。

我国旅游业的起步发展开始于入境旅游，这不同于世界大多数国家。这主要与当时我国外汇不足、创汇手段少、旅游要千方百计为国家创汇有关，也与当时国家经济发展水平较低有关：城乡居民出游能力弱，旅游接待设施十分紧张，不可能同时供应海内外旅游者。因此，从改革开放到八十年代中期，我国旅游业基本上是入境旅游"一枝独秀"。之后，随着人民群众生活水平不断改善，国内旅游日渐兴起，但由于旅游接待设施不足，客观上入境旅游仍处于"唯我独尊"的地位。

②大力发展入境旅游，积极发展国内旅游，适度发展出境旅游。大致形成于1997年的这一提法，既反映了当时的发展背景，也体现了全行业对旅游产业功能的认识水平。"大力""积极""适度"三个词都是从支持发展旅游的态度和力度而言的，反映的是对各个市场的发展定位和导向。这一市场发展战略的提出，背景是入境旅游有了较大发展，国内旅游正处于快速崛起的前夜，出境旅游开始起步，需要有宏观层面的产业发展指导原则，统筹协调三大旅游市场的发展。

③大力发展入境旅游，规范发展出境旅游，全面提升国内旅游。这是我国"十一五"期间指导旅游市场开发的总的指导思想。"十一五"期间，我国旅游市场已经形成了以国内旅游为基础，入境旅游和出境旅游协调发展的市场格局。

④全面发展国内旅游，积极发展入境旅游，有序发展出境旅游。这是《中国旅游业"十二五"发展规划纲要》(2012)提出的我国"十二五"期间市场开发战略。可以预计，不仅"十二五"期间，未来我国旅游市场开发一直要以国内旅游为重点。虽然国内旅游市场长期没有被置于第一的位置，甚至早期还有点被动，但我国国内旅游一直在蓬勃发展，况且国内旅游市场是旅游市场的主体和重点一直是多数国家旅游市场的基本规律，我国也不可能例外。

基于特定的背景，我国对国内旅游的态度经历了"不支持、不鼓励、不反对"到"积极发展""全面提升""全面发展"的转变。我国国内旅游兴起于二十世纪八十年代。当时旅游接待能力有限，入境旅游接待压力比较大，1981年国务院《关于加强旅游工作的决定》提出，"由于目前交通、食宿、游览点等条件较差，暂不宜提倡发展国内旅游”，但国内旅游并没有因此而停滞。1985年，国务院批转国家旅游局《关于当前旅游体制改革几个问题的报告》，对国内旅游采取了“加强管理，保障供给”的措施，要求尽量接待好国内旅游者，国内旅游从此快速崛起并加快发展。1993年，国务院办公厅批复国家旅游局《关于发展国内旅游业的意见》，提出“搞好市场，正确引导，加强管理，提高质量”的指导思想。从1985年到2012年，我国国内出游人数由2.4亿人次增长到约29亿人次，年均人出游率由0.23人次上升到2人次以上，国内旅游收入由80亿元增长到约2.22万亿元。

(2)市场战略调整对旅游地景观的影响。市场战略的调整，特别是国内旅游提到重要地位，意味着旅游需求发生变化。在旅游产品方面，满足国内市场需求的观光旅游产品、休闲度假旅游产品、奖励旅游产品、专项旅游产品（如红色旅游、乡村旅游、生态旅游、文化旅游）等都得到了进一步开发。在接待设施方面，不仅星级酒店得到发展，满足大众旅游需求的经济型酒店、青年旅社、乡村旅馆等亦大量涌现。在基础设施方面，满足自驾游的停车场空前增多，房车露营地浮出水面。

（三）需求驱动

经济发展，闲暇时间增多，政策鼓励旅游，交通条件改善，推动了中国旅游业的蓬勃发展，我国进入大众旅游阶段，旅游活动参与者以普通大众为主体，旅游需求不断发生变化。总体上，求知型旅游者在增加，旅游者的视觉范式在转向，动态参与逐渐成为潮流，求知、求新、求异在向新的高度迈进，以致旅游地景观发生响应性变化。

1.从“看热闹”到“看门道”

旅游地景观日渐丰富多样，与旅游者旅游目的的变化和转型，以及伴随人们知识、阅历的增长而产生的旺盛的文化需求不无关系。

大体上，旅游者分为观光型和求知型两大类。观光型游客追求的是“大饱眼福”“到此一游”的符号消费，追求视觉上的享受，喜欢“看热闹”。求知型旅游者并不仅仅满足旅游地的物质和视觉享受，既要“看热闹”，更要“看门道”，特别需要精神方面的享受、心灵上的感悟，实现其扩大知识面、达到深度感知或体验的目的。一般地，年幼时旅游或者人生中最初的旅游，由于阅历不深、知识有限，多为“观光客”，喜欢“看热闹”。这也是“观光旅游是不落的太阳”的主要原因。随着旅游次数的增多，阅历的增加，知识的丰富，旅游中求知的欲望日渐强烈，在"看热闹"的同时渴望"看门道"。全社会文化水平的提高，也是旅游景观文化化的背景之一。早期游人对旅游景观的认知，更多地趋向于"象形""神话""传说"和"附会"，随着人们文化水平的提高，对旅游对象的文化认知趋向于"理性""内涵"和"科学"。

2.旅游者视觉范式转向

当代新建的旅游景观与传统旅游景观差异很大，突出表现在：①追求体量上的更高更大，期望通过高度、重量、体积、面积等最大化特征给旅游者带来视觉上的震撼，以实现当地景观的唯一性和独特性。②对异域景观符号的移植现象突出，如微缩、移植的"世界之窗"，公园、城市广场、城市公共建筑中的罗马柱、凯旋门等。③动态演艺景观异军突起，制作精美、格调高雅、演出精湛的演艺作品不断出现。④创意类景观广受欢迎，有的以影视作品为创意来源，有的以童话、动漫为创意来源，有的以狂欢、娱乐为创意来源。

旅游景观之所以发生上述变化，与旅游者视觉范式的变化密切相关。"当代旅游景观有一种从'冷媒介型景观'向'热媒介型景观'转变的趋向，即负载信息越来越多而要求人们深入理解却越来越少。引起景观形式变化的原因并不是简单的企业自主行为，根本上是由于当代人观看需求的变化，由于人们视觉范式发生了明显的转向。这种转向具体表现在视觉关注结构上由重内容向重形式，视觉行为形态上由理性静观向感性动观，视觉审美品位上由追求意象美向冲击美的转变三个方面。引起人们视觉范式转变的时代背景是：西方文化产业的影响，消费社会带来的景观商品化和后现代主义对感官美学的推崇。"[1]

3.由"静态""观景"向"动态""参与""体验"转变

旅游是一种亲身体验，体验就是用自己的实地经历、参与来领会、感悟，使自己得到切实感受，并在大脑记忆中留下深刻印象。早期的旅游体验是一种亲历性体验，仅仅依赖一些自然资源或者历史遗产为游客提供游览的满足感，旅游者通过静态观景来获得诸多感受和感悟。现代的旅游体验是一种既有亲历性又有参与性的体验，使游客从亲历和参与中获得诸多感受、感悟和快乐。二十世纪八九十年代之交兴起的城里人到乡下去"看农家景、吃农家饭、住农家房、干农家活、购农家物、享农家情"，是现代体验式旅游的

[1] 赵刘，周武忠. 旅游景观的嬗变与视觉范式的转向[J]. 旅游学刊，2011，26(8)：32–37.

雏形。而后兴起的探险式旅游则更多的是追求感官或者感受刺激,例如漂流、攀岩等,也属于现代体验式旅游的范畴。度假式旅游着重提供一种休闲的氛围让游客轻松愉快享受假期,参与主题公园游乐项目切身感受新奇、刺激,同样属于现代体验式旅游。

有人认为,以“体验”为经济对象的体验经济是继农业经济、工业经济和服务经济之后的一种新经济形式。旅游经济是一种体验经济,随着旅游者旅游经历的日益丰富,旅游消费观念的日益成熟,旅游者对体验的需求日益高涨,他们已不再满足于大众化的旅游产品,更渴望追求个性化、体验化、情感化、休闲化的旅游经历。

过去,旅游者多是通过见闻和静态观景,在所见中有所思所想。今天,旅游者对动态参与表现出极大的热情,希望在动态参与中获得不可言状的新奇感受。

(四)供给驱动

旅游供给是指在一定时期内以一定价格向旅游市场提供的旅游产品的数量,具体包括旅游经营者向旅游者提供的旅游吸引物、旅游设施和旅游服务等。我国向好的旅游产业政策、蓬勃发展的经济发展态势以及旺盛的旅游市场需求,是我国旅游供给不断增加的不懈动力。作为旅游地或者旅游企业,千方百计地满足旅游者需求是其实现利润最大化的前提条件。面对不断增长的旅游需求,要千方百计满足旅游者需求,必然带来旅游地景观的变迁。

1.观念更新

观念决定发展,已经为无数发展的事实所证明。中国改革开放以来能够取得巨大成就,关键是观念更新。对于旅游地景观而言,有什么样的观念就有什么样的景观。改革开放以来,在旅游地景观建设上,一些新的观念为旅游地景观日新月异奠定了坚实的思想基础。

(1)保护与开发的辩证关系深入人心。旅游资源开发与资源、环境保护是相互制约又相互促进的辩证统一的关系。环境就是资源,对于旅游业来说,更是如此。山清水秀,蓝天白云,就是一种惬意的旅游环境。合理开发旅游资源,发展旅游业,可以带来一系列的效益,给人类创造优美的游憩环境,推动经济发展,为保护积累资金。如果一味地只顾经济效益而滥加开发,则会对景观资源、生态环境等产生一系列的破坏,在一定程度上降低旅游地的价值。目前,旅游企业普遍认识到,保护性开发旅游资源有利于发展旅游,合理发展旅游有利于旅游资源和环境的保护。

当然,仅仅旅游地、旅游企业认识到这一点还不够,旅游者也必须充分认识到这一点,进而规范自己的旅游行为,文明旅游。针对特殊情况,如面对景区景点客流超载问题,还需要有顶层制度设计。如果某个景区景点超载时限制客流入内,不但本景区景点经济效益降低,而且被限制入内的旅游者也会愤愤不平:“大老远跑来,凭什么不让买票不让进?”只有顶层设计,制定全国性的景区景点超载限制入内规定,周知于公众,并且真正实行带薪休假制度,让游人对出游时间有很多选择余地,就有可能从根本上减少、约束和监督景区景点客流超载仍然继续卖票的行为,还游客理想的游览环境。在这方面,《旅游法》等做了顶层设计,但愿旅游企业等能施行这一设计。

(2)“跟风”与“引领”。过去,旅游景观供给名义上是“与时俱进”,实际上是“盲目跟风”“刻意模仿”,漂流红火搞漂流,古村落旅游红火搞古村落旅游,连城市建设也是“千城一面”,加上旅游项目和产品没有专利保护,谁都不愿意创新、领先、被克隆,因此产品同构非常明显,比市场需求“慢一步”。如今,旅游地或者旅游企业开发旅游产品、打造旅游景观,力图揣摩旅游者消费心理,千方百计打造新景观,引领旅游消费市场,始终想着要比市场“快一步”,如同俗话说的,“嘴里吃一个,筷子夹一个,眼睛盯一个”,或者“上市一个,储备一个,策划一个”。这在主题公园建设上最为明显。

(3)“特色”与“创新”。旅游讲究特色,强调“人无我有,人有我优,人优我特,人特我绝”,“越是民族的越是世界的”“越是家乡的越是全人类的”这些理念都没有错。问题是任何特色都有一定的局限性,“特色菜、招牌菜吃腻了同样没有市场”,因此旅游地和旅游企业越来越需要通过创新手段实现新的特色,使景观业永葆青春。如古村落旅游目前以观光为主,但很有眼光的古村落旅游经营者从大理双廊镇、丽江古城等旅游地得到启发,正在赋予古村落更大更多比重的休闲度假成分,力图使古村落成为旅游者客居地,让旅游者以古村落为落脚点和中心,“四面出击”,一方面让旅游者深度体验,充分感受乡村生活气息,另一方面让旅游者按照自己的意愿,获取更多的“新鲜空气”。

又如传统的农业旅游示范点走的是典型的“接二连三”产业嫁接模式,种植规模化、生态化、科学化的“观光—美食—采摘(购物)”一条龙;如今,精明的农业旅游示范点经营者开始走特色种植、产业融合的路子,种植对象个体大小由正常朝袖珍和巨型方向发展,栽培方式由有土栽培向无土栽培发展，空间利用由平面种植向立体、多层种植发展，产品用途由食用向食用和观赏相结合方向发展。

2.规划引领

旅游规划，不论是发展规划、产业规划、战略规划，还是总体规划、控制性规划、修建性规划，都要对旅游业发展和旅游设施建设起指导作用。旅游规划类型不同，目的不同，要求不同，作用也不同，但在观念层面上主要起廓清思路、统一思想的作用，在操作层面上主要起凝练主题、指导招商引资和开发建设的作用。

（1）先策划后规划。高水平规划来源于策划。旅游策划能使企业决策科学，避免运作失误；能使旅游项目具有竞争力，稳操胜券；能够整合多种资源，形成集群优势。传统旅游规划就资源论资源，没有策划只有规划，缺少前瞻性，其结果是：规划还没有到期，项目还没有建设完毕，旅游市场需求就发生了重大变化，“规划赶不上变化”，不得不一次又一次地修编规划。如今，景区景点开发已经习惯于先策划后规划。策划阶段，广泛调研已有产品和市场走向，重在创意，强调主题提升，能够保证在一定的市场半径内产品不同构，而且相互补充，然后在策划的基础上认真规划。

（2）“高水平规划是财富，低水平规划是包袱”，“规划是前提，保护是核心，管理是关键”，已经成为旅游业界的共识。现代旅游规划尤其注重主题提升、完善产业链、产品创新。不论观光旅游，还是休闲度假旅游，都必须有明确的主题，丰厚的文化内涵，而且尽可能详细地向游客展示该主题。不论观光型旅游地，还是休闲度假型旅游地，都注意完善和优化产业链，完善和优化服务功能。杭州西湖免票开放能赚钱，关键是产业链完善，旅游者节省的只是门票钱，但消费途径、门类空前增多，产生了更多的旅游消费。

当下旅游规划重视市场潜力大、档次高、符合未来发展需求的新项目新产品，注重适度开发，即使是观光型产品，同样注意渗透参与性、趣味性、互动性、情境化和体验化的内容。

（3）调整结构。随着旅游规模的进一步扩大和旅游消费需求的升级，旅游供给不足和旅游结构性问题凸显。旅游地和旅游企业都应注重产品升级和结构调整，扩大旅游空间，增加适应现代旅游消费需求的不同类型的旅游产品，增加有效供给，满足各类旅游者的消费需求，增强旅游地的吸引力和支撑旅游消费的能力，进而壮大旅游经济总量，提升旅游经济质量。

第二章　山岳型旅游地景观变迁研究

山，一般是指高度较大、坡度较陡的隆起地貌。至于高度多少为“高度较大”，坡度多少为“坡度较陡”，除了地貌学上按照主峰高度严格地把“山”分为丘陵（海拔高度200~500米）、低山（海拔高度500~1 000米）、中山（海拔高度1 000~3 500米）、高山（海拔高度3 500~5 000米）和极高山（海拔高度大于5 000米）外，日常生活中所说的“山”在这方面并没有严格的区分，绵延数千米、方圆数万平方千米的山脉我们称之为山，如昆仑山（全长约2 500千米，西起帕米尔高原东端，横贯新疆、西藏边境，伸延至青海境内，平均海拔5 500~6 000米，宽130~200千米，西窄东宽，总面积50多万平方千米），方圆不足1平方千米的孤丘我们也称之为山，如芜湖市赭山（主峰大赭山海拔84.8米，面积不足1平方千米）。

“山岳”是高大的山，词出《左传·庄公二十二年》：“山岳则配天。”有学者研究认为，“山岳则配天”谈论的是山神崇拜，当时人们认为天神居住在山岳之上[1]。究竟高度多少、方圆多大为“高大的山”，也没有界定。“岳”，古代曾专指名山“四岳”或“五岳”。就五岳的高度来说，最高的为西岳华山，主峰南峰海拔2 154.9米，最低的为南岳衡山，主峰祝融峰海拔1 290.2米。

基于语言表达方便的需要，本章中的“山”“岳”“山岳”不作区别，将大大小小、高高低低的“山”或者“岳”一律统称为“山岳”，有些语境下还称它们为“山地”“山区”。

山岳型旅游地是具有美感、以典型的山岳自然景观为基础、渗透着人文景观美的山地空间综合体。

山岳型旅游地是我国最早的旅游地之一，从古至今很多人将“游山玩水”等同于旅游，无疑就是对山岳是我国最早的旅游地之一的最好注释。山

[1] 王辉. 论周代天神性质与山岳崇拜[J]. 北京师范大学学报：社会科学版，1999(1)：43-51.

岳型旅游地是我国最重要的旅游地类型之一，我国很多列为世界遗产、世界地质公园的旅游地是山岳，很多不同等级的具有旅游功能的风景名胜区、自然保护区、森林公园、地质公园等类型的旅游地也是山岳。

山岳型旅游地是我国旅游地发展和旅游促进区域发展的领航者之一。山岳型旅游地的发展带动了周边旅游地的发展有目共睹，著名山岳型旅游地对周边旅游地乃至接待地的带动作用更是不言而喻，案例不胜枚举。如黄山之于西递、宏村古村落型旅游地的起航，之于普仁滩、黄帝源、石门峡、凤凰源、翡翠谷、天湖、香溪、九龙瀑、野生猴谷的旅游开发，之于城市型旅游接待地屯溪和集镇型旅游接待地汤口、甘棠的发展；九华山之于五溪镇的发展；天柱山之于潜水漂流、天龙关攀岩，之于天柱山镇、梅城镇的发展等。即使是宗教上山使山岳以宗教型旅游地而闻名，很多宗教型旅游地也是山岳闻名在先。

名山是我国山岳型旅游地的精华：既是自然的产物，又是历史文化遗存；既是物质财富，又是精神财富；既是旅游观光和文化教育场所，又是科研和科普的户外博物馆；既是一个具有美学、科学、历史、文化、经济等多种价值的综合体，又是一件上承几千年、下传千万代的传家宝。山岳有景则名，有僧则名，有史则名，有宝则名[1]。

一山一世界，山是难以穷尽的。山是物质的，一草一木、一花一果、一土一石……它们丰富着我们的物质生活；山是精神的，山光水色、摩崖石刻、神话传说……它们充实着我们的精神生活；山是多样的，东岳西岭、南山北麓、丘陵山脉……它们为人类提供着各不相同的物质世界，展示着彼此有异的精神世界；山是深奥的，有形的物质世界难以穷尽，不解之谜有待探索，无形的精神世界永无止境，大块文章尚待书写。

第一节　山岳型旅游地景观变迁基本原理

与城市、乡村型旅游地相比，山岳有其特殊性，如山高路远坡度陡，景观丰富多彩，平地面积小，游人活动空间小，可用于建设的平地面积非常有限，

[1] 卢云亭. 论名山的特性、类别和旅游功能[J]. 资源导刊，2009(6)：41-43.

景观修复难度大,生态系统脆弱等。这些特殊性进而导致山岳型旅游地旅游基础设施和接待服务设施建设成本高,旅游供给能力低、成本高,污染物消解能力弱、成本高,环境修复难度大、成本高等。观光旅游依然是当下旅游产品的主体,游人"游山玩水"兴致很高,山岳型旅游地的上述特殊性决定了山岳型旅游地供给矛盾突出,必然导致其景观变迁表现出自己的个性特征。

一、山岳型旅游地基本特征

理论上,山以较大的高度区别于丘陵,又以较小的峰顶面积区别于高原。旅游实践中,虽然也有探险旅游者攀登极高山,但大众旅游者游览的山岳型旅游地主要是丘陵、低山和中山,很大一部分还是平原之中的岗丘。

(一)地势起伏大

绝对高度大的地貌可能是山,也可能是高原。起伏大,或者与周边地区相比相对高度大的地貌才能是山。起伏大,首先源自地球内力作用。内力作用使地球表面凹凸不平,峰谷相连,起起伏伏,群山重重。在断层、裂隙的前提下,经过风化、流水、冻融等外力作用,山体被轻度、中度或者强烈侵蚀。外力作用总体上是"削高填低",使地表趋于平坦。今天任何起伏大小不等的山岳地貌形态,都是内力和外力综合作用的结果。

山体起伏大,平地面积小,山上活动空间小,决定了山岳型旅游地建设用地极其有限,建设成本高,物资集散成本高,游人住宿、餐饮费用贵于平地;决定了山岳型旅游地持水能力低(如果是花岗岩山地、岩溶山地,习语"山有多高水有多高"并不成立),生活、消防、景观用水没有平地宽裕;决定了游人徒步旅游耗时费力,没有便捷的交通设施不适合年老体弱者旅游;决定了容易发生崩塌、落石、滑跌等旅游安全事故。如果山岳高度超过正常人生理所能承受的高度,还容易出现高山疾病……

(二)自然景观美

1.地质地貌之美

(1)景观因山而异。山地高度不同,观看视角不同,山地有雄伟美、奇特美、秀丽美、险峻美、奥妙美、幽静美、空旷美等之分。如果正当"风华正茂",花岗岩、丹霞等山地都有悬崖峭壁、峡谷深渊、孤峰峰林、平岗陡岭、象形石等景观,岩溶山地多石林石芽、天坑溶洞、钙华田、地下河、钟乳石、石笋、石帷幔等景观。有时候,在山岳地区还会发现第四纪冰川擦痕和动植物化石景观等。山有高有低,有大有小,但每座山都有自己的形态美。山地高度大,“一览众山小”,远看湖如翡翠河如带,是登高望远的好去处;山地高度小,山水相依,青山绿水,秀丽之美油然而生。

我国每座世界地质公园、国家和省级地质公园,都是地质地貌奇观的大观园。

高度、坡度合适的悬崖峭壁,如果没有落石等危及攀岩者安全的因素,是理想的天然攀岩运动之所。

(2)成因复杂。起因于地球内部的放射能和重力能的地球运动,包括垂直运动、水平运动、褶皱运动、断裂运动、岩浆活动、地震活动等,往往形成高山深谷。能量来自太阳能的自然外力作用,包括岩石风化作用、流水作用、风力作用、冰川作用、生物作用等,都在精雕细刻着山地景观。岩石是形成地貌景观的物质基础,不同的岩石,其矿物成分、结构和构造等物理与化学性质不同,都会影响到岩石的软硬和抗蚀强度,进而影响到地貌形态。如坚硬的花岗岩,重结晶的石英岩,矿物硬度高的石英砂岩,变质作用形成的大理岩等,抗蚀力都很强,多形成高山峻岭,如黄山花岗岩群峰,武陵源的石英砂岩峰林;而软弱的页岩、泥岩、泥灰岩等,抗蚀力差,往往形成低矮的丘陵;具有可溶性的碳酸盐类岩石(如石灰岩)、硫酸盐类岩石(如石膏岩)和卤盐类岩石(如盐岩)等,容易形成特殊的喀斯特地貌。地质构造不同,地质地貌景观不同。地质地貌景观是时间的产物,随时间变化而不同[1]。

2.生物之美

一般说来,由于受人类活动干扰程度相对较轻,山地是生物多样性最丰富的地区。山地生物群落是经过漫长时期的自然演变的产物,与所在地的地貌、气候、土壤等自然环境相适应。

(1)动物之美。动物之美包括动态之美、色彩之美和声音之美等。人们对豺狼虎豹等猛兽和蛇蝎等爬行类动物心存恐惧,但对不少动物的动态之美充满喜爱。如展翅高飞的雄鹰,攀援跳跃的猕猴,翩翩起舞的蝴蝶,亲密无间的鸳鸯等。动物的色彩之美主要靠鸟类的羽毛来展示,很多动物的羽毛色彩之斑斓令人眼睛一亮。如在安徽黄山,羽毛色彩漂亮的鸟类就有鸳鸯、白颈

[1] 刘南威. 自然地理学[M]. 北京:科学出版社,2001:302-303.

长尾雉、白鹇、红翅凤头鹃、蓝翡翠、白胸翡翠、普通翠鸟、蓝喉峰虎、戴胜、黑枕黄鹂、红嘴蓝鹊、棕噪鹛、画眉、红嘴相思鸟、三宝鸟等[1]。动物声音之美多种多样,人们乐意欣赏的动物声音还是鸟类的啼鸣。如在安徽黄山,人们可以听到啄木鸟啄木的“咚咚”声,四声杜鹃的“不—去—归—来”的叹息声,棕噪鹛的琴瑟声,画眉清新活泼的哨声,暗绿绣眼鸟的清脆婉转声等[2]。

(2)植物之美。植物之美包括形态之美、色彩之美、珍稀之美和季相之美等。

①形态之美。不同植物有不同的形态:以花形论,有姿态、风韵、大小之分;以花期论,有长有短,有早有晚,花开花落,各不相同;以叶片论,有单叶、复叶、全叶、裂叶之状;以树形论,有的挺拔刚健,有的婀娜多姿,有的不可言状;以果实论,有圆、扁、长、短之异。世界上的植物千千万,既没有完全相同的两种植物,也无两片完全相同的叶子。

②色彩之美。不同植物的茎、叶、花、果都有不同的色彩,给人以绚丽多彩之美。植物最基本的颜色是绿色。绿色是生命的象征,能愉悦和提振精神。植物体内有叶绿素、类胡萝卜素、花青素和藻色素等,植物叶子的色彩是各种色素及其变化形成的。换言之,这些色素的多少及其变化,形成了山岳地区各种植物无法穷尽的色彩之美。

③珍稀之美。通常说“物以稀为贵”,其实,稀少的东西不只是珍贵,而且同样很华美。与一般植物相比,珍稀植物在色、香、形、韵等方面都有很多令人兴趣盎然的不同之处。

④季相之美。不考虑高度因素,纬度不同,植物季相景观不同。在湿润的低纬度地区,四季常绿;在中纬度水分条件较好的地区,春有花,夏有荫,秋有果,冬有绿,植物的季相变化令人赏心悦目,有的地方甚至以植物叶子季相变化为基础,衍生出旅游节庆活动,如北京香山红叶节等;在高纬度亚寒带针叶林带,树种明显较热带雨林地区少,林相纯度高,夏半年是一望无际的林海,冬季是铺天盖地的雪原。

3.气象之美

气象之美内涵丰富,风雨霜雪、阴晴圆缺、雾霞露霾、蓝天白云、寂夜星空、电闪雷鸣等,都是天气现象或者与天气有关的现象,蕴含着无尽的美。

---

[1] 黄山风景区管理委员会. 黄山珍稀动物[M]. 北京:中国林业出版社,2006:67-148.

[2] 黄山风景区管理委员会. 黄山珍稀动物[M]. 北京:中国林业出版社,2006:84-162.

只要山岳达到一定高度，山岳地区的气象景观肯定较平地丰富多彩，包括身处流云飘烟之中的动态之美，山上山下阴晴雨雪不同等天气变化之美，蓝天白云伸手可触的高亢之美，佛光、彩霞等奇异之美等。山岳地区大气透明度高，视觉障碍少，如果天气作美，是晨看日出、夕观晚霞的理想场所。山有峰有谷，既有可能阻碍气流运行，又有可能抬升气流，无论乱云飞渡、流云飘烟，还是茫茫云海、云蒸霞蔚，都让人心旷神怡。在中高山地区，云海、山上太阳山下雨、东坡太阳西坡雨等现象时有发生。

4.水之美

(1)水态之美。水有百态之美，山岳地区很多水态为游人所推崇：固态的水有满山银装素裹、冰枝玉叶等；液态的水有蒙蒙细雨、滴滴清泉、涓涓细流、滚滚激流、飞流直下等；气态的水有轻纱薄雾、流云飘烟等。在汇水面积比较大的山区，不仅涓成大川，还会出现“飞流直下三千尺”的景观。如庐山三叠泉、黄岩瀑布，黄山人字瀑、百丈泉、九龙瀑等。

在山区，急流推动着原地打转的砾石不断磨蚀着位于裂隙、凹槽处的石质河床，能产生大小不一、深浅各异、口小肚大、内壁光滑、不规则的圆形“壶穴”景观。如黄山翡翠谷“爱”字石附近的壶穴，祁门县九龙池的“龙穴”等。

(2)水色之美。河床有槽、滩、潭之分，河床质地有岩石、砂石和泥土之别，水体有深浅之异，河岸更是千姿百态，并且山区河流水色较平原地区有更多的色彩之美。龙是中华民族的图腾，人们习惯把深潭与龙联系在一起，认为深潭是龙之巢穴，故根据潭水和潭壁岩石之色，将不同的水潭命名为白龙潭、黄龙潭、青龙潭、乌龙潭、黑龙潭等。

5.天然氧吧

一般地，由于植被较好，没有或者很少有第一、第二产业活动，山岳地区环境质量好，空气清新，有“天然氧吧”之称。空气负氧离子是指带负电荷的氧离子，无色无味，有“空气维生素”和“空气长寿素”之称，能促进新陈代谢、增强机体抗病能力，还具有杀菌、降尘、清洁空气及预防疾病的作用，对人体健康十分有益。尤其是在林区有瀑布跌水的河谷地区，负氧离子含量特别高。

负氧离子主要通过人的神经系统及血液循环对人的机体生理活动产生影响，主要表现在：①改善肺功能。吸入负氧离子含量高的空气30分钟后，肺部吐故纳新能力增强。②有明显的降压作用，可改善心肌功能，增加心肌营养，使心肌周围毛细管扩张。③振奋精神，改善睡眠，有明显的镇静和镇痛作用。负氧离子可使脑组织的氧化过程力度加强，使脑组织获得更多的氧。④能激活机体里的多种酶。机体吸收负氧离子后，可降低血糖、胆固醇，增加血钙、尿量、尿中氮和肌酐，加速骨骼生长，防止坏血病、佝偻病、维生素缺乏症。⑤可使白细胞、红细胞、血红蛋白、网状红细胞和血小板增加，血沉减慢，球蛋白增加，pH升高，缩短血凝时间。⑥可改善机体的反应性，活跃网状内皮系统的机能，增加机体的抗病能力。

空气中负氧离子含量多少是空气清新与否的标志。世界卫生组织规定，清新空气的负氧离子标准含量为每立方厘米空气中不低于1 000~1 500个。研究表明，城市居民卧室里的负氧离子含量每立方厘米只有几百个，多人办公室里的负氧离子含量甚至低到每立方厘米不足100个，而林区负氧离子含量能达到每立方厘米10 000~20 000个。如黄山，负氧离子含量稳定在每立方厘米20 000个以上；瞬间最高峰值达到每立方厘米267 100个[1]，高出我国空气负氧离子保健含量评价标准最高等级（6级）的127倍，高出世界卫生组织规定的“清新空气”标准150倍以上。

6.古树名木

古树属于自然遗产，名木属于文化遗产。古树名木是中华民族悠久历史与文化的象征，是绿色文物，是自然界和前人留给我们的无价之宝，不仅分布在平原地区，尤其是平原地区著名建筑（群）内，也分布在山区，特别是在一些名山上。根据全国绿化委员会《全国古树名木普查建档技术规定》（2001）第三条，古树名木“一般系指在人类历史过程中保存下来的年代久远或具有重要科研、历史、文化价值的树木。古树指树龄在100年以上的树木；名木指在历史上或社会上有重大影响的中外历代名人、领袖人物所植或者具有极其重要的历史、文化价值及纪念意义的树木。”第四条规定：“古树分为国家一、二、三级，国家一级古树树龄500年以上，国家二级古树300~499年，国家三级古树100~299年。国家级名木不受年龄限制，不分级。”

虽然古树名木是物质实体，如果将其砍伐亦有物质功能，但古树名木更是文化遗产，因为它的价值远不是植物资源所能比拟，而是珍贵的活化石。

古树名木通常以“古、大、珍、奇、名”为主要特征。“古”，即树龄历史悠

[1] 曹微，邬艳. 黄山风景区让人们开心、放心、安心[EB/OL].（2012-04-02）[2013-02-14]. http://www.chinadaily.com.cn/dfpd/2012-04/02/content_14971900.htm.

久，百年以上，树形苍劲古朴；“大”，即树形高大挺拔，胸径粗，树冠大，占地广；“珍”，即珍稀濒危，一般都是当地特有、名贵树种；“奇”，即树形、树叶、花果、根茎奇特，具有美学价值；“名”即声誉大，影响范围广，具有特殊纪念意义和历史价值。如黄山诸多名松中极具人文意义的是迎客松；泰山目前百年以上古树名木有18 000多株，其中300年以上的古树名木有3 300余株，主要有松、柏、银杏、国槐、青檀等34个长寿树种，著名的有岱庙汉柏（传为汉武帝所植）、唐槐（传为唐高宗、唐玄宗两代皇帝所植），普照寺的六朝松，灵岩寺的千岁檀，斗母宫门前2 100多岁的卧龙槐，此外还有王母池的腊梅，关帝庙的凌霄望人松，玉泉寺的古银杏和“一亩松”等[1]。

（三）垂直地带性明显

随着山地高度的增加，气温随之降低，从而使山岳地区自然景观及其组成要素随海拔高度发生垂直变化的规律性，称为垂直地带性。

1.垂直地带性形成原因

形成垂直地带性的基本条件是隆起的山地，而其直接原因是温度随高度增加而不断降低。一般地，海拔每上升100米，气温下降0.60℃~0.65℃。只要纬度合适，山体有足够的高度，自山麓到山顶便可形成有规律演变的垂直自然带。

在山岳地区，从低纬至高纬地区，随着基带的更替和带幅的变化，带谱的性质随之变化，带谱结构逐渐简单。垂直自然带从基带至永久冰雪带的更替，其中热量的变化类似于基带至极地的水平更替，但两者递变的成因和梯度并不相同。垂直自然带的温度随高度递减不是因为太阳光线入射角的变化而导致太阳辐射量和气温的降低，而是因为长波辐射的热辐射随高度增加迅速加强而导致辐射平衡和气温随高度增加迅速下降。随着高度的增加，因大气厚度、密度及尘埃和水分减少，太阳辐射和光照反而增强。所以，高山与高纬地区的植物生长的限制因子有所不同。垂直自然带的温度梯度变化比纬度方向上的水平变化大很多倍，在低纬度几千米的山地便可出现从热带至极地的变化，而在水平方向上出现同类变化往往要万里之遥。

2.中低纬度中高山地区是垂直地带性最为明显的地区

垂直地带性带谱的丰富程度取决于山地所在纬度和海拔高度。垂直自

[1] 李杰. 泰山古树名木[J]. 国土绿化，2006(6)：37-38.

然带基带取决于山地所在纬度。纬度越低，山地越高，垂直带谱越完整。在热带地区，如果山地足够高，从山麓向山顶，依次会出现热带景观、亚热带景观、温带景观、亚寒带景观、寒带景观，从四季常绿到白雪皑皑。在温带地区，山地再高，从山麓到山顶，只会出现温带景观、亚寒带景观、寒带景观。在寒带地区，无论山地多高，景观都非常单调，只有寒带景观。

由于坡向不同，尤其是向阳坡和背阴坡、迎风坡和背风坡的不同，垂直带谱有一定的差异。如果向阳坡和背阴坡降水差异很大，垂直自然带差异更大。

黄山地处亚热带季风湿润气候区，主峰莲花峰高度仅1 864米，南、北坡距离很近，但南、北坡自然带谱亦有一定差异。在南坡，自温泉（海拔约650米）至光明顶（海拔1 860米）一线，1 100米以下是常绿阔叶林带，1 100~1 400米为落叶阔叶林带，黄山松分布于800~1 550米，1 550米以上有单株散生黄山松，1 600米以上为山顶草地；而在北坡，自松谷庵（海拔约750米）至光明顶一线，1 100米以下为常绿阔叶林带，1 100~1 600米为落叶阔叶林带，800~1 400米为常绿阔叶和落叶阔叶混交林带，1 500米以上为黄山松林，1 400~1 600米夹杂有山地矮林，1 600~1 700米夹杂有山地灌丛草地[1]。

3.一山有四季、十里不同天

通常所讲的山地气候以及一山有四季、十里不同天，是从另一个层面对垂直地带性的表述。一山有四季、十里不同天，主要是地形高度变化大，水汽和热量多少随地形起伏而变化，产生不同的水热组合，即小气候。在不同气候条件下，产生不同的植物类型和群落，有不同的植物景观。在低纬度中高山地区更容易产生这种现象，我国横断山区、雅鲁藏布江谷地等地非常典型。

古代诗人对山地气候就有生动的描述。如唐代诗人白居易被贬任江州（九江）司马时，于元和十年(816)登庐山游览。时值暮春，山下桃花已经凋谢，而庐山大林寺却桃花盛开，白居易有感而发，吟诗一首："人间四月芳菲尽，山寺桃花始盛开。长恨春归无觅处，不知转入此中来。"短短四句，从内容到语言似乎都没有什么深奥奇绝之处，却把山地气候这种自然科学现象描绘得深入浅出、生动具体，平淡自然的山水诗中充满着科学的道理。

[1] 胡嘉琪，梁师文. 黄山植物[M]. 上海：复旦大学出版社，1996：36.

(四)生物多样性丰富

生物多样性是指一定范围内多种多样的活的有机体(动物、植物、微生物)有规律的组合所构成的稳定的生态综合体。这种多样性包括动物、植物、微生物的物种多样性,物种的遗传与变异多样性以及生态系统多样性。生物多样性意味着生物资源多样性,保护生物多样性就是保护生物资源。生物多样性是人类社会赖以生存和发展的基础,人类衣食住行及其他物质文化生活的许多方面都与生物多样性的维持密切相关。

根据我国《自然保护区条例》(1994),“自然保护区,是指对有代表性的自然生态系统、珍稀濒危野生动植物物种的天然集中分布区、有特殊意义的自然遗迹等保护对象所在的陆地、陆地水体或者海域,依法划出一定面积予以特殊保护和管理的区域。”符合设立自然保护区五类地域中的三类(典型的自然地理区域、有代表性的自然生态系统区域以及已经遭受破坏但经保护能够恢复的同类自然生态系统区域,珍稀、濒危野生动植物物种的天然集中分布区域,具有特殊保护价值的海域、海岸、岛屿、湿地、内陆水域、森林、草原和荒漠)都与生物多样性有关。很显然,我国不同等级的自然保护区或者是生物多样性丰富的地区,或者是具有特殊保护价值的地区。

山区地势高低悬殊,地形复杂多变,具有适宜多种生物生存繁衍的气候、土壤等自然条件;山区垂直地带性明显,适合不同生境条件下的动物、植物和微生物的生息、繁衍;加之与平原地区相比,山区受人类活动干扰较少,因而生物多样性较平原丰富。

(五)生态系统脆弱

山岳型旅游地是生态系统最为脆弱的地区之一。山岳地区坡度大,土层薄,甚至基岩裸露,持水能力低,容易发生山洪、干旱、水土流失及塌方、滑坡、泥石流,甚至暴雪、冻雨、寒害等自然灾害,一旦植被遭到破坏,恢复时间比较长,恢复难度比较大,尤其是在干旱半干旱地区及植被状况差的山区。

由于山岳型旅游地生态系统的稳定性是在长期自然演化中逐步建立起来的,一旦某一要素发生改变,就有可能造成整个系统的改变。如在山谷中筑坝拦水修建蓄水设施,有可能造成下游河段局部地区部分时段水体及生物系统环境发生改变,水体纳污降解能力降低;长期人为践踏坡积物,或使坡积物难以形成土壤,或使坡积物上植被状况恶化,最终出现裸露的沙地或者裸岩等。

（六）文化遗产多样

文化遗产是人类劳动的结晶。自从山区作为人类衣食之源开始，人类就在山区留下了类型众多、丰富多彩的文化遗产。在山区，最早的文化遗产当是人类用火的遗迹，此后，山神崇拜、帝王封禅、文人游历、宗教上山、科学探索等，无不留下极其辉煌的文化遗产。

1.建筑遗产

山岳上的建筑既包括建筑物，也包括构筑物。一般地，具备或包含人类居住功能的人工建造物称为建筑物，即房屋类建筑；不具备、不包含人类居住功能的人工建造物称为构筑物，如堤坝、道路、桥梁、水井等。

（1）道路与桥梁。道路是登山必不可少的交通设施，桥梁是跨越山谷和河流具有交通用途的构筑物。从早期的“鸟道”、羊肠小道、石阶磴道到今天的公路，从早期的木桥、石桥、索桥到今天的混凝土桥，其基本功能都是为游人提供便利的交通，方便游人游走于山岳之中。对于多数山岳型旅游地而言，早期道路桥梁的建筑者主要是山民、樵夫，后来慢慢发展到宗教信徒、宗教机构、地方富绅和其他社会组织。

大凡名山，旧时道路桥梁系统都比较完善。这些道路有的是石阶蹬道，有的是石板路，有的是沙石路，有的是鸟巢般的“脚窝”（如华山“猢狲愁”）。这些桥梁，早期可能是木桥，后来逐渐被石桥所替代；论桥形，有平桥、拱桥、吊桥之分；论桥孔，有单孔桥、多孔桥之别；论长度，有一块条石铺就的短桥，有数孔的长桥等；论宽度，有仅容一人通过的人行小桥，有能通行车马的宽桥等。

如黄山，游览步道大致始于唐代，形成于明清，发展于民国，完善于当代。黄山登山古道及古建筑是我国国保之一。黄山历史上形成了四条盘山道：①从南麓温泉经慈光阁、玉屏楼至天海；②从东南麓苦竹溪经云谷寺、白沙岭、白鹅岭、狮子林到天海；③从北麓辅村经芙蓉岭、松谷庵、十八道弯到北海；④从西麓焦村经钓桥庵、汤岭关到温泉。新中国成立前，黄山人行石桥不少于20座，如紫云桥、小补桥、白龙桥、续古桥、延寿桥、立马桥、度生桥、度仙桥、丞相桥、盘溪桥、仙人桥、慧明桥、芙蓉桥、陈公桥、益寿桥、保成桥、志成桥、麟趾桥、重兴桥等。

（2）亭台楼阁。亭子是一种有顶无墙的小型建筑，平面有圆形、方形、六角形、八角形、梅花形和扇形等多种形状，顶部则以单檐、重檐、攒尖顶为多，有桥亭、路亭、廊亭之分。如琅琊山醉翁亭。台是一种露天的表面比较平整的开放性建筑，其上多数没有建筑。楼阁是两层以上的建筑，如黄山散花精舍、观瀑楼等。亭台楼阁是城市公园里最常见的建筑景观，在山岳型旅游地亦有它们的踪影。

亭台楼阁在山岳型旅游地的作用主要包括两方面：一是为游人提供观景、休息、遮阳、避雨的场所，同时具有组织景观的功能；二是造景功能，亭台楼阁坐落在奇山秀水间，点缀出一处处富有诗情画意的美景，使山岳更美。山岳地区的传统亭台楼阁建筑材料包括木材和石料。黄山建于新中国成立前、目前尚存的亭子有立马亭、排云亭、松谷亭等，坍塌、消失的古亭多达35座[1]。

(3)关隘山寨。关隘山寨是一种原始军事设施，因山筑寨，据险自守。山岳地区地势险要，多悬崖峭壁、峡谷深渊、关岭隘口，易守难攻，因此历史上常成为兵家安营扎寨、民众结寨自卫、豪绅拥兵自守之地，因而多关隘山寨。安徽山岳地区历史上也有不少关隘山寨。金寨县的松子关、长岭关、青苔关、瓮门关都位于界山要道之上，旧时均筑有关卡，以防不测。宋末刘源因抗元而在天柱山修建的野人寨、东关寨、西关寨、南关寨、北关寨、总关寨，今遗址尚存。安徽有名的山寨，还有宿松县的白崖寨，金寨县的天堂寨，霍山县的六万寨、铜锣寨，枞阳县的城山寨，浮山的元末陈寨、明末胡寨、清末占寨，桐城市的虎头寨，池州黄石三寨，青阳县九子岩的刘公寨堡等。

(4)别墅公馆。别墅是一种园林式住宅，中国旧时多称为行宫、府邸、山庄、庄园、别业、别馆。旧时，公馆同样是一种私邸。中低纬度山岳地区是避暑度夏佳地，因而官宦富绅多在山上修建别墅公馆，避暑消夏。我国三大避暑山地，别墅公馆都非常多：江西庐山有中西别墅600多栋，河南鸡公山有中西别墅500多栋，浙江莫干山有中西别墅200多栋。黄山旧时交通不便，开发比较晚，新中国成立前亦建有居士林、紫云阁、天都别墅、听涛居、桃溪别墅、百寿堂、小红楼等近10栋别墅。

2.宗教遗产

山岳“有僧则名”，“有僧则名”的前提可能是“有景则名”，山岳无景，也很难有寺庙和僧尼。山岳地区的宗教遗产非常丰富，这不但因为山岳地区

[1] 黄山志编撰委员会. 黄山志[M]. 合肥：黄山书社，1988：200–202.

有寺庙观堂、佛塔石窟、宗教法器、仪规仪轨、宗教胜迹、宗教造像、宗教壁画、宗教石刻、宗教典籍、宗教节日、宗教音乐等，而且因为“山岳崇拜”“洞天福地”“无山不佛”均与山岳关系密切。如果山岳无景，也可能少有宗教遗产。

（1）山岳崇拜。山岳崇拜是原始宗教中自然崇拜的表现形式之一，其根源在于远古时期人类自身无知，力量渺小，为求得生存不得不严重依赖大自然，其主要表现形式就是对山神的崇拜。“中国先秦时期即已有明显的山岳崇拜现象，秦汉两代无论是民间信仰还是国家祭祀活动，山岳崇拜都体现得较为明显。”[1]旧时，民间祭祀有山神庙，帝王国祭有“四岳”“五岳”。

（2）洞天福地。“道教山岳崇拜渊源于中国古代原始宗教与巫术，后来又受到神仙信仰和封建社会国家祭祀宗教的影响而初成。道教将山岳崇拜吸收进自己的信仰体系后，加以内化、升华，与‘道’信仰、修真思想和修真实践紧密融合，构成道教文化特色之一。”[2]差不多从一开始，道教就与山岳联系在一起，十大洞天、三十六洞天、七十二福地，还有其他道教场所，大都处于名山之中。道教经典认为，仙境中的神山适合修真得道，在人间山岳之中修道可以得到同样的效果。洞者，通也，“洞天”即是通天。道教在山岳崇拜和神仙信仰的基础上，构建了“洞天福地”学说，并且提倡进入名山洞府以修真成仙。历史上，不少仙真高道隐居山林、一心炼丹修真，与道教相联系的神话传说亦有很多。如传说中华民族的始祖轩辕黄帝和容成子等在黄山修真、炼丹、升天，今存轩辕峰、容成峰、浮丘峰以及炼丹峰、仙人峰、仙都峰、道人峰、望仙峰等地名，还有很多溪潭亦与道教有关，如浮丘源、仙都源、洗药溪、容成溪、丹井、药臼等；黄山原名黟山，唐明皇好道，遂于唐天宝六年（747）敕改黟山为黄山。

从另一个层面看，山岳清净的环境有利于专心修真，应该也是“名山多道”的原因之一。东晋道教学者葛洪的一句话似乎也是这个意思：“山林之中并非有道，而为道者必入山林，诚欲远彼腥膻，而此为清净也。”[3]

（3）名山僧占。从佛教进入我国直到南北朝时期，佛寺大都建在城区。到了唐代，佛寺多依山而建，同秀丽的山色融为一体，其后名山差不多成了

[1] 李铁华. 山岳崇拜与道教修真关系略论[J]. 宗教学研究，2010(2)：173.
[2] 李铁华. 山岳崇拜与道教修真关系略论[J]. 宗教学研究，2010(2)：173.
[3] 王明. 抱朴子内篇校释[M]. 北京：中华书局，1985：187.

名寺古刹的同义语，“无山不僧道”，正如宋代赵忭所言：“可惜湖山天下好，十分风景属僧家。”

“天下名山僧占多”，道出了汉地佛教建筑空间分布特点。佛寺选址，少部分选择在全国性或者区域性政治中心，因为这些地方人口稠密，影响面广，对弘扬佛法有利，大部分选择在山林之中。在山林之中建设寺庙，原因有两方面。一方面，佛教的最高境界是清净、虚寂，为了达到这一境界，僧人往往希望远离红尘喧嚣，寻求可以寄身托志之地。而山岳地区，得阳光雨露的化育，受风霜雨雪的洗礼，享天地日月的灵气，少人间红尘之喧嚣，在如此幽美寂静之地建设修行栖身的寺院，有利于僧人止息俗念妄想，专注于参禅打坐，习静修行，与世无染。尤其是禅宗，主张从“物我同化”中寻求佛的境界。禅僧这种对自身与自然“物我同化”境界的追求，反映在修持场所选择上，必然喜欢生活在“涧幽泉清、峰高月白”的环境清静、不见凡间红尘的山林中，从而在大自然中陶冶性情、修身养性，进入体悟禅门“物我合一”的境界。另一方面，当佛教信众进入寺庙虔诚礼佛、游人入寺观光时，置身于青山白云、清水流泉、景色幽静的梵宫之中，寺院的建筑、雕塑、壁画、经文等丰富的佛教文化对凡夫俗子起着不言之教，经声梵呗、晨钟暮鼓潜移默化地使在红尘浊世中习染已久的凡夫俗子身心清凉净化，感受到佛门的清净，从而进一步领悟生命的真谛[1]。

“天下名山僧建多”反映了佛教对名山保护和建设的重要贡献。名山古刹大多数坐落在雄伟奇拔、古木参天、山清水秀、云蒸霞蔚的名山胜景之中。蓝天白云下，青山碧水间，若隐若现的红墙黄瓦的寺院、飘逸的檐角、高耸的塔刹，依山布局，高低就势，错落有致。这些雄伟壮丽之中足见玲珑剔透的寺庙建筑群与美丽的大自然交相辉映，并且寺以山名，山以寺灵。这其中既见僧人在山川清净中研读佛学、陶冶心灵、遵守佛法，也见僧人用汗水养育了山林，从而产生了集山川之秀与佛教“三宝”之灵、独特的人文与奇特的自然相融于一体的佛教名山。

在不少名山，宗教建筑可能已不存在，但留下了许多今天仍在使用、甚至唯一的地名。如在黄山，“据《黄山图经》记载，佛教最早在南朝刘宋年间就传入黄山，历代先后修建寺庵近百座。”[2]今天，这些寺庵绝大多数久已不

[1] 方华. 天下名山僧占多[J]. 地图，2005(3)：30-37.

[2] 黄山志编撰委员会. 黄山志[M]. 合肥：黄山书社，1988：212.

存，但以寺庵名为唯一地名的还有很多，如云谷寺、松谷庵、半山寺、文殊院、狮子林、狮林精舍等。

（4）多教并存。在我国，多种宗教并存一山、彼此之间相互尊重和平共处的现象非常普遍。如我国宗教名山庐山至今仍有佛教、道教、伊斯兰教、基督教、天主教建筑，仅佛教名寺就有东林寺、西林寺、黄龙寺、海会寺等。佛教传入庐山始于三国时期，最早的寺庙是建于东晋咸康五年（340）的归宗寺；东晋太元十年（386）高僧慧远创建东林寺，首创观像念佛的净土法门，开辟了佛教中国化的道路；到了唐代，庐山不仅是禅宗的重要道场，并有净土宗、临济宗、沩仰宗、律宗、曹洞宗，“庐山到处是浮屠”。南朝道士陆修静在庐山开创了道教南天师派；唐朝道士吕洞宾在庐山佛手崖一带布道。明清以后，伊斯兰教、基督教、天主教相继在庐山建堂传教，逐渐形成了一山兼聚五教的罕见现象[1]。

3.摩崖石刻

摩崖石刻是中国古代的一种石刻艺术，广义的摩崖石刻指在山崖石壁上所刻的书法、造像或者岩画，狭义的摩崖石刻专指岩壁上所刻的书法。摩崖石刻起源于远古时代的一种记事方式，盛行于北朝时期，直至隋唐以至宋元以后连绵不断。在传统社会，与纸质、木质、砖质材料相比，由于石质材料抗风化，耐腐蚀，经得起风吹雨打，因而使摩崖石刻成为文化传承的重要手段之一。我国无山不刻，摩崖石刻遍布祖国各地。从空间上看，由于气候、人类活动等多种因素的差异，我国中西部地区和东部地区的北方摩崖石刻类型齐全，岩画、造像、书法石刻都非常丰富，我国南方主要是摩崖书法石刻，摩崖造像、岩画比较少。

摩崖石刻是中国文化史中的一枝奇葩，它不仅仅是中国书法艺术品的一座宝库，而且是中华民族的文化珍品。历代帝王祭天告地，儒家释道传教授经，文化名士登攀览胜，共同成就了琳琅满目的碑碣、摩崖、楹联石刻等。

“游山如读史，观山如观画”，不仅是说山岳地区风景如画，蕴含着自然科学史，值得游人品鉴、考察、探究，而且还说山岳地区有很多人类写就的不朽史书，如摩崖石刻、岩画、造像、神话传说、山水文学、宗教建筑、农耕文明遗存等，值得访客欣赏、揣摩、深思。例如，摩崖石刻蕴含着丰富的画、史等

[1] 柳正恒. 中国世界自然与文化遗产旅游·山岳、古代工程[M]. 长沙：湖南地图出版社，2002：126-129.

重要实物资料，是游人游览山岳必不可少的游览对象。

(1)“游山如读史”。这里的“史”指的是历史，包括自然科学史、社会文化史。在社会文化史方面，如历史事件发生地，历史人物遗迹，包括其故里、故居、陵墓、书堂、题刻、赋诗等；除了正史、史实之外，还有野史、掌故、传说、神话等。

摩崖石刻是题刻的一部分，具有重要的历史价值。如现存最早的刻石、被誉为天下第一名刻泰山秦刻石，虽然镌刻的内容是秦始皇功德铭和秦二世诏书，由丞相李斯书写，但其书体是秦统一后的标准字体小篆，不仅是我国书法艺术的瑰宝，而且对研究我国书体的演变也有重要意义。泰山石刻，从书法艺术看，有的顺势而舞，有的着石苍古，有的飘逸洒脱，有的端庄严肃，有的刚劲，有的秀丽，可谓百花齐放；就书体而论，真、草、隶、篆各体俱全；就流派而言，颜、柳、欧、赵应有尽有[1]。很多摩崖石刻还记录着历史时期发生的重要事件，如江苏邳州寨山石刻记录有发生在明嘉靖三十四年(1560)十二月十三日子时发生的大地震[2]，桂林石刻保存了大量反映政治军事、社会经济、文化教育方面的资料和文学艺术作品[3]。大凡名山，都有摩崖石刻。在我国诸山中，泰山摩崖石刻(主要是书法)规模之大、作品之多(从岱庙至岱顶，沿途有823处碑碣和摩崖石刻)、年代之长、艺术之精湛、构景之巧妙，令其他名山难以望其项背。“登泰山而小天下”，似乎是说泰山之高峻，更可以理解为通过泰山摩崖石刻，可以知晓中华几千年文明史。

摩崖石刻之美还在于其科学价值。这种科学价值不仅仅包括石刻内容是对历史的纪实，还包括摩崖石刻本身的位移等所蕴含的科学价值。如原本刻在山崖上的摩崖石刻整块崩塌在地上，原本刻在独立石上端端正正的摩崖石刻现在东倒西歪甚至首尾倒置，都昭示着该摩崖石刻所在地内外力作用曾经比较活跃。

安徽是摩崖石刻丰富的地区之一。除了全国重点文物保护单位天柱山山谷流泉摩崖石刻、齐云山摩崖石刻、琅琊山摩崖石刻及碑刻、枞阳浮山摩崖石刻、池州齐山摩崖石刻、黄山摩崖石刻群，列入省级重点文物保护单位的摩

---

[1] 柳正恒. 中国世界自然与文化遗产旅游·自然与文化双遗产[M]. 长沙：湖南地图出版社，2002:32.

[2] 高继宗. 寨山石刻所记地震考[J]. 国际地震动态，2008(11)：134.

[3] 陈文. 略论桂林石刻的史料价值[J]. 社会科学家，1990(5)：52-57.

崖石刻有池州万罗山摩崖石刻、梅山摩崖石刻、刘冲摩崖石刻、天台摩崖石刻,安庆小孤山摩崖石刻、佛图山摩崖石刻,滁州玉蟹泉摩崖石刻,含山县褒禅山华阳洞石刻,六安峡山口摩崖石刻,宣城琴高山摩崖石刻、山门洞摩崖石刻、隐仙洞摩崖石刻等。如池州齐山,面积不过1.2平方千米,山高不过海拔87米,因杜牧的《九日齐山登高》"江涵秋影雁初飞,与客携壶上翠微。尘世难逢开口笑,菊花须插满头归。但将酩酊酬佳节,不作登临恨落晖。古往今来只如此,牛山何必独沾衣"和岳飞的《题池州翠微亭》"经年尘土满征衣,特特寻芳上翠微。好水好山看不足,马蹄催趁月明归"而闻名,全山共有摩崖石刻210处,其中现存石刻54处,另有摩崖造像7处,已毁石刻149处[1]。

(2)"观山如观画"。这里的"画",不仅仅是"山水如画""风景如画"、自然之"画",同样包括人类劳动成果之"画"。摩崖石刻、石造像、岩画、梯田等,都是人类劳动成果之"画"。摩崖石刻具有很高的艺术欣赏价值,不仅仅是书法之美,造像、岩画同样美不胜收。宗教造像是立体的画,无言的书。世界文化遗产云冈石窟刻在武周山南麓;世界文化遗产龙门石窟刻在伊水两岸的龙门山和香山崖壁上;世界文化遗产大足石刻有石刻造像70余处,总计10万尊,其中以宝顶山和北山石刻造像最为著名;世界文化遗产乐山大佛,山是一座佛,佛是一座山,山佛一体……

岩画是一种石刻文化,在人类社会早期发展进程中,人类祖先以石器为工具,用粗犷、古朴、自然的石刻方法描绘、记录自己的生产方式和生活内容。岩画是人类社会的早期文化现象,是先民们留给后人的珍贵的文化遗产。我国岩画分布广泛,从黑龙江、内蒙古、宁夏、甘肃、青海、新疆、西藏,到广西、云南、贵州、四川及江苏等地,均有分布。从内容来看,北方岩画多表现动物、人物、狩猎及各种符号,以内蒙古阴山岩画、宁夏贺兰山岩画为代表,与中亚、西伯利亚等地的岩画有相似之处;南方岩画除描绘动物、狩猎外,还表现采集、房屋、村落和宗教仪式等。

4.文化典籍

我国山岳文化典籍非常丰富,主要包括山志、游记、诗词歌赋、山水画等,最早的专门论述山岳的典籍应该是《山经》。这些文化典籍为我们今天认识我国山岳提供了极其珍贵的历史资料。如黄山,"从盛唐到晚清的一千

[1] 檀向群.齐山摩崖石刻及其文化内涵初探[J].兰台世界,2011(8):32-33.

二百年间，仅就赞美黄山的诗词来说，现在可以查到的就有两万多首”[1]。

如《徐霞客游记》。徐霞客是我国明代地理学家和旅行家，自22岁新婚那年开始一直到去世前一年止，33年矢志不渝地旅游考察，足迹遍及我国19个省份。徐霞客被誉为“千古奇人”，以他的游记和日记整理而成的《徐霞客游记》被誉为“千古第一奇书”。《徐霞客游记》写山的有天台山、雁荡山、黄山、庐山、齐云山等名山游记17篇。《徐霞客游记》不仅是一部地理名著，而且是中国文学史上的一座丰碑：它开创的日记体游记，至今仍然是游人重要的参阅文本。阅读该书，读者不仅可以跟随作者的笔触去体味中国山水之美，而且可以细致体察到也许已经消失于历史尘烟中的一方水土或一域风情。

某些学术流派的形成也与山岳有关。如诞生于古徽州的新安画派。明末清初，在中国绘画史上涌现出了一个以清淡简练的笔墨、明快秀丽的构图和清高悲壮的气质为独特风格的绘画流派——新安画派。新安画派的诞生与新安大好河山密不可分。新安大好山水自古以来为人们所称赞，黄山、白岳清秀无比，清丽动人，新安江两岸青山相对，山静水明。新安山水为画家提供了绝佳的描摹对象和“外师造化”的有利条件。新安画派领袖人物高僧渐江早年游武夷，晚年游庐山，长期住黄山，终年生活于山山水水之中，山光水色、缥缈烟云了然于胸，自然流泻于笔端，自成风骨。

（七）旅游景观系统复杂

山岳旅游功能多样：山岳雄、奇、险、秀、幽、奥、旷，能够满足和培育旅游者的多种美感；山中崎岖不平，森林茂密，空气清新，有利于锻炼体魄，磨砺意志，增进健康；山岳云雾大，气温相对凉爽，是避暑消夏胜地；山岳文化遗存丰富，有利于开阔视野，了解地域文化……

1.按感知系统划分

按照旅游者感知系统划分，山岳地区旅游景观大体分为视觉景观、听觉景观、嗅觉景观等类型。

（1）视觉景观是山岳型旅游地最主要的景观。无论山岳自然景观之形象美、色彩美、动态美等，还是山岳人文景观之建筑遗产、宗教遗产、摩崖石刻、现代旅游设施等，主要都是视觉景观，主要通过视觉感知。

（2）听觉景观丰富多彩。山岳听觉景观可能源自风起林涛、鸟啼蛙鸣、

[1] 黄山志编撰委员会. 黄山志[M]. 合肥：黄山书社，1988：266.

狮吼虎啸、泉水叮咚、瀑落深潭，可能源自晨钟暮鼓、信徒诵经等。一些山岳型旅游地特有动物啼鸣之声，如郭沫若称其为“林间音乐师”的黄山“八音鸟”（学名棕噪鹛），峨眉山万年寺白水池里发出类似于古筝“哮哮哮”声的“弹琴蛙”等，亦为山岳型旅游地增色不少。通常都说“一方水土养一方人”，同样可以说“一方水土养一方动物”，因为不同地域同一种动物其啼叫声亦有差异，让人琢磨不定。

(3)嗅觉景观主要来自山花的芬芳，来自森林中各种植物散发出来的芬芳物的混合物（森林气息）和泥土的气息。

2.按景观来源划分

自然景观是山岳型旅游地旅游景观的主体，人文景观是山岳型旅游地旅游景观的重要组成部分。山岳自然景观是山岳人文景观的基础，先有天生丽质（自然景观），继而略施粉黛（人文景观），山岳型旅游地景观类型极其丰富。越是自然景观优美的山岳型旅游地，只要常人可至，山岳建设者和越来越多的游人如同绣女不断地“锦上添花”，其人文景观亦越来越丰富多彩。我国众多名山的形成，无不以优美的自然景观为基础。

（八）旅游功能具有多宜性

山岳型旅游地旅游功能具有多宜性，最主要的功能是观光功能，包括观自然之光和文化之光（如观宗教之光），继之是起源很早的科考和修学功能，如科学工作者对山区的科考工作，大专院校某些专业野外实习，还有至今规模依然很小的休闲度假功能。

观光功能是山岳型旅游地目前最主要的功能；科考、修学功能将长期延续，规模不大；扩大山岳型旅游地休闲度假功能，挑战与机遇并存。

二、山岳型旅游地景观变迁基本特征

山岳型旅游地景观变迁包括自然景观变迁和人文景观变迁两部分。

（一）自然景观变迁

通常说，地貌乃山之体，植被乃山之衣，溪流乃山之脉，动物乃山之灵。在山岳型旅游地，自然景观的变迁有的属于自然变迁，有的属于人为变迁。就变迁程度而言，一部分自然景观在景区景点建设过程中没有或者很少受到扰动，依旧沿着自己的演变规律自然演变，如太阳东升西落，月亮阴晴圆缺，植物休眠萌发，溪流涨涨落落，植被群落演替等；一部分自然景观受到中度乃至重度扰动，甚至造成景观破坏等。

1.自然变迁

山岳型旅游地景观自然变迁的驱动力来自于地球的内力，来自于地球公转产生的四季更替、地球自转产生的昼夜交替，来自于大气运动和天气、气候的变化等。对于旅游者而言，景观的自然变迁有的有积极意义，有的有消极意义，前者如朝晖晚霞、植物季相变化、春华秋实等，后者如火山、地震、台风、海啸、暴雨、干旱、酷寒及其带来的次生灾害滑坡、泥石流、风灾、洪灾、旱灾、寒灾等。

2.人为变迁

在山岳型旅游地景观变迁过程中，人为变迁的强度取决于人为扰动力度的大小和方向，取决于山地景观系统的稳定性程度，人为扰动强度大不等于破坏性影响大。扰动强度超出山地生态景观系统稳定性的自然景观变迁，大体经历了建设中的破坏、自然恢复和人工修复三个阶段。

(1)建设中的破坏。只要有开发，都会不可避免地对自然景观产生影响。只要这种影响是有限的，可以修复的，人类可以接受的，都不能说是破坏性影响。之所以产生建设中的破坏，主要是认识上的局限性，此外还有技术因素和经济因素的影响等。

①山容地貌破坏。无论修筑线状设施（如公路、游步道、索道、地轨缆车等道路交通设施），还是修建块状设施（如酒店等接待服务设施、停车场等），都会对山容地貌产生不良影响，甚至是破坏。

早期道路建设，主要是游步道，因为客流规模比较小，游步道比较窄，游步道线形和走向因山就势，对山容地貌影响非常小；后来，随着客流量的增加，游步道逐渐拓宽乃至修建新的游步道，有些路段单行线改成迂回线或者双行线，对山容地貌的破坏非常明显。栈道的修建改善了险要地段的交通状况，又使游人在有惊无险中游览山岳，如果施工方案科学，对山容地貌影响比较小。

山岳型旅游地景区公路建设，早期是开挖与填埋相结合，公路依山势迂回曲折而行，尽量做到挖方和填方平衡，但都不可避免地会产生开挖生创面以及塌方、弃土占压山场等问题。随着技术进步和环境意识提升，目前景区公路建设逢山凿洞、遇谷架桥和因山就势相结合，明显降低了对山容地貌的破坏。

索道对山容地貌的影响，主要是站房和塔架基坑开挖、施工便道建设和线缆铺设的影响。地轨缆车既需要直行线路，又需要坡度、坡向一致，尽管部分地段可以架空、直行于林下，对山容地貌的破坏还是客观存在的。

由于山岳型旅游地可作为建设用地的平地非常有限，只要游程不止半日，都有建设一定量的接待服务设施的必要，都有可能不同程度地开挖山体，都有可能破坏山容地貌。

②植被减少，质量下降。山岳型旅游地植被减少、质量下降，总体上主要发生在过去，主要因为砍伐薪柴、开垦山场、获取建材（如木材、石料、沙料）而致。随着薪柴先后被煤炭、柴油、电能等代替，传统建筑材料为现代建筑材料所替代，植被减少、质量下降问题明显改善。

③溪流减少，水质下降。山岳型旅游地旅游开发导致溪流减少、水质下降的主要原因：在河溪上游修建饮用水水库水窖，拦蓄了部分地表径流和地下径流，导致溪流减少；地表性质改变，硬化地面增多，土壤涵养水分能力降低，以致溪流暴涨暴跌，少雨期地下水补给溪流的能力降低；在没有生活污水处理系统的前提下，生活污水直接排入溪流，导致溪流水质下降。

（2）自然恢复。山岳型旅游地景观能够自然恢复主要因为以下因素：生物尤其是植物具备自然恢复的能力，只要植被没有被彻底破坏，气候湿润，光照良好，山岳型旅游地植被会慢慢进入恢复状态。自然恢复过程长短取决于破坏的程度。随着时间的推移，历经春夏秋冬，沐浴阳光雨露，开挖生创面慢慢变旧，索道施工廊道植被逐渐恢复。为了加快自然恢复过程，人们采用了很多辅助措施，如人工抚育、植树绿化等。

（3）人工修复。人工修复，即采用符合自然规律的工程措施修复被破坏的自然景观，使其焕发出勃勃生机。如黄山光明顶气象站雷达楼附近原来有一片废弃地，花岗岩基岩裸露，弃石和煤渣混杂，杂草丛生，视觉效果极差。黄山人采用地形修复、取土覆盖、因地制宜植树种草等措施，使这片废弃地生机盎然，与周边原生景观浑然一体。

（二）人文景观的变迁

人文景观是人类赋予山岳的劳动成果，是人类观念的固化和外化。

1.景观类型不断丰富

随着旅游需求的不断发展和科学技术进步，山岳型旅游地人文景观空前丰富。过去，山岳型旅游地主要人文景观包括游步道、宗教景观、摩崖石刻、亭阁屋宇等,现在山岳型旅游地除了上述景观外,新增了很多景观:如交通设施设备景观(如景区公路、索道、地轨缆车等),几乎通达所有著名游览点的道路景观,具有引导、科普、教育等功能的游客中心和标示牌,数量众多的旅游接待设施(如宾馆、酒店、小卖部),满足游人生活用水和景区消防、生态用水的储水供水设施设备,供电设施设备,照明系统,环卫设施设备,消防设施设备,医疗救助设施设备等。差不多一般城镇所有的各类设施设备,在一些中型以上山岳型旅游地都有。

这些类型的人文景观,有的直接服务于旅游者,有的间接服务于旅游者,都是山岳型旅游地发展不可缺少的组成部分。

2.修复与新建并行

修复的主要对象是已经失去功能但需要恢复其功能的具有保护意义的建筑,新建的主要是满足现代旅游需求的所有设施设备等。

在山岳型旅游地,由于规划和规划管理意识的提升,过去那种想建就建、未批先建的现象基本绝迹,依规建设已经成为人们的自觉行为。

3.交通设施从羊肠小道到多种方式互补

与过去相比,交通设施设备是山岳型旅游地变化最大的设施设备之一。

(1)羊肠小道阶段。由于客流主要是香客、名人雅士、豪绅富商,旧时山岳型旅游地客流规模很小,道路系统性差,很多山岳型旅游地的道路如同羊肠小道般,有的还是开凿在山崖上的“鸟道”(如徐霞客首游黄山时,称其攀登的人字瀑中间陡壁上的梯道为“鸟道”,形容攀登十分艰险),或者是铁链和“脚窝”相结合的无路之路(如华山“猢狲愁”)。

(2)多种方式互补阶段。为了改变山岳型旅游地建设用地有限等诸多自然约束,满足游人旅游需求,扩大客流规模,交通设施建设是山岳型旅游地建设中的重中之重。如今,山岳型旅游地游览道路系统已经成形,几乎通达每一个重要游览点。为了保护景观,很多旅游地都铺设了架空游步道;为了增加景观效果,制造险峻氛围,有的旅游地还修建了包括玻璃栈道在内的栈道系统。景区公路系统逐步完善,主要出入口都有景区公路相通,有些山岳型旅游地景区交通还能将游人直接送达景区核心地带;一些主要山岳型旅游地修建了索道或者(和)地轨缆车。在山岳型旅游地一些游人必须步行的险要地段,还保留着满足游人因行动不便或者体力不支而无法步行所需要的抬轿(滑竿)服务。

如今,很多山岳型旅游地实现了步行与车行、索道与地轨缆车、自行与他行(如接受抬轿服务)等多种交通方式的互相补充、选择性强、换乘方便的交通系统。

交通车辆变化也很大。既有大巴,也有小型电瓶车;既有核定100人的箱式缆车,也有4~6人的轿式缆车;既有能够遮风避雨的封闭性的缆车轿厢,也有“经风雨见世面”的吊椅式缆车座椅;既有按时点或者客满运行的公共交通,也有随到随走的出租车服务。

有的山岳型旅游地为了拓展游览空间,热衷于把游步道不断向核心景区延伸,这种做法值得讨论。朦胧美、意境美是山岳自然美的重要类型,很多景观适合远观,象形石远看越想越像,甚至若隐若现、朦朦胧胧,充满着神秘感,效果最好。如果把游步道延伸到象形石附近、核心景区深处,反而失去了原来的美,越看越想越不像。如在黄山北海曙光亭看石笋矼,“十八罗汉朝南海”“仙人下棋”“丞相观棋”诸景惟妙惟肖;如果穿过辕门松步行到石笋矼脚下看上述诸景,仅仅几根石柱,“惟妙惟肖”之象荡然无存。

4.接待服务设施从零散分布到快速城镇化和去城镇化

近些年来,接待服务设施是山岳型旅游地景观变化最大的要素之一。纵观山岳型旅游地接待设施发展过程,大体上经历了零散分布、快速城镇化和去城镇化三个阶段,目前以去城镇化为主。

(1)零散分布阶段。在人类游览山岳的绝大部分时间里,没有专门的接待服务设施,为数不多的寺庙宫观和隐世者乃至山民的茅棚承担了接待服务设施的功能,不多的游人主要借宿于寺庙宫观和隐世者乃至山民的茅棚之中。如明代地理学家和旅行家徐霞客一游齐云山、两游黄山,均借宿于寺庙宫观。

山岳型旅游地接待服务设施非常零散分散,差不多一直持续到改革开放之始(像庐山那种汽车直达核心景区的山岳型旅游地,另当别论)。

(2)快速城镇化阶段。改革开放以后,尤其是二十世纪八十年代初期以后一段时间里,面对接待服务设施极其不足的状况,“五个一起上”拉动了接待服务设施建设的热潮。原先在山岳型旅游地有一块地皮的部门,包括气象部门、不同部门或单位的疗养机构等,都会在有限的土地上大兴土木,建设简易接待设施;运输企业也“服务到位”,车站尽可能建在景区内;没有地皮的单位也想方设法弄一块地皮,兴建楼堂馆所。于是乎,有限的空间里接待设施林立,景区内游客主要集散地变成了规模大小不等的城镇,建筑密度、人口密度空前增加,既破坏了景区自然环境,也恶化了游览环境。

(3)去城镇化阶段。大约到了二十世纪九十年代中后期,景区城镇化问题引人关注,景区接待服务设施建设进入去城镇化阶段。拆除临时性建筑和有碍观瞻、影响环境的建筑,降低建筑密度和高度,甚至将管理部门、接待服务设施搬离景区,“景区内游览,景区外住宿,景区外办公”,开通景区和游客主要集散地之间公共交通,还景区清静、清新的旅游环境。

三、山岳型旅游地景观变迁中的问题

山岳型旅游地是我国观光旅游的拳头产品,是我国旅游目的地体系的重要支撑。但是,山岳型旅游地发展中的问题也非常值得关注,这些问题都从不同层面不同程度地涉及景观变迁问题等。

(一)“山上游山下住”问题

“山上游山下住”是相对于“山上游山上住”而言的,表面上是旅游地功能分区问题,或者游览区和服务区分离问题,实质上是旅游环境容量问题,或者如何消除由于功能区不分给“山上”旅游环境造成的不良影响问题。

1.“山上游山下住”提法的由来和现状

有文章说:“早在1982年,经济学家于光远考察黄山后就指出应该‘山上游,山下居’。”[1]1991年10月,在“黄山旅游与环境协调发展国际研讨会”上,有人提出“山上游山下住”问题。1996年1月,黄山管理部门组织编制了《黄山风景区分区调控游览规划研究报告》[2],其中的分区以“一日游”为原则,实质上也是为实施黄山“山上游山下住”而作的深层次思考。

后来一段时间里,不少具有一定地域规模和接待规模的山岳型旅游地都在讨论“山上游山下住”问题,希望通过“山上游山下住”这一举措,缓解景区内部接待设施不足,减少山上垃圾等对景区的污染,保护旅游地环境等。

“山上”“山下”如何划分,有不同的认识:一种是以票房分界,凭票旅游的区域为“山上”,票房以外的区域为“山下”;一种以风景区范围为界,区内

[1] 徐嵩龄. 中国的世界遗产管理之路——黄山模式评价及其更新(中)[J]. 旅游学刊,2003,18(1):48.

[2] 梁帅文,桂剑锋. 黄山风景区分区调控游览规划研究报告[R]. 黄山:黄山风景区管理委员会,1996.

为“山上”，区外为“山下”，于是又衍生出“区内游区外住”“景区游区外住”等提法。

目前，“山上游山下住”有几种情况：

第一种情况，像黄山那样，山上本来没有居民，希望通过减少山上住宿设施，让游人在“山上游”，尽可能不住或者少住山上。

第二种情况，像九华山那样，为了避免对生态环境和旅游环境造成不可逆转的破坏，拆迁位于佛教寺庙集中的九华街区的办公用房、部分商业用房和住宅，把景区服务基地下迁到山下柯村，把山上更多的空间让给旅游者，恢复九华街区浓厚的宗教氛围，通过九华街区环境整治和柯村新区开发，实现“山上山下”“山里山外”旅游功能平衡互动。

张家界武陵源景区建筑大拆迁也属于这种情况。世界自然遗产这块金字招牌曾为武陵源每年带来上百万游客，然而由于景区过度开发，对自然环境造成了不良影响，到1998年，武陵源景区的宾馆等建筑面积已超过36万平方米，其中违章建筑面积3.7万平方米。1999年开始，武陵源景区分三期实施拆迁工程。全部工程完工后，不仅游人“山上游山下住”，山上几百户居民也要搬迁到“山下住”。

第三种情况，“山上游山下住”因地制宜地衍生出很多新的模式，如江西三清山的“山上游山下住、景区游城里住”模式，四川九寨沟的“沟内游沟外住”模式等。

2.需要“山上住”必须“山上住”

通常都说“旅宜快，游宜慢”，这里的“旅”指的是在景区外的旅行，要求有安全便捷的交通，以便缩短途中时间，为“游”留下更多的时间；这里的“游”指的是景区内的游览活动，希望慢慢鉴赏、深度体验。对旅游地而言，便利的交通是一把双刃剑，越便捷越容易集散客流，也越容易导致景区短时间内游客拥堵、供给不足。景区内外交通联系越顺畅，越容易在较大的范围内集散更多的游客；景区内部交通越便捷，对于山岳型旅游地而言，既越有可能向山上输送更多的游客，也越有可能向山下输送更多的游客。

“山上游山下住”适合游程比较短的山岳型旅游地，不适合景点多、游程长的山岳型旅游地。需要“山上住”，主要有两种情况：①因为上山时间偏晚，当天无论如何不可能下山的旅游者（前提是山上有住宿设施，否则当天不会上山）；②某些特殊旅游者，如摄影爱好者，景观深度体验者，绘画写生者等。

有人认为,封建帝王登泰山都是“山上游山下住”,为什么今天还要“山上住”呢？怎么会有“山上游山下住”问题呢？过去帝王“山上游山下住”,可能有两种背景:①游程短,无需“山上住”;②山上本来就没有住宿设施,以致不可能“山上住”。这为我们思考“山上游山下住”问题提供了很多启示。

快捷的交通方式直达核心景区的旅游地,游人集散方便,是“山上游山上住”还是“山上游山下住”,取决于景区住宿设施满足程度,或者取决于通过价格杠杆调节住宿设施供给的力度;需要“山上住”的不可能“山下住”;是否“山下住”,关键是住宿设施供给状况,山上没有住宿设施,当天只能上山不能下山的游客只能“山下住”,第二天再去“山上游”。

“山上游山下住”是一种理想状态,不符合所有山岳型旅游地。那些游程长的山岳型旅游地,无论从任何角度考虑,山上必须有一定的住宿设施。这里的“一定”是多少,取决于山上平坦开阔地的面积,取决于环境承载力,取决于人们的视觉承受能力,取决于建筑物的式样、体量、分布以及与周围环境的协调性等。

由此想到一句保护野生动物的广告:“没有买卖就没有伤害。”在山岳型旅游地,没有住宿供给,旅游企业不提供“买卖”,再大的需求也等于零,也不可能对旅游地环境因为住宿造成“伤害”。要想实现“山下住”的措施其实很简单:山上不再新建住宿设施,现有住宿设施一旦使用寿命到期一律拆除。其实问题并非这么简单。

换一个角度思考,在我国旅游企业尚不属于社会公益事业的前提下,从旅游企业自身发展角度和满足旅游需求角度考虑,在保护旅游环境的前提下,山上有“一定量”的住宿设施,满足部分游客适度的“山上住”需求,也有其经济上的合理性。

旧时,名山上的人居建筑主要包括三类:宗教类建筑,隐世者和山民的寒庐,达官贵人的别墅。今天在名山上建设住宿设施,是经济型的好,是豪华型的好,还是经济型与豪华型兼而有之,人云亦云,莫衷一是。

(二)“要不要建索道”问题

差不多从二十世纪九十年代起一直到二十一世纪头十年,关于山岳型旅游地建设索道的利弊问题一直为学人所关注。有学者从五个方面综述了国内山地旅游景区索道建设研究进展:①索道的优点和缺点;②索道建设过程中在环境保护方面应该遵循的原则及具体技术措施;③游客索道消费行为特征及满意度调查;④索道的管理和运营;⑤景区索道整体发展情况。结论是:总体上,索道对于景区环境确实存在不良影响,但只要科学设计、严格管理,可以将索道对环境的影响程度降到最低,并将多种优点发挥到最大化[1]。这一结论符合实际。

1.索道的功与过

(1)不赞成修索道的理由。有学者认为索道对世界遗产有威胁:①破坏地形、植被与生态;②破坏景观的自然美;③加剧人流向山顶景区集中;④误导游人,贬低名山;⑤不符合旅游的基本要求,不符合"旅要快,游要慢,留住人,多消费"的原则;⑥与世界遗产保护背道而驰,索道及其他商业性游乐设施应在风景区和世界遗产地以外适当地区修建[2]。除此之外,索道建设还有可能造成以下不利影响:①破坏景观的协调性;②如果索道线路与游步道在空间上重合,还存在安全隐患等。学者们的观点不但对我国世界遗产地而且对我国山岳型旅游地修建索道敲响了警钟,提醒人们在修建索道时尽可能把不良影响降低到可接受程度。

(2)赞成修索道的理由。有索道管理人员认为,与公路和游步道相比,索道优点很多:①对地形适应性强,爬坡能力大;②两端站点间距离最短,可以大大节省游客行程时间;③受气候条件的影响较小;④站房配置紧凑,占地面积小,支架占地更少;⑤可根据地形随坡就势架设,无须修建桥梁、涵洞,不需要开挖大量土石方,对地形地貌和自然环境永久性破坏较少;⑥一般采用电力驱动,没有"三废"排放以及噪声污染,符合风景名胜区对环保的要求;⑦运行安全可靠,维护简单,容易实现机械化、自动化操作,劳动定员少;⑧基建投资一般比汽车公路和步行盘道少,经营费用低,投资回收快;⑨能耗低,节约能源[3]。除此之外,景区旅游索道还有下列优点:①游人游山时间缩短,加快游人周转速度,增加景区容量;②拓展游览空间,提高景观资源利用率;③解决体力不支者登山难的问题;④为应对山上突发事件(如医疗救助、火灾扑救、应急供给等)提供了便捷的交通条件;⑤新增加了一条观景

[1] 童春荣,傅广海. 国内外山地旅游景区索道研究进展[J]. 成都理工大学学报:社会科学版,2011,19(4):86-89.

[2] 谢凝高. 索道对世界遗产的威胁[J]. 旅游学刊,2000(6):57-60.

[3] 蒋宁. 浅谈风景名胜区内旅游索道存在的合理性[J]. 旅游学刊,2000(6):61-63.

通道,还有可能发现新的景观。

2.该修索道的地方应该修索道

随着索道技术的进步和人们环境意识的提升,索道的长处得到了进一步彰显,过去索道建设中出现的与环境有关的部分问题逐步得到了解决(如现实情况表明,在气候、土壤等条件合适的山区,索道建设对植被的破坏是可逆的等),索道建设带来的环境影响是可以接受的,路途远、坡度陡的山岳型旅游地,修索道是解决部分交通问题的理想选择之一,前提是科学设计、严格管理。

从目前情况看,索道科学设计主要包括以下方面:①合理选择线路走向和站房站址,尽量结合地貌设计站房外形,缩小站房体量,并且尽可能具有隐蔽性,以使缆车以外的游客在观景过程中基本上看不见索道的线性切割和堡垒般的站房;②注重索道形式与环境的相容性,选择最佳索道形式;③合理测算运能大小,根据索道服务区域的游客环境容量和游客流向,合理设计运能,适度留有余地,谨防运能余地太大;④努力使站房的体量、建筑风格和颜色与环境具有相容性;⑤支架的多少、高低和颜色,客厢的大小;⑥规范编制和严格评审索道建设环境影响评价报告。

从目前情况看,严格管理主要是严格执行环境保护措施,控制景区超载,主要包括以下途径:①严格执行经过评审的索道建设环境影响评价报告中所列举的所有环境保护措施;②根据索道服务区域实际游客规模和旅游环境容量,确定索道运行速度甚至停开、单向输送或者双向输送;③不到疏散应急状态,不启动最大运能。

(三)景观协调问题

协调是对立事物之间在一定条件下的具体、动态、相对、辩证的统一,是不同事物之间相辅相成、相反相成、互促互补的关系。对于景观而言,协调实际上是一种视觉习惯,即合乎自然规律的视觉感受。

1.“万绿丛中一点红”的启示

“万绿丛中一点红”,相传出自宋徽宗赵佶给画家出的一道命题画考题:“万绿丛中一点红,动人春色不须多。”从注意和被注意角度分析,“万绿丛中一点红”,一大片绿叶丛中的一朵红花非常醒目,比喻在众多事物中突出最精彩的一点,足以引起人们的注意;由于红是“一点”,对比“万绿”,更显得突出,并因为“一点”而使整个“万绿”有了灵魂。从颜色的对比协调关系看,“绿”与“红”是一组对比色,“万绿丛中一点红”之所以协调,是因为“万绿”的数量之巨大和“一点红”的数量之微小，使一对矛盾的双方和谐统一起来。

2.如何使景观协调

山岳型旅游地景观不协调的表现很多，协调措施必须具有针对性。

(1)风格协调。风格协调主要指建筑(构筑)物与周边环境的协调，包括多种情况：一是建筑(构筑)物与自然环境的协调。如仿生游步道护栏、自然石路标、木栈道或仿木栈道与景区自然环境的协调。二是成组成片建筑(构筑)物内部各建筑(构筑)物风格的协调。三是不同建筑群(物)之间的协调。只要不同建筑群(物)之间有乔灌木软隔离、可视性差，哪怕风格不同亦无妨。

(2)体量协调。体量不协调主要表现在建筑物体量过大，与周边环境不协调。建筑物体量大，功能集中，空间上连片布局，有其经济上的合理性，但在山岳型旅游地往往缺少环境的协调性，从而使景观不协调。在处理建筑物与周边环境关系时，值得借鉴中国传统建筑文化中论述建筑与环境关系的诸多精辟的结论性语言，如“以涵为主，涵露结合”等。“涵”是隐涵、隐含、包含、隐约含有、不公开的意思；“露”是暴露、显露、公开的意思。要做到建筑物与环境协调，除了色彩之外，也要考虑体量，体量小的可以“露”，体量大的尽量“涵”，“露”是少数、小部分，不“露”则已，“露”则生辉，一“露”惊天，“露”是为了“涵”。

体量协调问题，实际上是一个比例问题、参照系问题。大体量的主体建筑面对小广场，道路紧贴着前墙，局促、压抑之感油然而生。小体量的主体建筑面对大广场，过于空旷，同样没有美感。

分散建筑，或者在主要观景点游人视觉难及的地方修建大体量建筑物，或者在大体量建筑物外围植以高大常绿乔木，基础部分辅以深色的灌木、藤蔓植物予以遮蔽等，都是协调建筑与周边环境的有效措施。始建于十九世纪下半叶的庐山600余栋别墅为什么没有给人与环境不协调的感觉，就在于它们依山就势，散布在幽谷之侧、溪涧之畔、峭崖之旁，每栋别墅占地面积大，建筑面积小，主楼多为两层，石(砖)木结构为主，绿化面积大，曲径通幽，掩映在乔木翠竹之中。

(3)色彩协调。景观协调，首先是色彩上的协调。色彩不协调在山岳型旅游地比较常见，主要表现为建筑物颜色与山色不协调。要使建筑物色彩与山色协调和谐，掌握色彩学基本原理十分重要。光和色关系密切，光是产生色的原因,色是光被视觉感知的结果。可见光谱从短波到长波大体分为三组:紫光(波长 380 nm~430 nm)、蓝光(波长 430 nm~470 nm)和青光(波长 470 nm~500 nm)属于短波光谱,绿光(波长 500 nm~560 nm)和黄光(波长 560 nm~590 nm)属于中波光谱,橙光(波长 590 nm~620 nm)和红光(波长 620 nm~760 nm)属于长波光谱。波长越长,颜色越鲜亮夺目;波长越短,颜色越深越暗。红、橙、黄、绿、青、蓝、紫属于有彩色系,黑、白属于无彩色系,灰色是黑白之间的过渡色,白色可与任何颜色搭配。

色彩本身并无冷暖的温度差别,冷色与暖色是人们依据心理错觉对色彩的物理性分类,是视觉色彩引起人们对冷暖感觉的心理联想。波长长的红色光、橙色光和黄色光,本身有暖和感,属于暖色系;波长短的紫色光、蓝色光和青色光,有寒冷的感觉,属于冷色系。从视觉效果看,暖色使人兴奋,有扩张的视觉效果,可以使物体看起来比实际的大;绿色是一种中间色彩,无明显的偏向;冷色使人压抑,有收缩的视觉效果,可以使物体看上去比实际的小。通常说"红配黄,喜洋洋",就是因为红色和黄色属于暖色系。

这些色彩学知识告诉我们:①两种光的波长差异越小,彼此之间颜色的相容性越好;两种光的波长差异越大,彼此之间颜色的相容性越差。②山色的主色调是绿色,要使建筑物色彩与山色相容,建筑物宜选择与山色同一色相但彼此之间有深浅差别的颜色,或者选用近似相邻色;要使建筑物突出于山色,建筑物宜选择与山色波长差异较大的暖色系。③如果建筑物体量比较大,要使其与山色协调,宜选冷色系乃至灰色;如果建筑物体量较小,要使建筑物看起来比较大,就要选择与山色波长差异大的颜色。

人们欣赏"蓝天白云""青山绿水",觉得它们和谐协调,就是因为它们在面积和颜色搭配上非常符合色彩学原理。"蓝天白云"是说广袤的蓝天下飘着几朵白云,而不是漫天白云中透出一点蓝天;蓝天面积大,白云面积小,二者在面积和颜色对比中达到和谐。"青山绿水"非常和谐,同样符合色彩学原理:山色因远近而不同,近景山是绿色,中景山是青蓝色,远景山则是蓝紫色;水本来是无色透明的,阳光照入水中,大部分青绿色光折射在水中,所以看上去水是青绿色的,青色和绿色色差很小,故人们很钟情于"青山绿水"。

(4)视觉空间协调。视觉空间不协调,主要表现为天际线被线缆、缆车、支架切割,通常是索道、供电设施所致。这种情况主要出现在山岳型旅游地建设的早期。随着人们环境意识的提升,新建改建的索道线路、支架、线缆、缆车切割视觉空间的可能性越来越小,强电和弱电下地早已成为山岳型旅游地的常态。

(5)植物协调。在山岳型旅游地,利用植物造景不可避免,前提是遵循自然规律。不同的山岳地区有其特定的植物群落,不同的植物有其最佳生境。在漫长时间里形成的植物群落具有稳定性和乡土性。在甲地正常生长的生物,到了乙地有可能泛滥成灾,生物入侵就是这个道理。在不少山岳型旅游地,正常情况下草被夏荣冬枯、四季有别。有的山岳型旅游地有意引种耐低温的黑麦草,由于生境合适,原本一岁一枯荣的草被冬季依旧一片葱绿,甚至迅速繁衍,呈现出挤占土著草被生存空间之势,总觉得不太好。由此看来,造景适生的植物不一定是最适合的植物。

(6)避免成片栽培乡土植物。任何生物都有其相生相克现象,保护生物多样性有利于景观建设,即使是乡土植物,成片栽培、单一化种植,都不利于植物景观营造。某山岳型旅游地杜鹃花非常美,有人把它从山林里一蔸蔸地刨出来作为道路绿篱种植,开始几年每逢花期确实美丽无比,但随着时间推移,最后几乎所有的杜鹃都株不成形,一派衰败景象。为什么会出现事与愿违的情况呢,原因就在于杜鹃的共生环境发生了变化,杜鹃自然生态系统遭到了破坏。

(四)产品转型问题

任何产品不可能一劳永逸,即使是价值连城的宝石,时代不同,其流行式样和加工工艺也有很大差异,因为佩戴者的审美观发生了变化。旅游产品也是这样,虽然说"观光旅游是不落的太阳",但实际上每天的太阳都是不一样的。根据旅游经济发展一般规律,参照旅游发达国家普遍经验判断,我国山岳型旅游地正处于提升发展的关键时期,亟须深入研究和加速推进转型升级[1]。

1.观光依然是旅游产品的主流

山岳型旅游地适宜发展观光旅游,旅游接待以大进大出、短暂停留和较低花费为特征,旅游辐射功能和拉动力不强,综合产出效益不高,如果没有住宿设施、客运索道配套,大多处于"门票经济"状态。随着我国旅游业走出初级阶段,这个问题显得越来越突出和棘手。

[1] 高舜礼. 对山岳型旅游目的地转型升级的思考——以世界自然和文化遗产地泰山为例[J]. 中国经济周刊, 2008(35):38-40.

归纳其主要原因：一是随着经济社会的发展，特别是交通条件日趋改善，“走马观花”式的观光旅游变得节奏更快，停留时间更短；二是部分山岳型旅游地旅游发展起步较早，有过效益显著、其他类型旅游地羡慕的一段好时光，后因旅游地类型由山岳型“一枝独秀”发展到多类型“万紫千红”，其他类型旅游地后来居上，山岳型旅游地有了落差感。

但是，当下我国旅游消费主流仍是观光游，即使是度假休闲类的旅游产品，也往往被我国旅游者以观光游方式消费。如我国旅游者把具有休闲度假意味的海滨旅游缩短为周末一两日游，把体验型的海滨度假改造成了观光式的“看日出、洗海澡、吃海鲜”。这种现象在山岳型旅游地同样表现得非常突出，多日游变成了“一日游”，“到此一游”的消费习惯短期内难以转变。

2.产品转型应因山而异

观光旅游和休闲度假旅游不是一种替代关系，而是一种互补关系。观光旅游依然是当下旅游产品的主流，不等于山岳型旅游地面对产品转型就应该熟视无睹。不同的山岳型旅游地，由于其自身条件不同，产品转型也要因地制宜，产品转型的目的是增加多重效益，而不是为了转型而转型。发展休闲度假旅游还有消费能力、消费时间、消费空间等问题需要解决。

自从1992年国务院批准设立12个国家级度假区以来，我国度假旅游区的发展状况并非令人满意，市场定位不规范，供求脱节，设施配套不足，度假功能不完善，缺乏度假氛围等问题非常突出[1]。专门的度假旅游区都没有形成度假旅游气候，观光型的旅游地发展休闲度假旅游难度可想而知。

（1）做大观光产品。对于一些已经有非常好的旅游地形象、具有市场竞争力的山岳型旅游地，优先要发挥品牌影响力，把观光旅游做大做强，扩大产业规模，力争三个效益最大化，不能不明智地盲目转型。下列途径有利于做大做强观光旅游产品：①新建游步道或者地轨缆车或者索道，合理组织和优化游览线路，拓展游览空间，增加容量，增加山上游客逗留时间；②利用游客中心全面向游客展示景区风貌，丰富景点景物的文化内涵，提升景点导游的导游水平和标识牌的科学内涵，让游人觉得仅仅“到此一游”枉费钱财，山岳型旅游地有很多值得深度体验的内容，应该深度旅游；③改善接待服务设施，优化、美化硬件设施，增加休闲、娱乐、健身等度假旅游的核心元素，努力

[1] 范燕. 我国度假旅游地发展状况探析[J]. 德州学院学报，2010，26(4)：67-70.

使观光景点休闲化，观光旅游娱乐化，提升旅游者满意度，让旅游者常来常新；④实施多样灵活的门票价格，扩大淡季客流规模。

(2)观光和度假相结合。庐山是这方面的典型。庐山牯岭一带相对平坦，适宜建筑的土地比重相对高一点，汽车直通山上，为建设观光和度假兼容型旅游地提供了良好的条件，客流规模较少时游人都可以休闲度假，客流规模较大时以现有接待设施为限，一部分游人休闲度假，另一部分游人观光游览。

有些山岳型旅游地山上空间小、山下空间大，山上重点宜放在观光上，山下重点宜放在休闲度假上。有些山岳型旅游地有些区域处于闲置状态，可以开发休闲度假产品。在一些具有多个景区景点、目前以观光旅游为主的山区县，适宜尽快择地建设或改造一批档次不等的休闲度假酒店（旅舍），以应对日渐端倪的休闲度假大军。

（五）实行游客限额制度问题

2012年十一黄金周，华山因客流井喷、景区超载、怨声载道而被推上了风口浪尖。华山游客合理容量为每日15 000人次，华山客运索道单向运输能力为每小时1 000人次，10月2日华山接待游客39 000人次，其后果可想而知。

关于这件事，《南方周末》一篇文章[1]中的几段话值得类似景区深思。①没有控制游客数量。“早在长假来临前一个星期，华山景区就制定了具体而详细的预案，甚至成立了总指挥部，协调长假旅游秩序。但‘一切都考虑到了，就是没有控制游客数量。’”“华山合理容量为每天接待15 000人次。在此前由华阴警方控制山门等要隘的时期，只要超过这个数字，景区就会为了游客安全关闭山门。后来，景区将这一权限收回。”②很大部分景区不愿意发布预警。“发布预警是有效防止景区拥堵的措施，但目前绝大部分景区会觉得这会影响效益，‘这是一个职业良心问题’。”“建立景区预约制度限制人流，并通过智能旅游系统优化服务系统，都是当下景区可以采取的措施。”③理顺管理体制。“华山虽然位于华阴市，原来却隶属于陕西旅游集团，后来划归渭南市直管。‘华阴当地不能得到景区发展的益处，而景区的治安等问题却由当地公安机关负责，这无疑会存在多头管理问题。’”

[1] 谢雪，梁建强，雷磊. 艰难的风景[N]. 南方周末，2012-10-11(A6).

作为山岳型旅游地，黄山在中国旅游业中的地位似乎没有必要历数诸如品牌和奖项，仅以下两项就让其他旅游地难以望其项背：其一，1979年邓小平黄山谈话是邓小平五篇旅游谈话中唯一的一篇篇名中含有谈话地、在旅游地谈旅游、专门谈旅游的谈话，而且篇名就是《把黄山的牌子打出去》[1]；《邓小平论旅游》收录了邓小平六幅题词和九张照片，黄山题词"天下名泉"和邓小平黄山照片排在最前面。黄山这一荣誉不仅在我国山岳型旅游地，而且在我国所有类型旅游地均前所未有。"把黄山的牌子打出去"，既是一代伟人对黄山的殷切期望，更是一代伟人站在黄山之巅对中国旅游业发出的向"亚洲旅游强国""世界旅游强国"进军的号角。其二，在1984年中央电视台春节晚会上，香港歌手张明敏演唱的爱国歌曲《我的中国心》引起中华同胞的强烈共鸣，"黄山"与长江、长城、黄河一道作为中华名胜的象征，成为祖国的代名词，为几亿中国电视观众所熟知并且广泛传唱。这一待遇在我国名山中同样前所未有。

写到这里，至于黄山在安徽旅游业、黄山市旅游业中的地位，已经无需赘述。且不说绝大部分海外旅游者对安徽的认识源于黄山，很可能有些国内游客对安徽的深度认识亦源于黄山。

还必须特别指出，因为景观质量超群、资源保护卓越、旅游管理领先、多方面具有代表性等原因，黄山对于中国旅游研究的贡献也远远超过了其他山岳型旅游地：

(1)黄山成就了我国旅游研究领域第一项国家自然科学基金项目——《黄山风景区开发理论的地学研究》(安徽师范大学韩也良教授主持，1987)[2]。

(2)黄山对我国山地旅游研究的贡献最大。有学者依据20余种刊物(《地理学报》《地理研究》《地理科学》《自然资源学报》《经济地理》《人文地理》《地理与地理信息科学》《山地学报》《热带地理》《干旱区地理》《地理科学进展》《长江流域资源与环境》《世界地理研究》《地域研究与开发》)以及《旅游学刊》《生态学报》《应用生态学报》《中国环境科学》《中国园林》及相关省级刊物)，借助层次分析法和模糊数学法确定评价因子的权重和分值，名山

[1] 中共中央文献编辑室，国家旅游局. 邓小平论旅游[M]. 北京：中央文献出版社，2000：9-10.

[2] 刘庆余. 20年来中国旅游研究进展——国家自然、社科基金旅游项目反映的学术态势[J]. 旅游学刊，2008，23(3)：80.

研究影响力取决于研究该名山的论文质量和数量，论文质量以载文刊物的影响力进行测度（影响力大则因子权重值大），论文数量以论文的篇数测度，通过计算，得出21座中国名山研究影响力指数，黄山位居第一，为30.6，其余20座名山研究影响力指数均在9以下[1]。

研究表明，在诸多研究黄山的高校院所中，安徽师范大学贡献最大。

一、黄山风景区旅游景观变迁阶段

总体上，黄山自然景观变迁以正向演替为主，偶有逆向演替现象；变迁动力以自然力为主，部分区域部分时段人为影响比较明显。

黄山旅游景观正向演替最明显的事实有：

（1）森林覆盖率不断上升，活立木蓄积量不断增加。1976年，黄山森林覆盖率为56%，活立木蓄积量为36.52万立方米；1989年依次上升到83.4%和67.34万立方米[2]；2005年，"森林覆盖率84.7%，植被覆盖率93%，森林活立木总蓄积量为158.02万立方米。"[3]

（2）光明顶附近的高山草甸，"二十世纪五六十年代还很典型，但随着先锋树种黄山松的侵入，继而黄山杜鹃、天目琼花、白檀等小乔木和灌木的侵入，使得高山草甸逐渐退化。"[4]

（3）"在低海拔地区，如慈光阁、钓桥、松谷庵等地，过去黄山松、马尾松曾是主导树种，但随着常绿阔叶树种青冈、绵槠、苦槠等乔木的入侵，松林大幅度减少。"[5]

自然力对景观的影响不一定对旅游具有积极意义。如受地质构造、花岗岩岩性和成分、花岗岩山体的坡度和朝向、风力等自然因素影响，黄山个别地区出现花岗岩沙化地扩大的现象（若站在鳌鱼峰远眺五里桥水库一带，隐隐约约可见一片片白花花的沙化地），这并不是黄山人和旅游者希望看到的。又如松石组合景"梦笔生花上的'扰龙松'，由于树龄高达600年、立地条件恶劣等诸多因素影响，1982年枯死"[6]，同样令人扼腕。还如森林病虫害、

---

[1] 琚胜利，陆林. 国内山岳旅游地研究综述与展望[J]. 地理与地理信息科学，2008，24(4)：109.
[2]《黄山保护与管理》编委会. 黄山保护与管理[G]. 黄山：黄山风景区管理委员会，2007：33.
[3]《黄山保护与管理》编委会. 黄山保护与管理[G]. 黄山：黄山风景区管理委员会，2007：31.
[4]《黄山保护与管理》编委会. 黄山保护与管理[G]. 黄山：黄山风景区管理委员会，2007：32.
[5]《黄山保护与管理》编委会. 黄山保护与管理[G]. 黄山：黄山风景区管理委员会，2007：32.
[6]《黄山保护与管理》编委会. 黄山保护与管理[G]. 黄山：黄山风景区管理委员会，2007：56.

灾害性天气，尤其是干旱（如黄山1987、1988年秋冬连旱，100多天基本无降水）、暴雨（如1996年6月特大暴雨，造成黄山百丈泉旁山体滑坡，森林植被受损严重）、狂风、暴雪、冻雨等，也对自然景观产生破坏性影响。

黄山旅游开发对旅游景观造成的负面影响也客观存在：

（1）旅游设施建设对植被的影响。"旅游设施建设虽然没有大面积直接砍伐林木，但对森林植被必然产生一些影响。一是宾馆建设占用林地，如北海的万松林、贡阳山等；索道、公路建设在一段时间内对森林植被造成线型损害。"[1]

（2）水库建设对水体的影响。"水库建设截留水体，影响下游水系及两岸阴湿植物的生长，如西海水库对白云溪，五里桥水库对逍遥溪的影响；排云楼宾馆及其水池建设，改变了水系流向，造成附近沼泽地逐年变小且有退化的趋势。"[2]

（3）旅游者不当游览活动对旅游景观的影响。如少数游人触摸树干、采花摘果等，直接对植被造成损害，以致不得不采用竹片围护游步道旁古树名木的树干，在部分游步道旁设置护栏等；人为踩踏非游步道区域使土壤板结，影响土壤水分储存，进而影响植物根系的呼吸和吸收养分、水分，甚至使植被减少、树木死亡；生活污染物对水体、土壤的破坏，继而对森林植被造成不利影响；游人践踏裸岩，使颗粒较粗、结构不甚紧密的花岗岩体不断产生沙粒（如莲花峰顶），使岩体表面始终处于生创面状态；游人跨越隔离栏，践踏尚未形成土壤、植被稀疏的沙化地，延长了沙化地的成土过程，甚至使原本少得可怜的植物岌岌可危（如在鳌鱼峰个别观景点附近）；个别游人乱扔烟蒂，酿成火灾，黄山"1972年天都峰、1979年眉毛峰森林火灾，都源于游客烟蒂"[3]。

（4）其他不当行为对自然景观产生的不良影响。"1955年以前，黄山森林覆盖率为75%。"[4]因为生存等需要（如薪柴、垦山、建材等），到了1976年森林覆盖率下降到56%。大体上可以说，到了正式对外开放，黄山才迎来了植被恢复、森林覆盖率提高的春天。

---

[1]《黄山保护与管理》编委会. 黄山保护与管理[G]. 黄山：黄山风景区管理委员会，2007：31.

[2]《黄山保护与管理》编委会. 黄山保护与管理[G]. 黄山：黄山风景区管理委员会，2007：31.

[3]《黄山保护与管理》编委会. 黄山保护与管理[G]. 黄山：黄山风景区管理委员会，2007：32.

[4] 黄山志编辑委员会. 黄山志[M]. 合肥：黄山书社，1988：147.

因为缺少翔实的资料，准确地划分黄山景观变迁阶段是非常困难的。大体上将黄山景观变迁划分为五个阶段：明清及其以前，民国时期，1949—1979年，1979—2002年，2002年以来。选择1979年、2002年作为节点，将新中国成立以来黄山旅游景观变迁划分为三个阶段，主要考虑以下因素：①1979年7月，邓小平在黄山发表了《把黄山的牌子打出去》的谈话，黄山旅游自此进入一个蓬勃发展的新时期；同年10月，黄山管理处升格为黄山管理局，各项管理工作得到加强，并且按照旅游经济发展的要求向前推进；1979年黄山正式对外开放，当年客流规模首次突破10万人次，达到104 292人次[1]。②2002年，黄山经历了一场媒体风波，开始进入深度调整发展期；《黄山风景名胜区总体规划》开始修编。

旅游开发对景观影响的强或弱、大或小，不能与对景观的正面影响或负面影响简单地画等号，这里有一个对建设与破坏关系的辩证认识问题。

我们可以把建设与破坏的关系大体上划分为五种状态：①建设破坏了原本不优美的景观，但通过建设，不仅新建景观优美，而且使原本不优美的景观变得优美，此为上上策；②建设并没有破坏原生优美景观，而且新建景观本身很优美，如同“锦上添花”，此为上策；③建设暂时破坏了原本优美的景观，但建设之后原本优美的景观又逐渐恢复到先前状态，新建景观本身同样优美，此为中策；④建设不但破坏了原本优美的景观，而且不可恢复，尽管新建景观优美，也只能算是下策；⑤建设不但破坏了原本优美的景观且不可恢复，而且新建的景观本身又是败笔，此为下下策。

从黄山景观变迁实践来看，大体上属于前三种状态。

（一）明清及其以前

黄山何时开始有旅游者的踪迹，已无从查考。“秦汉封锢深，唐宋游屐广”，出自清人郑燮《题陈羽寰黄山诗卷》[2]，概括了宋以前黄山的旅游情况。大体上可以说，从游人涉足黄山开始到清朝末年，由于开发强度弱，人文景观数量和规模有限，人类活动对自然景观的影响有限，黄山景观变迁以自然变迁为主，人为影响微弱。

与其他名山发展历程相似，文人墨客、宗教活动、科学探索对黄山早期的发展有着不可磨灭的贡献。在名人游历、宗教上山的过程中，黄山四条登

［1］王桂梭，潘宝林，黎志，等. 黄山旅游与环境研究［M］. 北京：中国科学技术出版社，1996：186.
［2］黄山志编辑委员会. 黄山志［M］. 合肥：黄山书社，1988：277.

山盘道逐渐形成。

从现存歌咏黄山的诗词歌赋看，唐代李白、贾岛、杜荀鹤、李敬方、释岛云等，宋代程元凤等，明代郑玉、汪道昆、许国、冯梦祯等，清代查士标、郑燮、梅清、龚自珍、魏源等，都游历过黄山，留下了歌咏黄山的诗作。“明嘉靖年间，文坛后七子首领王世贞，带领三吴两浙文士宾客一百余人，浩浩荡荡来游黄山，盛况空前。”[1]

黄山同样与宗教有不解之缘。“唐宋时，山上寺观日渐增多”，“据旧志记载，元至元年间（1264—1294）黄山已有寺庙64座”，“明代黄山共建大小寺庵60余座”，“入清以后，道路和房屋以整修为主，新建甚少，直到清末，没有明显发展，许多寺庵圮毁”[2]。黄山寺庙主要分布在温泉、云谷寺、玉屏楼、光明顶一带。明清及其以前，黄山没有管理机构，涉山事项“基本上均由寺院主持”[3]。

明代地理学家和旅行家徐霞客于万历四十四年（1616）二月、四十六年（1618）九月两游黄山，从笔者所及文献来看，当属黄山科学探索之始。徐霞客对黄山的认识，或纠正了此前的错误认识，如认为莲花峰“盖是峰出黄山之中，独出诸峰上”[4]，或洞察秋毫，前瞻了后世旅游者之共识，如认为黄山好于庐山、路南石林，“始觉匡庐、石门，或具一体，或缺一面，不若此之宏博富丽也。”[5]徐霞客首游黄山从温泉去慈光阁所经过的“鸟道”——位于人字瀑中间的悬崖峭壁之上，凿石为阶，阶宽约35厘米，500余级，绵延200余米，至今仍依稀可辨。

“民国以前，山上仅有寺庙，没有民居村落”[6]。

（二）民国时期

“民国二十一年（1932），在南京开始筹备黄山建设委员会。民国二十三年（1934）元月该会正式成立，6月在黄山设立办事处，建天都小学。民国二十五年（1936），办事处改为黄山管理局筹备处。民国二十七年（1938），筹备处改为难民事务所。民国二十八年（1939），又改为工赈办事处，直属中央赈

[1] 黄山志编辑委员会. 黄山志[M]. 合肥：黄山书社，1988：8.
[2] 黄山志编辑委员会. 黄山志[M]. 合肥：黄山书社，1988：8–9.
[3] 黄山志编辑委员会. 黄山志[M]. 合肥：黄山书社，1988：413.
[4] [明]徐弘祖. 徐霞客游记[M]. 上海：上海古籍出版社，1982：32.
[5] [明]徐弘祖. 徐霞客游记[M]. 上海：上海古籍出版社，1982：32.
[6] 黄山志编辑委员会. 黄山志[M]. 合肥：黄山书社，1988：9.

灾委员会领导。”[1]

“黄山建设委员会驻黄山办事处成立后，利用中央赈灾委员会的救济抗战难民的经费实行‘以工代赈’。江北和浙江一带砖、木、石工，逃难来山做工。他们的家属，也陆续来山定居。这是黄山第一代居民。”[2]“1939年11月，警察局户口统计表记：……总计114户，601人”[3]，分属住家户、商户、机关户、棚户、工场和寺院户等。

“民国二十三年(1934)由汤口修专线至逍遥亭，全长3公里。”[4]

“至1949年，全山建筑面积约为2 000平方米”[5]。“民国时，天都别墅、居士林、紫云庵、慈光寺、文殊院、狮子林、散花精舍等都有客房，共有床位约300张。”[6]

3 000米公路建设、2 000平方米建筑、300张床位、600多常住人口，加上游人和香客，无论薪柴，还是建材，人类活动对黄山森林景观的破坏性影响不言而喻，况且当时建房所用石料也是就地开采、不避耳目，肯定会对山容地貌产生不良影响。

（三）1949—1979年

新中国成立以后，先后修建逍遥亭—温泉、温泉—慈光寺、观瀑亭—黄山疗养院公路（总长8 600米）；开挖温泉—云谷寺全长7 500米的公路路基，修建观瀑楼、新温泉楼、黄山宾馆、海门精舍、岩音小筑、黄山疗养院、工人疗养院、玉屏楼宾馆、北海宾馆、办公楼、大礼堂、温泉游泳池等。到1979年底，黄山大门内建筑总面积约1.7万平方米[7]，床位1 540张（不含慈光寺大殿和东、西楼内的220张床位和各招待所季节性床位）[8]。

二十世纪五十年代，“因江北水灾，部分居民移居黄山。限于当时经济状况，这些移民和部分周边居民开垦黄山山场种植粮茶，以维持生计”，“兴建了一批建筑，如黄山宾馆、游泳池、北海宾馆、701台等，造成温泉、北海、浮

---

[1] 黄山志编辑委员会. 黄山志[M]. 合肥：黄山书社，1988：413.
[2] 黄山志编辑委员会. 黄山志[M]. 合肥：黄山书社，1988：427.
[3] 黄山志编辑委员会. 黄山志[M]. 合肥：黄山书社，1988：427-428.
[4] 黄山志编辑委员会. 黄山志[M]. 合肥：黄山书社，1988：176.
[5] 黄山志编辑委员会. 黄山志[M]. 合肥：黄山书社，1988：9.
[6] 黄山志编辑委员会. 黄山志[M]. 合肥：黄山书社，1988：382.
[7] 黄山志编辑委员会. 黄山志[M]. 合肥：黄山书社，1988：188-195.
[8] 黄山志编辑委员会. 黄山志[M]. 合肥：黄山书社，1988：383-385.

溪等地林木的块状砍伐。”[1]

因为生产生活等方面的需要，这一时期是黄山森林覆盖率大幅度下降时期(森林覆盖率至少从75%下降到56%)，也是公路建设对山体破坏最严重的时期。

(四)1979—2002年

1979—2002年，是黄山为了满足旅游者需求大力建设基础设施和接待服务设施的时期，也是旅游开发对黄山旅游景观影响比较明显的时期。到2002年，黄山旅游设施格局基本成型。

1.旅游设施建设

在这一阶段，①两条公路(温泉—云谷寺，芙蓉岭—松谷庵)全面建成；②直通精华景区的三条索道(云谷寺索道、太平索道、玉屏索道)相继运营；③“新修游步道近1.5万米”[2]，如丹霞新道长500米，天都新道长1 050米，狮子峰腰至峰顶新道长300米，竖琴松至石笋矼新道长300米，莲花峰新道、莲花峰横排道共长1 067米，西海大峡谷游步道长3 634米，还有文殊洞、鳌鱼洞、莲花洞循环道等；④接待服务设施空前增多，新建了桃源宾馆、云谷山庄、西海饭店、温泉大酒店、白云宾馆、排云楼宾馆等，形成了温泉、玉屏、北海、云谷四个接待区和逍遥亭职工宿舍区。到1983年底，“全山建筑总面积已达7万多平方米”[3]，“全山共有各类床位3 950张，另有季节性床位1 536张。”[4]大体上到2001年末，“据民间统计，景区(温泉、北海、西海、天海、云谷寺、玉屏楼)的床位总数已达5 704张，比《总体规划》(指第一版《黄山风景名胜区总体规划》，下同——引者注)中2000年的4 500张超1 204张，约27%。”[5]

2.第一版《总体规划》问世

第一版《总体规划》编制工作始于1980年，由清华大学建筑学院编制，1988年国务院批准实施。该规划明确了黄山风景区的性质和范围，设立了六个游览区和五个保护区，包括风景保护、总体布局、交通、给排水、供电、通讯、建设规划等。在许多具体问题上，亦有具体要求：如到2000年，全山床位限制为4 500张；景区建筑要求遵循“宜小不宜大，宜低不宜高，宜简洁不宜

[1]《黄山保护与管理》编委会. 黄山保护与管理[G]. 黄山：黄山风景区管理委员会，2007：31.

[2]《黄山保护与管理》编委会. 黄山保护与管理[G]. 黄山：黄山风景区管理委员会，2007：173.

[3] 黄山志编纂委员会. 黄山志[M]. 合肥：黄山书社，1988：10.

[4] 黄山志编纂委员会. 黄山志[M]. 合肥：黄山书社，1988：382.

[5] 徐嵩龄. 中国的世界遗产管理之路——黄山模式评价及其更新(上)[J]. 旅游学刊，2002，17(6)：15.

奢华”等原则。依据《总体规划》,黄山先后编制了六个游览区的详细规划和若干个地段、节点详细规划,陆续编制了环保、生态环境保护、地质灾害防治等多项专项规划,从而形成了包括总体规划、游览区详细规划、地段详细规划、节点详细规划四个层次和区域、分区、单体、专项四个类型的符合黄山实际的完整的规划体系[1]。

《总体规划》是“黄山历史上第一个全面的综合型规划,是当时历史条件和认识水平下的一个优秀的风景区总体规划,对黄山其后近20年的保护、利用和管理起到了不可替代和不可低估的作用,为黄山申报世界遗产奠定了基础,对国内其他风景名胜区的规划也起到了示范作用”[2]。“《总体规划》体现着中国学者在当时条件下对于国家风景名胜区的远见卓识。《总体规划》中对各类景观的价值,对当时存在的或已显露苗头的问题,对景区规划和景点开发的设想,对旅游服务设施(食、宿、交通、供水、供电、排污)的营建等,均有精到、敏锐、智慧的分析。”[3]

《总体规划》也存在一些不足,如“对黄山价值的系统性认识不足,没有对资源进行系统、科学评价”[4],“没有恰当地考虑黄山景区与其周边社区的关系”[5]等。“《总体规划》的上述不足是完全可以理解的。这主要是由于时代的局限性(编制于黄山成为世界文化与自然遗产之前),实践的局限性……以及知识的局限性(当时国际学术界普遍尚未关注资源开发中的社区问题)。”[6]

3.发展中的主要问题

大体上以1988年实施《总体规划》为界,可以把1979—2002年这一阶段旅游建设对景观的不良影响划分为前期和后期两部分。前期,由于认识上的局限性和特定的环境背景,面对蜂拥而至的客流,黄山“手忙脚乱”,出现了景观质量下降等问题,如树干和石壁上不时出现“到此一游”之类的涂鸦,游步道上常有垃圾和烟蒂等;温泉景区城镇化倾向明显,永久性建筑与临时

[1]《黄山保护与管理》编委会. 黄山保护与管理[G]. 黄山:黄山风景区管理委员会,2007:160.

[2]《黄山保护与管理》编委会. 黄山保护与管理[G]. 黄山:黄山风景区管理委员会,2007:160.

[3] 徐嵩龄. 中国的世界遗产管理之路——黄山模式评价及其更新(中)[J]. 旅游学刊,2003,18(1):46.

[4]《黄山保护与管理》编委会. 黄山保护与管理[G]. 黄山:黄山风景区管理委员会,2007:163.

[5] 徐嵩龄. 中国的世界遗产管理之路——黄山模式评价及其更新(中)[J]. 旅游学刊,2003,18(1):46.

[6] 徐嵩龄. 中国的世界遗产管理之路——黄山模式评价及其更新(中)[J]. 旅游学刊,2003,18(1):46.

性建筑连片混杂；主要景区临时性接待用房大幅度增加，并且远多于永久性接待用房（表2-1）。后期，一方面出现了一些大家不愿意看到的问题，如个别建筑体量过大，太平索道上站和少数支架间的缆索视觉效果不理想等；另一方面整治环境，大面积拆除临时建筑："1987—1998年，景区共拆除临时建筑30 000平方米，1999—2002年，景区共拆除临时性建筑7 926平方米。"[1]"从1988年规划实施开始，先后对档次低、布局乱、安全隐患多的宾馆酒店和山上简易员工宿舍等进行了改造，建筑用地减少了42 400平方米。"[2]

表2-1 1981年底黄山大门内永久性和临时性客房床位（张）一览表[3]

景区		温泉		玉屏		北海		云谷寺		松谷庵		合计	
客房类别		永久	临时	永久	临时	永久	临时	永久	临时	永久	临时	永久	临时
新中国成立前		256				13		46		50		365	
建设时间	1954年	30										30	
	1955年	288		84								372	
	1957年	22										22	
	1958年					232						232	
	1964年	26										26	
	1969年	74										74	
	1975年	204										204	
	1977年		74		46								120
	1979年						336						336
	1980年		540		151		720		80				1 491
	1981年				200				61				261
合计		900	614	84	397	245	1 056	46	141	50		1 325	2 208

4.媒体风波

因为多种原因，2002年一场媒体风波把黄山推上了风口浪尖。

"论争是由2002年2月24日中央电视台《经济半小时》节目对黄山风景区正在施工中的水库（五里桥水库——引者注）、宾馆（西海山庄——引者注）等大型工程项目的批评性报道开始的。这一报道与先后在全国多家媒体出现的同类报道立即引起国内外遗产界及社会公众的关注与强烈反响。2002年3月1日至5日，建设部派遣工作组到黄山进行实地调查，其后形成的

[1]《黄山保护与管理》编委会. 黄山保护与管理[G]. 黄山：黄山风景区管理委员会，2007：67.

[2]《黄山保护与管理》编委会. 黄山保护与管理[G]. 黄山：黄山风景区管理委员会，2007：68.

[3] 黄山志编辑委员会. 黄山志[M]. 合肥：黄山书社，1988：383-384.

《调查报告》由《新安晚报》(2002-03-12)与《安徽日报》(2002-03-13)分别或以全文或以摘要方式发表。这份调查报告基本上否定央视节目批评的真实性,从而又导致另一些媒体对上述批评的激烈反批评,并伴之以对黄山现行管理体制的颂扬。然而事情并未就此止息。相反,一些对黄山的历史和现状深有了解的专家与社会人士,对《调查报告》的客观性、公正性及其社会影响提出尖锐质疑。他们不仅希望对《调查报告》的结论进行再调查,同时还希望以黄山为案例,对中国的世界遗产管理问题进行更为深入、系统、更具普遍意义的评论与探讨。中国社会科学院环境与发展研究中心正是在这一背景下介入这一论争的。"[1]

2002年4月5日至15日,中国社会科学院环境与发展研究中心针对媒体反映的黄山问题对有关单位和个人进行了深入调研,并形成了4.8万字的调查报告。《旅游学刊》杂志社压缩了该调查报告,以《中国的世界遗产管理之路——黄山模式评价及其更新》为题,分上、中、下三部分,连续刊登在《旅游学刊》2002年第6期、2003年第1期和第2期上。《中国的世界遗产管理之路——黄山模式评价及其更新》摘要全文如下:"黄山一直被视为中国文化与自然遗产管理的样板单位。本文基于对黄山诸多侧面的认真调查,在肯定黄山模式成就的同时,指出黄山模式更新的必要性与迫切性。本文认为,黄山模式的意义在于它适应当代社会和经济的发展趋势,在遗产管理中引入市场机制,较好地解决了遗产管理费用问题以及对当地的经济贡献问题。同时,该文还认为,作为一个现代社会的世界遗产管理单位,黄山正面临着命运攸关的挑战。"[2]"黄山模式的更新,主要应进一步解决好以下三方面问题,即:遗产管理标准;遗产经营制度;遗产与当地社区的关系。"[3]

应该说,这场媒体风波不但对黄山不是一件坏事,而且对中国遗产管理也不是一件坏事,对中国山岳型旅游地是一次警醒,是一次遗产单位、政府职能部门、专家、媒体之间的具有深远意义的历史性对话。

---

[1] 徐嵩龄. 中国的世界遗产管理之路——黄山模式评价及其更新(上)[J]. 旅游学刊,2002,17(6):10.

[2] 徐嵩龄. 中国的世界遗产管理之路——黄山模式评价及其更新(上)[J]. 旅游学刊,2002,17(6):10.

[3] 徐嵩龄. 中国的世界遗产管理之路——黄山模式评价及其更新(下)[J]. 旅游学刊,2003,18(2):52.

(五)2002年以来

2002年以来,黄山景观变迁进入有序发展阶段,或者说进入规划引领发展和建设阶段。2002年媒体风波充分发酵以后,黄山启动了《总体规划》修编工作。清华大学承担修编工作。2007年底,国务院同意颁布实施新一轮《黄山风景名胜区总体规划》。

1.新一轮《黄山风景名胜区总体规划》的主要亮点

新一轮《黄山风景名胜区总体规划》的亮点,主要表现在规划原则、保护理念、发展途径等方面[1]。

(1)五条规划原则:保护与利用的原则;统筹社区发展的原则;公众教育与游客体验的原则;可操作性的原则;体现地方特色的原则。

(2)四条保护理念:从视觉景观保护更多地转向生物多样性保护;从点状保护更多地转向网络式保护;从景区内保护更多地转向区域统筹、联动保护;从绝对保护更多地转向利用性保护,在保护中利用,在利用中保护。

(3)四条发展途径:在扩大游览范围、增加旅游环境容量的情况下求发展;在减少局部时间、局部空间超负荷下求发展;在保护核心区、保护带下求发展;在强化管理、确保永续利用上求发展。

为了保证新一轮总体规划得到实施,黄山管理部门委托相关单位开展了专项研究,完成了《黄山风景名胜区总体规划实施策略与机制研究》《黄山风景区容量研究》等。

2.总体规划引领下的旅游景观建设策略

(1)资源保护方面。在保护对象方面,引进国际先进理念,坚持保护对象整体化,使全山整个生态系统和生物多样性都得到保护,摒弃过去仅仅保护旅游资源的不科学的做法;在保护措施方面,努力做到保护措施的系统化和科学化,充分发挥科学研究论证和环境影响评价的作用。

(2)旅游设施建设方面。总体规划降低了云谷索道和太平索道的上站位置,既增加了游览空间,又扩大了景区容量;尽可能减少和控制服务设施与基础设施的负面影响:一是通过降低云谷索道和太平索道的上站位置,减少两条索道对视觉的不良影响;二是通过科学测算每家宾馆给排水和垃圾排放量,确定限额,控制宾馆服务设施对环境的不良影响;三是采取"能隐则

[1]《黄山保护与管理》编委会. 黄山保护与管理[G]. 黄山:黄山风景区管理委员会,2007:167.

隐、能藏则藏”的原则,改善各类建(构)筑物的视觉影响,尽可能减少用地和建设规模。

(3)协调社区关系,从更大范围内保护黄山景观。“从机构协调和直接补偿角度缓解周边社区对黄山风景名胜区的不满情绪”,“结束周边社区在黄山风景名胜区集体林地无序开发无序竞争的状态”,“有意识地组织游览线路,尽可能使周边社区共同受益”[1]。

3.景观建设出精品

2002年媒体风波以后,除了修编总体规划,不仅仅是景观保护、资源保护,凡是涉及旅游发展的所有事项,一律规划、研究在先,并且注重规划的立意高度、视野广度和方案深度,通过缜密的规划引导旅游建设,力争景观建设多出精品。

2002年以来,黄山开工建设的项目,均严格按照新一轮《黄山风景名胜区总体规划》要求,除个别属于总体规划中的新建项目,其余均属改造项目、易地改建项目或者修复性项目。改造性项目不仅优化了景观,而且压缩了建筑占地面积和建筑总面积,如西海山庄改造、狮林饭店改造、清凉别墅改造、西海饭店改造、温泉景区改造、南大门门禁区改造等,有的则提高了游客舒适度,如旅游专用公路慈光阁—温泉、温泉—大门、芙蓉岭—松谷庵“白改黑”。易地改建项目,如新云谷索道,屡获好评。景观修复性项目,修复美中不足,使其源于自然、融于自然,如梦笔生花“扰龙松”移植项目,光明顶雷达楼旁废弃地景观修复项目等。

二、自然景观在保护中优化

环境是景观的基础,某些自然景观本身就是环境的一部分。只有保护好自然环境,才有可能保护好自然景观。在黄山,因旅游开发而影响旅游活动赖以开展的自然景观主要包括地质地貌景观、生物景观和水体景观,不合理旅游经营活动产生的废水、废气和废渣对景观的污染等。保护好黄山地质地貌景观、生物景观和水体景观,消除污染源,会使黄山山更青、天更蓝、水更绿。改革开放以来,黄山森林覆盖率不断上升,大气质量始终保持国家一级水平,地表水质量一直保持国家一类水平,环境噪声多数达到或者好于

[1]《黄山保护与管理》编委会.黄山保护与管理[G].黄山:黄山风景区管理委员会,2007:170.

《城市区域环境噪声标准》(GB 3096—1993)0类标准,新近PM2.5监测,日平均值仅为世界卫生组织规定的"安全级"(年平均0.010毫克/立方厘米,日平均0.025毫克/立方厘米)的五分之一左右。

(一)保护环境

从污染源角度讲,每一位游客都是不可忽视的污染物排放源,饮食消费产生的餐厨垃圾,洗漱消费产生的生活污水,还有食品用品包装物以及排泄物等,都影响环境。黄山人通过改灶、净菜上山、洗涤下山、垃圾下山、治理污水、禁售带难降解包装物的方便食品(如方便面等),以及通过压缩山上接待设施进而减少山上常住工作人员数量等措施,从源头上减少废气、废渣、废水排放,努力做到山清、气爽、水明。

1.改　灶

黄山改灶经历了从柴灶到煤灶、油灶、电灶的过程,主要目的是减轻废气和废渣对环境的污染,有效保护森林植被。二十世纪七十年代以前,黄山职工、居民和经营点都以木柴为燃料,每年消耗上千吨木柴,既破坏植被,又有烟尘。"1977—1978年,年均砍伐木材500立方米。1979年,砍伐1 200立方米。烧柴量更大,年均烧柴2 000吨,折合木材2 000立方米。"[1]七十年代以后,为了保护植被,改善炊事用能结构,逐步采用煤炭、柴油代替木柴,禁止砍伐薪柴。八十年代中期开始,黄山开始了以电代煤、代油、代气工程,努力使能源结构调整一步到位。九十年代末期,黄山已经形成了以电为主、油气补充的炊事用能消费格局。

2.净菜上山,洗涤下山,垃圾下山

1998年,黄山在山下设立采配中心,所有蔬菜等鲜活食品原料一律在山下经挑拣清洗后挑运上山,以减少餐厨垃圾;在景区外设立洗涤中心,景区内所有宾馆布草用品一律运下山洗涤,减少山上用水量,方便集中治理洗涤污水。

在景区外建立垃圾处理站,分类处理固体垃圾,各归其所。如山上固体垃圾经分类处理,有的就地用于工程(如石料),有的挑运下山(如金属、玻璃制品、纸品等)。

3.污水治理

由于酒店分散,集中治理生活污水不具有可能性。针对这一现实,黄山

[1] 黄山志编纂委员会. 黄山志[M]. 合肥:黄山书社,1988:147.

人对全山生活污水实施分片统一管理，景区内先后建立了15处生活污水处理设施，努力确保所有外排污水达标排放。

（二）保护自然景观

保护自然景观就是保护旅游景观。黄山人在防治森林病虫害、古树名木保护、严防松材线虫病、严防森林火灾等方面，工作卓有成效，在保护黄山自然景观方面功不可没。

1.古树名木保护

挂牌保护、特殊保护和景观恢复，是黄山人古树名木保护的主要途径。黄山古树名木很多，经过调查、登记，已将136株古树名木列入技术档案管理，其中54株列入黄山遗产名录，并挂牌保护，定期“体检”。对一些具有特别意义的古树名木，如迎客松，安排专人24小时全天候值守，定期监测和专家会诊，确保万无一失。

除了对古树名木进行常规性例行巡查、防治病虫害，黄山人还分析古树名木长势和障碍因素，制定十分翔实的古树名木保护措施，在特殊情况下，采用人工移植更替等方法恢复其景观。

在黄山，人工移植植物、培育景观的实例很多，其中以人工移植“扰龙松”最为引人注目：一是移植地点自然生境十分恶劣，二是移植的是一棵高1.75米、地径18厘米、冠幅2.28米×2.24米的黄山松。北海景区散花坞内松石组合景“梦笔生花”上的“扰龙松”，因为生境恶劣、树龄600年左右，1982年枯死。由于缺少经验和技术，1985年按照“扰龙松”原型制作安装了一棵塑料“扰龙松”在“梦笔生花”石柱上，以暂时满足游客观赏要求。为了恢复原真景观，2003年黄山人启动了新的“扰龙松”移植计划。经过两年多的培育、养护、观察，新的“扰龙松”顺利成活并生发新枝、茁壮成长，“梦笔生花”奇绝如初。“扰龙松”移植项目，2006年获黄山市科学技术进步一等奖，2007年获安徽省科学技术进步三等奖。

2.严防松材线虫病

松树，尤其是黄山松，是黄山最重要的造景树种。列入黄山自然遗产名录的54株古树名木中，黄山松31株，马尾松1株。如果失去了黄山松，位居“四绝”之首的奇松不复存在，黄山成了荒山，那不仅是黄山、安徽的悲剧，而且是中国乃至世界的悲剧。

松材线虫属蠕型动物门，成虫虫体长度约1毫米，通过松墨天牛等媒介昆虫传播于松树体内，从而引发松树病害。“松材线虫病由松材线虫寄生在松树体内引起的一种毁灭性灾害，在安徽主要危害黑松、马尾松和黄山松等松属植物。”[1]

研究表明：“黄山风景区蛀害黄山松等松类植物枝（梢）、干和根的松蛀虫种类达14种……松墨天牛、褐幽天牛、短角幽天牛、马尾松胫象和松树皮象是黄山风景区的主要松蛀虫。据国内外文献记载，前四种松蛀虫成虫均可携带传播松材线虫，而松墨天牛是主要传播媒介。目前黄山风景区松墨天牛成虫中虽未检出松材线虫，5种松蛀虫中，特别是松墨天牛对景区内黄山松的健康生长具潜在威胁。”“松墨天牛成虫最高分布区为海拔1 658米的天海景点，海拔318米的白亭种群数量分布比率最高。”[2]

传播松材线虫的主要是松墨天牛，黄山地区存在松墨天牛。严防松材线虫病入境，如临深渊，如履薄冰。

（1）开展松材线虫病监测与预防研究。为了保护黄山松等松属植物，谨防松材线虫病传入黄山，黄山人除了加强松材检疫检查、严防死守外，还与有关院校、科研机构密切合作，积极开展相关研究，取得显著成果。

1988年，与南京农业大学合作，开展黄山松接种松材线虫病实验。实验结果表明，黄山松是松材线虫病易感染树种。

1993—1996年，与安徽农业大学合作，开展松材线虫病监测与预防研究，取得积极进展：①摸清了松墨天牛在景区不同海拔高度的分布情况，但尚未发现松墨天牛携带松材线虫。②预测了松材线虫病在黄山不同海拔高度发生感染和成灾的可能性：900米以下，感染发病并成灾；900~1 400米，感染发病不一定成灾；1 400~1 600米，感染发病但不成灾；1 600米以上，感染但不一定发病。1997年，该成果获安徽省科学技术进步四等奖。

（2）松材线虫病形势严峻。黄山“周边毗邻地区先后发生了松材线虫疫情，目前面临着松材线虫病步步紧逼、四面包围的严峻形势；交通网络呈现新变化，原来比较严密的检疫检查网络出现漏洞、漏查现象；随着经济的快速发展，物流大量增加，疫情检查难度日益加大，违章调运松木及其制品案件逐年上升”[3]。

---

[1] 陈国平. 松材线虫病预防区监测现状与对策[J]. 安徽林业科技，2011，37(3)：33.

[2] 赵锦年，王静茹，丁德贵，等. 黄山风景区松材线虫病危险性评估[J]. 林业科学研究，2002，15(3)：269-275.

[3] 陈国平. 松材线虫病预防区监测现状与对策[J]. 安徽林业科技，2011，37(3)：33.

“松材线虫病正一步步逼近黄山，最近疫点直线距离黄山风景区不足60千米，给黄山松林造成极大威胁。”[1]

(3)设立保护隔离带，防止松材线虫病侵入。除了建立森林植物检疫检查站，严防病害木入境外，1999年，黄山地区开始实施《黄山市松材线虫病预防体系工程》，其中包括在黄山风景区外围建立宽度4 000米的无松林隔离带。“以松墨天牛每年2 000米的自然传播速度和环黄山4 000米无松林隔离带，自然传播的危险性较小；人为传播是松材线虫病传入黄山的重要途径。”[2]

3.严防森林火灾

景区内除了划定吸烟区的少数地方可以吸烟，其他地方一律禁止吸烟。建立专业防火大队、季节性防火队伍、重点边远地区专职防火队员三级防火队伍，确保遇险时队伍能够拉得出、能灭火。建设拦水坝、蓄水池，敷设消防管网，确保发生火险时有水可用。在景区外设立防火隔离带，防止景区外火灾蔓延到景区内。

(三)修复自然景观

修复自然景观是黄山人经常性的景观保护工作之一。例如：①垦殖迹地景观修复。二十世纪五六十年代初期，为了种茶种粮，相继在居民点周边开垦山场，七十年代相继对这些垦殖迹地进行了大面积植树绿化，在陡坡地带主要种植杉树、黄山松等树种，在缓坡地带主要种植柳杉、水杉和柏类树种等。②临时建筑拆迁迹地景观修复。先后对温泉、北海等地约2万平方米临时性建筑拆迁迹地，按照园林绿化要求，科学搭配树种，绿化、美化、香化同步进行。③紫云村迹地景观再造。1996年紫云村62户居民整体搬迁后腾出了100多亩山地，采用黄山乡土树种黄山木兰、黄山栾树、枫香等绿化，乔木、灌木、草本植物相结合，常绿和落叶树种搭配，观花、观果、观叶植物兼顾，绿化效果非常好。④桃花峰茶园改造。1996—1997年，在桃花峰茶园地栽植近千棵桃树，峰名(桃花峰)与景名(桃园)合一，景观效果非常好。

黄山在修复自然景观时也走过弯路，主要表现在二十世纪七十年代以前栽种柳杉、水杉等外来速生树种上。这些外来速生树种树冠郁闭度高，致使中下层树木不能生长，不利于生物多样性；加上成片栽种，远看斑块颜色

[1]《黄山保护与管理》编委会. 黄山保护与管理[G]. 黄山：黄山风景区管理委员会，2007：41.

[2]《黄山保护与管理》编委会. 黄山保护与管理[G]. 黄山：黄山风景区管理委员会，2007：42.

过于显眼，与原生植被视觉效果极不协调等。从二十世纪八十年代开始，黄山人主要以乡土树种为绿化树种，如黄山木兰、黄山木莲、黄山栾树、紫荆、枫香、马褂木等，并配以皖南常见的桂花、桃、栀子等树种。

1.景区轮休制度

1987年，黄山首创热点景点轮休制度，主要是为了降低游人践踏而引起的水土流失和植被破坏，修复生境。

(1)多年封闭轮休。对热点景点，根据其疲劳程度，若干年封闭轮休一次；经过监测，确认其生机得以恢复后，再对外开放。黄山先后对天都峰、莲花峰、始信峰等实施了一到五年不等的封闭轮休，并通过植树种草、固沙固土等措施，恢复植被，取得了非常好的效果。

(2)季节性景点封闭。对那些游人很多、冬季因为冰雪、防火等原因存在安全隐患的景点实行季节性封闭。如上下莲花峰、天都峰的登山步道经过地区坡度陡、风力大，而莲花峰是黄山第一高峰，天都峰是黄山第三高峰，游人乐此不疲。为了游人安全和防火需要，也为了景物休养生息，除了对莲花峰、天都峰采用多年封闭轮休，还对莲花峰、天都峰实施季节性封闭。在黄山，实施过季节性封闭的景区景点还有西海大峡谷、丹霞峰等。

2.光明顶雷达楼旁废弃地景观修复

光明顶是黄山风景区三大主峰之一，也是黄山前山与后山的交汇点，更是90%左右的来山游人的必经之处。历史上，光明顶上曾有光明藏、大悲院等宗教建筑，后因战乱、给养不足而成废墟。1955年，在寺庙废墟上建成黄山气象站。1985年，又在光明顶建设了国内第一批最先进的气象雷达。雷达楼采用现代砖混结构，其建筑形式、风格、外墙装饰和建筑体量均如同城市建筑，与黄山景观格格不入，是景区内最煞风景的建筑之一，而且旁边还有一片基岩裸露、弃石和煤渣无序堆放、杂草丛生的废弃地。雷达楼及其附近废弃地不良景观是黄山人的心头之痛。

2006年10月，雷达楼主体建筑改建完成，新的古观象台式建筑成为光明顶地段的标志性建筑。与此同时，黄山人启动了雷达楼主体建筑周边环境整治与景观修复工程，以协调为原则，注重优化周边主要观景点观看光明顶地段的视觉景观效果，强调雷达楼周边植物配置、景观设计及其他附属建筑外观改造的协调性。

光明顶雷达楼旁废弃地景观修复，立足光明顶的特殊山地生态区位条件，采取自然恢复与人工再造、工程措施与生物技术相结合的方法，通过修整破损岩体、改造地形、改良土壤和移植植物等手段，构建了与原生地形地貌无缝对接，以黄山特色植物为主体，常绿与落叶并存，针叶与阔叶共生，乔灌花草相结合，四季有花有果，层次分明，并且与周边原生植被外貌、林相结构非常接近的人工群落，营造了一个与光明顶雷达楼建筑风格相协调、绿化植被与建筑物相得益彰的景观杰作，优化、美化了光明顶区域环境，使其成为一处“源于自然、融于自然”的特色生态景观。

三、人文景观在发展中提升

黄山人文景观主要包括基础设施（如交通道路、索道缆车、蓄水设施等）、接待服务设施（如宾馆酒店等）、游憩设施（如亭台亭阁等）、摩崖景观（如摩崖石刻等）等类别。在逐渐摸索和借鉴的基础上，黄山人文景观在发展中提升。

（一）基础设施景观化

对于绝大多数游客而言，游览黄山首先映入眼帘的是景区公路、游步道，总体感受是处处有景，基础设施景观化。

1.景区公路——车在路上走，人在景中游

黄山目前有四条旅游专用线：汤口立交桥—云谷寺，温泉揽胜桥—慈光阁，芙蓉岭—松谷庵，小岭脚—钓桥庵，全长21.73千米。行驶在这四条旅游专用公路上，时而青山碧水间，时而云雾缭绕中，时而茂林修竹下，车移景换，公路和周边环境融为一体，地地道道地实现了“车在路上走，人在景中游”。

山岳型旅游地公路建设，一直是公路建设者非常棘手的问题。工程设计既要满足汽车运输的基本要求，又要尽可能使线路隐蔽，线型流畅，坡度缓、弯道少、视距远。工程建设既不能肆无忌惮地开山爆破，有损山容地貌，又不能漫无边际地倾倒堆填，破坏极难恢复的植被。黄山人充分注意到景区公路的特殊性，选线隐蔽，线型合理，谨慎开山，小心填方，公路穿行于峭壁下、茂林间，峰回路转，时隐时现，颇具匠心。

黄山公路建设还给山岳型旅游地公路建设提供了一条有益的经验：公路路基开挖和建设尽可能一步到位，即使公路等级不高，路面质量一定要好。一步到位，可以减少多次施工对山体形态、植被、边坡稳定性和旅游交通的不利影响。高质量的路面，既可以减轻养护劳动强度，保证道路畅通，又可以减轻扬尘,保持空气清新,车辆行驶平稳,游客乘坐舒适。

2.游步道——隐现相宜,步移景换

游步道,俗称登山盘道、蹬道,既起着组织、串联众多景区景点的作用,又是引导游客游览和疏散游客的通道。在黄山所有交通道路网络中,游步道是历史最久、里程最长、通达范围最广的一种,是游客游览黄山最主要的通行线路。经过长期建设,特别是改革开放以后的建设和完善,“黄山现有游步道8万余米,台阶近6万级”[1]。

黄山游步道因山就势,因地制宜,主要以石径、栈道、桥隧等组成。宽度1.8米左右,梯道每级进深24~28厘米,高度14~16厘米。根据所处环境不同,护栏形式多样,或铁链,或栏板,或仿生,或钢管,在安全的前提下注意景观价值。在游步道岔道口,置有多种文字的指路牌,提醒游人游览方向,帮助游人合理安排游程。

黄山游步道线型流畅,曲直并举,错落有致,隐现相宜,步移景换,处处考虑了旅游安全、舒适和猎奇需要,通过大量采用仿生技术,游步道的形式、色彩和质地与自然环境相协调,充分体现了道路与自然的完美结合。

黄山建设者合理规划设计,精心组织施工,充分注意游步道建设与周围环境协调,因而黄山游步道与美丽的自然景观互为映衬,成为点缀黄山不可多得的人文景观。

3.云谷索道易地改建

(1)云谷老索道视觉污染严重。云谷老索道是黄山第一条索道,除了走向与游步道部分重合、上站突兀有碍观瞻、影响旅游安全外,还有四方面影响景观的问题:①从天都峰、莲花峰、鳌鱼峰、光明顶、东海门等景点或者观景点,甚至在整条游步道上(如从玉屏楼—莲花新道—莲花峰顶),都可以全部或者部分看到云谷老索道支架、线路和移动中的大体量的吊厢。②下站站前广场和云谷寺票房广场、云谷寺出入口广场三者同为一个广场,不但面积小,而且还是出入云谷山庄车辆的必经之地,以致索道和步行上下山游客、排队买票和等候上山的游客,以及进出云谷山庄的车辆交织在一起,在全山客流不超载的情况下,经常拥挤嘈杂、人满为患,既影响交通秩序,又存在安全隐患,游人怨声载道,毫无景观而言。③上站址白鹅岭,既是云谷寺—北海游览

[1]《黄山保护与管理》编委会. 黄山保护与管理[G]. 黄山:黄山风景区管理委员会,2007:171.

线游人必经之地，又是经贡阳山、东海门去光明顶游览线的起点，还是观东海的最佳位置和游人、挑山工因为体力原因自然形成的休息点，而白鹅岭可供游人逗留的场地不足100平方米，路过的、歇脚的、观景的，全部拥挤在一起，可以想象其摩肩接踵之状。④吊厢体积大。云谷老索道是三线往复式，吊厢40+1座，像一个大客车，在线路不隐蔽的条件下，大吊厢从头上滑过，视觉效果很不好。云谷老索道1986年建成运营，设备时限20年。

视觉污染和安全隐患，唯有易地改建方可消除，2006年开工易地改建。

（2）云谷新索道万象更新。①实现了步行上下山游客、购票游客、等候上下山游客与索道上下山游客的有序分流，安全性空前提高。②增加了上、下站房连接主要游步道的连接线，扩大了游览空间和旅游环境容量。③每个吊厢容量8人，体量小，造型美观，视觉污染空前减轻。④索道站房和线路隐蔽性好。上站位于白鹅岭东北侧约130米处的山凹中，西侧和北侧均为山峰或山脊构成自然隔断；下站位于丞相源谷地坡地上，与云谷寺出入口广场有天然屏障；索道线路大部分均在山沟中或山麓上通过，与主要景点之间均有山峰形成的天然屏障。

云谷新索道对景区景观有影响的可视域范围（1.01平方千米）、可视敏感景点个数（1个）及可视云谷寺至白鹅岭段游步道长度（365.77米），均远少于云谷老索道（依次为2.74平方千米、7个和3 429.97米），其对景区景观的影响极为有限，基本达到了不破坏黄山自然景观特质的要求。景观相融性调查分析显示，云谷新索道在选址、选线和站房外形、支架设计等方面对景观的影响均明显优于云谷老索道，基本达到了景区交通设施建设不破坏或少破坏景区景观的要求，环境影响可以接受。

4.新建西海地轨缆车

（1）建设西海地轨缆车的积极意义。①盘活景区资源，扩大景区容量。容量小一直是黄山的困境之一。西海地轨缆车项目位于钓桥景区西海大峡谷，下站位于西海大峡谷谷底游步道下行方向右侧、一道桥附近，上站在石床峰东北角，距离天海管理处400米（缓坡，步道）。西海大峡谷集险奇俊秀于一体，峰谷和溪流景观堪称黄山之最，游步道（排云亭—步仙桥3 634米，峡谷谷底—三溪口2 000米）既可通太平索道上站、排云亭接北海，又可经天海至玉屏楼、光明顶，还可沿白云溪游步道至钓桥庵换乘汽车去焦村。但是，因为大峡谷游步道垂直高差大（340米），部分游步道坡度陡，目前游客到访率极低。②有利于打开黄山西大门,带动焦村等地的发展。黄山目前有南大门汤口、北大门太平和西大门焦村,按照外部交通便捷程度,汤口出入最为便捷,次为北大门太平,西大门很差。加之景区内部交通便捷程度不同,目前出入通道主要是南大门,次为北大门,西大门焦村门可罗雀。西海地轨缆车建设有助于解决西海大峡谷内部交通问题,方便游客从西大门出入,带动西大门焦村等地的发展。③有利于组织游览线路。黄山目前主要游览线路有六条:汤口—温泉—云谷寺—北海—西海排云亭—飞来石—光明顶—玉屏楼—慈光阁—温泉—汤口线,或者其反方向;汤口—温泉—云谷寺—北海—光明顶—飞来石—西海排云亭—松谷庵—太平线,或者其反方向;汤口—温泉—慈光阁—玉屏楼—天海—北海—西海排云亭—松谷庵—太平线,或者其反方向。西海地轨缆车建成以后,有助于形成新的游览线路,如汤口—温泉—云谷寺—北海—西海大峡谷—光明顶—天海—钓桥庵—焦村线,或者其反方向。

(2)西海地轨缆车的景观影响分析。①线路绝大部分隐蔽在西海大峡谷二级谷地里,从排云亭隐约可见部分下站房和很短的一段线路(可以采用辅助措施予以隐蔽),从主要景点和游步道均不可见上站房。②下站址由于背靠悬崖,面对溪谷,既可能存在背后悬崖峻峰落石、崩塌之危害,又面临空间比较局促的限制,需要采用合理的工程措施予以消除。

(二)接待设施协调化

由于认识等多方面原因,一方面,黄山有的接待服务设施体量大、空间局促、视觉压抑、与周边环境不协调的问题依然存在;另一方面,黄山不少与环境非常协调的接待服务设施令人过目不忘。

1.隐蔽难觅的云谷山庄

云谷山庄距云谷寺票房广场、云谷新索道下站站房很近,占地9 000平方米,有客房100间,但无论从温泉—云谷寺公路,还是从云谷寺票房广场、云谷新索道下站站房一带都难见其踪,关键在于其隐蔽性非常好:①山庄广场小,主体建筑为一层庭院式,高度小,并且顺应地势,前高后低,逐层跌落;②地处山谷之中,区位隐蔽性好:一侧邻丞相源和茂林修竹,门前有小弯道和多棵孤立树隔离视野,另一侧邻有植被的悬崖,屋后为茂林修竹,四周的林木主体高度均高于酒店主体高度;③虽然有游步道上通云谷寺出入口,下经九龙瀑可到黄山东大门苦竹溪,但几乎没有游人从此通道上下山;④虽然临近云谷寺的温泉—云谷寺公路海拔高度高于山庄海拔高度,但山庄掩映在茂林修竹之中，公路本身也掩映在绿树丛中，从温泉—云谷寺公路上看不见云谷山庄。区位隐蔽、绿树掩映、体量适宜是山庄难觅的根本原因。

云谷山庄在色彩上也非常协调。云谷山庄属于“徽而新”风貌建筑，黑、白、灰三色，小黑窗、大白墙、灰瓦顶，与青山绿水、蓝天白云融为一体。

2.若隐若现的狮林大酒店

狮林大酒店位于北海万松林深处凹地之中，占地小，体量小，门前广场小，门厅小，主体建筑第二层的标高与门前小广场标高相仿，与北海宾馆—西海或者光明顶游步道之间有成片松林屏障，虽然北海宾馆经高山柏(蒲团柏和凤凰柏)至清凉台游步道经过狮林大酒店门前，但其间有疏林相隔，加之名曰“大酒店”，其实体量很小，游人看到的狮林大酒店并不显眼。再则，狮林大酒店不大的橘红色坡屋顶在周边林冠层面似现非现，从远处看大有“万绿丛中一点红”之效。

狮林大酒店副楼清凉别墅与周边环境相容性也非常好：一是顺坡而建，别墅高度总体上低于周边林木高度；二是有可能影响景观的前廊外墙采用无色玻璃材料，绿色窗帘颜色与前廊外植被融为一体。

白云宾馆门前入口处道路很窄，与天海管理处之间有林木掩映，隐蔽性好。玉屏楼宾馆主楼，无论与靠山玉屏峰，与广场大小，还是与广场两侧对景青狮、白象石相比，体量都很协调。

四、景观建设水平在研究与合作中提高

随着旅游需求的变化，科学技术的进步，旅游地景观建设是一个不断发展、不断进步、永无止境的过程。在很大程度上，由于多种原因，过去黄山景观建设有“摸着石头过河”的成分，尽管取得了巨大成就，引领着景区发展，但离国际化、精品化尚有距离。随着时间的推移，黄山人关注“顶层设计”，开始在科学研究和与国内国际合作中不断提升景观建设水平。

（一）从“摸着石头过河”到制定地方标准

“摸着石头过河”，前提是没有跨河的桥梁和摆渡的船。这句俗语一般用来比喻办事谨慎，边干边摸索经验；或者是说要走以前没有走过的路，需要摸索着前进；后来引申为没有固定的模式、方式、方法可寻，走一步看一步，在摸索中进步。

黄山旅游发展比较早，没有现成模式可以借鉴。多年来，黄山人在实践

中逐渐探索出了一套世界遗产地科学保护与合理开发的可持续发展管理模式，创造了多项国际知名、国内首创、同行领先的经验做法，如景区保洁、游步道建设、景点轮休、名松保护和复壮等。近几年来，黄山人在相关部门及专家的指导下，将这些成功的经验和做法予以科学总结、归纳和提炼，形成地方标准，不仅有利于自身规范化、标准化建设，还对其他同类景区及相关行业的管理起到积极的借鉴作用。

1.《黄山风景名胜区环境保洁要求》和《黄山风景名胜区游步道建设要求》

2008年11月30日，《黄山风景名胜区环境保洁要求》和《黄山风景名胜区游步道建设要求》通过了由安徽省质量技术监督局组织的专家评审。专家组认为：两项标准文本在服务设施、环境卫生、服务质量、安全管理和监督管理等方面，参考了相关国家和行业标准的要求，并经过了技术专家的多方考证，比较科学、合理，符合风景名胜区发展现状，指导意义较强，具有很强的可操作性。

《黄山风景名胜区环境保洁要求》包括了黄山环境保洁作业、垃圾处置、服务质量和监督考核等方面内容，对景区游步道、责任区和旅游公厕的保洁都作出了具体要求，规范了日常保洁“一粗、二细、三扫、四找”的工作流程，实践了自身提出的垃圾“无害化、资源化、减量化”的理念。

《黄山风景名胜区游步道建设要求》提出了景区游步道设计要遵循“以人为本理念体现最强、游客观景效果体现最佳、生态环境保护体现最好”的原则，突出“安全性、舒适性、观赏性、生态性、科普性”的理念，坚持开发建设与景观环境协调统一，充分体现保护与利用相统一和可持续发展[1]。

2.《黄山风景名胜区景点封闭轮休规范》

2010年8月，《黄山风景名胜区景点封闭轮休规范》通过了由安徽省质量技术监督局组织的专家评审。这是我国首项景点封闭轮休地方标准。

黄山对外开放后，游人大幅度增加，一些容量有限的热点景点因大量游人涌入，导致游步道两侧及热点景点周围的植被乃至生态系统受到一定程度的破坏。1987年，黄山在全国首创“景点封闭轮休”，此后安徽省人大常委

[1] 方岩源，余建辉．黄山风景区“环境保洁”、“游步道建设”两项标准将作为安徽省推荐性地方标准发布实施[EB/OL]．(2008-12-01)[2013-02-10].http://www.chinahuangshan.gov.cn/huangshan-beautyspot/xwzx/jqyw/web-info/2008/12/1285385661783041.htm.

会将“景点封闭轮休”写进《黄山风景名胜区管理条例》。20多年来，黄山相继对天都峰、莲花峰、始信峰、丹霞峰、狮子峰等核心热点景点执行了为期不等的封闭轮休，促进了生态系统休养生息和景观资源的持续利用[1]。

3.《黄山风景名胜区古树名木保护管理规范》和《黄山风景名胜区古树名木复壮技术规范》

2011年10月，《黄山风景名胜区古树名木保护管理规范》和《黄山风景名胜区古树名木复壮技术规范》，通过了由安徽省质量技术监督局组织的专家评审。两项规范作为安徽省推荐性地方标准发布实施，并供省内外景区尤其是山岳型景区参考借鉴。

黄山古树名木种类繁多，资源丰富，是黄山世界遗产资源和生态景观的重要组成部分。据景区园林部门对已开发景点及游步道附近的树木调查统计，并经安徽省绿化委员会分级评定，景区列入建档保护的名木和古树共136株，其中：名木69株，迎客松被列为特级保护，列入一级保护的有68株；古树67株，列入一级保护的3株、二级保护的7株、三级保护的57株。迎客松、送客松、黑虎松等54株古树名木被列入世界遗产名录。

为加强遗产资源和生态景观保护，多年来黄山人积极开展古树名木保护管理和复壮技术研究，组建了由古树、森保、林学、材料力学等多学科国内知名专家组成的古树名木保护专家组，对“迎客松”等重点古树名木采取了“24小时专人守护”“专家定期会诊”“责任制管护”等保护管理措施，建立了古树名木图文数据库管理系统及分级保护制度，配备了冠层分析仪、无伤探测仪等先进仪器设备，建立并逐步完善了古树名木的“一树一策、一树一册”保护方案和“一树一批人、一树一对策”的灾害性天气应急防护预案，构建了古树名木“日常监测、专家咨询、安全守护、应急应对”四项完整的综合保护体系，并且经受了特大雪灾、低温冻雨等重大灾害期间多次成功组织抢险救灾行动的考验，确保了全山古树名木万无一失，有力维护了遗产景观资源的安全。

从“摸着石头过河”到先后制定五项地方标准，是黄山人在加速推进“国际精品旅游景区、建设世界一流旅游目的地”建设进程中，认真贯彻落实“总结经验、优化固化、提升水平、引领示范、永葆先进”和“系统化、精细化、科学

[1] 吴江海. 黄山景点轮休首创地方标准[EB/OL].(2010-08-26)[2013-02-10].http://news.xinhuanet.com/travel/2010-08/26/c_12487695.htm.

化、制度化”工作要求的具体举措，对加强和规范景区生态景观保护、维护遗产资源安全和实现资源可持续利用具有重要意义[1]。

(二)从重视实践到重视理论研究与实践有机结合

实践出真知，实践出才干，但不能所有的工作仅仅靠实践，实践需要理论总结才能更上一层楼，理论指导下的实践成效更为显著。在旅游发展过程中，黄山人从重视实践逐步发展到重视实践与理论总结相结合，在理论指导下的积极实践，以及在科研支撑下的实践，探索出了一条理论与实践紧密结合、科研支撑实践的资源保护、景观建设和科学管理的发展道路乃至综合保护与科学利用体系。

1.重视理论总结

在长期的旅游实践基础上，黄山人和黄山研究者做了大量积极有益的探索，并且及时总结，上升到理论高度，编写、出版了一批有影响力的著作。

(1)《黄山旅游与环境研究》[2]。1994年7月开始，黄山人与安徽师范大学合作，开展黄山旅游发展与环境保护方面的理论总结，根据黄山资源保护、景区建设、游客管理、环境保护和旅游管理等方面的实际，阐述了旅游与环境协调发展的辩证关系，以翔实的资料展示了黄山的发展历程，系统总结了黄山旅游发展与环境保护的成功经验。其研究成果《黄山旅游与环境研究》(王桂梭、潘宝林、黎志、刘秉开、黄成林、桂剑峰等著)，1996年由中国科学技术出版社出版，1999年获安徽省社会科学优秀成果奖著作类三等奖。

(2)《黄山保护与管理》[3]。2005—2007年，黄山人对黄山改革开放以来的保护与管理工作进行了全面梳理，客观描述了黄山在资源保护和景区管理方面的实践，深度总结了其中的成功经验，完成了一部4篇共20章近40万字的《黄山保护与管理》书稿。《黄山保护与管理》达到了启动该项目之时的预期目的：“对内成为一本教科书，对外成为一本宣传册，对上成为一本汇报稿。”

2.理论研究与科学实践、旅游扶贫相结合

这方面，以黄山短尾猴研究与汤口镇寨西村浮溪野生猴园旅游开发最

[1] 林辉，王华.黄山保护：将再立两项安徽省地方推荐标准[EB/OL].(2011-11-03)[2013-02-10].http://www.china.com.cn/travel/txt/2011-11/03/content_23810540.htm.

[2] 王桂梭，潘宝林，黎志，等.黄山旅游与环境研究[M].北京：中国科学技术出版社，1996.

[3]《黄山保护与管理》编委会.黄山保护与管理[G].黄山：黄山风景区管理委员会，2007.

为典型。

短尾猴是我国特有种，是国家二级保护动物，具有观赏价值。黄山现有短尾猴20多群，每群40~80只不等。1985年开始，中日野生动物联合考察组对黄山浮溪猴群进行了为期6年的实地考察，通过引诱、守护、驯养、编号、命名和录音、录像等考察方法，研究了猴群的栖息、觅食、礼仪、交配、繁殖和争王等一系列生活习性和生态模式。1986年开始，安徽大学专家以浮溪猴园为研究基地，系统地研究了黄山短尾猴的社会行为：短尾猴的婚配制度，猴王的产生、特权和更替，猴群社会等级结构，雄猴换群以及雄猴之间的冲突与联合，雌猴的性选择等。研究成果《野生短尾猴的社会》，1999年由安徽大学出版社出版。

掌握了黄山短尾猴的社会行为，方便了对短尾猴的招引、辅助给食和管理，对黄山浮溪野生猴园旅游开发、带动村民致富、旅游扶贫具有重要意义。

(三)从重视国内合作到积极开展国际合作

1.重视国内合作

黄山先后邀请合作的研究机构、高等院校有中国环境科学研究院，中科院亚热带林业科学研究所，清华大学，复旦大学，中山大学，华东师范大学，南京农业大学，安徽师范大学，安徽大学，安徽农业大学，黄山学院等。每次合作，都给黄山带来不少研究成果，推动着资源保护、景观建设和旅游发展。

如2005—2008年，与安徽师范大学合作，研究黄山花岗岩风化机理及应对措施，开展了恢复性实验，取得了很多结论性成果：

(1)弄清了黄山花岗岩沙化面积和分布。黄山沙化地总面积101 775平方米，约占风景区总面积的0.66‰，主要分布在五里桥、莲花峰、鳌鱼峰一带。其中：海拔900~1 100米的占70.1%；坡度30度到60度的占65.7%；南坡、偏南坡的占38%。

(2)阐明了黄山花岗岩风化机理。①在自然条件下，花岗岩风化是一种不可逆的复杂的自然现象，自然因子在这一进程中起着决定作用，并且按照花岗岩风化演替规律演进这一进程；人为因子在一定程度上影响这一进程，有可能加快花岗岩风化，也可能延缓花岗岩风化。②花岗岩的化学成分、结构、断层和节理是花岗岩风化的内因，流水侵蚀、冻融裂解、昼夜温差裂解、植物根系崩裂和有机酸分解等是花岗岩风化的外因，坡向和主导风向的一致性以及较大的坡度、非常态的干旱和暴雨等是加速风化的重要原因。③人为活动对花岗岩风化的影响在多数情况下起着促进作用，如工程施工、人为践踏产生的花岗岩生创面，会加速花岗岩的风化；如果辅以必要的人工措施，有可能延缓花岗岩风化进程。

（3）提出了应对黄山花岗岩风化的主要措施。①不干扰花岗岩风化区原生状态是防止花岗岩加速风化的根本措施。②由于黄山相当一部分花岗岩风化区是游人必到的景点，人类活动不干扰花岗岩风化区原生状态不具有可能性，因此，减少人类活动对花岗岩风化区原生状态的干扰至关重要。③减少人类活动对花岗岩风化区原生状态的干扰的主要措施有：凡是涉及开挖花岗岩体的工程建设项目实行环境影响评价制度，开挖花岗岩体的工程施工采取静态爆破或者切割方式，游人必经的特殊路段设置生态型栈道，游人常到的特殊景段设置生态型观景台，景区景点实行时段不等的轮休制度等。④受地形等自然因素的约束，短期内全面恢复花岗岩沙化区植被不具有可行性，但在沙化现象较为集中、影响景观的局部地段可采取适宜的人工辅助措施（生态型植被恢复技术），如就地就近覆盖表土和枯枝落叶、补植适生植物、补播适生植物种子等，可以延缓花岗岩自然风化进程，有利于沙化区植被恢复与重建。⑤从长远角度看，在条件允许时，可以有选择性地开展花岗岩沙化区植被恢复与重建试验，积累试验数据和经验。这对将来采取适宜的人工措施延缓花岗岩自然风化进程，逐步推进花岗岩沙化区植被恢复与重建具有积极意义[1]。

2.积极开展国际合作

（1）与世界著名风景区缔结友好。2002年，黄山与瑞士少女峰缔结友好山。2006年，黄山与美国约塞米蒂国家公园缔结为姊妹公园。通过这种合作方式，既推介了黄山，扩大了黄山在欧美市场的影响力，更重要的是有利于黄山借鉴国际经验，搞好黄山景观保护和利用。

（2）加强与国际组织合作，加快与国际市场接轨，努力使黄山风景区站在全球旅游可持续发展的前沿。近年来，黄山相继加入世界旅游业理事会、全球可持续旅游委员会、亚太旅游协会、世界自然保护联盟等国际组织，成为世界旅游组织和联合国教科文组织联合设立的首个世界遗产地“旅游可持续发展观测站”。

---

[1]安徽师范大学“黄山风景区花岗岩风化机理与植被恢复研究”课题组.黄山风景区花岗岩风化机理与植被恢复研究总结报告[G].芜湖：安徽师范大学，2008.

(3)参与制定《全球目的地可持续旅游标准》[1]，入选“全球目的地可持续旅游标准实验区”[2]。2010年8月，联合国基金会、联合国环境规划署、世界旅游组织等在华盛顿发起成立全球可持续旅游委员会。全球可持续旅游委员会的宗旨是“不断提升游览体验，更加珍视环境，通过旅游业可持续发展让社区与居民受益”；重要职能之一是制定与宣传推广《全球目的地可持续旅游标准》，致力于在全球范围内推动旅游的可持续实践。

近年来，黄山在开展旅游目的地管理、推行低碳旅游、平衡旅游发展与遗产保护之间关系、创新资源保育等方面的实践和成绩，得到了全球可持续旅游委员会的高度认可。黄山作为亚太地区唯一代表，参与制定了全球旅游可持续发展的基本指南和共同基准《全球目的地可持续旅游标准》，黄山人在探索性实践中提炼的“环境影响最小化、经济产出最大化、社会影响最优化、游览体验最佳化”理念，成为该标准的主要纲目。

2012年3月，全球可持续旅游委员会理事会批复黄山入选“全球目的地可持续旅游标准实验区”，成为全球五个试验区之一、亚太地区唯一入选的目的地。黄山入选“全球目的地可持续旅游标准实验区”，是对黄山景观资源保护与持续利用的充分肯定。

入选全球目的地可持续旅游标准实验区后，黄山已经在创新可持续管理系统，坚持有效的可持续发展规划，通过旅游业的可持续发展，最大限度地促进经济效益和社区进步，在可持续发展进程中持之以恒地保护好自然遗产，最大限度减少旅游对环境的负面影响等方面，致力于旅游可持续发展的实践。

(4)与全球环境基金合作，开展生物多样性保护与可持续利用研究。黄山地区生物多样性极其丰富，被世界自然保护联盟确定为全球108个生物多样性分布中心之一，中国33个生物多样性保护优先区域之一。开展黄山地区生物多样性保护与可持续利用研究，有助于总结黄山旅游发展与环境保护协调发展的成功做法，加强和提高黄山地区生物多样性保护和管理水平，制定和完善黄山地区生物多样性保护和生态旅游规划，力争使黄山成为国

[1] 佚名. 从“国际话语权”看黄山旅游发展[EB/OL].（2012-06-18）[2012-11-30].http://www.cnta.gov.cn/ html/2012-6/2012-6-18-16-18-26863.html.

[2] 王立武. 黄山被列为全球旅游目的地可持续发展实验区[EB/OL].（2012-03-06）[2012-11-30].http://news.xinhuanet.com/2012-03/06/c_111608113.htm.

内国际其他相近地区开展生物多样性保护和持续利用的样板，并向国内外其他同类地区介绍推广。

有什么样的认识就有什么样的行为，有什么样的行为就有什么样的面貌。应该说，黄山景观保护与合理利用不断迈上新台阶，归功于黄山人的认识不断提高，归功于早在二十世纪九十年代中期黄山人就提出了“保护与利用有机结合，旅游与环境协调发展”的指导思想，归功于黄山人不断开阔的视野。他们把“保护”资源置于第一位，倡导“利用”资源而不是“开发”资源，把“环境”拓展到“卫生保洁”之外的“社区发展”“旅游主体”等诸多层面，“在保护中发展，在发展中保护”。因为他们深知，保护资源是合理利用的前提，合理利用是保护资源的目的；只有始终坚持“山上山下互动、服务周边群众”的发展理念，采取切实有效行动（如与周边乡镇建立护林防火、综合治理、规划管理、支教助学、干部挂职、结对帮扶等协作机制，优先安置周边乡镇群众就业，并以旅游品牌带动山上山下服务业发展，以市场联动带动周边乡村旅游发展，以项目建设带动当地群众增收致富），才能使“爱护黄山、保护黄山”成为黄山周边群众的共同认识和自觉行动，山上山下才能协调；只有在着力提升游客舒适度和满意度的同时，注重“润物细无声”的宣传教育，通过志愿者行动、公益广告等多种形式，提高公众保护景观资源和生态环境的自觉意识，鼓励游客参与目的地资源保护和管理，游客才能乐于接纳和传播节能、环保、低碳、生态的旅游方式和绿色旅游消费观念，才能在更大范围更深程度推动景观的可持续利用。

应该说，经过十多年的努力，黄山人用实际行动较好甚至圆满地解决了2002年媒体风波中有调查报告希望黄山解决的三个问题。

第三章　宗教型旅游地景观变迁研究

宗教是人类社会发展到一定历史阶段出现的一种文化现象。其主要特点是:相信现实世界之外存在着超自然的神秘力量或实体,这种神秘力量或实体拥有绝对权威、主宰自然进化、决定人世命运,使人对这种神秘产生敬畏及崇拜,从而引申出信仰认知及仪式活动。宗教属于社会意识形态,在世界各个国家和民族中都存在[1]。

宗教和旅游自古就有着很深的渊源。宗教旅游是指以宗教文化为核心依托,借助相关的自然和人文资源,以吸引宗教信仰者和一般旅游者开展的诸如朝拜、研究、观光、体验等旅游活动[2]。宗教旅游是一种古老的旅游形式,现代意义的宗教旅游包括以游览宗教名山、了解宗教文化、体验宗教氛围、祭拜祈祷以及进行学术研究等为目的的综合性旅游活动。

二十世纪九十年代,宗教旅游逐渐发展成为大众旅游的一个重要分支。宗教旅游以其特有的文化内涵,成为一种独特的旅游产品,吸引了越来越多的宗教信徒和游客,形成了一个巨大的旅游市场。宗教旅游在世界各国,尤其在西方发达国家和中东地区发展迅速,形成了许多世界著名的宗教旅游地,如耶路撒冷、梵蒂冈、麦加等。

改革开放以来,我国政府落实了"宗教信仰自由"的宗教政策,公民有信仰宗教的自由,也有不信仰宗教的自由。同时,随着国民经济发展和人民生活水平的不断提高,大众外出游览的需求不断增强。宗教旅游地因其神秘的宗教文化及其教义、教理等不为非宗教人士了解的因素,成为我国文化旅游的重要组成部分,宗教旅游发展迅速。国家宗教事务局的统计数

---

[1]百度百科.宗教[EB/OL].http://baike.baidu.com/link?url=uEEHw6c9X64qVeTs5KRt7slsorKVTnG9IPbhoEsjKMobh-EA9lTDxb5MLTtbP1w_PQX8gbpNBlml2qD8s0XjNVSwCP5vipWpd57UeqI5sVKcJ8LL8qioKOiLlQ_Z9Gw3.

[2]郑嬗婷,陆林,杨钊.宗教旅游可持续发展研究[J].安徽师范大学学报:人文社会科学版,2005(5):536-540.

据显示，在二十世纪九十年代，我国宗教文化遗迹约占全国主要名胜古迹的二分之一[1]。在我国前六批共2 351项全国重点文物保护单位中，宗教名胜超过600处，寺庙道观、雕塑石窟等更是广泛分布于神州大地[2]。

宗教文化资源的开发利用吸引了旅游者前来游览、朝圣和学术考察，有利于宗教文化的传播、交流和发展；宗教活动场所被赋予旅游功能带来的旅游收入，又能为宗教文物古迹的保护和宗教的发展提供资金。宗教文化与旅游（业）互相联系、互相影响，开发宗教文化资源对旅游业的发展具有重要意义，而旅游业的发展也有利于宗教文化的传播、交流和研究。从旅游研究的视角，探讨宗教型旅游地的发展变迁，能够辩证地分析旅游发展对宗教地和宗教文化的影响，为宗教文化传承以及宗教旅游可持续发展提供理论支撑。

第一节　宗教型旅游地景观变迁基本原理

宗教景观可分为物质性宗教景观和非物质性宗教景观。前者包括宗教圣地、祭典场所等；后者涵盖面较广，所有与宗教相关的仪式、语言、出版物、艺术、地名、宗教教义、宗教群体，以及各种宗教活动都包含在内。在索尔开创的景观地理学派影响下，对于物质性宗教景观的研究较为普遍，多数研究都集中在宗教建筑本身的形态上，宗派、教义、政治、文化、战争、自然和人文环境都对宗教建筑的规模、形制、色彩等外在表征产生影响。对于非物质性宗教景观的研究，集中在阐释宗教信仰、宗教仪式、宗教群体和组织等与地理环境的关系上。对宗教地的分布，以及宗教组织的统合或分立与地域政治文化环境的关联等方面也有一定研究。非物质文化景观的无形性增加了景观空间识别的难度，使宗教非物质文化景观方面的研究较为薄弱[3]。

宗教旅游资源具有宗教性、神秘性、精神性、文化性、历史性、民族性、个性和世界性等特征[4]。宗教型旅游地的发展具有客源市场稳定、吸引范围等

[1] 保继刚，陈云梅. 宗教旅游开发研究：以广东南华寺为例[J]. 热带地理，1996，16(1)：89-93.

[2] 方应波，张中旺，周斌，等. 宗教旅游资源开发的思考[J]. 经济研究导刊，2012(22)：154-155.

[3] 薛熙明，朱竑. 国外宗教地理研究回顾与进展[J]. 人文地理，2010，25(3)：109-113.

[4] 沈祖祥. 中国宗教旅游[M]. 福州：福建人民出版社，2005：336.

级系列分明、重游率高、生命周期长等特点[1]。总体而言，宗教型旅游地除了具有一般历史文物类旅游地的共性特征外，在宗教氛围、宗教文化、旅游者体验和旅游地发展等方面具有自己的个性特征。

一、宗教型旅游地基本特征

（一）氛围神秘

宗教的本质属性在于教徒对超自然、超人间、超现实力量的崇拜与信仰。从宗教教义到宗教建筑，再到各类宗教艺术、仪式、活动、用品，以及宗教神话传说故事等，宗教的各个方面似乎都含有虚幻、想象成分以及超现实世界的神秘感，从而使宗教旅游地带有强烈的玄奇、神秘的特征和氛围。肃穆静谧的宗教氛围，气势非凡的宗教建筑，形式各异的宗教礼仪，悠扬婉转的宗教音乐，千姿百态的宗教壁画等，构成了一个神秘世界。伊斯兰教和基督教通过神职人员和各种宗教礼仪来沟通人与神之间的关系，使人与神之间保持着微妙的距离，使人们对神永远怀着一种神秘性的感受。宗教神职人员日常生活对许多游客来说也很奇特。

宗教文化营造的神秘气氛，对猎奇的游客具有极强的吸引力，这些旅游者的目的并不是出于宗教信仰，而是出于对宗教的某种神秘感和新奇感。

（二）文化底蕴深厚

宗教是人类社会发展进程中的特殊的文化现象，是人类传统文化的重要组成部分，影响人们的思想意识、生活习俗等。宗教本身是一种以信仰为核心的文化，同时又是整个社会文化的组成部分。在漫长的发展历程中，宗教形成了浩繁的书籍、绘画、建筑、音乐等宝贵遗产。宗教遗产凝聚了几千年来宗教信徒对经济、政治、生活、治学、宇宙和人生等各个方面的思考，是世界传统文化的重要组成部分之一。

宗教建筑、绘画、雕塑、舞蹈、音乐等都是人类创造的伟大艺术，是宗教旅游地发展旅游的载体。这些不仅是精美的艺术作品，还可以教化人生、培养道德意识，使人感悟宗教的真善美精神，具有深厚的文化底蕴。同时，宗教教义中包含的价值观、伦理道德观、哲学观、社会观传承至今，宗教旅游地承载的民族信仰深深地影响着信徒的思想和生活。我国现存的佛教和道教

---

[1] 保继刚，陈云梅. 宗教旅游开发研究：以广东南华寺为例[J]. 热带地理，1996，16（1）：89–93.

旅游地多处在山林之中，其本身的形成与发展是一个漫长的历史过程，宗教信徒是其开发建设的主力军，文人墨客和历代封建统治者也有自己的贡献。如文人墨客游览时写下的流传千古的诗篇、历代帝王留下的题字与匾额等，均提升了宗教旅游地的文化内涵。

（三）旅游体验度高

一般旅游方式往往只通过视觉的欣赏达到精神的愉悦和放松，而宗教旅游则可以上升到心灵高度，达到启迪智慧、道德培养、心理安慰和重塑人生价值的目标。旅游者不仅可以看到秀美的自然风光和人文景观，还能亲身参与宗教法事、仪式。浓厚而健康的宗教氛围有助于旅游者体悟宗教“诸恶莫作”“众善奉行”的伦理观，“万法随缘”“勇猛精进”的生活观等高超智慧，充实自身心灵，指导自己现实生活中的行为。旅游者在宗教旅游地可以实现多重身份的转换，从只用眼睛去观看的旁观者，到用身体去行动的参与者，再到用心灵去体悟的思考者，这是宗教旅游不同于一般旅游方式的独特之处，也使宗教旅游拥有了其他旅游产品远不能达到的目标[1]。

（四）重游意愿强烈

已有研究显示，游客到观光型旅游地参观游览的重游率较低。宗教旅游较其他旅游类型重游率高，宗教信徒出于宗教信仰或者教义的需要会定期前往。即使是一般旅游者，受仪式、教义等佛教文化的影响，也存在“许愿—还愿—再许愿”的参观历程。宗教文化的特殊性，以及人们对幸福、平安的期盼，使旅游者需要多次前往宗教旅游地从事各种性质的活动。2008年对九华山游客的调研表明，389名游客中有173人是第二次甚至是第三次来九华山，游客重游率达44.5%[2]。

（五）生命周期平缓

宗教作为一种意识形态，其存在具有长期性，宗教旅游地因而也具有长久的生命力。当今世界是一个科技飞速发展的时代，特别是信息科学、生命科学的突破，人们对宗教中幻想成分的认识越来越理性。宗教旅游是一种专门层次的旅游，旅游主体大多是宗教信徒或是对宗教文化感兴趣者，因而宗教旅游地客源市场较为稳定。宗教资源的独特性和客源的稳定性，使宗教型旅游地的生命周期发展较为平缓，客流量不易出现大起大落

[1] 张桥贵，孙浩然. 宗教旅游的类型、特点和开发[J]. 世界宗教研究，2008(4)：128-139.
[2] 刘云霞. 九华山风景区国内游客满意度研究[J]. 黄山学院学报，2013，15(1)：24-27.

的现象,巩固阶段持续时间长。如无特殊事件,旅游地很少进入衰落期。传统宗教型旅游地是在历史发展过程中逐渐形成的,有深厚的文化积淀,具有长久的生命力[1]。

二、宗教型旅游地空间类型

可以根据不同的标准划分宗教型旅游地类型。如根据宗教名称,可将宗教旅游地分为以名山、寺庙、石窟石刻、佛塔为主的佛教旅游地,以名山、宫观、洞窟石刻及遗迹为主的道教旅游地,以教堂及遗迹为主的基督教旅游地,以清真寺院及遗迹为主的伊斯兰教旅游地;根据空间分布,可将宗教旅游地划分为山林型宗教旅游地、城镇型宗教旅游地和乡村型宗教旅游地等类型。

地域空间分异是地理学研究的核心议题之一。从旅游地理学的视角,探寻不同空间区位的宗教旅游地景观的形成与发展变迁特征及形成机制,有助于提升对宗教旅游地发展演化的理论认识。

(一)山林型宗教旅游地

山林型宗教旅游地是指分布于名山大川之中的宗教旅游地。中国宗教名山众多。据统计,二十世纪八十年代中国有佛教名山222处,道教名山101处[2]。我国的佛教和道教一般选择环境优美、清幽寂静的山林作为修炼和传经布道场所,这既促进了山林自然资源的保护,又赋予了自然山水以文化内涵。经过不断的开发和建设,形成了丰富灿烂的宗教文化遗产和著名的宗教名山。

我国佛寺、道观大多建在名山大川处,依山而建,依山就势,同秀丽山色融为一体。四川峨眉山是著名的普贤菩萨道场,唐代时即享有“天下秀”的盛誉,修建有近百座寺庙。安徽九华山在宋代时期已修建寺庙三百余座,僧众四千余人,享有“莲花佛国”之美誉。山西五台山,浙江普陀山、雁荡山,北京香山,江苏虎丘山、惠山,安徽齐云山,福建武夷山,江西龙虎山、三清山,四川宝顶山等,都有寺院或道观。山林型宗教旅游地因其独特的自然景观和人文景观吸引了众多旅游者观光、朝拜。

数量众多的佛教和道教场所与名山有不解之缘,这与宗教自身发展及

[1] 王亚欣.宗教旅游与环境保护[M].北京:中央民族大学出版社,2008:68.

[2] 何宝根,杨光文.中国宗教名胜[M].成都:四川人民出版社,1989:1.

教义教规紧密关联。其一，名山清幽、秀美、宁静的自然环境适合佛教徒和道教徒修行。其二，历史上特殊时期统治者实施的宗教政策，宗教遁迹山林发展可能更为安全。如禅宗二祖慧可于北周武帝灭佛期间遁迹司空山，使禅宗香火得以延续。其三，早期的山岳崇拜观念及五岳信仰逐渐渗透到宗教信仰领域。如道教认为五岳均有一位山神掌管，各自率领数万仙官玉女治理其地。其四，名山特殊的自然环境以及依附于名山的宗教建筑，有利于宗教经验和宗教情感的形成与感知。

（二）城镇型宗教旅游地

城镇型宗教旅游地是指位于城镇及其周边区域的宗教旅游地，宗教旅游资源主要分布于人口密集的城镇中心区或位于自然环境优美的城郊。佛教教义中规定佛教本身以出世为宗，主张出离世间，到达涅槃，因而在人们的脑海中形成了佛教具有远离尘嚣、萧然物外的主要特征。其实，佛教在城镇发展的历史比山林更为悠久。佛教在两汉之际传入我国，从两汉到东晋，佛教的主要活动是翻译经卷，因而很多佛寺大多建在长安、洛阳附近。洛阳白马寺是我国第一个佛寺。东晋时，全国已经形成三个佛教中心：北方以长安为中心，南方以庐山和建康（今南京）为中心。东晋100多年间，全国寺院约有1 700处。南北朝时，帝王贵族推崇佛教，大肆兴建寺院，仅建康一带寺院就有500多处。自东汉至南北朝，佛寺多建在城区[1]。由于儒释道三家的争斗和三武一宗（北魏太武帝、北周武帝、唐武宗、后周世宗）灭佛，城镇佛教受到沉重打击。唐代以后，特别是中唐禅宗盛行以后，佛教便逐渐定位于山林，着重于出世或来生。

即使是宗教政策发生了变化，城镇仍然是宗教发展的重要空间。城市拥有宗教发展的优势条件，如人口密度大，城中有很多在家居士和道士，佛教在城市发展能够普度更多的众生，获得更多信众的支持。同时，城市经济、商贸比较发达，良好的经济条件为佛教在城镇的发展提供了最大化的物质支持。此外，城镇一般交通便捷，人员流动比较频繁，各种外来思想与文化交融荟萃，这些都有利于宗教教义的传播，因此很多教派选择在城市里生存发展。从佛教发展现状来看，目前不少大中城市拥有大量声名远扬、影响范围广的寺院。如上海的龙华寺、静安寺、玉佛寺，杭州的灵隐寺，北京的广济寺，南京

[1] 黄成林，刘云霞. 旅游文化[M]. 芜湖：安徽师范大学出版社，2010:44-45.

的毗卢寺、栖霞寺,扬州的大明寺,无锡的祥符寺,厦门的南普陀寺等[1]。

伊斯兰教和基督教在中国的传播路径基本上遵循从城镇向乡村的发展轨迹,留下了灿烂的文化遗存。如宁夏回族自治区共有清真寺2 000余座,大部分集中于城镇。在城镇穆斯林聚居区多有知名的清真寺,如西安化觉巷清真寺、北京牛街清真寺、广州怀圣寺等。伊斯兰教的宗教活动中心一般在城镇,而仅在教徒高度聚集的乡村才有清真寺的分布[2]。

自鸦片战争开始,基督教开始大规模传入中国,首先在中国沿海城市传播,继而向内陆城市和农村发展,在中国大多数大城市建有基督教教堂。如北京宣武门天主堂,哈尔滨索菲亚教堂,上海徐家汇教堂,广州圣心大教堂,昆明三一国际礼拜堂等。

(三)乡村型宗教旅游地

民间宗教是乡土社会的有机组成部分,乡村地区有广泛的宗教信仰基础。所谓民间宗教信仰是指流行于一般民众,特别是农民中间的鬼神、祖先信仰,庙祭、家祭、墓祭等。中国乡村民间信仰可以分为两种类型:一是外来宗教如佛教、天主教、基督教等在乡村的传播,从而形成的正统宗教系统;二是中国传统的儒、道等乡村信仰的延续,包括鬼神和祖先崇拜的民间信仰系统[3]。由于民间信仰的影响力具有一定的地域性特点,加之地区经济水平的差异,乡村宗教物质景观规模一般较小,在旅游开发中的影响力较小,大多数还是以宗教朝觐为主要功能。民间信仰与民众的日常生活密切相关,其中很大一部分已经成为民俗文化不可或缺的一部分。

近年来,民间信仰活动已经与集贸市场、文化交流、旅游观光等结合起来。随着乡村旅游开发不断升温,民间信仰活动借助大型庆典和庙会吸引了大量旅游者,乡村宗教信仰大多以民俗的形式包装成为乡村旅游产品的重要内容。据学者实地调查和估计,至1992年,福建省重修的民间神庙达三万个,每个县有三百至上千个神庙被修复;同时,多数的家族性村落已经恢复了他们的祠堂,在泉州农村,每个村子都已经或正在修复村庙与祠堂[4]。

[1] 刘旭. "人间佛教"的问题及都市佛教研究[J]. 世界宗教研究,2011(1):59-67.

[2] 刘小鹏,李同升. 宁夏伊斯兰教地理的初步研究[J]. 人文地理,2002,17(4):16-20.

[3] 苗月霞. 乡村民间宗教与村民自治:一项社会资本研究——兼论韦伯关于宗教社会功能的观点[J]. 浙江社会科学,2006(6):99-104.

[4] 王铭铭. 村落视野中的文化与权力:闽台三村五论[M]. 北京:生活·读书·新知三联书店,1997:124-125.

三、宗教型旅游地景观变迁基本特征

我国的宗教发展具有自身独特的复杂性。其一,宗教类型多样,既包括本土发展的道教,也包括外来的佛教、伊斯兰教、基督教等。其二,宗教发展历史悠久,佛教在两汉之际就传入我国,基督教自鸦片战争后在我国大规模传播,而本土道教的诞生则更为悠久。其三,宗教政策和宗教教义具有鲜明的时代特征。如隋朝统治者崇信佛教,而唐代统治阶级则非常信奉道教,对其他教派则采取打击的政策。在不同的历史阶段,不同宗教派别根据中国社会发展实际,对宗教教义进行了一定的调整,以适应中国社会发展和民众实际需求,外来宗教"中国化"。其四,空间区位的差异。

改革开放以来,中国的发展既促进了中国社会、经济、文化的快速发展,产生了全球瞩目的"中国奇迹",也不同程度地形成了区域差异、城乡差异。这种差异对宗教旅游地的资源保护、旅游开发、文化传承等方面产生了较大的影响。我国的宗教问题具有长期性、群众性、民族性、国际性、复杂性等特点。我国宗教旅游在迅速发展的同时,也出现了盲目的宗教旅游开发、宗教文化庸俗化和商品化、旅游者迷信消费等与宗教旅游可持续发展相背离的现象。

不同历史条件下,宗教自身的发展及宗教旅游活动等多种因素的叠加效应,导致了我国宗教旅游地景观的变迁。

(一)宗教景观类型更加丰富

"文化大革命"时期,我国不少宗教场所或被拆除,或被挪作其他用途。改革开放后,我国落实宗教信仰自由政策,在各级政府的支持下,一些被占用的宗教房产回归宗教机构,大批寺庙宫观等建筑得到了修缮或恢复重建。

二十世纪八十年代是我国旅游供给短缺时代,宗教寺庙宫观是最重要的旅游吸引物之一,以致当时把白天的旅游活动概称为"爬山看庙"。

二十世纪九十年代,一些寺庙宫观等宗教场所开始进行有意识的旅游开发。由于旅游业的发展,一些濒临损毁的文物保护单位得到了维护,一些破败的寺庙宫观被修葺、扩大甚至重建,接待了众多游客,从中获得了大量保护经费,其文化传承等社会功能得到了发挥。

1.旅游开发使宗教景观类型增多

在旅游界和宗教界的共同推动下,自二十世纪九十年代中期开始,在旅游项目"有佛(仙)则灵"经验的指导下,全国范围内兴起了修寺庙造佛像的热潮。虽然有宗教政策方面的规定,但是各种以宗教文化为主题的景区和文化园仍然蜂拥而起,成为旅游业中不可忽视的景观。

(1)宗教型主题景区纷纷兴起。在旺盛的旅游需求和旅游经济的推动下,地方招商引资或投资兴建以宗教文化为主题的旅游景区。近年来,新开发的宗教旅游景区和宗教文化园不胜枚举。这些景区的建设促进了当地旅游业的蓬勃发展,使宗教旅游景观类型更加丰富。

新建的宗教景区或者在传统宗教景区基础上扩建形成,或者依托历史上存在的宗教遗迹和宗教事件的复兴开发而成。前者如陕西的法门寺,后者如各地的宗教文化园。法门寺景区依托法门古寺而建,规模宏大,占地约87公顷,成为继兵马俑之后的"陕西第二个文化符号",全面展示了佛文化在哲学、政治、艺术等方面的成就。浙江萧山东方文化园是杭州市重点旅游项目,占地180公顷,以周易八卦布局,园中有儒家文化景区、道教文化景区和佛教文化景区,被有关部门认定为"中国佛教文化展示中心""世界宗教学术研究基地"等。

(2)巨型佛教造像数量众多。佛教创始时期,佛祖释迦牟尼不主张造像,释迦牟尼涅槃后的四五百年内一直没有佛教造像,信徒们以法轮、台座或者佛足迹、菩提树等作为佛的象征来表示对佛祖的膜拜。佛教发展到大乘佛教时期,允许民众礼拜佛像,开始了佛像的雕刻。佛教造像分为佛像、菩萨像、佛弟子和罗汉像、佛护法雕像及供养人像。在旅游发展过程中,佛教场所对原有的造像进行了恢复修缮或重塑,有些新兴佛教旅游地直接以建造巨型佛像为核心旅游吸引物。

中国佛教协会前会长赵朴初根据佛教中的五佛思想提出了五方五佛理念,即在中国的东南西北中五个方位各矗立一尊大佛。根据大佛建造年代的先后,中国北方有云冈大佛、中部有龙门大佛、西方有乐山大佛、南方有香港天坛大佛、东方有灵山大佛。南方和东方大佛是新建佛造像。

随着灵山大佛的建造,很多著名的佛教名山或圣地也加入建造大型佛像的行列之中,一些新兴旅游地开始以建造巨型佛教造像作为核心旅游吸引物。这些佛教造像最大的特点是体量高大,投资很多。1993年香港天坛大佛建成,佛像高约34米,被称为世界上最大的户外青铜坐佛。1997年建成的无锡灵山大佛通高88米,2008年河南鲁山中原大佛通高208米。这些大型宗教工程规模宏大,大型佛教造像制造了新闻效应,满足了旅游者的猎奇心理,又体现了宗教的庄严感和神圣感,也反映了宗教旅游的繁荣(表3-1)。

表3-1 近20年来新建的佛教造像景观

名 称	地 点	特征描述	建成年份
香港天坛大佛	香港大屿山	释迦牟尼佛坐像,通高约34米,青铜材质,重250吨,是当时世界上最大的露天青铜佛像	1993
莲花山望海观音像	广东番禺	通高40.88米,用120吨青铜铸成,外贴纯金180两,为目前箔金铜像世界之最	1994
灵山大佛	无锡灵山	释迦牟尼佛立像,通高88米,青铜材质,重700吨	1997
南海观音菩萨像	浙江普陀山	通高33米,重70多吨	1997
西樵山南海观音像	广东佛山	通高61.9米,铜质,是当时世界上最高的观音像	1998
玉佛苑大佛	辽宁鞍山	正面为释迦牟尼佛,背面为观音菩萨,岫玉雕刻而成,是世界上最大的玉雕佛像	2002
烟台南山大佛	山东龙口市南山旅游区	释迦牟尼坐像,高38.66米,重380吨,是当时世界第一高青铜大坐佛	2004
三亚南海观音像	海南三亚	通高108米,钢筋混凝土材料,超过此前的西樵山观音像,比纽约自由女神像高15米	2005
十方普贤菩萨像	峨眉山金顶	通高48米,总重660吨,是世界上最大最高的十方普贤像	2006
中原大佛	河南鲁山县	佛体高108米,莲花座高20米,金刚座高25米,须弥座高55米。用黄金108千克,铜合金3 300吨,钢材1.5万吨	2008
雪窦山弥勒大佛	浙江雪窦山	佛像高56.7米,青铜材质,迄今全球最高的坐姿铜质露天弥勒大佛造像	2008
五佛山大佛	河北秦皇岛长寿山景区	5尊佛像,高81米,是世界上最高的石佛	2008
千手千眼观音圣像	湖南宁乡	通高99.19米,其中须弥座高21.9米,是世界上最大的千手千眼观音圣像	2009
金鼎大佛	吉林敦化	释迦牟尼坐像,通高48米,是世界上最高的释迦牟尼坐佛	2011
地藏菩萨露天铜像	安徽九华山	佛像高99米,是世界上最高最大的地藏菩萨露天铜像	2012
江西东林大佛	江西九江	48米,是世界上最高的阿弥陀佛露天铜铸贴金大佛	2012

资料来源:根据网络资料整理。

2.宗教节事活动内容更加丰富

"节事"是一个首先由西方学者提出的组合概念,即节庆(Festival)和特殊事件(Special Event)的统称。鉴于中文的使用习惯和理解方式有所不同,"Event"有时被译为"活动",Festivals & Special Events也就经常被译为"节事活动"[1]。现代意义上的"节庆",既可能由那些宗教节日演变而来,也可能由那些类似岁时节日的活动转化而来。从外延来看,除了节日、庆典、仪式、礼

[1] 戴光全,张骁鸣. 节事旅游概论[M]. 北京:中国人民大学出版社,2011:3.

仪、岁时节日之外，还包括现代人出于经济、文化等目的组织开展的一次性或重复性（或周期性）的表演、展示、娱乐、竞赛、募捐乃至聚会等活动[1]。从来源上看，中国的节事既有立足本地风俗习惯和文化传统的节庆活动，又包含政府策划的节庆和特殊事件[2]。

在发展初期，宗教旅游主要注重宗教物质文化产品的开发。随着旅游的深入和旅游者旅游需求的提升，宗教非物质文化产品中的宗教节事活动不断被开发利用，丰富了旅游地宗教景观的类型。发展宗教节事活动有利于塑造旅游地形象，提升旅游地知名度，促进宗教文化传播和交流，推动旅游业的发展，具有多种牵动效用。宗教旅游节事活动本质上是一种文化活动，宗教文化是节事活动的灵魂和吸引力所在。

宗教节事活动初期的开发主要是恢复宗教传统节日、庙会和举办一些大型法会，后来逐渐发展成为包含文化节、公益慈善活动、文艺演出、休闲娱乐及商贸洽谈展销等系列活动的综合性的文化活动。佛教和道教四大名山每年都会定期举行庙会，吸引众多旅游者前来观光和朝拜。2004年成都举办全国首次宗教文化节，文化节以“道教与成都”“道教与生态”为主题，探求道教文化发展，文化节包含中国道教音乐表演、道教茶艺表演、道家膳食展示、道家武术表演等内容。

3.佛教、道教旅游地发展迅速

宗教文化作为人文旅游资源的重要组成部分，得到了广泛的开发利用。我国的宗教文化旅游资源极其丰富，开发利用的空间广阔，开发潜力很大。在近几年的旅游开发中，佛教和道教景点占了较大比例，伊斯兰教和基督教活动场所作为景点开发很少。佛教和道教在发展时占据了风景优美的山岳，自然风光和宗教文化交相辉映，容易满足旅游者观光览胜的需求，旅游资源优势加快了其旅游开发的步伐。

佛教和道教在我国拥有广泛的群众基础，在旅游开发中拥有一定的游客市场，信众的供养和捐助也为旅游开发减轻了资金压力。同时，佛教教义中推崇偶像崇拜和造像弘扬佛法等信条在旅游地开发中更易于塑造旅游核心吸引物，因此佛教景区的开发数量相对较多。由于基督教和伊斯兰教信教群众数量的增加，从全国范围来看，清真寺和教堂的数量也在增多，但多

[1] 戴光全，张骁鸣. 节事旅游概论[M]. 北京：中国人民大学出版社，2011：7.

[2] 马聪玲. 中国节事旅游研究[M]. 北京：中国旅游出版社，2009：1.

是作为信教群众的宗教活动场所,作为旅游资源开发时多是对原有建筑的修缮,新增旅游点的数量很少。

(二)旅游设施不断完善

近年来,由于旅游的发展,宗教名山旅游经济得到了长足的发展。为了进一步满足日益增长的旅游需求,宗教圣地在旅游基础设施和接待设施方面不断完善。长期以来,由于地理位置偏僻,交通条件不便,山区经济发展相对滞后。宗教型旅游地特别是山林型宗教旅游地,宗教旅游的发展极大改善了旅游地的基础设施条件。如随着少林寺旅游业的发展,少林景区的交通、邮电、通讯等基础设施建设得到了飞速的发展。峨眉山旅游开发后,全山各大庙按丛林格局完善配套建设,架设了照明电缆和通讯线路,修水池、铺水管,解决了生活用水和消防用水,结束了许多寺庙长期以来点煤油灯、吃屋檐水、送鸡毛信的历史。

佛教名山住宿条件进一步提升,佛教四大名山都建有星级宾馆。随着社区参与旅游的发展,山上农家乐类型的旅馆和餐饮单位数量不断增多。为了满足不同游客的文化娱乐需求,宗教旅游地也出现了很多酒吧、咖啡厅、KTV等休闲娱乐设施,改变了过去"白天看庙、晚上睡觉"的晚间旅游项目缺乏的状况。

(三)商业化氛围备受关注

1.由避世离俗到商业氛围浓厚

佛教追求的是一种神圣的境界,但在旅游业大潮的冲击之下,很多相当知名的寺庙也乐于"深度开发",增设旅游设施,注册经营实体,发展附属机构。如少林寺1998年成立了少林实业有限公司,经营素饼、禅茶,而作为佛国象征的寺院内部也成了武术的旅游表演空间。上海玉佛寺新建的觉群楼,三至五层是按四星级标准装修的觉群宾馆,并提供咖啡、茶座等服务。另外,在传统观念中,寺庙藏在深山之中,凭着佛教义理和影响力感召信徒主动前往修行,但是现在很多寺庙开始主动"营销",甚至到山下开办分院。如少林寺与郑州歌舞剧院联合编排了《风中少林》,"舞武结合"的《风中少林》一亮相就引起轰动,已经成为经典剧目。少林寺还打造了《禅宗少林·音乐大典》,投资拍摄了电视连续剧《少林寺传奇》和《少林寺之僧兵传奇》。2006年,少林寺和深圳广电集团联合主办了中国"功夫之星"全球电视大赛。这些举措在一定程度上削弱了寺院的神圣功能,带有明显的世俗商业化倾向[1]。

宗教是一种精神上的寄托与心灵上的绝对崇敬。佛教和道教都选择远离喧嚣浮华的城镇，在清幽静雅的山林中布道传教，宗教场所优美的自然环境、浓厚的宗教气氛成为人们追求寄托、净化心灵的清静之所。佛教寺庙和道教宫观作为一种重要的宗教文化载体，其经济、文化和旅游等方面的价值越来越引起人们的关注。过去是“深山藏古寺”，现在是“深山古寺人更多”。旅游发展过程中的过度商业化、城镇化，导致“佛国仙山”的氛围遭到了不同程度的破坏，浓重的商业气氛令前来参拜的游人深感遗憾。

二十世纪八十年代初开始，“海天佛国”普陀山就变成了拥有“食、住、行、游、购、娱”一条龙服务的综合性旅游城市，昔日“见屋皆寺庵，逢人尽僧尼”的宗教文化氛围已经被喧嚣的商业气息所取代，普陀山作为宗教文化圣地的形象受到了严重损害。2012年，少林寺“被股份制”“普陀山上市”“法门寺上市”等事件引起了轩然大波。身处商业化时代，佛教难免完全超凡脱俗。从生存角度来说，寺院的修缮或建设，众僧日常生活的维持，各种交流活动的开展都需要经济支撑，一定的商业经营活动有利于它的发展。佛教在中国的传播经历了“封建皇帝豢养阶段”“自食其力农禅并重阶段”，现在进入了卖门票的“商业化阶段”。寺院在自养及文化遗产保护等方面所需资金很多，寺院合理规模的经营活动有利于获取必要的收入，更好地保护寺院文化遗产。

在宗教旅游活动中，无论是宗教信徒还是普通旅游者，都带有神圣的敬意。从世俗层面看，寺庙宫观作为宗教文化的载体和宗教活动的场所，乃清净出家之所，本该远离市场和物欲，但个别寺庙宫观搞承包、烧高香、乱收费，“经济利益至上”的观念已经浸淫了正常的宗教生活，把寺庙宫观当作“聚宝盆”“摇钱树”；个别寺庙宫观通过投资、参股、承包等方式从事经营，引诱烧高香等方式借机敛财，甚至用威逼利诱的手段骗取信众和游客钱财。个别宗教旅游场所的经营者不顾宗教的基本规定，在寺庙宫观里鼓动人们购买各种物品。个别素质低下的僧道从游客求签问卜的心理出发，肆意向游客收取“解签（卦）费”等，既败坏游客的游兴，也败坏宗教的声誉。在利益的驱动下，个别僧人、道士摆摊设点，与游客讨价还价，一味钻营经商，出现

[1] 卢天玲，甘露. 神圣与世俗：旅游背景下佛教寺院建筑功能及其空间转换与管理[J]. 人文地理，2009，15(1)：53–58.

了所谓的“经济和尚”和“职业道士”。

旅游地商业化是旅游发展的必经过程，如果没有外来预见性的干预，旅游地商业化也是其必然结果。但是，宗教场所不能商业化和资本化，宗教场所所在地域不能太过商业化。宗教活动场所主要是满足信教群众宗教需要的场所，旅游和经济不是其主要社会功能。寺院宫观等本是广大信众从事宗教信仰活动的场所，不同于单纯的旅游景点，不能为了旅游而改变宗教性质，宗教场所的宗教功能应强于纯旅游景点的旅游功能[1]。宗教资源中的寺观庙宇是一种载体，它所承载的是信仰，而不仅仅是盈利的工具，宗教旅游地在经营过程中也不能把游客仅仅看成商业性质上的顾客。

2.商业设施数量逐渐增长

伴随着大量游客的涌入，宗教景区新建了众多的商业设施。这些设施一方面给游客带来了便利，另一方面对景区环境造成了负面影响。宾馆、商铺及一些娱乐项目设施与周围寺庙宫观建筑不相协调，影响旅游者的审美效果；部分景区密集分布的商业设施已经淹没了宗教建筑，使宗教氛围淡化，甚至有的寺庙宫观被改作商业用途。如承德普宁寺的僧寮被改成商业街，武当山太子养生殿被改成宾馆。宗教场所商业店铺云集，宗教景区变成商业区，这是不合适的。少林寺外商业摊铺密集、广告林立，景区内商贩云集，有的商户甚至把铺子摆到少林寺和塔林门口。二十世纪八九十年代，商业化浪潮席卷佛教圣地五台山，在商业气息最为浓厚的2000年前后，佛教圣地五台山俨然成了“高山闹市”：佛教圣地五台山寺庙最集中的地方难觅寺庙的踪影，挡住寺庙的是大型广告牌和林立的饭店、宾馆、商铺。据有关部门不完全统计，佛教圣地五台山“商业鼎盛”时期，其核心地带共有宾馆700多家，饭店1 000多家，大小商铺更是不计其数[2]。

3.门票成为宗教旅游地收入的重要来源

寺院、道观在旅游开发中，地方政府以发展经济为目标，收取门票。峨眉山旅游的主营业务中，入山门票收入始终占最大权重。2011年，峨眉山门票收入达到3.2亿元，占其年度主营业务收入的36%。全国政协副主席、佛

[1] 胡言. 宗教场所不宜太过商业化，少林寺应中庸一点[EB/OL].（2008-09-08）[2013-03-10]. http://news.titan24.com/titan/65/08-09-08/113094.html.

[2] 高风，叶健. 五台山为了世界遗产，拆除违法建筑之路[EB/OL].（2010-04-18）[2013-04-06].http://www.wtszx.com/fojiaoxinwen/18-1836.html.

教协会会长赵朴初在世时，提出寺庙要开放，不要收门票，让喜欢佛教文化的人走进来，不论为了旅游、信仰，还是为了欣赏艺术，都要以开放的心态接纳，要实践佛教“普度众生”的精神。但是，我国佛教四大名山的门票旺季价格均超过100元，淡季价格仅峨眉山门票低于100元，但峨眉山淡季时间只有一个月。较高的门票给宗教信徒的游历与观赏带来了巨大的消费压力和疑虑，使风景变成了“看不起的风景”，虔诚的游历祈祷也成了不可承受之重。

除了价格不菲的门票，有些宗教旅游地还会单独收取一定数量的内门票和香火券。在我国佛教四大名山中，除了九华山，其他三座名山都有寺庙单独收费现象。五台山的罗睺寺、镇海寺、圆照寺、碧山寺、黛螺顶、塔院寺、显通寺、菩萨顶需要收取额外门票；峨眉山的报国寺、万年寺、华藏寺、伏虎寺需另行收费；普陀山门票除大门门票外，普济寺、法雨寺、慧济寺、紫竹林、南海观音露天大佛、观音跳要另收香火券。虽然香火券价格不高，但给游客的感觉是景区内旅游活动环节处处涉及经济。

4.宗教场所去商业化

商业活动给宗教旅游地带来了巨大经济利益，但是近年来出现的烧高香、售开光纪念品、抽签、被迫捐赠等现象，导致宗教旅游地在人们心中变成了披着宗教外衣的盈利场所。宗教旅游地的过度商业化淡化了宗教的神秘性，严重影响了宗教的神圣性，导致宗教信仰的冷漠和衰退，并最终影响旅游地的可持续发展。2012年10月，国家宗教事务局等十部门联合下发文件，就涉及佛教寺庙、道教宫观管理有关问题提出意见，制止和纠正佛教寺庙、道教宫观“被承包”“被上市”等现象。政府宗教事务部门对依法登记的寺庙宫观进行全面排查，开展专项治理，坚决制止寺庙宫观“被承包”、烧高香、乱收费等行为。

宗教旅游地净化旅游环境，整治景区商业环境，至少始于二十一世纪初。佛教四大名山先后开始了景区拆迁工作，力图恢复宗教氛围。为了恢复和净化少林寺宗教文化环境，从2001年起，少林寺对周边环境进行了整治，拆迁住户531户、武校37所和商户、企业单位342家，拆迁面积45万平方米，并根据历史文献对少林寺原有人文和自然环境的描述予以规划，以恢复少林寺文化空间[1]。2006年，佛教圣地五台山被列入中国国家自然与文化双

[1] 永信法师，阿德. 禅武合一——少林功夫[J]. 佛教文化，2008(3)：20-23.

遗产预备名录,开始了全面拆迁整治。五台山大白塔周边本来密密麻麻的商铺、民宅已开始被绿树碧草所取代。通过整治,重现了五台山佛教圣地的庄严与厚重,充分体现了人与自然的和谐统一。2006年,九华山基本实现了长期以来的"山上游山下住"的规划目标,管理机构从山上最核心的九华街搬迁到山下柯村,使景区的自然景观和文化景观的真实性和完整性得到了有效保护。与此同时,九华山还拆迁了九华街上的部分商业、住宅建筑,把更多的空间还给游客。

(四)教职人员由"脱俗"到"入世"

1.教职人员生活方式现代化

"宗教世俗化"一词,原本专指原属天主教教会所控制的领土和权力,被转让给世俗统治者的现象。后来,宗教世俗化涵盖的内容日益宽泛,泛指信徒宗教观念淡化、宗教情感变异、宗教活动减弱、宗教功能退化,以及宗教认同观失落等[1]。

宗教活动场所是教职人员进行宗教活动的地方,具有崇高的神圣性,因此有相当程度的封闭性。人们经常将僧人出家修行的过程称之为"遁入空门"。"空门"二字表现出了僧人所处的环境以及所追求的境界,也充分表明了寺庙这一"神性世界"与外界"世俗世界"的不同。在佛寺未成为旅游景点之前,这里的生活单一而有规律,来寺庙的也多是恪守清规戒律的居士和游方,所以,这一时期佛教寺庙的主要功能就是佛教徒修行活动的场所。但是,当佛教寺庙被开发成为旅游景点之后,大批旅游者的到来,影响了佛寺中单一而静谧的生活。大批旅游者的涌入在改变佛寺功能的同时,也在生活方式和观念上给这里带来了冲击。金钱、美女、华服、佳肴这些本该远离佛教修行之地的东西,如今却大量出现在修行者的面前。这些都会对寺庙中的僧人特别是定力不够的僧人产生影响,导致修行和戒律松弛。

宗教神职人员因主持宗教活动而被赋予很高的地位,在宗教活动和日常生活中必须遵守既定的清规戒律。但是,随着宗教世俗化的影响和冲击,各类宗教场所都发生了一些变化,教职人员也突破清规戒律的藩篱,开始参与和接受世俗生活[2]。

僧人的生活方式发生了重大变化,居住场所配置有电器、通讯工具,闲

[1] 汪维钧. 论现代化条件下的宗教世俗化问题[J]. 南京政治学院学报,2004,20(4):67-73.

[2] 马晓军. 宗教世俗化的表现及其社会意义[J]. 前沿,2009(3):79-83.

暇时间上网、出门驾驶车辆的现代生活方式在深山古刹中并不罕见，拂青灯、念黄卷的景象不再明晰，佛门清净幽静之感逐渐模糊，甚至念经由光碟机替代。在藏区，凡是出家者，必须在寺院内修行，主要活动包括礼佛、诵经、磕头、转经轮；清晨点酥油灯，献净水碗；按照年龄、身份坐于经堂之内，诵读佛经；在舍利塔前或者朝拜路上磕头，多的达几万次；转动寺院内经轮，或者转动手摇经轮、指搓经轮。宗教旅游发展后，个别僧人忙于经营商店、餐厅、招待所等经济活动，潜心研究宗教教义的时间由此减少；部分优秀喇嘛经过导游考试选拔、培训后成为寺院导游，部分时间用于接待游客，以讲解寺院文化的方式传播宗教文化[1]。

2.寺庙物业管理社会化

现在很多佛教寺庙场所的日常物业活动都交由社会物业公司打理，如少林寺从社会上聘请了物业公司管理物业，打扫寺院、保洁等工作都由物业公司的保洁人员来完成。上海玉佛寺引进物业公司尝试社会化管理。2010 年，为了迎接广州亚运会，广州大佛寺将寺庙物业委托给物业公司管理。寺庙的管理改革是适应时代需要的，因为现代寺庙的职能发生了变化，很多寺庙除了宗教功能外，还具有旅游接待功能。许多寺院不仅地处旅游景区之内，往往本身就是旅游地的核心景点之一，进入寺庙的除了善男信女之外，还有为数更多的观光游客。有些地处景区和大都市的著名寺庙从开门迎客到关门止静，往往是摩肩接踵，全寺僧众即使全力以赴，往往也力不从心，宗教修持与寺院管理合二为一的传统模式受到前所未有的挑战。与此同时，现在寺院物业所涉及的问题不是僧人能全力解决的，如以前的寺院管理，只有房屋维修、供水、燃料、防火几项，现在寺院除此之外，还有电力、电视、电话、网络、燃气、文物、档案、防疫、电器维护、公共安全、环境保护、外事接待等需要专门知识技能才能管理维护的项目，有些事项完全超出寺内僧人的能力范围[2]。寺庙物业管理社会化，使僧人从日常繁重的工作中解脱出来，可以有更多的精力致力于弘法利生、文化教育、道风建设、经济自养、慈善福利等工作。

但是，从根本上说，寺庙是佛门弟子修行的道场。佛教，特别是禅宗的

[1] 窦开龙. 神圣帷幕的跌落：民族旅游与民族宗教文化的世俗化变迁——以甘南拉卜楞为个案[J]. 宁夏大学学报：人文社会科学版，2009，31(6)：102-105.

[2] 何方耀. 佛教寺院物业管理改革的现状与对策初探——以广东佛教寺院的实践为中心[J]. 世界宗教研究，2012(6)：40-49.

传统,参禅打坐和丛林管理是宗教修持不可分割的两个方面,正所谓“搬柴运水,无非佛事,碾米做饭,正好参学”[1]。因此,打理寺院、维护道场不是外在的任务,而是佛法修持的分内之事;将日常生活事宜全权交由物业公司打理,未必能达到“精进”的目标,有可能远离了佛教的宗旨。

(五)宗教礼仪由神圣到娱乐

宗教礼仪具有强化宗教信仰、满足精神需要、团结信教群体、整合行为模式的功能。宗教活动由信仰者通过举行一定的仪式表现出神圣性,它是宗教行为的程式化、规范化和制度化[2]。宗教礼仪有三种:第一种是物象礼仪,即向神佛供献各类供物。第二种是示象礼仪,指在表达对神佛的崇拜、敬畏和祈祷等情感时,将一些宗教礼仪规范化、符号化、象征化,以增加宗教礼仪的崇高性和神圣性。这是较高层次的宗教礼仪,世界上各大宗教礼仪多为这类礼仪,它是宗教生活的重要组成部分。第三种是意象礼仪,它超越了一般形式的礼仪,是最高层次的宗教礼仪,是一种心灵的礼仪,是信教者发自内心深处的对宗教的理性认可[3]。

宗教场所具备旅游功能后,宗教仪式也成为旅游者观看的旅游项目之一。某些宗教仪式已经脱离原有的氛围,成了商业化的表演。为了迎合旅游者的需要,宗教仪式或活动被现代艺术形式包装,宗教仪式活动原有的崇高和神圣的内涵被淡化,供旅游者审美、娱乐的功能增强,甚至使朝圣者不再坚信宗教仪式的神圣性及其带来的效应。原本对佛敬仰的诵经仪式被旅游者观看时,僧侣的神圣心理受到外界干扰会发生一些变化,个别僧侣在唱诵时不停地扫视着旅游者,注意力分散,宗教仪式巩固和强化信徒宗教情感的功能被削弱。佛教的很多节日成为宗教型旅游地开展有效营销的重要手段,宗教仪式与娱乐文化已经融为一体,宗教节庆发展为具有地方特色的娱乐活动。如傣族地区的“泼水节”以及佛教名山和佛教圣地举办的庙会活动,这些都是较流行的宗教与娱乐一体化的节庆文化活动。

四、宗教型旅游地景观变迁动力机制

宗教型旅游地的景观变迁既受到社会经济、政治、文化等宏观因素的影

[1] 蓝吉富. 禅宗全书84清规部杂集部1[M]. 台北:弥勒出版社,1990:38.
[2] 苑一博. 试论基督教的自我更新[J]. 内蒙古大学学报:人文社会科学版,2000,32(1):67-72.
[3] 陈麟书,陈霞. 宗教学原理[M]. 北京:宗教文化出版社,2003:90-93.

响,同时也受到派别、自身发展经历、空间区位等中微观因素的制约。不同宗教型旅游地的景观变迁需要进行深入的个案研究,通过追溯其发展历程,从中厘清其景观变迁动力。

地处不同空间区位的宗教型旅游地的发展动力不同,导致其景观变迁呈现出不同的特征。本章对三种不同空间类型的宗教型旅游地的发展动力进行分析,旨在找出其发展变迁的主要驱动力,以期为后续的个案研究奠定基础。

(一)山林型宗教地:旅游发展助推宗教景观变迁

“天下名山僧占多。”山林型宗教旅游地得到了帝王的关注和信众的支持,发展最为兴盛。山林型宗教旅游地远离城镇和乡村核心区域,交通条件较差,社会经济发展相对落后。加上地处山林深处,宗教建筑等物质文化景观多以体量小、设计建造相对简单为特征。历史上,即使是备受帝王将相推崇的山林寺庙,其建筑本身及其周边环境也与今日的宗教型旅游地不可同日而语。

旅游业发展为山林型宗教旅游地注入了强大的发展动力。大量游客在食、住、行、游、购、娱及其他配套设施方面的需求,为山林型宗教旅游地的物质景观和非物质景观的维护、改造和更新提供了强大的资金支持。

旅游发展为宗教景观变迁提供了合法依据,为宗教地及周边地区的设施完善和环境优化奠定了基础。作为意识形态领域的宗教文化,对世人的价值观念和处世态度等能够产生较大的影响。在各个历史时期,统治阶级高度重视宗教文化的巨大影响,期望通过宗教文化维护和巩固自身统治。旅游开发为宗教地及其周边地区的社会经济发展注入了新的活力,带动了相关产业的发展,促进了居民就业和社会经济水平的提高;宗教组织依托旅游发展,为宗教景观的改造、更新提供资金来源。

旅游发展引发了宗教场所的扩张。为了适应旅游业发展的需要,一些原有的宗教建筑等景观无法容纳旅游者和香客的参观需求。寺庙宫观的更新、改造在全国各地纷纷启动。如武当山、九华山等地的大规模拆迁、改造和建设等。此外,旅游活动推动了宗教地的功能景观不断完善。以佛教为例,一些发展态势较好的佛教旅游地在原有的宗教景观的基础上,按照传统的寺庙布局,纷纷扩建或新建山门、天王殿、大雄宝殿、法堂、藏经阁、伽蓝堂和祖师殿等,同时建设一些附属设施,如钟楼和鼓楼、斋堂和禅堂、方丈室,有的还另辟罗汉堂、戒坛、塔院(又称塔林)等,通过完整的宗教景观建设向游客展示出深厚的宗教文化内涵。近年来,还通过修建大型佛像,开拓新的游览空间。

旅游发展带动了宗教地及其周边地区的交通、给排水、通信等设施的不断完善,带来了环境的优化。同时,人们更加关注对山林生物资源和环境的保护,促进了宗教文化的保护和传承。

(二)城镇型宗教地:城镇建设驱动宗教景观变迁

对于城镇而言,宗教场所只是城镇空间的一种表现形式。城市的经济发展水平、空间形态、环境、信息化和全球化程度等,对宗教景观的变迁产生了重要影响[1]。宗教文化在不同的城镇发展中的重要性,直接导致城镇对宗教地的态度。在快速城镇化的背景下,城镇内的宗教场所及其景观面临着保持原貌、更新改造、外迁或自行消亡等不同的命运,宗教场所在城镇建设发展中的命运直接导致宗教景观的不同演变结果。

其一,保持原貌型,以等级高、知名度大的宗教场所为代表。因其本身折射出的深厚的宗教文化能够成为地区乃至全国宗教发展的代表,具有较高的宗教文化地位,在所在城镇历史发展中发挥重要作用,作为城镇历史的重要组成部分,在城镇发展中为其保留一定的空间,其宗教景观也以"全国重点文物保护单位""全国重点保护寺庙宫观"等名头而加以保护。

其二,更新改造型,将宗教场所与周边环境融合,通过更新改造的方法,宗教功能与城镇商贸、休闲娱乐等相融合,成为城镇发展的一个重要组成部分,被赋予文化街区、游憩功能区等名头。由于宗教场所的功能发生变化,相应的宗教景观也不同程度地发生了变迁。如在建筑体量、风格、布局等方面,呈现出与以往不同的特征。

其三,外迁或自行消亡型,城镇发展已经无法或没有必要为这类宗教场所提供生存空间,城镇发展引发的土地、空间的需求,倒逼宗教功能让位于经济功能。通常的做法是对拟让度空间的宗教场所进行评估,从而决定是外迁还是自行消亡。宗教文化在城镇发展和地方文化中的作用和地位,是其能否存在的重要标准。

[1] 薛熙明,朱弘. 城市宗教景观的空间布局及演化——以1842年以来的广州基督教教堂为例[J]. 人文地理,2009,15(1):48-52.

三种不同的处理方式对宗教场所及其景观产生了重要影响，也引发了宗教景观的不同变迁模式和结果。可以发现，无论是哪种处理方式，其核心的动力是来自城镇自身发展的需要，来自宗教场所和宗教文化的代表性、典型性。城镇型旅游地是否能够促进城镇建设和发展，塑造城镇形象，完善城镇功能，成为城镇型宗教地景观变迁的主要驱动力。

（三）乡村型宗教地：乡土社会变革推动宗教景观变迁

乡村地区民众广泛的信教基础，是乡村型宗教场所生存和发展的前提，同时也保留了大量的宗教景观。宗教文化已成为乡土社会生活的组成部分，与地方民俗、传统节庆、农事活动等融为一体。与其他两类宗教地相比，乡村型宗教地的功能更加单纯和原真。

中国民间信仰的一个显著特征是它的实用性与功利性，宗教信仰也反映了这一特点。乡民们并不关心高深莫测的宗教教义和世界观之类的大问题，他们信教主要是为了解决现实生活中的问题。乡村存在大量宗教精神产品需求有以下几个方面的原因：一是自然界还存在许多不为人们所认知的现象和事物，科技文化素质相对较低的乡民更容易到宗教中去寻求答案。二是相对于城市居民，乡村居民的经济地位还比较低，生存压力大，这就使乡民们更容易到宗教中去寻求心理的平衡乃至做人的尊严。三是改革开放以来，两亿多农民的跨区域流动造就了数千万留守老人、留守妻子或丈夫，精神上的孤寂和凄苦促使他们到宗教中去寻求精神寄托。四是当前乡村文化阵地和娱乐形式不足，也让农民逃遁到宗教中去寻求精神娱乐[1]。这虽然是多年前的分析，今天看来仍不乏道理。

因此，乡村地区宗教活动场所的变化，以及宗教景观的变迁主要受乡土社会发展的推动。这种推动包括自上而下和自下而上两个方面共同的作用。政府宗教信仰自由的政策，乡村基层组织对民众宗教信仰缺乏足够的引导，为乡村社会民众信仰宗教提供了便利的条件。加上民众可能出于实用和功利的角度，参教的人数逐步增加。这两个方面的共同作用，推动了乡村型宗教旅游地的变迁和演化。

---

[1] 唐浩，曾福生. 关于农村私建滥建宗教活动场所的经济学分析[J]. 法制与社会，2008(4)：116–129.

第二节 九华山佛教景观变迁研究

九华山位于安徽省池州市青阳县境内，西北隔长江与天柱山相望，东南越太平湖与黄山同辉，是安徽“两山一湖”（黄山、九华山、太平湖）黄金旅游区的北部主景区。与山西五台山、四川峨眉山、浙江普陀山并称为中国佛教四大名山。景区面积约120平方千米。九华山是国家首批AAAAA级景区、国家首批自然与文化双遗产地、国家地质公园。九华山山水秀丽，有99座山峰，素有“秀甲江南”“东南第一山”之誉。九华山文化灿烂，佛教已有1 000多年历史，起于东晋，兴于唐宋，极盛于明清。因唐朝时新罗国王子（今韩国）金乔觉卓锡九华75年，圆寂后肉身不腐，被后人尊为地藏菩萨化身，九华山遂被辟为地藏菩萨道场。拥有全国重点文物保护单位4处（祇园寺、化城寺、月（肉）身殿、百岁宫），全国汉族地区重点寺庙9座，省级重点寺庙30座，佛像1万余尊，有“莲花佛国”之称。

在中国佛教四大名山中，九华山以寺庙最多、僧尼最多，金地藏确有其人其事，肉身不腐，“农禅并重、僧俗杂居”而独具特色。九华山丰富多彩的旅游资源每年吸引着百万以上的观光旅游、礼拜朝圣者纷至沓来，圣境的庄严、佛性的熏陶使游人和香客的心灵得到净化。

一、九华山佛教概述

（一）九华山佛教历史

九华山佛教，兴于唐而盛于明清，其传入则可追溯至东晋。据明嘉靖五年（1526）《池州府志》记载，相传东晋隆安五年（401），天竺僧人杯渡来九华山，创建茅庵。这是关于九华山最早的佛教活动记录。一百年以后，相传梁武帝天监二年（503），有僧人伏虎来九华山，居拾宝岩，建伏虎庵。唐开元年间，杯渡始建的茅庵正式被朝廷赐额“化城”，并有僧檀在此传经说法，广收信徒；但此举为当地豪强所不容，僧檀所居的寺庙被焚。

唐代新罗僧人金乔觉来九华山，使九华山佛教真正兴起。据唐代费冠卿《九华山化城寺记》载，金地藏系新罗王族近亲，于唐开元末渡海来华，至九华山，宴然独坐，苦行修持。至德初年，山下长老诸葛节等人为其买地建寺。建中初年，池州太守张岩奏请朝廷移旧额“化城”置于该寺。贞元十年(794)，金乔觉圆寂，寿九十九，其肉身趺坐石函中三年不腐，僧徒联系其生前之修行，尊之为地藏菩萨示现，建月(肉)身塔供奉。自化城寺得到朝廷之赐额至唐末，九华山佛教得到快速发展，但是，在较长的一段时间里，化城寺周围比较荒凉。青阳县境内的寺庵大多分布在青阳县城附近及九华山后山一带，先后兴建有海会寺、庆恩寺、法乐院、仙隐庵、多宝寺、承天寺、崇圣寺、妙音寺、福海寺、圆寂寺、双峰庵、九子寺、无相寺、龙池庵等20余座寺庵。

宋代朝廷对佛教采取保护措施，九华山佛教得到进一步发展，寺庙在原有基础上增至40余座，佛国气派基本形成。在前山与后山，又新建了一批著名寺院，如净居寺、圣泉寺、广福寺、广胜寺、天台寺、翠峰寺、曹溪寺、龙安院、五台院、永福寺、兴教寺等12座，均得到朝廷赐额。宋代临济宗高僧宗杲云游九华山时，在化城寺传经布道，影响很大，死后被尊为“定光佛”。南宋时，曹洞禅也传入九华山，九华禅法盛极一时。

元代朝廷崇奉喇嘛教，九华山佛教基本保持原来状态，新建寺庙仅西峰堂、成德堂等。

明清两代是九华山佛教的鼎盛时期。明代朝廷积极支持汉传佛教，九华山佛教得到皇室扶持而迎来了发展的“黄金时期”。从洪武二十四年(1391)朝廷赐银修葺化城寺始，至崇祯三年(1630)敕封万年禅寺无瑕和尚为“应身菩萨”的200多年间，朝廷共赏赐九华山九次，或封号，或赐银，或颁赐《大藏经》。由于朝廷的重视，九华山日益兴旺，先后修建了天台寺、招隐庵、德云庵、真如庵、长生庵、龙庵、摘星庵(百岁宫)等30余座寺庵，主刹化城寺发展为拥有东西两序12座寮房的总丛林，整个九华山的寺庵也已发展至100余座。在这一时期，九华山已与五台山、峨眉山、普陀山并称为中国佛教四大名山。山上常住僧众日益增多，进山信众也大量涌来，游山之士蜂拥而至。

清代帝王崇尚佛教，对九华山佛教采取积极扶持政策。康熙与乾隆两帝均派人专程到九华山朝山进香和赐银，还分别赐御书“九华圣境”与“芬陀普教”。清光绪年间，朝廷又三次颁赐给甘露寺、百岁宫《龙藏》(《藏经》)各一部。山上寺庙林立，僧伽云集，仅化城寺的寮房就增至72家，形成百岁宫、甘露寺、东崖寺、祇园寺“四大丛林”。到清代中叶，九华山佛教寺院已达150余座。可见，清代九华山不仅寺庙林立，而且僧众众多，进入全盛时期。清康熙六年(1667)名僧玉琳国师朝礼九华山，传教说法，其高徒宗衍建上禅堂,洞安建甘露寺,均先后成为丛林。总之,明清两代,九华山佛教大盛,香火之盛甲于天下。

民国时期,九华山各寺院数经兴衰,基本保持了佛教名山的局面。民国三年(1914),青阳县佛教分会易名为九华山佛教会,管辖九华山及邻近地区寺庙的佛教事务。民国六年(1917),北洋政府总统黎元洪为月(肉)身殿、百岁宫题匾,并赐《藏经》各一部。民国十三年(1924),国务总理段祺瑞为祇园寺题匾。民国二十二年(1933),国民党元老于右任为祇园寺大雄宝殿题匾。在统治者的推崇下,九华山佛教一度兴盛,全山寺庵达150余座。九华山历史上一直是只有僧院,没有尼庵,自1919年起,在中闵园一带新建了一批茅庵、精舍,开始接收一些尼众,从此结束了九华山只有僧人没有尼众的历史。由于九华山佛教文化教育事业的发展,吸引了国内一些高僧大德和佛教学者前来朝礼、参访。近代名僧太虚大师、西藏十三世达赖喇嘛土登嘉措、中华全国佛教总会会长圆瑛、著名画家弘一法师等佛教界著名人士,相继来九华山朝山进香。印度、朝鲜、日本等国也有佛教徒来九华山朝拜。

1937年7月,抗日战争爆发,江南大部分地区失守,九华山地区沦陷于日军之手。从此,九华山佛教陷入困境,香客稀少,善信的捐助基本断绝,寺庵失修,僧尼生活窘迫。特别是1940年日军进山扫荡,东崖下院、法华寺、九莲庵等六座寺庵被炸毁,僧尼更为恐慌,纷纷逃亡。此后一段时间,九华山香火冷落,留下的僧尼生活清苦,九华山佛教萧条不振。1945年抗战胜利后,情况虽略有好转,也仅是维持佛教寺院不再废圮而已[1]。

新中国成立以后,实行宗教信仰自由政策,九华山寺庙、名胜古迹和佛教文物得到妥善保护和维修,宗教活动正常进行。新中国成立初期,九华山共有寺庙99座,僧尼200余人。"文化大革命"期间,佛教协会停止活动,僧尼的有关事宜均由佛教生产大队主持。

1978年开始,随着宗教信仰自由政策的逐步落实,原来离山的僧尼陆续回到九华山,一些寺庵逐步得到修复,佛事活动日渐正常。1979年,九华山佛教徒召开了第三次代表大会,恢复成立了九华山佛教协会。到1987年底,全山共有寺庙78座,僧尼400余人[2]。寺庵有佛像6 000余尊,其他珍贵佛教历史文物2 000多件。

---

[1] 黄有福,陈景富. 中朝佛教文化交流史[M]. 北京:中国社会科学出版社,1993:330.

[2] 安徽省地方志编纂委员会. 安徽省志·民族宗教志[M]. 北京:方志出版社,1997:206.

(二)新罗僧与地藏菩萨

据唐代费冠卿《九华山化城寺记》载:唐开元末,有僧地藏,系新罗王子金氏近属,在本国落发出家后,西渡入华,辗转至江南青阳九华山。入山之后,披荆斩棘,岩栖涧汲,苦心修持。地藏在南陵俞荡等人的帮助下,写成四部经,归山供养。此后十几年中"绝迹人里"。至德初年,山下长老诸葛节携众人入山,至于深处,见地藏闭目端坐于石室中,旁边有折足鼎,内有白土掺米做成的饭。诸葛节等众人为其苦修的德行所感动,遂买下原为僧檀传经布法的寺庙旧基(旧额为"化城")重建新寺。建中初年,池州太守张岩奏请朝廷移旧额置新寺,曰"化城寺"。自此之后,富商大族倾财以献之,僧徒日众,连新罗国僧人闻说也渡海来九华投其门下。贞元十年(794)夏七月三十日,金乔觉99岁,忽召徒众告别。示寂时"山鸣石陨","寺中扣钟,无声堕地"。金乔觉肉身"趺坐函中",三年后,僧徒开缸,颜状如生,"骨节有声,如撼金锁"。按佛经上说的"菩萨钩锁,百骸鸣矣",于是僧徒便说他是地藏菩萨的化身,并建造月(肉)身墓塔供奉。从此,九华山就成为地藏菩萨的"应化"之地。为区别于原地藏,人们称金乔觉为"金地藏"。

九华山是地藏王菩萨的道场。地藏王菩萨是梵文意译,佛教说他如同大地一样,有无数善根种子,所以称为地藏王。《地藏本愿功德经》解释说,地藏菩萨是释迦既灭以后、弥勒未生以前众生赖以救苦的大愿菩萨。他自誓必度尽所谓六道(地狱、饿鬼、畜生、阿修罗、人间、天上)众生,始愿成佛。他现身人、天、地狱之中,以救苦难。地藏王菩萨在佛前发了大誓愿:"众生度尽,方证菩提;地狱未空,誓不成佛。"九华山地藏王菩萨愿度空地狱,所以被称为"大愿菩萨"。

二、九华山佛教景观变迁历程

九华山旅游历史悠久,总体上将九华山景观变迁划分为五个阶段:明清及以前,民国时期,1949—1979年,1979—2003年,2003年以来。在划分阶段时将1979年、2003年作为节点,主要因为:第一,1979年1月,九华山正式对外开放,拉开了九华山旅游发展的序幕,旅游开发使旅游景观发生了质的变化;第二,2003年,《九华山风景名胜区总体规划(修编)》(包括《九华街区整治规划》《九华乡控制性规划》《佛光大道沿线控制性规划》)通过评审。该规划以前所未有的力度整治街区,力图提高文化环境,找回九华山失去的特色和品质。

随着旅游业的快速发展，九华山主景区九华街区建筑密度和建筑规模急剧扩大，环境容量呈超负荷状态，城镇化趋势越来越浓，"莲花佛国"氛围越来越淡。1999年，池州行署提出九华街区"(房屋)只拆不建、(单位)只出不进"，作出了将九华山管理机构迁出核心景区，移至柯村新区的战略部署。但是，由于种种原因，一直未能实现。此次九华山规划修编的重要内容之一就是搬迁管理机构，腾出空间，让给游人和香客，扩大核心景区旅游环境容量。

(一)明清及以前

九华山历史悠久，东晋就有僧人活动足迹，至唐代佛教兴盛，明清时期达到鼎盛。在漫长的历史进程中，人文景观以佛教寺庙、书堂书院为主，辅以道路景观和桥、亭、坊等。僧人和香客的朝拜活动以及寺庙建设等，对九华山的自然景观产生了影响。

因受地形、气候等自然因素的制约，山上的寺庙建筑因地制宜，布局灵活。这些寺庙以悬崖峭壁、巨岩石洞或自然起伏的台地、山坡为基础，巧用不平整规则的地形，精心构筑，屋宇高低参差，错落有致，富于空间变化，层次分明。纵观全山寺庙，有的高踞峰巅(如天台寺)，有的耸立悬崖之下(如拜经台)，有的横卧于低谷盆地(如化城寺)，有的点缀在岭头(如百岁宫)，每一座寺庙都以其个性特点成为整个寺院园林的有机组成部分，创造了人工美与自然美的和谐统一[1]。这一时期的自然景观主要受自然力的影响较大，人文景观中的建筑景观规模较小，寺庙和零星民居散落在山中，有诗人描述九华山景象为"九华一千寺，撒入云雾中"。

据明嘉靖五年(1526)《池州府志》等记载，相传东晋隆安五年(401)天竺僧人杯渡来九华山，创建茅庵。唐代，九华山被辟为地藏道场后，已是"胜境层层别，高僧院院逢"的佛门圣地，僧伽前来游方问道、朝礼"幽冥教主"的活动日益频繁，达官信士结缘布施、修建寺院，文人学者悠游山水、讲学会友渐成风气。唐代有寺院20余座，主要分布在青阳县城附近和后山一带，化城寺周围佛寺稀少。唐诗僧泠然在《宿九华化成寺庄》诗中描绘九华山"佛寺孤庄千嶂间"，说明当时九华街比较荒凉[2]。宋代寺庙增至40多座，先后被朝廷赐额的有12

[1] 九华山志编纂委员会. 九华山志[M]. 合肥：黄山书社，1990：215.
[2] 九华山志编纂委员会. 九华山志[M]. 合肥：黄山书社，1990：93.

座。元代,因朝廷崇奉喇嘛教及战事,寺宇间有毁废。明代兴盛,化城寺成为总丛林,全山寺院达100余座,香火兴旺,为“东南诸山之冠”。清代,山中寺院发展到150余座,在佛教四大名山中以“香火甲天下”闻名[1]。

僧俗共处是九华山特色之一,但是明清之前九华山上居民很少。明清时期,九华山佛教鼎盛,山下部分居民移居山上,外地一些商贩和受雇到寺院做工者亦定居下来[2]。清代以前,山上还没有专门接待香客的客店,香客游人在九华山主要借宿于寺庙[3]。明万历年间,专事接待香客游人的庙栈,仅化城寺东西两序就有百余间。

随着僧俗足迹的深入,进山古道也开始形成,至明清时期已形成五条主要石板道[4]。这些石板主要取自九华山上的花岗岩,石板道从景区向四周辐射,四通八达,香客游人出入九华、游览主要景点较为方便。商业诸如店铺、酒肆、摊贩,官府虽一再禁革,实则禁而不止,且山中时常举行集市,成为四乡邻近土特产集散地,一定程度上还吸引着外地商贾前来经商。清朝中叶,九华山已经出现众多的为香客游人和僧尼服务的商业网点,以化城寺广场为中心,东至老立庵,西至白马亭,店铺林立,称九华街[5]。

(二)民国时期

辛亥革命后,九华山寺院虽间有兴废,但仍保持着佛教名山的局面。民国二年(1913),青阳县佛教分会成立,次年易名为九华山佛教会。北洋军阀政府和南京国民政府的上层人士曾给予九华山佛教以关注和支持[6]。二十世纪二三十年代,随着香火的旺盛和施主的捐输,寺院发展较快,九华山佛教曾有短暂的兴隆。这一时期全山的寺庵仍有150余座。百岁宫、东崖禅寺、祇园寺、甘露寺、上禅堂、莲花寺、乐善寺等相继发展成为九华山“七大丛林”,无相寺、慧居寺、旃檀林等重修和扩建,安单接众,也初具丛林规模。1919年后,中闵园一带新建了一批茅庵、精舍,收进了一些尼姑[7],开始了九华山前山寺院后山庵堂的修行格局。

[1] 潘光耀. 池州名胜要览[M]. 北京:中国旅游出版社,2009:6-7.
[2] 九华山志编纂委员会. 九华山志[M]. 合肥:黄山书社,1990:455.
[3] 九华山志编纂委员会. 九华山志[M]. 合肥:黄山书社,1990:426.
[4] 九华山志编纂委员会. 九华山志[M]. 合肥:黄山书社,1990:236.
[5] 九华山志编纂委员会. 九华山志[M]. 合肥:黄山书社,1990:437.
[6] 九华山志编纂委员会. 九华山志[M]. 合肥:黄山书社,1990:97.
[7] 九华山志编纂委员会. 九华山志[M]. 合肥:黄山书社,1990:98.

民国时期,江西、湖北和安徽六安、庐江、枞阳等地有农户到山上定居,因此山上人口逐渐多起来[1]。1937年7月日寇全面侵华后,江南大部地区沦陷,九华山佛教面临困境,寺院在外地的地租收入锐减,香客稀少,僧人生活窘迫,寺宇失修。1940年,日军进山扫荡,东崖下院、法华寺、九莲庵等六座寺庙被炸毁。政局动荡,九华山佛教元气大伤,香火冷落,僧尼生活清苦异常[2]。

(三)1949—1979年

新中国成立至二十世纪六十年代初期,九华山的寺庙、文物和自然风景得到较好保护,朝山者和游人不绝于途。

新中国成立后,政府组织僧人和村民两方面代表成立了"九华山文物古迹保管委员会",大部分寺院和文物得到保护。1952—1957年,政府拨款重点维修祇园寺、化城寺等九座寺庙[3]。1956—1957年,九华山接连举行几次重大佛事活动。1956年,夏历四月初八(释迦诞辰2 500周年纪念日)、六月十九(观音诞辰纪念日)先后举行了普佛法会;夏历七月十五举行了盂兰盆会。1957年,7月举行了水陆法会,祝愿世界和平;夏历七月末,举行了有百余名佛教徒参加的拜经忏、念佛七、放焰口、打普佛等共计57台佛事活动,各地上山的香客达9 000余人[4]。1963年夏历七月三十和十月十五,上山香客和游人达2 000余人。"文化大革命"期间,寺庙建筑、文物古迹和森林资源遭受严重破坏,佛门冷落,游者稀少。

1978年后,九华山佛教出现了新的面貌。经批准,九华山辟为游览区。1979年1月对外开放,同年建立旅行社机构。

在此之前,九华山的僧尼和居民主要从事农副业生产,农业经济收入主要以林茶收入为主[5],当时九华山的自然景观和佛教人文景观原汁原味。九华街是当时全山景观的核心,整个九华街由散布在平旷田野中的十几座寺院组成,白墙黑瓦的民居散落在寺庙群落中和谐相容,寺院之间只以石板路相连,公路两侧基本没有建筑。寺院互望,阡陌纵横,青山环绕,充满着农禅并重的佛教氛围。

[1] 九华山志编纂委员会. 九华山志[M]. 合肥:黄山书社,1990:455.
[2] 九华山志编纂委员会. 九华山志[M]. 合肥:黄山书社,1990:93.
[3] 九华山志编纂委员会. 九华山志[M]. 合肥:黄山书社,1990:98.
[4] 九华山志编纂委员会. 九华山志[M]. 合肥:黄山书社,1990:99.
[5] 九华山大辞典编纂委员会. 九华山大辞典[M]. 合肥:黄山书社,2001:18.

(四)1979—2003年

1979年1月,九华山正式对外开放,"几座破庙几根草,害得游客满山跑"是刚刚开放的九华山的真实写照。1982年,九华山成为第一批国家级风景名胜区。1983年和1984年,国务院和安徽省人民政府分别发文,确定九华山9座名刹(化城寺、月(肉)身殿、百岁宫、甘露寺、祇园寺、天台寺、旃檀林、慧居寺、上禅堂)为全国汉族地区重点寺院,二圣殿等30座寺院为省级重点寺院。这些寺院都在政府拨款和信徒的资助下得到不同程度的维修。其中大修的有7座,祇园寺、月(肉)身殿、慧居寺、百岁宫等24座寺庙的佛像重新上漆、装金或重塑,被拆毁的"龙池庵"已重修,被占用的寺宇全部归还给佛教协会。这些寺院都相继开放为佛教徒活动和宗教旅游观光的场所,僧人和信众常年举行各种佛事活动。

1983年,九华山把开发旅游作为基本目标,提出了"九华山作为旅游风景区,主要应重点突出它的佛教名山以及具有特色的宗教建筑"。从九华山对外开放到二十世纪九十年代末,九华山恢复修建寺院70余所,亭坊10余座,石板道34千米(其中新建18.6千米),新建九华街砼路和二圣村至九(华山)南(阳)段公路39.85千米、大型商场5个、国营与集体性质宾馆和饭店19家,供水供电、邮政通信、广播电视、文化娱乐、医疗卫生等公共设施和旅游服务设施建设基本配套完备[1]。

旅游服务设施增加迅速。九华山在核心街区布局了较多的宾馆,在开山祖寺——化城寺东侧的最核心位置先后建设了东崖宾馆和聚龙宾馆,增设了停车场。与周边环境相比体量偏大的酒店、不断增加的停车需求和后勤服务的扩张等,管理用房、餐馆酒楼以及很多民房纷纷沿着公路一字排开,严重削弱了九华街的宗教氛围。短期的利益影响了长远规划,使九华街的面貌开始受到破坏,并且公路开始取代石板路成为主导交通空间。同时,大量的服务设施也开始以用地效率不高的粗放方式出现。九华街景区约4平方千米范围内,各种建筑林立,密度过大,宗教寺庙景观已经湮没在非宗教建筑之中,淡化了"莲花佛国"的氛围,呈现出城镇化的不良倾向。

旅游经济的刺激致使风景名胜区城镇化快速膨胀,规划管控过松,未经审批的违章建筑迅速扩展。这一阶段是九华山经济增长最快的阶段,也是

[1] 九华山大辞典编纂委员会.九华山大辞典[M].合肥:黄山书社,2001:21.

建设最为混乱的阶段。2002年到九华街的游客,看到的是一座热闹非凡的城镇风光,已经不可能想象到原先这里的清静古刹、秀美山林和田园风光[1]。

(五)2003年以来

随着九华山旅游市场的快速发展,外地游客和当地管理人员相拥在九华街区这块有限的地域内,建房开店人员增多,核心景区日益趋于城镇化、商业化,环境容量不足,九华山的佛教氛围遭到一定程度的破坏。为了更好地保护景区内的自然景观和文化遗产,走可持续发展道路,九华山管委会决定将景区内的管理机构、企事业单位和部分民居迁到15千米外的柯村新区。

早在1988年,九华山风景区总体规划就描绘了机构下迁的宏伟蓝图。1999年,池州行署从落实景区总体规划出发,从打造世界级旅游胜地和国际性佛教道场出发,作出了将九华山管理机构从九华街核心景区下迁至柯村新区的部署。但是,由于体制、机制等方面的原因,管理机构下迁一度搁置。2003年,九华山先后迁移了门票管理所、长途汽车站等部门。2006年8月,九华山管委会及其所属各部门开始全部下迁至柯村新区办公。九华山管理机构从核心景区搬迁到山下办公,"山上游山下住"的旅游格局初步形成,九华山的自然景观和文化遗产的真实性和完整性得到有效保护。

按照"山上游山下住,山上做减法山下做加法"的总体思路,九华山开始整治九华街区环境,开发柯村新区,实现了"山上山下""山里山外"旅游功能平衡互动。2005年,管委会对九华街区实施大规模拆迁整治,先后拆除各类建筑物10万余平方米。对于拆除、拆迁地段,实施景观绿化、亮化和美化,建成了一批标志性景观工程、休闲广场、生态停车场。同时,还结合AAAAA级景区创建活动,对九华街区1 238米的东环线步行道实施高标准改造,实现雨污分流、管线下地,对百岁宫—月(肉)身殿、凤凰松—大天台等旅游线路进行系统整治,统一规范景区各类标志标牌,重新确定统一的风景区形象标志[2]。

三、九华山佛教景观变迁特征

1979年九华山对外开放,原九华大队划归管理处。管理范围即从大桥

[1] 袁牧,柯彬. 文化遗产地的演进:安徽九华山九华街规划历史研究[C]//全球视野下的中国建筑遗产. 上海:同济大学出版社,2007.

[2] 李远峰. 打造世界级旅游胜地和国际性佛教道场——访九华山风景区党工委书记、管委会常务副主任王贵杰[N]. 中国旅游报,2008-05-12(7).

庵，经一天门、九华街区、田园区到天台诸峰一带，面积约12平方千米。1983年，安徽省人民政府批转《九华山规划大纲评议会纪要》，确定范围“北起大桥庵，东沿大古岭、五里亭、高山里一线，西沿分水岭、西边大岗、望佛亭一线，南止一天门，面积约36平方千米”。1988年7月，建设部批复九华山总体规划，确定范围北起莲花峰麓，南至南阳湾，东起九子岩山麓，西至九子岭西边大岗山麓，划分为柯村、九子岩、河东、山前、九华街、闵园、天台、转身洞、后山、南阳湾等十个景区，总面积120平方千米[1]。

在旅游发展中，九华山景区面积不断增大，为可持续发展，风景区相应机构从山上下迁至柯村，带来新景区的发展，呈现给游客的景观类型不断丰富。1998年，地藏菩萨大铜像项目获建设部、国家宗教事务局批准；随后开始新建大愿文化园（地藏菩萨大铜像景区），与风景区连成一体，形成了山上、山下“同一文化主题、不同文化特色”的宗教旅游景区。

九华山旅游历史悠久，但是九华山旅游业的发展仅经历了三十多年的时间，由于旅游业自身发展的因素及宗教本身的特殊性，其佛教景观变迁呈现出以下特征。

（一）物质文化景观变迁

1.寺庙建筑景观变迁

在我国佛教四大名山中，从寺庙数量上来看，九华山保持较好的寺庙最多，现存寺庙99座。普陀山和峨眉山只有20多处，五台山有50多处[2]。宗教建筑是僧人进行宗教活动的场所，是世俗空间与宗教空间的重要分界点，也是旅游开发中的核心旅游资源。在旅游业发展过程中，受到旅游业多种因素和宗教自身因素的影响，九华山宗教建筑景观发生了明显的变化。

（1）寺庙建筑空间不断扩大，新建（重修）寺庙风格多为宫殿式。九华山现有各类寺庙99座，其中经国务院命名公布的“全国汉族地区重点寺庙”9座，经安徽省政府命名公布的“省级重点寺庙”30座。九华山寺庙建筑大多依山而建，利用山体的坡度，拾级而上，大大小小的寺庙建筑巧妙地结合地形特点与周围自然环境融为一体。九华山寺庙建筑分为民居式样、宫殿式样和民居与宫殿组合式样。自九华山风景区对外开放以来，九华山管理部门和佛教部门多方筹集资金对全山90多座寺庙建筑进行了维修、扩建和翻

[1] 九华山志编纂委员会. 九华山志[M]. 合肥：黄山书社，1990：449.

[2] 吴必虎. 九华山佛教景观特色研究[J]. 风景科学，1995(2)：34-36.

建,治理周边环境,使佛教名山的寺宇及僧众的宗教环境得到极大改观,同时也使寺庙古迹更具地域风采。

特别是二十世纪九十年代以来,很多寺庙进行了重建和扩建,使寺庙建筑空间不断增大,重建的寺庙多改建为宫殿式庙宇。九华山月(肉)身殿自清代光绪年间修复,百年来虽有维护,但是由于风雨的剥蚀及蛀虫的侵袭,部分椽梁损坏。1992年,在"修旧如旧"的原则下,开始大规模重建扩建。原有月(肉)身殿建筑面积705平方米,扩建后面积为5 753.77平方米。全国重点寺院之一的旃檀林,又称"旃檀禅林",原为砖木结构建筑,由4座厅堂式民居和宫殿式大雄宝殿组合而成。1994年,在海内外高僧大德和信众等的支持下,旃檀林开始了重新修建,原有历史建筑被拆除,新建起大悲宝殿、大愿宝殿和大雄宝殿三组宫殿式建筑群。原旃檀林建筑面积2 849平方米,新修三座宫殿式建筑群面积共约4 104平方米。位于东崖摩天岭上的百岁宫为清代民居式建筑,二十世纪九十年代在其南面新建了仿古宫殿式建筑五百罗汉堂。该罗汉堂系中国佛教四大名山首创,气势非凡,建筑面积1 260平方米,门前广场约1 500平方米。

大批香客和游客的涌入,大量韩国及东南亚居士捐款的注入,提升了寺院的经济实力。宗教建筑空间的不断扩大说明了九华山宗教的兴盛,有经济实力的寺院规模愈建愈大,原有的民居式庙宇被拆除,取而代之的是琉璃瓦大屋顶的"宫殿式"庙宇。但是在风景区范围内,建筑面积的扩张对周边生态环境也是一种破坏。各寺院在扩建中不顾地块和环境承载力,迎合香客喜欢进大寺院拜大佛的心理,尽量扩大自身规模与建筑体量,以争取更多的香客与供养。施工机械的高效率和施工技术的进步、运输条件的改善,为各寺庙方丈贪大攀比的心理提供了保障[1]。新的宗教建筑多采用宫殿式样,给信众和游客营造了一种庄严肃穆之感,但原有九华山僧俗共处形成的民居式建设特色逐渐丧失,"修旧如旧"的重修宗旨并未能很好地执行。

(2)建筑材料现代化。九华山原有建筑主要是砖木结构,历经风风雨雨,有的建筑已经坍塌和腐朽。在旅游发展中,很多寺庙得到了维修和重建,虽然寺庙维修的原则是"修旧如旧",但维修和新建建筑主要为钢筋混凝土结构,式样和风貌变化很大。旃檀林是全国重点寺院,九华街仅有的十几座历

[1] 单德启,范宵鹏.放生池边二十年——九华山化城寺广场衰落现象和复兴途径的思考[C]//张复合.建筑史论文集(第13辑).北京:清华大学出版社,2000.

史寺院建筑遗存之一,扩建中拆除了清末民初所建砖木结构的旃檀林历史建筑群,新建的钢筋混凝土的三大殿体量巨大,装饰豪奢艳俗,历史风貌荡然无存。月(肉)身殿建筑也追求庞大豪华,入口坊门亦采用钢混结构,又高又宽,无论体量、色彩,还是装饰风格、空间环境,都与周边环境极不协调。

(3)僧舍配套设施现代化。在固有的思维中,宗教场所设施都给人以质朴、简陋的印象,与现代社会是割裂开的。随着寺庙的对外开放和与社会接轨,现代设施也逐步进入宗教场所。现代设施方便了僧侣的生活,为僧侣学习、修行提供了更好的条件,这也是佛教徒生活与时俱进的体现。但是,现代化的生活方式也给佛教发展带来一些负面影响,甚至淡化了宗教的纯洁性。如原本寺庙传来的僧人诵经之声出世脱俗,现在寺庙里却用播放设备循环播放僧人诵经的录音,缺少了真实感和情感性。

2.接待设施不断完善

旅游者的不断涌入促使九华山接待设施不断完善,形成了集食、住、行、游、购、娱于一体的观光胜地。对外开放前,朝拜九华山的香客主要由寺庙承担住宿接待。1979年以后,九华山贯彻执行"国家、集体、个人一起上"大力发展旅游的政策,有计划地扶助农民开办个体旅店。随着景区游客量的不断攀升,景区宾馆和农家乐旅馆数量不断增加,宾馆主要集中在九华街。目前,九华山上山下,从星级酒店到经济型快捷酒店,从寮房到民宿,类型齐全。

九华山虽为佛地净土,但随着不同层次游人增多,文化娱乐活动相应开展起来。街区有酒吧、歌舞厅,各大宾馆配套建设有文化活动场所,如聚龙大酒店有多功能厅、舞厅、咖啡厅和台球室等,九华山庄设有保龄球馆等。

接待设施的不断完善,为旅游业发展提供了基础,也给九华山的环境带来了压力。接待设施占用了更多的空间,使核心景区显得越发拥挤,冲淡了景区的宗教氛围。

3.交通景观变迁

九华山对外开放前,景区内主要是石板路。随着旅游业的发展,道路景观发生了巨大的变化。沥青路、水泥路、索道(天台索道、百岁宫地面缆车、花台索道)和石板路形成了四通八达的交通网络,公路等级也在不断提升。五九公路(五溪至九华街)、九闵公路(九华街至闵园索道下站)的建设,不仅为九华山对外开放创造了便利的交通条件,因道路依山就势,形如巨蟒,盘旋于峰谷之间,本身也成为重要的人文景观。

四方信徒香客云集九华朝山进香拜佛、朝拜天台,许多山民和手艺人趁此机会做些买卖,民间艺人也趁此献艺,逐步形成了传统的九华山庙会。1983年庙会制度恢复,每年一届。九华山庙会,以其特有的风格和丰富多彩的内容被列为全国重大旅游节庆活动之一,并被收入国家非物质文化遗产名录,吸引着无数海内外旅游者前来九华山观光。传统的九华山庙会以超度亡灵、祈求平安和众生安乐为主要内容,佛教僧众多举办"水陆法会""放焰口""拜忏""放生"等宗教仪式,山民们则利用香客众多的机会做买卖,舞"龙灯""狮子灯",演出《目连救母》《九更天》《刘文龙》等傩戏节目,几日几夜,热闹非凡。如今九华山庙会的内容由佛事活动、旅游活动、文化娱乐活动等几大板块组成,内容十分丰富。与此同时,九华山每年还精心策划庙会旅游产品,设计庙会旅游线路,让游人、香客全面领略九华山的佛国文化[1]。如2012年第30届庙会中安排了"做一天和尚撞一天钟"佛缘体验游、香客"百子会"赶会活动,组织了场面壮观的"万名游客拜地藏"、花台"寻宝"活动,并举行广场文艺表演、地方特色的龙灯会和美术书法摄影展,以及九华山非物质文化遗产展示展演活动等。这些活动使九华山庙会内容更加丰富,增强了游客对佛教文化的体验,提高了九华山旅游的满意度和影响力。

四、九华山佛教景观新篇章——大愿文化园

2013年8月31日,投资20亿元的九华山大愿文化园举行盛大开光仪式。

(一)园区概况

大愿文化园位于九华山风景区北麓柯村,又称地藏菩萨露天圣像景区,是以地藏文化为核心的佛教文化主题公园,安徽省重点文化产业园之一,九华山风景区打造世界一流旅游胜地和国际级旅游佛教圣地的标志性工程。

为顺应海内外广大信众的愿望,弘扬地藏菩萨"众生度尽,方证菩提;地狱未空,誓不成佛"的大愿精神,九华山佛教协会原会长仁德大和尚1990年发愿在九华山建造99米地藏菩萨露天铜身立像。地藏菩萨露天圣像项目,1995年动议申报,1998年10月批准建设,2005年3月动工兴建,2012年9月对外试运行,2013年8月正式对外开放。

大愿文化园规划总面积约190公顷,分主景区、小西天和佛学院三个功

[1] 焦得水. 肉身系列之九:九华山庙会[EB/OL].(2011-10-12)[2013-07-15].http://www.top-tour.cn/detail/info39409.htm.

能区。一期建设的主景区包括主体工程(铜像)与配套工程(内、外明堂)两部分。园区建设坚持“国内领先、世界一流”理念,运用国内乃至国际顶级建筑材料,充分注重生态、文化、佛教、历史和未来的协调统一,着力打造文化精品、传世珍品、当代佛教建筑艺术的经典之作,努力实现佛教文化与自然景观的完美结合,传统建筑艺术与现代设计理念的有机融合,突出铜像主体,形成以纵轴线为主导、散点状景点相结合的布局结构,多角度展示九华山“莲花佛国”的魅力。

(二)五大亮点

一是世界第一高度露天地藏菩萨圣像——99米地藏菩萨露天圣像。铜像主体观瞻总高度139米,莲花座及圣像高99米,为世界第一高度地藏菩萨露天铜像。铜像位于“形胜之地”,面朝佛教最大道场须弥山方向。每年春分、秋分上午九时,铜像顶部被旭日笼罩,宛如天然佛光,形成妙相庄严的神奇景观。经过打磨的仿金铜圣像具有18K黄金光泽,远远看去金光闪耀、光射四方,达到了“厚重庄严、如美如法”的艺术效果。

二是国内最大地藏文化展示中心——弘愿堂。弘愿堂为四层建筑,地下两层,地上两层,总建筑面积2万多平方米。突出“圆明”“清净”“洗练”美学思想,大量采用名材良木和木雕、石雕、玉雕等建筑装饰艺术,借鉴无锡灵山梵宫、台湾佛光山等设计理念,并配备现代科技展示手段,展示200多件珍贵佛教文物、1 000多件珍贵工艺品,动静结合,古今结合,内容丰富。

三是世界最大的室外汉白玉莲花景观——莲花净土。莲花净土主体是一朵直径46.9米、高12.9米、134瓣汉白玉莲花瓣和四座锻铜莲花吹门构成的巨型莲花,莲花瓣展开面积达2 358平方米。莲花基座是目前世界上面积最大的室外琉璃浮雕墙,260平方米浮雕内容取自《观无量寿经》。

四是曼妙庄严的铜铸群雕——九华飞天。九华飞天为动态音乐群雕,平时隐于地下,演出时在音乐、喷泉、薄雾、彩光的陪衬下,六尊金色的飞天从六朵舒展的莲花中自下而上缓缓升起,并向圣像方向旋转,将游客导向超凡入圣之境,呈现出一派人天共欢、共颂地藏的盛况。

五是绿化面积高达80%,珍稀名贵树种多,营造的文化意境深厚。

九华山与“九”有着不解之缘,大愿文化园再续“九文化”。与九华山九十九座山峰、九十九座寺庙、金地藏九十九岁圆寂等相呼应,大愿圣像高九十九米,佛光池直径九十九米,弘愿堂进深九十九米,直径九十九米的九子提高的旅游消费档次和文化水平，历史文化名城（镇）型旅游地大多进行了积极的保护与改造，景观变迁具有自己的特点。

一、历史文化名城（镇）型旅游地基本特征

关于历史文化名城的基本特征，1986年《国务院批转建设部、文化部关于请公布第二批国家历史文化名城名单报告的通知》中提出的"历史文化名城审定原则"进行了初步概括。该通知指出，审定历史文化名城，除了遵循1982年《中华人民共和国文物保护法》中的规定外，还应遵循以下原则：第一，不但要看城市的历史，还要着重看当前是否保存有较为丰富、完好的文物古迹和具有重大的历史、科学、艺术价值。第二，历史文化名城和文物保护单位是有区别的。作为历史文化名城的现状格局和风貌应保留着历史特色，并具有一定的代表城市传统风貌的街区。第三，文物古迹主要分布在城市市区或郊区，保护和合理使用这些历史文化遗产对该城市的性质、布局、建设方针有重要影响[1]。

（一）数量众多

城镇是社会进步的产物，它的形成适应了广大人民的多种需要，其发展又有力地推动了整个社会经济、科学、文化的进步，并使城镇逐渐成为全国或地方的政治、经济、文化、交通中心，成为某一历史阶段或长期历史进程的缩影[2]。中国历史悠久，文化灿烂，在发展的过程中，产生了数量众多的历史文化名城名镇。

历史文化名城的评选活动始于1982年。其中，国家历史文化名城由国务院负责评定、公布，省、自治区、直辖市一级的历史文化名城由各省、自治区、直辖市人民政府负责评定、公布。国家历史文化名城的入选条件严格，仅刚性规定就有五条：保存文物特别丰富，历史建筑集中成片，保留着传统格局和历史风貌，历史上曾经作为政治、经济、文化、交通中心或者军事要地或者发生过重要历史事件，所申报的历史文化名城保护范围内有两个以上的历史文化街区。截至2013年7月，国务院分四个批次，加上多次增补，共评定、公布了120座国家历史文化名城。

历史文化名镇的评选活动启动于2003年。为更好地保护、继承和发展

[1]国务院批转建设部、文化部关于请公布第二批国家历史文化名城名单报告的通知[EB/OL].(2007-2-14)[2012-12-18].http://www.wenwuchina.com/episteme/list9/detail138/2003.html.

[2]周进步，庞规荃，秦关民．中国旅游地理[M]．青岛：青岛出版社，2002：222.

我国优秀建筑历史文化遗产,弘扬民族传统和地方特色,建设部和国家文物局从2003年起,在全国选择一些保存文物特别丰富并且具有重大历史价值或革命纪念意义,能较完整地反映一些历史时期的传统风貌和地方民族特色的镇,分期分批评定公布为中国历史文化名镇。截至2013年7月,共有169座名镇获得"中国历史文化名镇"称号。

(二)类型多样

中国幅员辽阔,民族众多,各地的地理环境差异明显,使历史文化名城(镇)旅游地风格迥异,具有浓厚的地域特色。

按照历史文化名城的形成特点,可划分为六类:第一类是古都类,即全国性的经济、政治、文化中心,按建都先后依次为安阳、西安、洛阳、南京、开封、杭州和北京。第二类是区域性政治中心类,多是封建割据势力的中心,如三国时蜀国都城,五代时前蜀、后蜀的国都成都等。第三类是风景名胜类,这些城市拥有优美的自然景色,形成了独特美好的城市风光。与自然风景区相比,其人文景观丰富,有强烈的文化色彩,如苏州、杭州、桂林等。第四类是民族及地方传统特色类,传统的城市格局或建筑群保留了真实的历史信息,如晋商起源地平遥,丝绸之路重镇喀什等。第五类是近代革命纪念意义类,如中国共产党诞生地上海,中国新民主主义革命圣地延安等。第六类是交通、边防、手工业等特殊类,如淝水边防洪防涝卓有成效的古城寿县,瓷都景德镇,海上丝绸之路的起点泉州,边防城市榆林等[1]。

历史文化名镇也具有类型多样的特点。在建设部和国家文物局共同制定的《中国历史文化名镇(村)评选办法》(2003)中明确规定,历史文化名镇应当具备下列条件之一:在一定历史时期内对推动全国或某一地区的社会经济发展起过重要作用,具有全国或地区范围的影响;或系当地水陆交通中心,成为闻名遐迩的客流、货流、物流集散地;在一定历史时期内建设过重大工程,并对保障当地人民生命财产安全、保护和改善生态环境有过显著效益且延续至今;在革命历史上发生过重大事件,或曾为革命政权机关驻地而闻名于世;历史上发生过抗击外来侵略或经历过改变战局的重大战役以及曾为著名战役军事指挥机关驻地;能体现我国传统的选址和规划布局经典理论,或反映经典营造法式和精湛的建造技艺;或能集中反映某一地区特色和风情以及民

[1] 阮仪三. 历史文化名城的特点、类型及其风貌的保护[J]. 同济大学学报:人文、社会科学版,1990,1(1):55-66.

族特色传统建造技术[1]。归纳起来,历史文化名镇包括社会经济中心型、交通中心型、重大工程建设地型、革命历史重大事件发生地型、重大战役或战役军事指挥机关驻地型、科学规划和建造型、特色风情型七种类型。

(三)大多经过周密规划

中国的历史文化名城(镇),大多按规划建造。极具智慧的先人们在建造城镇之初,就根据城镇功能,对城镇建造进行了周密的规划布局,城镇边界清晰,格局鲜明,轴线、肌理、街巷宽度、建筑高度等城镇空间尺度合理有序。一些城市的规划具有世界先进水平。如古都西安,唐朝时为都城长安,是当时世界上最大最繁华的城市之一,城市功能分区明确,街道宽广整齐,为世界所罕见;明清时期的都城北京,其城市规划更是得到了世界各国研究建筑和城市规划史学者的高度评价[2]。一些古城依据其特殊要求进行规划,城市布局独特。如安徽寿县古城,按照防御战争和洪涝的需要规划建设。正是因为规划建造了一整套城市防洪防涝设施,才能够保护这座位于淝水之滨的古城自宋代以来未遭水患。寿县古城规划和建筑是古代水利科学的结晶。

(四)历史悠久,文化灿烂

历史文化名城(镇)是中国悠久历史和灿烂文化的缩影,浓缩着中国漫漫历史长河中的文化精髓。众多的文物古迹、具有传统特色的乡土建筑,体现了中华民族精湛的手工技艺和营造技艺。高高的城墙,既达到了防御外敌侵犯的实用功能,又体现了中国传统文化的内向型气质。

历史文化名城(镇)具有明显的地域性,集中反映了地域文化的内涵、传统和历史积淀,是地域文化的典型表征。如重庆因山就势的格局、依山傍水的建筑、吊脚小楼,无不是巴蜀文化的结晶;苏州城的前街后河、小桥流水,则流淌着吴越文化的灵韵;北京规模宏大的空间形态、布局规整的城市规划和气势磅礴的历史建筑,代表着中华民族文化的辉煌;而喀什的整体风貌、建筑特色和民风民俗,则诉说着西域文化的风情……[3]

古都型历史文化名城(镇)体现了历史上显赫的政治地位和经济发展水平。西安地处关中平原中部,公元前十一世纪周朝在此建都,从此揭开了西安千

[1] 建设部,国家文物局. 历史文化名镇(村)评选办法[J]. 城市规划通讯,2003(18):3.

[2] 罗哲文. 我国历史文化名城保护与建设的重大措施[C]//罗哲文.历史文化名城与古建筑保护文集. 北京:中国建筑工业出版社,2003:14.

[3] 苏勤,林炳耀. 基于文化地理学对历史文化名城保护的理论思考[J]. 城市规划汇刊,2003(4):38-42,95.

年帝都的辉煌史。西安“沃野千里,四塞以固”“南有巴蜀之饶,北有胡苑之利”,长期成为都城。洛阳自东汉至魏晋均为都城,汉魏洛阳城的建设是我国古代都城建设的典范之一。其中,宫城是都城的核心建筑,北面为北宫及帝王专用园林,正对宫门为城市主要轴线,其西侧为官署寺庙坛社,城南为祭天的圆丘。南京特殊的地理位置自古就被认为是“储王气,毓英灵”的“帝王之州”。北京地位更为突出,元大都是草原民族及其骑射文化进入华北平原的第一个重镇。

位于交通要道上的历史文化名城(镇)体现了历史上的交通优势。泉州在唐代即是全国四大商港之一,出海口的地理优势成就了泉州对外文化交往的历史底蕴;徐州地理位置优越,是军事、经济、交通重镇,是华北和中原之门户、江淮之屏障;哈尔滨由于沙皇俄国提出西伯利亚大铁路改道穿越中国东北境内的“满洲线计划”,作为中东铁路的管理中心,成为始于近代的历史文化名城[1]。

历史文化名城(镇)在城市布局上大多融会了中国儒家思想和传统观念,如天人合一、中轴对称、尊卑有序等。

(五)空间尺度较小

除了都城和重要城镇外,历史文化名城(镇)空间尺度一般都较小,一般不超过15平方千米(明北京城在元大都的基础上营建,总面积约62平方千米,是个特例),历史建筑、历史街巷等空间尺度均有限,这与我国封建社会城市主要以行政功能为主有着密切的关系[2]。

(六)历史延续性

历史文化名城(镇)是生命的有机体,以自然为依托、经济为基础、文化为灵魂,生生不息,具有历史延续性。有机体是由结构和功能上相互联系、相互依赖的各个部分组成的整体。古城(镇)中有大量居民在其中生活和工作,每时每刻都在发生着变化,吐故纳新,绵延生息。古城(镇)离不开生活着的居民,他们继承和弘扬着文化,延续和创造着历史,保持着古城(镇)的活力,正如有人所比喻的,城市就像一本厚厚的历史书,每一代都不要把前代所书写的精华部分抹去,同时不要忘记写上当代最有代表性的内容。苏州、扬州等一批历史文化名城,保留了多个历史时期积淀的完整建筑群。

[1] 汪光焘. 历史文化名城的保护与发展[J]. 建筑学报,2005(2):5-7.

[2] 倪明. 国家历史文化名城空间发展研究——以淮安古城为例[D]. 苏州:苏州科技学院,2008:65.

中国的历史文化名城(镇)具有历史延续性,还与中国历史有关:

一是中华民族文化长盛不衰。与欧洲曾出现过的罗马、奥斯曼等帝国的大衰败不同,中国拥有五千多年的文明历史,中华民族文化长盛不衰,许多历史文化名城(镇)的历史延续绵长、从未间断。

二是历史上经济发展缓慢,没有大规模的开发建设。与现代社会经济快速发展、城市快速建设相比,中国在相当长一段历史时间内,经济发展较为缓慢,没有大规模的开发建设,使古城(镇)中很多不同时代的城市风貌、布局特色、历史建筑以及文物古迹等得以保存。

在旅游过程中,游客透过这些具有历史延续性的物质文化景观,结合留存至今的生活方式、地方语言、传统工艺、民间演艺活动等非物质文化景观,可以感受到历史文化名城(镇)的传统文化精髓。这些历史建筑和文物古迹,延续和见证着历史,成为古城(镇)中不可多得的宝贵旅游资源。

随着现代社会经济的发展,人民生活水平的提高,为适应现代生活的需要,名城(镇)中的各项设施必然要进行改造和完善。历史延续性的特征,要求在历史文化名城(镇)的保护和利用中,不能像博物馆一样保持原封不动,而是要遵循"延续历史"的理念,处理好保护与发展的关系,既要使名城(镇)的文化遗产得以保护,又要促进名城(镇)经济社会的发展,不断改善居民的工作和生活环境,提高人民生活水平[1]。

(七)与自然和谐共生

我们的祖先注重营造优美的人居环境,历史文化名城(镇)选址科学,或为水运交通要道,或是藏风纳气、风光优美之处,与自然和谐共生。如国家历史文化名城大理,"山巅积雪,山腰白云"(明·杨升庵《游点苍山记》),水"明莹,不可藏针"(明·李元阳《清溪三潭记》),顾炎武将其称作"乐土"之地:"乐土以居,佳山水以游,二者尝不能兼,惟大理得之","雪与花争艳,山与水争奇,天下山川之佳,莫逾是者","谓之乐土可矣"(《肇域志·云南志》)[2]。

(八)旅游功能突出

与新兴城镇型旅游地相比,历史文化名城(镇)型旅游地由于文化遗存丰富,在发展旅游之初,便具有历史文化观光功能。旅游开发者往往依据其

[1]赵中枢.中国历史文化名城的特点及保护的若干问题[J].城市规划,2002,26(7):35-38.

[2]成瑶.山水借文章得显 文章凭山水以传——地方民族文献与历史文化名城资源的开发利用[J].图书情报论坛,2007(3):56-58.

所具有的历史文化价值,开展旅游产品开发和旅游线路设计,开发为文化观光型旅游区(点)。观光游览功能是其最初的旅游功能。如历史文化名城苏州、敦煌、西安,依托世界文化遗产苏州园林、敦煌莫高窟、西安秦始皇兵马俑,逐步发展成为中国著名的旅游地。丽江古城、平遥古城的旅游业发展,最初也起步于观光旅游。

随着旅游业的发展,一些历史文化名城(镇)型旅游地积极探索,在观光旅游的基础上,叠加了休闲、文化、体验、修学、科考、度假等旅游功能,将历史文化名城(镇)开发成适应旅游者多种需求、具备多种旅游功能的复合型旅游地。如丽江古城、大理双廊镇等。

(九)基础设施现代化水平相对滞后

历史文化名城(镇)受保护的特殊“身份”,导致这些地区的更新改造问题成为城市建设中的难题。与城(镇)中的现代化新区相比,大多数历史文化名城(镇)的基础设施建设相对滞后,越来越不能适应居民和游客追求便利舒适的现代生活的需要。

基础设施更新改造成为难题,主要体现在:一方面,大规模地推倒重建,可以快速地实现基础设施现代化,但违反了文物保护法等相关的法律法规,违背了保护的初衷,绝对不允许;另一方面,遵循保护的原则,更新改造基础设施,需要投入大量的人力物力,要求政府部门遵循严格保护的主导方针,规划设计人员因地制宜地规划设计,施工人员具有良好的古建筑修复技术,其成本远远高于推倒重建,很多历史文化名城(镇)难以负担高昂的改造成本。

在中国城市规划学会历史文化名城学术委员会2001年学术年会上,与会者总结了历史文化保护区保护实践的一些成功做法:历史文化保护区“保护外表,改善内部,增加基础设施”的设想,通过规划设计,具有可操作性;通过在保护规划中增加工程规划,实现从改善建筑到改善生活设施的转变;通过探讨保护区内的古建筑综合利用问题,从建筑的单纯保护发展到对建筑的合理利用[1]。

二、历史文化名城(镇)型旅游地景观分析

历史文化名城(镇)的旅游景观,包括自然与人文两大类。其中,自然景

[1] 赵中枢. 从文物保护到历史文化名城保护——概念的扩大与保护方法的多样化[J]. 城市规划,2001,25(10):33-36.

观是基础，人文景观是主体。

（一）自然景观

自然景观是历史文化名城（镇）旅游地景观的基质，起到映衬文化景观的作用。中国大多数的历史文化名城（镇）都是依山傍水，山环水绕，绿树掩映，"山、水、城、林"有机相融，相得益彰，体现出城市与自然环境的和谐共生。

以集"山、水、城、林"于一体的"六朝古城"南京为例，整个南京是低山岗地、河谷平原、滨湖平原和沿江湿地等构成的地貌综合体。低山岗地分为宁镇山脉西端的三个分支：北支沿长江南岸向西延续，包括栖霞山—乌龙山—幕府山—狮子山，海拔130~286米；中支延伸入市区，包括钟山—富贵山—九华山—北极阁—鼓楼岗—五台山—清凉山，海拔32~486米；南支围绕城东南，包括青龙山—方山—牛首山—三山—云台山，海拔95~382米。长江南京段长约95千米；江心有八卦洲、江心洲为主的十多个大小江心洲；江北滁河、江南秦淮河为境内两条主要长江支流。整个古城位于长江下游的秦淮河河口地区和宁镇山脉西端的一个小盆地中，周围的群山对古城起着屏障作用，而且便于登临和建设人文景观。南京城中部的小山，不仅是城内的制高点与历代名胜古迹聚集之处，而且是城内南北水系的分水岭。三国时期诸葛亮曾将南京的地理形势描述为"钟阜龙蟠，石头虎踞"：钟山高，气势磅礴，作龙蟠，石头山矮，雄峙屹立，作虎踞，对比非常强烈。这种山川形势和山川与古城浑然一体的意境，赋予南京古城一种独特的空间魄力，这在中国四大古都以至七大古都中，都是独一无二的，而且在世界著名都城中也极为少见，只有巴黎、凡尔赛、布拉格和佛罗伦萨等都城可与之相媲美[1]。

（二）人文景观

在历史文化名城（镇）丰富的人文景观中，物质文化景观是主体，是外显的、最容易被旅游者感知的景观；非物质文化景观虽然有的无形，但却是人文景观中不可缺少的重要组成部分。

1.物质文化景观

物质文化景观可细分为整体风貌景观、土地利用景观、旅游设施景观、人口景观、服饰景观等。

---

［1］阳建强.南京古城格局的独特魄力与保护延续［C］//中国城市规划学会秘书处.城市文化与历史保护：2004城市规划年会论文集.2004：331–338.

(1)整体风貌景观。上海辞书出版社第六版《辞海》中对“风貌”的解释是:“风采容貌,亦指事物的面貌格调。如:西湖风貌;民间艺术风貌。”在《历史文化名城保护规划规范》(GB50357—2005)中,对风貌做了如下定义:“指反映历史文化特征的城镇景观和自然、人文环境的整体面貌。”中国城市规划设计研究院的《城市规划设计统一技术措施汇编》解释了“古城风貌”,即“反映古城历史文化的建筑形式、环境特征(包括建筑高度、体量和色彩,以及路网、水系、格局和街巷、绿化空间等),以及历史和传统的文化环境等方面的整体面貌和格调”。

历史文化名城(镇)型旅游地的整体风貌,指的是历史文化名城(镇)的风格和面貌。它一方面是城市历史文化特征的外在显现(城市的历史文化特征是整体风貌景观的核心),另一方面是通过历史建筑景观、历史格局景观和历史空间尺度景观展现出的城市的一种特定的表现形态和状态,折射出城市(镇)的特色和灵魂。

①历史建筑景观。历史建筑景观是旅游者在历史文化名城(镇)型旅游地开展旅游活动时感受最直观的景观,也是最能体现城市发展外在轨迹的景观,是旅游者对历史文化名城(镇)型旅游地物质景观的第一印象。历史建筑的外观形象,包括屋顶形式、色彩、高度、体量、材质等,共同构成了历史建筑景观鲜明的风格和个性,体现出当地的地域文化特色。我国地域广大,名城众多,但都能与当地自然环境浑然一体,形成含蓄和谐的特点,这是我国传统文化“天人合一”的自然观在建筑与名城建设上的导向和再现[1]。

北京的四合院街区建筑体现了老北京的独特风貌。四合院住宅是庭院型住宅,具有自己鲜明的特色。其布局是庭院在中间、房屋在四周,优点是既便于通风、日照、植树养花,又便于得到安静和安全的环境,以及具备良好住宅的诸多条件。一座四合院常有三四个庭院,前庭有海棠、丁香,后院有柳树、榆树。这种多个四合院组成的安静的胡同和在胡同端头集中多种商店的狭窄而热闹的街道,组成了既可以享受便利的城市服务又能“闹中取静”的北京四合院住宅区。这和欧美那种远在郊区、必须自己开汽车才能得到城市便利服务的独院型住宅区相比,有其优点和特色。

四合院屋顶上富于质感的青瓦和上面覆盖着的浓密树冠,形成北京传

[1] 苏勤,林炳耀.基于文化地理学对历史文化名城保护的理论思考[J].城市规划汇刊,2003(4):38-42,95.

统住宅区的独特景观,这也是衬托故宫、钟鼓楼等皇家建筑或公共建筑的不可缺少的背景。正是这深色调青瓦绿树的环境对比,使故宫的金色琉璃瓦屋顶更加壮丽辉煌。红花虽好终需绿叶扶持,如果没有这样的环境陪衬,拆毁这些四合院代之以高楼大厦,故宫、景山、钟鼓楼等重要的历史建筑就会被不伦不类、杂乱无章的环境包围和孤立起来,黯然失色。因此,对这些四合院街区妥加保护,是保护和展示历史文化名城风貌的最现实有效的措施和最重要的任务。

只有保留有价值的老建筑,保留体现历史发展的老街区,城市才会有个性、有魅力。由于盲目建设、规划管理失控等原因,一些地方的历史建筑风貌受到了影响。以北京为例,北京在西二环路的内侧,特别是阜成门到建国门和广安门到右安门之间,在旧城城墙位置上,陆续建了许多七八十米高的高层建筑,规划管理上明显有所失控。这些建筑物的高度和体量都与水平构图的北京旧城很不相称,形成了一条在世界不少城市中心都能见到的普通的街道。其形象与北京旧城的环境迥异,而与高楼密集的香港颇为相像。现在看来,这对历史文化名城北京来说是不适当的,也是不体面的[1]。

②历史街巷景观。历史街巷是历史文化名城(镇)的空间骨架,反映了古城(镇)的肌理,体现了古城(镇)空间的内部特征,随时代、地域、城市性质的不同而有所变化,具有明显的时代和地域特征,与社会生产、生活和技术相适应。历史街巷景观主要体现在其空间格局、街巷宽度和立面尺度三个方面。

空间格局上,受“中轴对称”等布局思想影响,在地势平坦的我国北方地区,古城(镇)多采用方格网式的街巷形式,北京古城便是这种街巷形式的典型代表。在多丘陵或山地的我国南方地区,城镇则顺应地形条件,采用较为灵活的道路形式,如安徽省黄山市的屯溪老街、渔梁老街、万安老街,均采用了鱼骨状的街巷空间格局。

街巷宽度上,由于北方冬季气候寒冷,在设计时更多地从采光的角度考虑,加上北方地势平坦,其历史街巷相对宽敞;而在南方地区,夏季阳光强烈,遮阴、通风功能成为街巷设计时主要考虑的因素,有些南方地区还受到平地面积较少的限制,其历史街巷相对狭窄。

[1] 周干峙,郑孝燮,罗哲文,等.关于保护和展示历史文化名城风貌的建议[J].城市规划,2002,26(7):29-31.

立面尺度上，在生产力不发达的历史时期，沿街的历史建筑高度有限，以一到三层为主。同时，为了突出古城(镇)中心建筑群的宏伟，古城(镇)在规划布局之初，似乎对大多数非中心区街巷的沿街建筑高度进行了严格的控制。

③历史格局景观。历史格局景观内容丰富，大致来说，包括城墙、城门等位置信息，轴线节点、街巷格局等空间关系，以及影响城市布局的人工或自然的水系和山体[1]。与历史建筑景观和历史街巷景观不同，历史格局景观不容易感知。对于旅游者而言，观赏历史格局的最好方式是鸟瞰。当旅游者站在古城(镇)的制高点上俯瞰全城时，古城(镇)的历史格局才能显露出来。如果想要更深入地体会其中的奥妙，则还需要去登城墙、过城门、游府衙、穿街巷，仔细地观察、细细地体味整个城(镇)。

我国大多数古代城市的历史格局，一方面顺应山水形胜，另一方面规划理念受儒家哲学思想影响深远，"居中不偏""不正不威"的儒家思想直接影响城市布局，形成了"宫城居中"的古城中心，以及中轴线对称的布局样式，兼具美学和实用功能。概括起来，古城的历史格局主要体现在古城中心、轴线、城墙和外围山体或水体上。

古城中心是古城的核心空间，集中分布着古城中最重要的政治和礼治建筑。以古代都城为例，从曹魏邺城到唐长安城，再到明清北京，象征着皇权的统治中心均布局在古城的中心位置上。明清时期的县城或府城，用于政治统治的衙署、用于礼仪教化的文庙、祭祀性的城隍庙等公共建筑，往往集中布局于城市中心区域，构成了古城的中心。

轴线是我国古代城市格局的重要内容。对于明清时期的县城而言，每方往往只开一个城门，古城内形成十字形或者T字形街道轴线。其中主要轴线往往从城市南门开始，以钟鼓楼或者衙署、文庙等公共建筑群为中心或者节点。以平遥古城的中轴线南大街为例，自古城南门北望，市楼雄踞前方成为视觉焦点，两侧保存完整的低矮的一层商铺烘托了市楼的雄伟[2]。

城墙和外围的山体或水体由于起着框定古城(镇)范围的作用，成为古城(镇)历史格局的重要组成部分。其中，城墙是历史城市的防御性设施，也是很多城市历史城区建设的边界。城中或者城外的山体或水体，也具有类

[1] 兰伟杰. 中小历史文化名城风貌延续问题研究[D]. 北京：中国城市规划设计研究院，2011：28.
[2] 兰伟杰. 中小历史文化名城风貌延续问题研究[D]. 北京：中国城市规划设计研究院，2011：28.

似的作为建设活动限制边界的作用。作为历史上的“非建设区”,这些山水对于游客认知和感受历史城区整体格局具有重要的作用。

(2)土地利用景观。历史文化名城(镇)型旅游地的土地利用类型主要有文物古迹保护用地、旅游商业用地、旅游基础设施用地、旅游服务设施用地、居住用地、绿化用地等。这些土地利用类型在旅游地呈现出不同的分布特征,形成了不同于现代城市的土地利用格局景观。

(3)旅游设施景观。旅游设施景观是指旅游设施的外观所体现出的历史和文化气息,是旅游地历史和文化在旅游设施上的体现。随着旅游业和文化创意产业的发展,旅游设施不再照搬城市设施,而是结合旅游地的历史底蕴和文化特色,在外观上体现旅游地个性。如乌镇西栅的自来水龙头设计成鲤鱼的模样,将江南水乡的意境融入创意之中,既具有良好的实用价值,又将美观与地域文化融为一体。同样的独具匠心还体现在历史文化名城(镇)的指示牌、垃圾桶、公共厕所等设施的景观设计之中。

(4)人口景观。人口景观主要体现在人口构成景观和人口密度景观两方面。从旅游发展的角度,人口构成景观主要是指游客和居民两类人口在旅游地的构成状况。一般情况下,人口构成景观的特征表现为:在热点旅游地段,人口构成主要以游客为主,少量居民在此从事旅游商业活动;在冷点旅游地段和非旅游地段,人口构成主要以居民为主,有少量游客到访。从旅游发展的角度,历史文化名城(镇)型旅游地的人口密度景观主要是指旅游地在同一时间内游客的空间分布状况。一般情况下,人口密度景观的特征表现为:热点旅游地段游客密度高,温点、冷点和非旅游地段游客密度低。

(5)服饰景观。服饰景观主要指由旅游地居民的服饰特点所营造出的旅游景观氛围。由于少数民族服饰比汉族服饰更有特色,因此,少数民族历史文化名城(镇)的服饰景观吸引力更为突出。如云南大理古城的白族服饰、云南丽江大研古城的纳西族服饰、广西阳朔的壮族服饰等,风格各异,彰显了少数民族的地方特色文化。此外,中国历史上不同朝代的服饰、不同身份居民的服饰,也起到了丰富旅游景观的作用。

2.非物质文化景观

非物质文化景观主要由民俗活动、传统工艺和语言景观等组成。

(1)民俗景观。民俗是指民间民众的风俗生活习惯,也泛指一个国家、民族、地区聚居的民众所创造、共享、传承的风俗生活习惯。民俗涉及的内容很多,直至今日它所研究的范围仍在不断拓展,大致包括四个方面:①经济民俗,以民间传统的生产习俗、交易习俗及消费习俗为主要内容;②社会民俗,以家族、亲族、乡里村镇的传承关系、习俗惯制等为主要内容,其中社会往来、组织、生活礼仪等习俗是重点;③信仰民俗,以迷信与俗信诸事象为主要内容;④游艺民俗,以民间传统文化娱乐活动习俗为主要内容,包括竞技等事象。

历史文化名城(镇)型旅游地的民俗活动景观在当地最具有代表性和表现力,从视觉、听觉、嗅觉、味觉、触觉和意觉上带给游客多彩的旅游体验。以平遥古城为例,为发展旅游业,各种民间传统活动大放异彩,不间断地以表演的形式呈现给游客,成为古城吸引力的构成部分之一。游客在欣赏静态民居的同时,可以深刻地感受中国北方传统的民间风俗,从而活化了当地的民俗文化,传递了黄土高原上的传统风韵,强化了游客对当地文化的了解和感知[1]。

(2)传统工艺景观。中国传统工艺是指世代相传,具有百年以上历史以及完整工艺流程,采用天然材料制作,具有鲜明民族风格和地方特色的工艺品种和技艺。2009年,根据国家职业技能认证制度,国资委商业技能鉴定与饮食服务发展中心、全国商业服务人员职业技能考评委员会,共同制定并颁布了《传统工艺师国家职业技能标准》,将中国传统工艺分为14大部类43个门类148个细分种类[2]。

历史文化名城(镇)中的传统工艺景观,通过深度挖掘、动静结合、活态传承,体现在传统工艺品商店的展示和销售过程中,也体现在传统作坊的工艺制作过程中,还体现在特色餐馆、茶馆、旅馆的装饰之中,精湛绝伦,独具匠心。在很多历史文化名城(镇),游客不仅可以观赏到琳琅满目的传统工艺品,而且可以亲眼目睹工艺品细致入微的制作过程。这些都在视觉、听觉、意觉上丰富了游客的文化体验,文化旅游产品开发达到了"活化"的程度和效果。

(3)语言景观。在特定地域生活的人,其语言具有趋同性,反映了地方

[1] 史彦雍.旅游化进程中历史古城景观变迁及感知研究——以世界文化遗产平遥古城为例[D].武汉:华中师范大学,2007:43.

[2] 佚名.传统工艺分类类别[EB/OL].(2011-08-29)[2013-03-10].http://www.ctcpp.org.cn/newsview.asp?id=435&BigClassName=活动通知.

性,俗称“方言”。中国地域广阔,在普通话推广之前,不仅56个民族的语言不同,即使是汉族,其语言景观也有区域之分。我国汉语由于历史与地理条件的影响,根据语言特点一般分成七类方言:北方方言、吴方言、湘方言、赣方言、客家方言、粤方言和闽方言。通过“方言”,可大致判断使用者所处的地域。如在长江三角洲地区流行的吴语,语音轻清柔美,被称为“吴侬软语”。在一些交通闭塞的山区,语言差异特别大,“十里不同音”描述的就是山区方言的特点。推广普通话之后,旅游者和旅游地居民的语言障碍逐渐消除,沟通起来更加方便。同时,旅游地居民还世代继承着当地方言,用于日常生活交流。随着外国游客的增多,外语在旅游地逐渐传播,旅游从业者和当地居民开始学习和使用外语。这种普通话、方言、外语并存并在不同人群中“切换”的现象,构成了具有地方特色的旅游地语言景观。

三、历史文化名城(镇)型旅游地景观变迁特征

历史文化名城(镇)型旅游地景观变迁特征分为总体特征和具体特征。

(一)景观变迁总体特征

景观保护理念、景观开发形态和景观功能的变迁,构成了景观变迁的总体特征。

1.保护理念变迁

从保护单体文物到保护整体风貌,再到保护与利用相结合,体现出景观保护理念的进步。

(1)保护单体文物。中国历史文化名城(镇)的景观保护,最早是从保护名城(镇)中的文物古迹开始的。文物古迹广泛分布于历史文化名城(镇)之中,是历史文化名城(镇)文化遗产的重要组成部分,蕴含着中华民族特有的精神价值、思维方式和想象力,体现着中华民族的生命力和创造力,是历史文化名城(镇)景观的历史、文化和艺术价值最核心的体现。

1960年11月17日,国务院第105次全体会议通过了《文物保护管理暂行条例》。1961年3月4日起,该条例在全国执行。同年,国务院公布了第一批全国重点文物保护单位,共计180处。《文物保护管理暂行条例》明确规定了国家保护文物的五大范围:一是与重大历史事件、革命运动和重要人物有关的、具有纪念意义和史料价值的建筑物、遗址、纪念物等;二是具有历史、艺术、科学价值的古文化遗址、古墓葬、古建筑、石窟寺、石刻等;三是各时代有

价值的艺术品、工艺美术品；四是革命文献资料以及具有历史、艺术和科学价值的古旧图书资料；五是反映各时代社会制度、社会生产、社会生活的代表性实物。

(2)保护整体风貌。改革开放后，国家对历史文化名城(镇)的景观保护上升到整体保护的新高度。1982年，国务院公布了第一批国家历史文化名城名单。同年11月19日，第五届全国人民代表大会常务委员会第二十五次会议通过了《中华人民共和国文物保护法》，代替1960年颁布的《文物保护管理暂行条例》。该法明确规定："历史文化名城的布局、环境、历史风貌等遭到严重破坏的，由国务院撤销其历史文化名城称号。"以此为标志，国家对历史文化名城的保护，开始从保护文物的单体景观层面，上升到保护历史文化名城风貌的整体景观层面，并以法律的形式予以固化。

从保护单体到保护整体，景观保护的整体化有力地推动着历史文化名城(镇)景观整体风貌的延续。整体化的动力，源自我国在历史文化名城(镇)保护上与国际接轨。国际上，早在1964年在威尼斯召开的第二届"历史古迹建筑师及技师国际会议"上，就通过了与文物古迹保护相关的国际宪章《威尼斯宪章》。该宪章指出，历史古迹的概念不仅包括单个建筑物，而且包括能从中找出一种独特的文明、一种有意义的发展或一个历史事件见证的城市或乡村环境。历史古迹的保护，包含着对一定规模环境的保护。凡传统环境存在的地方必须予以保护，绝不允许任何导致改变主体和颜色的新建、拆除或改动。即在强调单体建筑物或遗址保护的同时，必须注意其环境的保护。

(3)保护与利用相结合。从保护单体文物到保护整体风貌，体现了历史文化名城(镇)景观保护理念的进步。但无论是前者还是后者，考虑的仅仅是景观保护。历史文化名城(镇)是生命的有机体，促进经济发展、改善人居环境、提高生活水平是其发展的合理诉求。因此，历史文化名城(镇)需要在景观保护的基础上综合开发利用。

历史文化名城(镇)中除文物保护单位以外的区域，可以进行综合开发利用。中国历史文化名城保护体系由文物保护单位、历史文化保护区(历史街区)和历史文化名城三部分组成。其中，文物保护单位保护得最早(1960)，保护要求也最为严格。《中华人民共和国文物保护法》(2007)第二十一条规定："文物保护单位的修缮、迁移、重建，由取得文物保护工程资质证书的单位承担。对不可移动文物进行修缮、保养、迁移,必须遵守不改变文物原状的原则。”第二十六条规定:“使用不可移动文物,必须遵守不改变文物原状的原则,负责保护建筑物及其附属文物的安全,不得损毁、改建、添建或者拆除不可移动文物。”[1]

国家设立历史文化名城(镇),目的是全面保护其整体的传统风貌。但是,要做到这一点,对保护人才、保护技术、保护所需资金和管理的要求都很高。本着保护工作逐步推进的原则,1986年12月8日国务院在批转《建设部、文化部关于请公布第二批国家历史文化名城名单的报告》中首次提出“历史文化保护区”的概念,指出:“对一些文物古迹比较集中的地方,或能较完整地体现某一历史时期的传统风貌和民族特色的街区、建筑群、小镇、村寨等,也应予以保护……核定公布为当地各级历史文化保护区。”历史文化保护区(历史街区)的保护要求是在保护基础上的合理利用,允许保存外貌,改善内部设施,以适应现代生活的需要。因此,可采取逐步整治的方法,积极改善历史街区的基础设施,注意提高生活在其中的居民的生活质量。对于历史文化名城的保护,要求从格局、视廊等方面保持整体风貌的协调。

可喜的是,在中国大地上,一些历史文化名城(镇)在保护与利用结合方面开展了有益的探索,如丽江古城酒吧、四方街、纳西族民居客栈,平遥古城的南大街、票号、民居客栈,成都锦里、宽窄巷子,福州三坊七巷等。上海新天地在旧建筑的改造和利用方面走出了非常成功的一步。上述利用性保护的共同特点是保护外表,改造内部,改善环境,完善功能,延续文脉[2]。

北京南锣鼓巷菊儿胡同的旧城改造也是其中的代表。二十世纪九十年代初,北京南锣鼓巷菊儿胡同旧城改造项目由清华大学建筑学院著名建筑学与城市规划专家吴良镛主持。积淀着三千多年建城历史的北京旧城,可以说是世界城市史上的“无比杰作”,是中国古代都城建设的“最后结晶”。菊儿胡同是北京老城区的代表,改造前居住条件拥挤,其他大杂院生活的诸多不便这里“一应俱全”:用水,甚至不能实现每个院子一个公用水龙头;厕所,要走上几百米到胡同口才有。而这些“不便”在当时的北京可以说是“普

[1] 中华人民共和国文物保护法[S/OL].(2007-12-29)[2013-06-18]. http://www.sach.gov.cn/tabid/311/InfoID/382/Default.aspx.

[2] 赵中枢. 从文物保护到历史文化名城保护——概念的扩大与保护方法的多样化[J]. 城市规划,2001,25(10):33-36.

遍现象”,大杂院是那个时代大多数北京人的共同记忆。真正让菊儿胡同41号院居民不堪忍受的是“危房、积水、漏雨”。吴良镛开创了“有机更新”的旧城改造理论,其精髓是城市的自然生长和延续。设计出“三层小楼”的新四合院,一方面从宫殿王府建筑群里汲取灵感,并列的两座院落中形成长夹道;另一方面采用苏州宅第中的“备弄”(又称壁弄)串联院落群,夹道和备弄构建起“交通干线”。时至今日,菊儿胡同新四合院工程也是我国获得国内外大奖最多的建筑作品,包括北京市科技成果二等奖、亚洲建筑师协会优秀建筑金奖、世界城市建设荣誉工程、联合国人居奖……联合国人居奖的颁奖词是这样写的:“吴教授和他的同事们在菊儿胡同工程中所创造的是一个人文尺度的答案。尽管它的人口密度与高层住宅相似,但它却创造了一个永恒的人与人交往的社区。最重要的是菊儿胡同捕捉住了中国的四合院的传统,即北京的合院形式……”新四合院在现代生活方式中延续下来的四合院情趣,在更多人眼中是一种难能可贵的生活体验和时代记忆[1]。

2.开发形态变迁

从物质文化景观的“物态”开发到非物质文化景观的“活态”开发,再到景观“物态”开发和“活态”开发相结合,体现了景观开发形态的变迁。

(1)物质文化景观的“物态”开发。以1960年国务院颁布《文物保护管理暂行条例》为标志,历史文化名城(镇)景观保护进入了法制阶段。以该条例以及此后的相关法律法规为依据,名城(镇)开始编制保护规划,划定保护范围,限制建筑的高度、形式、体量、色彩,按照“修旧如旧”的原则修缮文物,拆除违章建筑,改造与名城(镇)历史风貌不协调的建筑,整治环境卫生,建筑风貌、街巷肌理、城墙城门、历史格局等物质形态文化景观逐步得到了合理保护。来名城(镇)的游客,可以漫步石板路,欣赏历史建筑,感受历史文化名城(镇)的历史面貌。

(2)非物质文化景观的“活态”开发。物质文化景观的旅游开发,虽然取得了实效,但开发的仅仅是历史文化名城(镇)的外表。仅有历史外表的名城(镇)型旅游地只是多了一张历史的“布景”,并不能真正体现出古城(镇)旅游的历史价值。

随着旅游业的深入发展和旅游者需求的提升,物质文化景观的展示不

[1] 方非.胡同菊香(上、下)[N].北京日报:2011-11-22(17,20).

足以满足旅游者来古城(镇)旅游的需求,名城(镇)开始进行非物质文化景观的"活态"开发,挖掘和展示当地居民世代延续下来的生活方式、传统工艺、民间习俗等非物质文化景观。依托非物质文化景观,旅游节庆、旅游演艺活动等新型旅游产品纷纷亮相。物质与非物质文化景观的整体开发,在"塑造"和"活化"历史文化名城(镇)型旅游地中共同发挥着不可替代的作用。

(3)景观"物态"开发和"活态"开发相结合。将文化景观的物态开发和活态开发结合起来,历史文化名城(镇)呈现给游客的是真实、立体、鲜活的历史文化体验。游客在古民居看到生活着的居民,在古河道听到船工的吆喝,在老街品位当地菜肴、购买当地特产,在民居客栈体验居民的慢生活,将自己真正与古城(镇)融为一体,满足"返璞归真"的心理需求。

文化景观的物态保护和活态保护的有效结合,推动着一些历史文化名城(镇)的旅游发展进入了快车道,成为中国最高等级的历史文化名城(镇)型旅游地。如2010年入选第三批国家AAAAA级旅游区(点)的江苏南京夫子庙秦淮风光带景区、江苏苏州同里古镇旅游景区、浙江嘉兴乌镇景区,2011年入选第四批国家AAAAA级旅游区(点)的云南丽江古城景区。

以乌镇为例,自1999年旅游开发以来,东栅景区和西栅景区相继开发成功,其动力源于对文化景观的物态和活态开发理念。在开发之初,乌镇便以"生活着的枕水江南"为主题,刻意营造有居民有生活的江南古镇。这一主题,成功地将乌镇与其他过度商业化的江南古镇区别开来。2002年,乌镇开始建设二期西栅景区工程,从"益大丝号""三寸金莲展馆"等景点,到"长街宴""湖羊节"等民俗活动,再到一只小小的蓝印花布袋,乌镇将文化元素很好地转化为实体旅游产品。

具体来看,在景观"物态"开发方面,乌镇在保护开发中创新理念,不是仅对古建筑的表面进行协调性修复,而是实施了"脱胎换骨"式的系统改造,使古镇重新焕发生机,处处彰显出活力。

乌镇的系统改造可以分为五个方面:①基建改造。乌镇二期实现了管线埋放、给排水和水电气系统全面改造。②外部整治。整治的对象还是建筑立面和空间、周边环境,但是出发点不再是整旧如旧的单体修复,而是基于街区风貌的整体打造。整治方案是不仅对建筑外立面进行协调性修复,更要对建筑外围环境进行系统整治,营造适合人居的大环境。③内部改造。就是对历史建筑内部空间进行重构,包括对室内空间重新分隔,安装现代厨卫设备,提升人均居住面积。改造好的古建筑更适合居住,有现代化的厨卫设施,有布局合理的电路,有更舒适的居住空间,有更好的采光。④功能注入。乌镇将新增功能注入古建筑中,比如古镇水上消防队、公共厕所、监控中心等,都是依托古建筑内部改造实现功能的有效注入后布局的。如此做法保证了古镇整体风貌的统一,又实现了新功能的注入。⑤社区配套。社区配套主要依据现代居住社区的标准,包括公共场所、社区休闲活动空间、人文活动设施及旅游配套设施。乌镇专门建立居民晨练场所,修复戏院、书场、露天电影场,服务社区,让游客体验真实的古镇生活。乌镇将保护与利用结合起来,投入巨资对古镇进行立体式全方位的深度改造,实现了开发与保护的兼顾,可以说是重塑了一个新古镇。经过改造,乌镇的客房都具有三星级以上的硬件标准,部分会所达到了五星级标准。这样的改造不仅使古镇有目标客源所期望的优美景致,更有高端游客所期望的居住条件,唯有此才能吸引和留住客人。

在景观"活态"开发方面,乌镇的旅游开发根据当代旅游市场的现实需求,激活历史文化,古为今用,洋为中用,凸现创意大众化、动态化、生活化、趣味化的特点,从而赋予了古镇旅游文化的生命活力。古镇居民的生活内容和生活方式与普通游客很贴近。如蓝印花布已经成为酒店、餐馆和居家中很有民间气息的装饰点缀,乌镇搞起了染坊。当铺是旧时市场经济发达、急需资金流转的标志,乌镇恢复了具有观光功能的旧式当铺。再如历史上乌镇有很多茶馆,茶馆边上有卖烟丝的小店,过去老百姓来早市、喝早茶、抽旱烟。这些非常生动的社会生活场景,乌镇在旅游开发中将之一一激活。

乌镇的"活态"开发主要体现在三个方面:①延续历史文脉,举办大型节庆活动,如将具有浓郁乌镇特色的香市节(相当于当地的"狂欢节")移植过来与旅游结合,积聚了人气。②将评弹、皮影戏等按旅游需求重新编排、演出,丰富旅游者生活。③建立传统手工制品市场,恢复历史街区传统老店。恢复传统产品作坊(如酱坊与茶馆),补贴传统特色老字号商店,同时给闲置的历史公共建筑注入新的功能,如恒益药店和乌镇邮局。激活文化,还原生活,乌镇为游客准备的不仅仅是凝固的建筑,更是生动的古镇生活,这也是游客最希望体验的内容。

如今,乌镇不再是一个单纯的"观光博物馆",而是一种功能完备的生活社区。而对于游客，这样的社区才值得来玩、住和体验。2010年，乌镇因其在“历史遗产保护与再利用”方面的成功而入选上海世博会城市最佳实践区案例馆，其合理的发展模式也被联合国称为“天人合一”的“乌镇模式”[1]。

3.景观旅游功能变迁

从静态观光游览到动态休闲体验，再到多种旅游功能互补，体现出景观旅游功能的变迁。

（1）静态观光游览。在改革开放之初，大多数的历史文化名城（镇）旅游开发处于萌芽期或起步期。此时景观的旅游功能以静态观光为主，名城（镇）开发有名人故居、门楼、牌坊、街巷等景点，圈定范围收门票，配备景点导游，收取导游服务费。

（2）动态休闲体验。随着旅游者收入的逐步增加，旅游需求的不断提升，静态的观光旅游产品越来越不能满足旅游者的需求，历史文化名城（镇）在保护的基础上，开发出住宿类、餐饮类等刚性旅游产品，民俗演艺、实景演出、剧场演出等娱乐旅游产品，进一步丰富了历史文化名城（镇）型旅游地的旅游内容。

（3）多种旅游功能互补。在当前中国经济快速发展的大背景下，客源市场进一步细分化，自助游客增多，游客的旅游需求日趋个性化和专业化。为适应游客需求的变化，历史文化名城（镇）型旅游地的景观旅游功能更加多样，适应艺术创作群体的绘画旅游、摄影旅游，适应学生群体的历史文化科普教育旅游，适应银发群体的疗养保健旅游，适应都市职场人士的慢生活旅游等，呈现出多种功能互补的复合化发展趋势。

（二）景观变迁具体特征

景观变迁的具体特征体现在自然景观和整体风貌、土地利用、基础设施、接待设施等人文景观方面。

1.自然景观：“自然破坏与恢复”与“人为破坏与整治”

优美的自然景观，是历史文化名城（镇）型旅游地最大的天然布景。

（1）自然破坏与恢复。自然因素对历史文化名城（镇）型旅游地自然景观的影响有渐变的，也有突变性的。地震、洪水、海啸、山体滑坡、泥石流等自然力，会造成历史文化名城（镇）型旅游地景观的突变性破坏。以地震为

[1] 郑世卿，王大悟. 乌镇旅游发展模式解析[J]. 地域研究与开发，2012，31(5)：85-88，94.

例,1996年云南丽江古城地震,2008年四川汶川地震和2013年四川雅安地震,对当地的历史文化景观都造成了不同程度的破坏。尤其是汶川地震,震级达到8级,当地的羌族文化遗产破坏严重。

自然因素对景观的影响具有多面性,在造成景观破坏的同时,也有恢复景观的能力。主要表现在大气、水体在遭受污染后具有自我净化的能力,植被受到破坏后会随着时间的推移逐步恢复。但是,这种自然因素对景观的恢复能力,对于历史文化名城(镇)型旅游地的作用比较小。

(2)人为破坏与整治。虽然自然因素会对历史文化名城(镇)型旅游地的景观造成一定程度的破坏,但在多数情况下其破坏程度远不及人为破坏严重。人为破坏体现在工业"三废"对名城(镇)环境的污染,居民传统的土葬习俗破坏了周围的山体景观,居民生活污水未经净化直接排到河道污染了水体等方面。随着人口的增加,为满足生活需要而出现的乱搭乱建破坏了历史文化名城(镇)的景观风貌。游客乱扔垃圾、随意刻画,也破坏了旅游景观。

随着经济发展和社会进步,人们的环境保护意识逐渐增强,采用多种手段治理污染。如逐渐关停"五小企业",搬迁污染企业,建立污水处理厂,用燃气和电力取代传统的薪柴和煤炭,实现工业和生活污水达标排放,工业企业废气达标排放,实行垃圾集中收集处理;居民移风易俗,摒弃传统的土葬习俗;规范游客的不文明行为等。通过实施一系列整治和规范措施,历史文化名城(镇)的自然环境得以修复。

2.整体风貌:从"遭受破坏"到"协调一致"

(1)遭受破坏。2012年11月7日,住建部与国家文物局联合下发《关于对聊城等国家历史文化名城保护不力城市予以通报批评的通知》,对山东省聊城市、河北省邯郸市、湖北省随州市、安徽省寿县、河南省浚县、湖南省岳阳市、广西壮族自治区柳州市、云南省大理市因保护工作不力进行了通报批评。通报称:这些文化名城的历史文化遗产遭到严重破坏,名城历史文化价值受到严重影响;请相关省、自治区住建厅、文物局督促上述城市人民政府立即梳理名城保护工作,认真查找问题,分析原因,尽快采取补救措施,提出整改方案,完善相关保护制度,坚决制止和纠正错误的做法,防止情况继续恶化,并将整改情况上报;住建部、国家文物局将视整改情况决定是否请示国务院将其列入濒危名单;其他国家历史文化名城要引以为戒,按照《历史文化名城名镇名村保护条例》要求，加强法规建设，健全保护制度，完善保护规划，严格规划实施，加大保护投入，履行管理职责，坚持严格保护，维护历史文化遗产的真实性和完整性，妥善处理好经济社会发展与历史文化遗产保护的关系，开创历史文化名城(镇)保护工作的新局面。

消息一出，古城保护的问题再次被凸现出来。归纳起来，历史文化名城(镇)的整体风貌遭受破坏的原因包括：

①自然因素的破坏。日晒雨淋、自然风化等自然力，会造成历史文化名城(镇)旅游地整体风貌渐变性破坏。以古建筑为例，我国古建筑结构多为木质或石质材料，在长时间遭受自然风化而不加修缮的情况下，彩绘会日渐失色，雕刻会日渐漫漶。白蚁会毁坏古建筑和堤坝，造成毁灭性的破坏。

②人为因素的破坏。人为因素导致的破坏主要有火灾、偷盗、"建设中的破坏"和"保护性破坏"等。其中，火灾的破坏突发性强，破坏力大，应高度重视和防范。在监管不严的地区，偷盗文物古迹的现象时有发生。

"建设中的破坏"，危害性也非常大。与火灾和偷盗不同，由于认识上的局限性等原因，建设中的破坏在发生之初往往不被视为破坏。历史文化名城(镇)型旅游地人文景观"建设中的破坏"，主要发生在两个阶段：一是新中国成立初期的恢复和发展生产阶段，二是改革开放之初的快速城镇化阶段。

第一阶段，由于认识上的问题，一些古城(镇)中象征着封建政权统治的城墙、城楼，影响马路取直拓宽的塔、寺、牌坊，纷纷难逃被拆除的厄运。狭窄的街巷被拓宽，石板路改建成水泥路。以北京为例，新中国成立后，面对即将到来的城市建设，中国著名建筑家梁思诚曾提出过"保护古城、另建新区"的古城规划理念，但受到经济发展水平等因素的制约，在"迅速恢复和发展生产"的建设思路导向下，没有得到实施。北京全长几十千米的城墙所剩无几，永定门等门楼被拆除，破坏了这座东方古国历史古都的艺术特性和景观完整性。

第二阶段，在房地产开发的热潮下，受经济利益的驱使，一些历史文化名城(镇)掀起了重建仿古风，部分历史建筑被推倒，建成仿古新街。仿古新街卖的都是一些机器生产的"手工艺品"，缺乏特色。新建建筑往往采用现代建筑样式和风格，高度超过名城(镇)建筑标高，体量过大，色彩不协调。与历史建筑相比，新建建筑在建筑形式、风格、高度、体量、色彩等方面均显得突兀。此外，随着人口的增长，乱搭乱建的违章建筑开始增多，历史街巷变得杂乱拥挤,其空间尺度、肌理和路面材质发生改变。在快速城镇化的建设中,一些名城(镇)的中心、轴线、空间范围等历史空间格局被湮没,在面貌“焕然一新”的同时,“古城不古”,历史风貌遭受到严重的“建设中的破坏”。

“保护性破坏”是近些年来随着各地经济实力的提升出现的新的破坏现象,指的是在维修保护过程中,由于维修保护缺乏古建筑基础知识,没有遵照历史原貌进行修缮,从而导致整体风貌不协调,产生破坏。

由此可见,整体风貌遭受破坏的原因既有自然因素的作用,也有人为因素的作用。在这些因素的共同作用下,一些历史文化名城(镇)出现了历史格局遭到破坏、历史文化街区被挤占、历史建筑被拆除、文物保护单位及周边历史环境风貌遭到破坏、投入大量资金建造仿古建筑等现象,对历史文化遗产保护造成了不可挽回的损失。以上述被列入2012年通报批评名单中的柳州市为例,其问题主要出在历史文化街区保护不力上,而遭受破坏的原因,既有人为因素,也有自然因素。如二十世纪八九十年代几次特大洪涝灾害,都对历史文化街区的保护产生一定负面影响;附近居民的保护意识不强,为改善居住条件私搭乱建、擅自改造的行为时有发生,进一步加剧了传统风貌的消失[1]。

(2)协调一致。针对自然因素造成的破坏,人工修复的做法取得了一定的成效。如遵循“修旧如旧”的原则,采用传统材料并进行“做旧”处理,按照传统营造技艺,修缮古建筑;开展消灭白蚁的专项行动,彻底摧毁白蚁的生存环境,保护古建筑和古堤坝。

针对人为因素造成的破坏,防火、防盗要常抓不懈。随着人们认识程度的提高,人们逐渐认识到“建设中的破坏”也是破坏,而且其破坏的力度甚至比自然力造成的破坏要大得多。于是,人们开始停止“建设中的破坏”,并制定相应法律法规,防止“建设中的破坏”。同时,尽力采取挽救措施,减少“建设中的破坏”和“保护性破坏”对名城(镇)的破坏。如拆除体量过大、高度过高、遮挡景观视线的新建建筑,从色彩、屋顶样式等方面改造与整体风貌不协调的新建建筑;整治古街巷,治理环境卫生,电话线、电视线、有线电视线“三线”下地;绿化、美化和亮化民居庭院、道路街巷;重建古建筑和城墙、城门、角楼、牌坊等构筑物等。需要指出的是,虽然通过多方努力,名城(镇)中

[1] 沈仲亮. 对古城保护的忧思[N]. 中国旅游报,2013-05-20(14).

的整体风貌景观逐渐协调一致,但遗憾的是,由于文物资源具有不可再生性,一旦遭受破坏再也不可能完全修复如初,修复后的只能是仿制品,景观风貌可以恢复原样,却永远地失去了历史的真实性。

3.土地利用:从“生活性城市”到“过度商业化”再到“适度商业化”

旅游地土地利用类型主要有文物古迹保护用地、旅游商业用地、旅游基础设施用地、旅游服务设施用地、居住用地、绿化用地等。

历史上,历史文化名城(镇)是商业贸易的空间,这种商业活动的顾客群体以当地人、区内农民以及其他客户为主,是“生活性城市”,土地利用表现为没有专门的旅游用地类型,居住用地为主体,其他用地为辅助。

随着旅游业的发展,历史文化名城(镇)作为旅游吸引物而存在,成为旅游商业活动的载体,店铺的顾客群体从以居民为主转变为以旅游者为主。丽江古城、大理古城、周庄古镇都不同程度地存在着“过度商业化”现象,表现在土地利用类型上,其主体类型由居住用地转向旅游用地,包括旅游商业用地、旅游基础设施用地和旅游服务设施用地等。过度商业化会使游客产生排斥心理,导致名城(镇)旅游地吸引力下降。

土地利用景观的适度商业化是理想状态,是历史文化名城(镇)型旅游地的努力方向。此时,土地利用景观呈现出和谐的状况:在大部分非旅游街区,主要土地利用类型以居住用地为主;在旅游化程度高的街区,土地利用类型向旅游倾斜;行政办公用地和科教文卫用地逐步远离名城(镇)历史文化街区;文物古迹保护用地、绿化用地、生活设施用地和旅游设施用地分布合理;增加绿化用地,强化庭院绿化和道路两侧绿化,培养藤蔓植物,丰富绿化层次;设置合理的停车场位置和用地规模,为旅游开发和居民生活提供便利。

4.接待设施:从无到有,逐渐增多

在旅游开发初期,历史文化名城(镇)内仅仅开发了若干观光景点,游客来此只能是观光游览、拍照留念,再无其他旅游活动,游客停留时间短,旅游收入仅仅依靠门票。

随着旅游的发展,在餐馆中享用地方传统美食,在客栈中住宿,在名城(镇)中漫步,做古城人,看古城人的生产和生活,体验悠闲慢生活,成为许多游客的向往。在旅游需求的推动下,由民居或商铺改造而成的餐馆、客栈、酒吧、咖啡馆、茶馆、水疗馆、足疗馆、民俗舞台等旅游接待服务设施从无到有、逐渐增多,游客身处其间,可观赏、可品尝、可品味、可娱乐、可放松、可享受,旅游体验变得丰富而难忘。

需要说明的是,虽然随着旅游业的发展,旅游接待设施会逐渐增多,但是,旅游接待设施并非越多越好,而是需要控制在合理的数量范围内。如果不加控制地增加旅游接待设施,旅游地就会陷入“过度商业化”的发展误区。

5.服饰:从传统到时尚和复古

具有地域传统特色的服饰景观,能够强化旅游地特征,便于旅游者识别旅游地。这一点在服饰景观丰富的少数民族型历史文化名城(镇)表现得更加突出。如桂林的壮族服饰、大理的白族服饰、丽江的纳西族服饰,成为古城吸引力的源泉之一。在汉族聚居的历史文化名城(镇)中,传统的汉族服饰,对于旅游者,尤其是热爱中华传统文化的旅游者,也具有很强的吸引力。

在中国漫长的封建社会,居民的服饰随着朝代的更迭而变化,具有鲜明的传统文化特色和时代特征,如汉服、唐装、清朝旗袍等。在新中国成立后相当长的一段时间里,简朴之风盛行,中山装流行。随着经济的发展,服饰渐趋时尚,潮流成为推动服饰发展的动力。随着旅游业的进一步发展,在文化创意产业的推动下,名城(镇)兴起服饰复古风,用江南古镇的蓝印花布、西南少数民族的蜡染布制成的服饰重新回到了当地街巷之中。一些旅游商家穿起传统服饰或民族服饰,以招揽游客。服饰复古行为的主要动力来自于由旅游需求引发的商业利益,当然也不排除游客为了增加旅游体验选择穿着复古服饰。同时,由于游客的喜爱和赞赏,增加了当地居民的服饰自豪感,从而导致一些居民的服饰复古。

在旅游发展的大背景下,名城(镇)的服饰景观的理想状态表现为“时尚”和“复古”并存。大规模地将服饰复古到某一个特定的历史时期,如同大规模复原某一历史时期的建筑一样,违背了景观的延续性特征,并不可取。普通居民和大众游客的服饰是现代服饰,具有时尚气息,是古城服饰的主体。旅游商铺、民居客栈、茶馆餐馆的服务人员,其服饰可以适当复古,以利于营造传统氛围。具有个性的小众游客,也可以根据个人喜好,选择购买和穿着复古服饰,以丰富旅游体验。在传统节庆和仪式中,如传统婚礼、传统祭祀活动、民俗文化节庆中,可大量使用复古服饰。此时的复古服饰成为文化符号,起到立体展示文化的效果。

6.人口:从“居民之城”到“游客之城”再到“居民与游客和谐共生”

名城(镇)最初以居住功能为主,人口构成主要是本地居民和少量流动人口。随着旅游开发的兴起,名城(镇)知名度的提升,大量游客从四面八方纷至沓来,给旅游业带来了无限商机。旅游商业开发导致地价升值,为了在增加收入的同时规避经营风险,同时为了改善生活条件,居民大量外迁,将名城(镇)的房子租给善于经营的旅游商户以收取租金。一时间,游客代替居民,成为名城(镇)的主人。长此以往,会导致传统生活方式、传统民间习俗等非物质文化景观的消失。有人将这种现象形象地称之为“空壳之城”。

“游客之城”阶段,并不是每个名城(镇)旅游发展的必经之路,而是一些旅游发展较好的名城(镇)在旅游发展的初级阶段走过的弯路。面对旅游业的快速发展,在经济利益的推动下,这些地区没有意识到游客大量增加所带来的负面效应,名城(镇)管理者一度忽视了游客容量管理。

随着认识的深入,在旅游可持续发展理念的指导下,历史文化名城(镇)的人口景观逐步向“居民与游客和谐共生”的方向发展。名城(镇)内部划分居住区、旅游区。居住区人口主体是本地居民,以居住功能为主,商业店铺主要面向本地居民。旅游区以游客为主,具有完善的旅游功能,旅游店铺主要面向游客。社区居民的利益得到高度重视,旅游管理者采取一系列措施,包括为居民提供参与旅游发展的机会,增加居民收入;对居民进行职业培训,规劝居民改变落后的生活习惯,提高居民素质;改造基础设施,提高居民生活质量等,使居民安居乐业,在居民和游客中建立起和谐的共生关系。

7.民俗活动:从“衰落”到“振兴”

随着经济的发展和社会的进步,历史文化名城(镇)居民的物质文化生活越来越丰富,但传统的民俗活动日渐衰落。如在贵州土家族聚居区,摆手舞、跳丧舞等一些民俗活动曾被禁止。诚然,一些具有封建迷信色彩性质的活动,危害百姓身心健康,必须遏制,但大多数民俗活动健康向上,是名城(镇)不可多得的旅游吸引物,如祈求国家太平、风调雨顺、家人平安的民间祈福活动,划龙舟、叠罗汉、登高等民间体育活动等。

在旅游景观开发形态发展到“物态”开发和“活态”开发相结合的阶段时,积极健康的民俗活动逐渐成为名城(镇)吸引力的源泉。一些名城(镇)

通过组建演出团体,排练节目,在固定的演出场地定期演出,使民间演艺活动常态化。在民间传统节日春节,乌镇的窄巷里摆起了类似“流水席”的“长街宴”,游客置身其间,在江南美食的诱人香气中,体会着浓浓的年味。2012年,平遥古城依据《平遥县志》创作编排出《晋商神韵》并常态化演出,全天巡演“县太爷迎宾”“抛绣球招亲”“八音会”等七个民俗项目,受到游客欢迎[1]。

8.传统工艺景观:从“难觅其踪”到“活态展现”

历史上,名城(镇)经济繁荣,为民间传统工艺的发明和发展提供了肥沃的土壤。如天津的杨柳青木版年画,安徽歙县的歙砚制作技艺,江苏无锡市的泥塑、苏州市的苏绣、镇江市恒顺香醋酿制技艺,江西景德镇市的手工制瓷技艺等,都是地方历史文化的结晶,是地方民间传统工艺的精华。

旅游业的发展能够引起旅游地工艺美术品的风格和形式上的变化,也能改变当地工艺美术品原来的意义,使原来富有宗教和礼仪意义的工艺品成为旅游商品。人类学家认为,工艺品在与外界交流的过程中主要经历了三个变化阶段:第一阶段,失去其传统的艺术设计形式,特别是那些有深刻宗教含义和神话意义的工艺品;第二阶段,批量生产退化为简单的工艺品;第三阶段,技术水准很高和富有地方特色的工艺品的复兴,是对第二阶段出现的不良现象的反应[2]。

改革开放初期,随着工业化进程的加快,机械化生产方式取代手工生产方式,历史文化名城(镇)的传统工艺景观一度难觅其踪。随着旅游业的发展,具有地方特色的传统工艺品受到旅游者的青睐。在旅游需求的推动下,传统工艺品获得新生。随着观光旅游向体验旅游的进一步发展,传统工艺品由静态销售开始向前店后坊式的活态展示和销售转变,传统的商业格局得以恢复,历史文化名城(镇)传统工艺景观进一步丰富。

9.语言景观:从“地方化”到“国际化”

语言是文化赖以发生、存在、交流、传递的媒体,也是文化价值观念的储藏库。同时,语言不是静止的,随着不同人种、不同群体地理活动范围的交

[1] 李新锁. 平遥古城演绎清代浮世绘　县长邀游客穿越历史[EB/OL]. (2012-05-17)[2013-03-10].http://www.bjd.com.cn/10jsxw/201205/07/t20120507_1857217.html.

[2] 李经龙,郑淑婧,周秉根. 旅游对旅游目的地社会文化影响研究[J]. 地域研究与开发,2003,22(6):80-84.

错与重合,不同的语言彼此产生影响[1]。

一般地,在封闭的地区,居民大量使用方言。在旅游业发展和地方经济繁荣的过程中,与外界的交往越来越多,为消除沟通障碍,居民越来越多地接触普通话,并开始自觉地使用普通话与外界交流。随着旅游地的吸引力增大,与外界的交往逐步跨越国界,普通话作为中国通用语言难以满足跨国交往的需要,于是居民开始学习和使用外语。

在不同民族、不同地域文化的旅游目的地,旅游开发对语言景观产生的影响是不同的。一项针对大理古城居民学英语的调研显示,最早出现这一转变的居民是从事旅游商业活动的群体[2],所使用的外语语种主要以国际通用语言英语为主,各地又因主要客源国的不同,有所差异。例如近些年来,由于韩国旅华游客的增多,许多地区开始出现韩语店标招牌,从事旅游商业活动的居民开始学习和使用韩语。

四、历史文化名城(镇)型旅游地景观变迁中的问题

古城(镇)旅游商业化问题和如何延续历史的问题,与景观变迁密切相关,值得关注。

(一)古城(镇)旅游商业化问题

长期以来,古城(镇)旅游商业化与原住民似乎是一对难以调和的矛盾,无论专家还是游客,一般都希望保护原住民,排斥商业化,因为在人们眼中,原住民的文化是"原真的",商业化的表现是功利的,甚至虚拟的。实际上,从古至今,古城(镇)的商业化与原住民是辩证统一体。

古城(镇)过度商业化,无疑是错误的。如果古城(镇)中天天灯红酒绿、夜如白昼、锣鼓喧天,显然会破坏古城的古朴氛围。我国有的古城(镇)在开发中慢慢地"褪色",几近相同的酒吧街、购物街充斥其间……呈现出过度商业化的局面。古城(镇)旅游应遵循"适度商业化"的开发原则,合理开发。

从古镇的起源和发展看,商业一直是主要功能之一。历史上的"镇",要么起源于"军镇",要么起源于"市镇",今天的古镇除了少数始于军事、政治功能外,绝大多数都是商业贸易的产物。所以,一味批评古镇旅游商业化,

---

[1] 张海霞. 平遥古城旅游开发与文化景观变化研究[D]. 西安:陕西师范大学,2007:46.

[2] 戴凡,保继刚. 旅游社会影响研究——以大理古城居民学英语态度为例[J]. 人文地理,1996,11(2):37-42.

而忽略了古镇演变的基本规律有失偏颇，古城(镇)旅游商业化问题应该是如何避免过度商业化和如何合理商业化的问题。

在古镇的旅游开发中，商业化应该与古镇延续的商业业态契合。以丽江古城为例，现代化的酒吧成为古城特色，似乎是古城开发的悖论，但其实是古镇传统商业业态的延续。丽江作为茶马古道的重要集镇，来来往往的马锅头在这里驻足歇息，交换货物，一到晚上，热闹的锅庄就成为马锅头们饮酒唱歌的交流空间，今天，只不过把青稞酒、扎酒变成了啤酒、红酒，商业业态的本质并没有变。但是，如果把酒吧大量引入西双版纳就会失败，因为西双版纳的农耕文化背景与酒吧业态不相符合[1]。台湾的九份，兴起于清光绪年间，至今依旧保留着日治时代的旧式建筑。基山街是九份最热闹的街道，这里没有酒店宾馆，都是当地居民开办的民宿，虽然商家聚集，却没有过分的令人讨厌的商业氛围，这里的商家卖的东西很多都是具有九份特色的纪念品和艺术品，这些在其他地方是看不到的[2]。

因此，在旅游开发的过程中，应以当地古城(镇)社会发展为原则，以改善古城(镇)居民生活为目的，在文物保护的前提下合理开发，掌握好商业化的度，适度商业化发展，保护古城(镇)的文化性、原真性、自然性和生态性。

2.古城保护中“重建仿古”与“延续历史剖面”的问题

很多历史文化名城(镇)，经历自然灾害和自然风化损毁，“建设中的破坏”和“保护性破坏”等，能够完整保留下来的寥寥无几，丰富的历史遗迹呈分散的“孤岛”残存在城市之中，难以完整复原。古城(镇)旅游面临的最大问题是其在破坏严重的情况下如何保护与开发。一些古城(镇)选择了重建当地繁荣时期的仿古建筑，但“一味复古”并不可取。其原因在于：一方面，仿古建筑毕竟不同于历史建筑，缺乏历史真实性；另一方面，历史上的繁荣时期难以界定，复古到什么时代才最合适难以有统一的答案。

事实上，作为生命的有机体，历史文化名城(镇)千百年来是一个有机更新的过程。应以目前保留的古城(镇)形态、古建筑风貌和生活空间为背景开发旅游。历史城区风貌的改善，不是历史风貌的复原，而是通过消除不和谐因素，形成一种新旧建筑和谐共处、具有整体感的风貌。

针对这一问题，中科院院士、历史地理学家侯仁之先生提出了古城(镇)

---

[1] 李小波. 古镇旅游开发要与时俱进[N]. 中国旅游报，2011-08-08(2).
[2] 沈仲亮. 对古城保护的忧思[N]. 中国旅游报，2013-05-20(14).

保护应“延续历史剖面”的观点。这一观点是解决当前上述问题的重要理论支撑和实践指导。“延续历史剖面”，是指把最能代表每一个历史时期的历史遗存保留下来，连接成完整的历史剖面，让游客可以感受到历史城市的脉动。以北京为例，金、元、明、清是北京都城的四个重要阶段，金中都以莲花池为中心，元大都以积水潭为中心，明代建设以紫禁城为中心，清代又开发了西北部的三山五园，都城建设的空间连续有序。当年西客站选址于干涸的莲花池上，侯先生力排众议，将西客站选址东移，虽然增加了拆迁费用，但是莲花池遗址公园的建设保留了金朝建都北京的重要剖面，这样，北京古城脉络通过一幅历史剖面（莲花池金中都—后海元大都—明代紫禁城—清代三山五园）和一条中轴线（从南部的天坛—永定门—故宫，一直延伸到奥林匹克中心）得以完整展现。其他如北京的后海、上海的新天地、杭州的御街、成都的宽窄巷子等，都已经成为历史文化遗存与旅游共生的典范[1]。

此外，古城保护还需要强化全民保护意识，以修葺代替重建。欧洲、日本和中国台湾地区的古城旅游资源开发和保护的做法值得借鉴。意大利佛罗伦萨有上千年的历史，整个城市就是一个古城，面积比中国古城都要大。在佛罗伦萨，所有古建筑都是被保护的，无论是普通民居还是一些有代表性的建筑。在那里，以修葺代替重建，允许居民改善建筑内的居住环境，不允许改变外部形态。如果市民居住的老房子出了问题，维修的费用不是由居民自己承担，而是由政府或者其他机构帮助解决，因为这是佛罗伦萨市民共同的财产，全民保护意识非常强[2]。

第二节　徽州古城景观变迁研究

徽州古城隶属于中国历史文化名城歙县，即今安徽省黄山市歙县政府驻地徽城镇。徽州古城历史上是徽州府一府六县的政治、经济和文化中心，是徽商的摇篮，今天是徽州文化的活化石，是古徽州旅游整体格局的重要组成部分。徽州古城，与四川阆中、云南丽江、山西平遥一起，并称为当今中国“保存最完好的四大古城”，有人用“北有平遥古城，南有徽州古城”来赞誉徽

[1] 李小波. 理性看待古城保护与开发[N]. 中国旅游报，2011-08-10(2).

[2] 沈仲亮. 对古城保护的忧思[N]. 中国旅游报，2013-05-20(14).

州古城在中国古城旅游景区中的地位。

改革开放以来,通过30多年的保护与开发,徽州古城已经逐渐形成自己的旅游品牌。古城的历史建筑、街巷风貌、整体格局得到有效保护,徽派建筑景观协调统一,基础设施建设初见成效,走上了规划引领、统一管理、科学发展的道路。虽然旅游业发展初见成效,但总体来看,徽州古城旅游业尚处于发展阶段,以观光旅游为主,城内商业主要服务于本地居民,缺乏必要的旅游商业氛围,住宿和餐饮设施不足,游客停留时间较短。

一、徽州古城景观变迁阶段

大体上,徽州古城人文和自然景观变迁以正面变迁为主,部分景观在特定的历史时段也曾出现过负面变迁的现象。

徽州古城景观正面变迁最明显的事实有:

(1)物质文化景观得到合理保护和利用。早在距今1 800多年前的东汉末年,徽州古城便有了最早的城郭——“毛甘故城”。自隋朝开始,古城“府县双城”的历史格局逐渐形成。古城至今仍然保留着“依山就势、三水环绕”的城市空间格局,高墙深院小窗,街巷狭窄悠长,粉墙黛瓦马头墙,隋朝末年的西谯楼、隋唐时期的城墙、南宋时期的东谯楼、明代的许国石坊、三条明代古街(斗山街、打箍井街、小北街)、三眼古井(应公井、蛤蟆井、打箍井)等。这些珍贵的人文景观能够历经历史的洗礼保存至今,离不开古城人孜孜不倦的维护和修缮。

“文化大革命”期间,古城人自发保护历史文化景观。当时尽管歙县分为两大派,彼此针锋相对,唇枪舌剑,也有所谓的“破四旧”,但在保护古城文化遗产上目标是一致的,并互相监督。老百姓自觉守护许国石坊这座举世无双的国宝级建筑,使企图毁坏牌坊的人不敢轻举妄动。更有智慧的农家百姓,在牌坊的浮雕上(诸如花卉草木、飞禽走兽、功名碑刻上)涂一层厚厚的黄泥,覆盖图像和文字,一旦乌云吹散,万里晴空,古老的牌坊又恢复原貌,再现风采[1]。

2009年以来,古城人通过开展“古城保护与利用工程”,修复徽州府衙,整治历史街区环境,建设徽州古城博物馆群,整治提升建筑立面,改造提升

[1] 滕祁源,毛新红.中国历史文化名城歙县[M].合肥:黄山书社,2007:49.

街道路面，实施杆线下地，规范沿街店招，综合整治环境卫生等；通过规划，合理设置古城旅游业态，丰富历史街区内涵；通过举办旅游节庆活动，彰显古城特色，使古城旅游焕发出新的活力。

(2)非物质文化景观得到挖掘。通过徽州古城景区的旅游开发，歙砚、徽墨、宣纸、徽州漆器、徽州(砖、木、石、竹)四雕、新安山水画等艺术瑰宝得到重视和挖掘，徽州民俗得到继承和发扬，以徽州古城非物质文化景观为载体的旅游文化创意产业逐步发展。

(3)生态环境保持优良。大气和水体质量长年保持优良，建成区绿化覆盖率保持在40%以上。2009年，县城建成区绿化覆盖率为46.5%；公共绿地面积达204.8万平方米，3公顷以上的公园有4座，公园绿地率85%；县城主干道绿化带面积占总道路面积35%以上；人均公共绿地面积25.6平方米。生活垃圾无公害处理率和全年大气优良率均达到100%，城市自来水普及率98%，水质综合合格率100%，燃气普及率92%，道路亮灯率98%，污水处理率70%以上；生态环境达到国家规定标准。2010年，歙县获得“国家园林县城”“安徽人居环境奖”两项殊荣。

徽州古城景观也出现过负面变迁的情况：

(1)徽州古城在太平天国和“文化大革命”这两个特殊的历史时段，遭受过不同程度的破坏，尤以太平天国时期为盛。

(2)城市建设导致景观破坏。城市建设对徽州古城景观的破坏分为两个阶段：①新中国成立至1984年，古城人保护意识不强，为适应城市人口增长对基础设施的需求，在城市基础设施建设时，拆除府衙、城墙、城门等历史构筑物，拓宽历史街巷，拆除街道青石板，铺设水泥路，对古城景观造成了较大规模的破坏。②二十世纪九十年代初至2005年，房地产开发热潮席卷古城，在经济利益的驱使下，古城一些历史建筑被拆除，取而代之的是仿古建筑和住宅新区。如原徽州府城的后花园被拆除，建成仿古风格的徽园景区；徽州路万年桥至徽园大门段以南的古城建筑被拆除，建设了很多现代建筑。

(3)自然力造成的破坏。自然力不是古城旅游景观出现负面变迁的主要动力，但也客观存在，且危害较大。如风雨侵蚀、阳光照射、空气干湿变化等自然力，会侵蚀和破坏木结构建筑，如果缺乏人工修缮，会发生自然坍塌；砖雕和石雕易受风化作用影响，漫漶不清，丧失原貌；街巷景观和人居环境景观会因年久失修而自然衰败。

近年来,古城发生过三次城墙坍塌事件,主要都是暴雨所致。2008年4月15日,古城潮水门主城墙与月城结合部南段的一段城墙坍塌;同年6月11日,古城西月城城外长18米的一段城墙突然坍塌;2011年6月20日,古城墙靠近主城门段出现大面积塌方。旧城墙缺乏完善的排水设施,连日暴雨导致旧城墙体连续渗水,城墙内部填土因潮湿而快速膨胀,从而造成城墙坍塌[1]。

(4)其他因素导致景观破坏。文物偷盗和非法交易现象时有发生,尤其是雨后,一些年久失修的古建筑濒临坍塌,文物贩子乘机低价收购。游客在古城游览时不文明行为对古城景观造成破坏,如乱扔垃圾,破坏人居环境;在建筑和构筑物上刻画"到此一游"等,破坏古城环境。

由于缺乏翔实的资料,科学划分徽州古城景观变迁阶段是非常困难的。通过归纳徽州古城景观变迁的历史,大体上将其景观变迁划分为五个阶段:明清及其以前,民国时期,1949—1984年,1984—2005年,2005年至今。选择1984年、2005年作为节点,将新中国成立以来徽州古城景观变迁划分为三个阶段,主要基于以下因素:①1984年,歙县开始申报国家历史文化名城,在申报过程中出台了一系列保护古城的文件,提升了保护古城的意识,提出了保护古城的具体措施,"修旧如旧",古城的面貌开始发生历史性的变化;②2005年,徽州古城分散的小景点打破了"各自为政"的局面,整合成统一的徽州古城景区,整合开发,开发实力全面提升,资金投入增加,景观建设水平逐年提高,开启了景观合理保护和有效利用的新阶段。

(一)明清及其以前

回溯中国近代以前的旅游活动历史,旅游活动形式主要包括商务旅游、帝王巡游、宗教旅行、士人漫游、公务旅行和考察旅行六种形式。自1 800多年前建立毛甘故城开始,到明清时期,在政治经济发展、宗教活动、人口迁移等因素的共同作用下,形成了徽州古城丰富的历史文化景观。

1.士人漫游与古城景观

徽州古城何时开始有旅游活动,无从考证。大体来说,自徽州古城有城郭开始至清朝末年,徽州古城的旅游活动主要以士人漫游为主。士人漫游一方面为古城创造出了新的旅游景观,另一方面也扩大了古城既有旅游景

[1] 吴永泉.连日暴雨导致歙县古城墙再次坍塌[EB/OL].(2005-02-26)[2013-04-10].http://www.cnta.gov.cn/html/2008-6/2008-6-17-15-12-2-68.html.

观的知名度。总体来说,这些景观数量少,影响有限。

徽州古城中有史料记载的、历史最悠久、最为著名的旅游活动是诗仙李白的漫游。据北宋《太平广记》载,唐天宝十三年(754),已是名声遐迩的大诗人李白,在游历了黄山后来到歙县,前来寻访城阳山南坞的隐士许宣平。

这一漫游活动,造就了太白楼、碎月滩等景观。太白楼位于练江边,始建于隋末唐初。在李白访歙之前为一酒肆,为古城较早的接待设施。相传李白曾在此饮酒眺景,后人为纪念李白,将其改造为“太白楼”。“碎月滩”指太平桥下太白楼前的一段河滩,李白曾留下“几回流碎月”的诗句。

除李白外,苏辙、杨万里、戴复古、范成大等文人墨客也曾游览过徽州古城,并留下了千古诗篇。岁寒亭、新安江、乌聊山等景观,在这些文人墨客的笔下熠熠生辉、名声远播。“唐宋八大家”之一的北宋文学家苏辙曾任绩溪县县令,元祐初年奉命还朝,其兄苏轼建议他还京途中“道歙溪,过钱塘”,于是苏辙在游览歙县时留下了《题问政山岁寒亭》。南宋诗人杨万里在辞官归里之后,经由宁国、绩溪进入歙县,写下了《新安江水自绩溪发源》七律一首。南宋诗人戴复古慕名游览乌聊山,赋诗《乌聊山登览》。南宋诗人范成大,曾赋诗盛赞古城梅花。

2.经济发展与古城景观

“古色古香”是徽州古城旅游景观最主要的特色,其形成和变迁与古城文明历史的演进同步。

(1)传统风貌。徽州古城“府城”与“县城”“双城并立”,两城共用了一部分城墙,这在中国为数众多的古城中并不多见。徽州古城的历史建筑、历史街巷、历史空间格局等传统风貌景观,随着古城历史上政治经济的发展逐步形成。

歙县设有一级地方行政区划始于秦代。公元前221年,秦始皇统一中国,建立中央集权制的封建王朝,推行郡县制,分划全国为三十六郡,郡下置县。秦朝在新安江上游地区新设黝(县治在今黟县县城偏东处)、歙(县治在歙浦,即今歙县雄村乡义成一带)二县,归鄣郡(其治所在今浙江安吉西北)。虽然歙县自秦代已有行政机构,但当时的县治不在今天歙县徽州古城的位置,而是在今歙县雄村乡义成一带。

徽州古城最早的城郭形成于东汉末年。据唐《元和郡县志》记载,东汉建安十三年(208),乌聊山(今长青山)有毛甘故城。黄巾起义失败后,歙县土族势力互相混战,山越人首领毛甘率万户屯乌聊山,建造歙县第一座城池。此后,毛甘被东吴孙权派遣的威武中郎将贺齐征伐,毛甘屯兵遗址被称为“毛甘故城”。北宋《太平寰宇记》有“毛甘领万人屯乌聊,孙权遣贺齐平之,时歙县已治此”的记载。

由于年代久远,毛甘故城没有保存下来,其具体范围及其结构已无从考证。如今徽州古城“府县双城”历史格局,自隋朝开始逐渐形成,先有府城,后有县城。

府城城池营造始于州城。州城是隋朝时期的州级行政机构所在地,其范围是今县城的西半部。据宋代罗愿《新安志》记载,隋开皇十一年(591),置歙州,设州治于黟县。隋末天下纷乱,隋大业十三年(617),歙人汪华据州,自称吴王,将州治先迁于休宁县万寿山(今古城岩),后迁歙县乌聊山,并在毛甘城故址筑郡城。城制为内子城外罗城,等级分明。子城周长“一里四十二步”,为郡治和郡王宫室所在地,有郡王宫殿、东西宫廨、南谯楼等建筑,宛然王城建制;罗城周长“四里二步”,为士民商贾居住。

宋宣和三年(1121),方腊起义被镇压后,朝廷下令改歙州为徽州,真正意义上的徽州时代从此开始。徽州古城是徽州府治所在地。宋徽宗下诏改筑州城于扬之河北面“三里”的新州,城周长“四里多”。由于交通不便,百姓纷纷迁返旧城。宋徽宗重新下诏,修复旧罗城。修复后,城周扩至“七里三十步”,有城门六座(即东门富州,西门丰乐,南门表城、紫阳,北门通济、太平),“不复为子城”。元朝初年对古城进行了修缮,改东门富州为新安,西门丰乐为庆丰,其余依旧。元末农民起义之后,又进行了重修。明至正十七年(1357),朱元璋部将邓愈加筑府城,城周扩至“九里七十步”,改六门为五门(东门德胜,南门南山,西门潮水,小北门镇安,大北门临溪),并在城外东、西、北三面开凿了壕池(护城河),“河深一丈二尺,阔二丈四尺”。明弘治十四年(1501),南谯楼因风雨侵蚀而损坏,时任太守彭泽修复。

县城城郭建造始于明朝。隋朝时期,歙州下设歙县。徽州古城除了是歙州的州治所在地外,也是歙县的县治所在地,但县治没有城郭,仅附于州治的东部。直到明嘉靖三十四年(1555),为防御流寇侵犯,缓和郡城中避难民众的压力,才在知县史桂芳主持下,开始修筑歙县县城。县城西接府城东郭,东枕问政山,东北沿玉屏山直下迎恩山,西接府城倚斗山,南接府城长青山的南山门，东南接天马山上紫芝山，修筑起形如玉块的城垣，全长“七里多”。有南门紫阳，东门问政，北门新安，西北门玉屏。同时，府城城墙增高加固，并筑“月城”。月城又称瓮城，弧形，形如新月，套筑在大城门的内、外侧，用以屯兵防守，保护古城。至此，徽州古城“府县双城”的空间格局初步形成。

明清以前，除徽州府衙、城墙、城门、月城、壕池外，徽州古城的著名历史建筑南谯楼、东谯楼、古县学、应公井、蛤蟆井、打箍井也已建成。南谯楼，始建于隋朝末年，是汪华时代吴王府外子城的正门门楼（至今仍保留着隋代建筑风格）。楼三重三开间，高约20米，宽约15米，深约10米，砖木结构，悬山顶，高脊重檐，前后通间开窗，下为门阙。门阙宽4.5米，左右各有13根木柱，粗如水桶，呈10度倾斜倚墙而立，用以支撑大梁。隋唐时期的城墙是用土夯筑的，在城门上建楼，首先要在门阙内用木柱支撑横梁，城门的门框就装在居中的两根柱子间，柱子较为明显。东谯楼，又名阳和门、鼓楼、迎和门，南宋时期修建。楼高三层，大梁架在高台上，下为门阙，街道从中穿过，前后通间设窗。古时设有指南针、更筹等设备，是击鼓敲更报时之地。古县学始建于南宋淳祐十年（1250），元、明以来，屡经修葺。应公井为县内有据可查最古老的明代老井。

明清时期，随着徽商的崛起，徽州逐渐兴盛，古城日益繁荣，形成了县衙、府学、城隍庙、文庙，许国石坊、叶氏贞节木门坊等15处牌坊，鳞次栉比的民宅店面等历史建筑，斗山街、打箍井街、大北街、中山巷、小北街等历史街巷。许国石坊，建于明万历十二年（1584），纪念历任嘉靖、隆庆、万历三朝大学士的歙县人许国。由前后两座三间四柱三楼和左右两座单间双柱三楼式的石坊组成，四坊架连，八脚并立，俗称“八脚牌坊”。此外，坐落于古城小北街的清代砖木楼房建筑崇一学堂（二十世纪八十年代辟为陶行知纪念馆），是人民教育家陶行知少年时读书处。清朝画僧渐江墓在披云峰下。

（2）交通景观。明代时期，政治经济的发展，造就了徽州古城的古桥景观。徽州古城三面环水，徽州人在练江之上建造了两座古桥，分别是太平桥和万年桥。太平桥，又称河西桥，位于歙县县城西门外练江上，桥长268米，宽7米余，16孔，是安徽省现存最长的古石拱桥。该桥始建于宋端平元年（1234），原为木浮桥，名庆丰桥。明弘治年间，改建为石桥，是古代皖、浙、赣三省的交通要道。万年桥建在歙城北门外扬之河上，建于明万历元年

(1573),9孔,长153米,宽6.7米,高10米,桥东原有一石牌坊。清乾隆年间毁坏,光绪二十年(1894)重修。

随着经济的发展,古城的历史街巷景观逐步形成。内部交通方面,据明弘治《徽州府志》记载,宋绍定六年(1233),曾整甃西门至三庙门街,孝义坊至兴贤坊、州学前街;次年,重修郡治前街。从此,"甃通衢以离淖"。经元、明两代的整修和发展,城内"康庄坦然,市肆辏集"。明嘉靖四十五年(1566)前后,府城建成十字街、府前街、大街、小北街、上北街和南街,县城建成县前街、东门头街、后街、驿前街和上路街。清末,府城增加西街,县城增加玉屏街[1]。

(3)服务设施。徽州古城的旅游服务设施历史久远。为纪念唐朝诗人李白漫游歙县而改名的太白楼,在李白访歙之前为一酒肆,建造于隋末唐初。宋代,府城有新安驿等驿站,明清两代设南公馆。但由于旅游者较少,旅游者的住宿和餐饮需求有限,明清及其以前的服务设施数量较少,规模较小。

(4)商业景观。徽州古城自唐以来一直是徽州地区的州治、府治等所在地,商业逐渐繁荣。尤其是明清时期,徽商输出茶叶、木材、桐油、贡菊、白术等大宗土特产品,输入粮食、食盐、布匹、南北杂货等商品,古城中逐渐兴起了"进兴布店""唐益隆合记酱园酒坊""集和堂药店""江德茂南货店""盈丰泰布店"等老字号店铺,中和街、大北街、小北街、打箍井街、十字街都是著名的商业街。

(5)传统工艺。徽州古城最著名的传统工艺景观当数徽墨和歙砚。歙县是徽墨和歙砚的故乡,徽墨创始于南唐,歙砚创始于唐开元年间,历史悠久,工艺精湛,在中国传统工艺界具有十分重要的地位。

3.宗教活动与宗教景观

徽州古城的宗教旅游景观主要是二塔。徽州地区的"宋三塔",是指徽州现存的伟溪塔、长庆寺塔和新州石塔这三座建于宋代的古塔。三塔中,徽州古城就有两座,分别是长庆寺塔和新州石塔。

全国重点文物保护单位长庆寺塔,在县城西门外练江对岸西干山麓。徽州古城历史上的宗教活动主要集中在秀美幽静的西干山。西干山麓唐代曾先后建有十座寺庙,称为"西干十寺",长庆寺是西干十寺之一。长庆寺塔

[1] 歙县地方志编纂委员会. 歙县志[M]. 北京:中华书局,1995:70.

是一座七级方塔，修建于北宋重和二年(1119)，由歙县黄备人张应周捐善修建。楼阁式，实心方形，高23.1米。新州石塔，又名大圣菩萨宝塔，位于歙县城北郊新州。建于南宋建炎三年(1129)，用赭色麻石凿砌而成，五层，高4.6米，棱形挑檐。该塔是乡人为祈求子嗣而捐资建造的，简洁、质朴，没有任何花纹图案装饰。

宗教活动不仅形成了旅游景观，还对旅游景观的修葺发挥着重要作用。以长庆寺塔为例，该塔能够保存至今，归功于历代歙县宗教信徒的保护与修葺。清康熙《徽州府志》记载："明泰昌元年(1620)三月朔，黄备张氏集资修塔。"民国《歙县志》述："元天历元年(1328)、明成化间张族两次重修，万历末张大晋复倡族人修之。"自宋宣和至明万历末的五百年间，黄备村的张姓族人不断集资修缮。自清以来，也多次修葺。程瑶田的《重修太平十寺塔顶记》一文记载了清乾隆时的修缮情况。长庆寺塔底层门内的石刻，记载了民国二十五年(1936)歙人江彤侯汇集原徽州府六县人士所募集的资金重修古塔的过程。

4.人口迁移与语言景观

徽州方言，又名"徽州话"或"徽语"，有学者将其列为一种汉语方言，有学者倾向于将其划归吴方言。由于历史上歙县长期为州治、郡治，统辖休宁、绩溪等地，徽州方言以歙县话为代表。

徽州土著是山越人，深居山野，以草棚洞穴为居，有自己的乡土语言。自两晋至两宋，尤其是"永嘉之乱""安史之乱"和"黄巢起义""靖康之乱"期间，徽州历史上经历过三次大的人口迁徙，中原士族为了躲避战乱，整个村子整个家族迁徙而来。古徽州移民潮延续千年，造就了程、汪、吴、黄、胡、王、李、方、洪、余、鲍、戴、曹、江、孙十五大姓，号称"新安十五姓"。他们来到这片秀美之地，历经数百年的交汇融合，逐步同化了淳朴勤劳的山越人。他们为这里的经济发展、社会文明及徽州文化的形成奠定了良好的基础。与此同时，山越语言与中原语言逐步融合，形成了徽州独特的语言景观。

徽州方言细分为歙县话、绩溪话、黟县话、祁门话、休宁话、婺源话六个次方言区。在每一个次方言区内，又是"五里不同俗，十里不同音"。徽州人聚族而居在封闭的山区，隔山不便交流，隔河难以来往，四面环山的环境、相对封闭隔绝的地理单元、半封闭的山居方式，阻碍了语言的交流发展，延缓了彼此融合过程，徽州方言中保留了中原地区的古语音和古语言以及土著山越语言，一直延续至今。

(二)民国时期

民国时期,徽州古城的餐饮业、住宿业有所发展,交通条件有所改善。

据统计,民国二十五年(1936),城梁(县城和渔梁)有餐馆30余家,其中,门面较大、生意兴隆的有“鸿福楼”“胜云楼”“雅叙楼”“大中楼”“醉乐轩”“安乐酒店”“海同春”“追月楼”“大三元”“津津”等十余家。民国年间,县城的旅馆较多。新中国成立之前,古城中规模较大、条件较好的有“交通旅社”“黄山饭店”“徽州旅社”“中山饭店”,其次为“大中旅社”“皖北旅社”“永发旅社”“新新旅社”“大华饭店”等,共17家[1]。

民国二十年(1931)8月,芜(湖)屯(溪)公路歙县至屯溪段建成。民国二十一年(1932),歙县汽车站建成。民国二十二年(1933)12月,徽(歙县)杭(州)公路徽城至昱岭关段建成通车,慈(湖)张(王庙)线界牌岭至徽城段通车。民国二十三年(1934)11月,芜屯公路全线通车。民国二十六年(1937)皖赣铁路铺至境内百花台。

建设徽杭公路时,将府城南山门埋入地下,破坏了古城景观。民国时期,护城河也已湮塞。

(三)1949—1984年

新中国成立后,徽州古城历经多次建设,景观正向演替和负面退化同时存在,由于认识上的局限性,景观建设还走了一些弯路。

积极方面主要表现为:①修建新安碑园。新中国成立以后,文博部门收集了散落于歙县各地的大量碑刻,于二十世纪八十年代修建了新安碑园。②修复长庆寺塔。1979年,安徽省人民政府拨款修筑长庆寺塔护基大坝,同时维修塔身,砌筑游览蹬道。③建设新区。从1979年开始,歙县在城西建设新区,保护了古城区,促进了古城景观的完整保护。

消极方面主要表现为:①整体拆除徽州府衙。由于对古城保护的认识不足,二十世纪八十年代初,为兴建歙县政府大楼,徽州古城的核心景观——徽州府衙被整体拆除,极大地破坏了古城景观。②拆除部分城门和城墙。基于便利交通的考虑,先后拆除了府城的大、小北门和德胜门,县城的紫阳门、玉屏门,仅保留了府城的潮水西门、月城门,县城的新安门、问政门。府城和县城的城墙,仅保留了总长约1 500米一段。③拓宽历史街巷,改变了街巷的空间尺

[1] 歙县地方志编纂委员会. 歙县志[M]. 北京:中华书局,1995:317.

度和历史风貌。如拓宽十字街,改建新民街,扩建东关等。

(四)1984—2005年

1984年,在歙县人民政府的组织下,《歙县徽州古城保护规划》编制完成。以此为标志,徽州古城进入了保护发展阶段。1986年,歙县入选第二批国家历史文化名城。

在此阶段,歙县政府开始重视历史遗产的保护,相继成立了徽州古建筑研究所(1984)、歙县古城保护建设委员会(1985)、历史文化名城保护委员会(1987)、斗山街古街区管理委员会(1991)、歙县文物保护委员会(1992)等保护管理机构,先后颁布了《关于加强古城保护的通告》(1985)、《歙县县城建设管理规定》(1986)、《关于加强文物保护工作的通知》(2000)、《歙县文物保护管理办法》(2000)、《关于印发〈歙县文物保护管理实施办法〉的通知》(2000)、《歙县许国石坊保护管理暂行办法》(2002)、《关于印发三个国保单位保护管理暂行办法的通知》(2002)等保护管理规定,有意识地控制古城区新的建设,力求新建建筑与历史建筑相协调。

多次修缮文物古迹,主要包括:1991年,修复西门古城墙近百米;1996年,古城百姓义捐维修太平桥;2002年,整治许国石坊周边建筑;2003年,维修打箍井街曹宅;2004年,维修加固80米城墙。通过多方努力和有效控制,徽州古城文物古迹得到修缮,历史城区基本上保留了传统风貌,新建筑从体量及色彩上与老建筑较为协调,建筑高度也得到了有效控制。

2000年11月,徽园建成开园。该园是展示徽州文化的仿古街区,主体建筑有仁和楼、得月楼、茶楼、惠风石坊、徽园第一楼、过街楼、古戏楼和特色商街,气势宏大,古朴典雅,粉墙黛瓦,鳞次错落,雕刻精美,脉传徽州文化之神韵,集徽派建筑、雕刻之精华,再现了徽州城明清时期的建筑风貌。但是,徽园坐落在徽州古城府衙后花园原址上,在建设徽园的过程中,拆除了府衙后花园的历史建筑和构筑物,破坏了历史格局。

虽然徽州古城的历史风貌景观逐步恢复和协调,但旅游商业氛围不浓。改革开放后,中和街一直是徽州古城的核心商业街,但其服务对象是本地居民,店面标牌城市化明显,经营种类主要是服装、食品及日用百货等,缺乏古城类旅游景区的商业氛围。

(五)2005年至今

2005年,徽州古城旅游景区正式成立,推动徽州古城进入景观保护、促进旅游发展的新阶段。景区由歙县旅游发展有限公司徽州古城分公司管理。公司整合徽园、许国石坊、陶行知纪念馆、斗山街、渔梁坝、新安碑园、太白楼、南谯楼(歙县博物馆)、东谯楼等分散景点,采用“五统一”(统一品牌、统一经营、统一营销、统一管理、统一保护)的方式,联票经营。统一后的徽州古城景区旅游发展突飞猛进,2008年获得国家AAAA级旅游景区称号。

管理体制进一步理顺。2008年年底成立了徽州古城管理委员会,委员会下设徽州古城管理办公室,简称“古城办”;2009年7月1日,古城办、申遗办(为推进棠樾申报世界文化遗产工作顺利实施,歙县专门成立了申报世界文化遗产工作领导组,设立“申遗办”)、名城办(历史文化名城保护委员会办公室)三办合一,成立新的古城办,统一进行保护与管理。

保护和恢复徽州古城景观,旅游景观进一步丰富和协调。搬迁在原徽州府衙旧址上建造的县政府大楼内办公的各机关单位,并聘请国内著名专家对古城进行了新的规划。按照“修旧如旧”的原则,实施新一轮的徽州古城修复工程。在这一轮古城修复工程中,最大的亮点是徽州府衙复建工程。工程历时两年,按明代府衙资料及风貌复建,2011年完成。其他工程还包括拆除与古城风格不符的建筑物,保护性修复古城墙、钟鼓楼、府前街等文物,并对中和街、斗山街、十横街、大北街、中山巷和打箍井街等历史街区进行立面改造、旅游业态规划与开发等。通过修复工程,徽州古城逐步形成了以徽州府衙、阳和门、瓮城、谯楼、钟楼、许国石坊、中山巷、陶行知纪念馆、太平桥、太白楼等为主体的徽州古城历史文化景系。

徽州古城历史风貌景观的恢复与协调,促进了旅游景区的进一步发展。自2005年以来,徽州古城每年举办一届民俗文化节。通过开展节庆活动,展现古城的民俗文化,丰富了旅游景观类型。在2012年11月的第八届徽州古城民俗文化节上,徽州府历史情景剧《接任》、民间舞蹈《采茶扑蝶》《火狮手龙舞》《钟馗嬉府衙》等节目轮番上演,热闹非凡。2012年4月14日,首届“中国古城文化发展创新高峰论坛”在歙县徽商大宅院隆重召开。民俗文化节、古城文化发展创新论坛等活动,提升了徽州古城的旅游知名度。

二、徽州古城景观变迁特征

徽州古城的景观变迁,分为自然和人文两大部分。其中,自然景观的正向演替奠定了古城旅游健康发展的基础;人文旅游景观变迁内容丰富,是古城旅游景观变迁的主体。

(一)自然景观变迁

徽州古城所处的自然环境为古城居民提供了繁衍生息的自然基础,是古城的灵气之所在。徽州古城之所以历史悠久,政治地位显赫,与其所处的自然地理位置有密切的关系。保护徽州古城景观,发展旅游产业,首先要保护其赖以生存的自然环境。

从外围大环境看,古城位于歙县盆地。据北宋《太平寰宇记》载:"歙者翕也,谓山水翕聚也。"歙县四面环山,山水交融,峰岭逶迤,溪流纵横。巍峨多姿的黄山雄踞西北,绿色宝库清凉峰顶屹立境东北,清澈明丽的新安江及其支流蜿蜒于翠峰黛岭之间。

从周边环境看,古城周边山环水绕,"五峰拱秀、六水回澜"。其中,"五峰"指的是斗山、长青山、紫阳山、问政山、西干山,"六水"指的是丰乐河、富资河、布射河、扬之河、练江及新安江。明弘治《徽州府志》将古城的选址誉为"山溪之险,天造地设"。一面依山,三面临水,东倚问政山,问政山的山脊为东部"城墙",形成东面屏障;南、北、西三面有练江环绕,是天然的护城河。练江由丰乐、富资、布射、扬之四水汇聚而成。四水从万山丛中奔腾而出,辐聚于练江。历史城区内部及历史城区周围的山体还有北部紫阳山、东部斗山、长青山以及南部西干山。披云峰为西干山的重要山峰。

优美的自然景观是旅游业发展的基础。古城在新中国成立后的工业化初期,曾走过破坏自然景观的弯路。随着旅游业的发展,古城人环境保护意识增强,通过实施水环境综合治理、山场整治和绿化等,古城的自然景观在保护中逐步恢复和提升。

(二)人文景观变迁

人文景观变迁体现在整体风貌逐步协调,传统工艺得到继承和发扬,民俗活动常态化等方面。

1.整体风貌逐步协调

歙县委托同济大学国家历史文化名城研究中心和上海同济城市规划设计院编制的《歙县国家历史文化名城保护规划(2006—2020)》(2006),为徽州古城的保护提供了法规依据和制度保证。在规划的指导下,歙县在古城保护上坚持"保护为主,抢救第一"的方针和"有效保护,合理利用,加强管理"的原则,徽州古城的整体风貌逐步协调。

(1)历史建筑在修缮中复兴。徽州古城的徽派建筑以"粉墙黛瓦马头墙"为基本特征。徽州古城保存着许国相府、曹氏二宅、方士载宅等珍贵的历史建筑,是徽派建筑集大成之处。在历史街区内,雕刻精美的门罩门楼、参差不齐的马头墙构成了徽派建筑独特的标识。以黑、白、灰为主色调的历史建筑主导了城区整体和谐的风貌。古城徽派建筑和传统风貌并没有因为时间的流逝而变旧变腐,而是在历代古城人孜孜不倦地继承和修缮中更加富有内涵,更加显现其价值。

这方面的工作主要有:

①修复徽州府衙。2010年11月,徽州府衙一期修复工程基本完成,恢复了包括仪门、东西六房、大堂、两架阁库、后堂、东西花厅、东西师爷宅、知府廨、两碑廊、两息民亭、戒石碑亭与长廊,共18个单体建筑,建筑面积约3 500平方米。恢复了府衙"一轴五门"的历史格局,再现出明弘治《徽州府志》所载"规模宏敞,面势雄正,聿成伟观"的历史风貌。二期修复工程主要进行府衙东西两路及仪门外建筑群、府衙地段城墙内立面修缮,府衙广场铺地和绿化工作。

府衙修复过程中,采用修缮、改善、保留、整修和拆除五种方式,对建筑进行保护与整治。其中,拆除与环境风貌不协调的建筑,所占面积最多。通过合理制定拆迁补偿办法,及时解决拆迁户的合理诉求。

徽州府衙修复工程在技术创新上进行了探索,被安徽省科技厅评为"徽州古民居保护利用关键技术研究课题示范点",集科学性和地方性为一体。

科学性,首先体现在规划编制上。歙县政府在同济大学编制的《歙县国家历史文化名城保护规划(2006—2020)》的基础上,邀请上海同济城市规划设计院编制《歙县徽州府衙历史地段保护修建性详细规划》,为徽州府衙修复工作提供了科学依据。在详规的基础上,进一步编制出《歙县徽州府衙修复工程建筑设计方案》。

《歙县徽州府衙历史地段保护修建性详细规划》在规划原则、规划思路上具有科学性、可行性。遵循五条规划原则,分别是:坚持"保护为主,抢救第一,合理利用,加强管理"的保护方针;根据真实性和完整性原则,对文物环境进行综合整治,赋予新的功能;坚持文化遗产原生与衍生环境的真实性;强调考古发掘的保护意识,实施保护及改造工程前必须进行必要的考古工作;讲求规划的可操作性。

设计了三大规划思路,分别是复原格局、提升内涵和生活延续。在徽州府衙核心区域范围内建设徽州历史博物馆,在中路恢复府衙旧有格局,整合历史建筑遗存,整治与历史风貌不符的现代建筑,恢复府衙正门、仪门、正堂、后堂、宅门、廨舍等原有风貌。以多个主题展馆的博物馆功能为思路,以府衙建筑为载体,注入文化展示功能,展示歙县丰富的文物古迹,体现多种类型的地方文化内涵,包括以府衙文化为核心的徽州历史、徽学和徽州文化展示,突出徽州文化的历史地位。规划利用现存府衙文物建筑,以及复原府衙建筑,注入文化展示功能,提升地区价值。保留打箍井街和府前街两侧民居建筑。在功能引导上增加民间收藏展示功能,使之成为北侧徽州历史博物馆的延续;在平面格局上增加东西向步行通道,使之与打箍井街的曹氏二宅、方士载宅等现有的民间收藏馆产生直接联系。对于沿街建筑,鼓励和发展打箍井街的民间收藏功能,府前街作为从月城进入历史城区的主要道路,鼓励其沿街增加商业服务功能。

地方性,表现在采用地方设计、地道工艺和选用地方工匠上。针对项目属于徽州古建传统技艺的特殊性,邀请徽派古建专家担任总设计师,以明弘治十四年(1501)《徽州府志》和清乾隆二年(1737)《重修徽州府堂碑记》为依据,编制《歙县徽州府衙修复工程建筑设计方案》,由徽州古建研究所担任具体设计任务。在建设过程中,选择了技术高超的徽州工匠,在材料选择、结构方式确定、构件加工操作、节点细部处理、施工安装方面,采用地道的传统工艺。中国工程院院士、著名古建专家傅熹年评价道,与国内同类建筑相比,徽州府衙修复工程有三大特点:一是建筑规模最大;二是使用斗拱最多;三是施工所用的传统工艺最为地道。

②修复和加固古城墙。古城墙是徽州古城重要的文化遗产。修复和加固古城墙,主要采取灌浆加固、防水排水等措施,确保雨水不进入城墙内部,城墙附近居民生活污水和雨水能及时排出。在修复和加固古城墙的同时,整治古城墙外围环境,拆除乱搭的违章建筑,建设了以黄宾虹、陶行知、王茂荫等徽州名人命名的3.7万平方米的主题休闲公园,绿化和美化古城大门周围环境。

③保护利用古民居。长期以来,徽州古城的旅游开发以观光旅游为主,少量古民居作为观光景点向游人开放。2009年以来,徽州古城结合黄山市“百村千幢”古民居保护利用工程,进一步保护、利用古民居。据统计,古城

旅游线路上共有18幢古民居纳入该工程。古城人根据这18幢古民居的历史文化价值、特点、功能和品位,因地制宜打造成文旅结合型、参与体验型、摄影采风型古民居。以修复后的徽州府衙、黄宾虹纪念馆、王任之旧宅等为民俗文化的载体,逐步填充徽州民俗活动等业态旅游项目,丰富景区内涵,提升景区品位。

④建筑立面整治提升。立面改造可视范围内不协调建筑,整治、拆除与景观环境不协调、有碍景区整体形象的违章建筑,使建筑立面景观与古城氛围相协调。

(2)历史街巷在整治中焕发活力。徽州古城的历史街巷是古城的骨架,依山就势,灵活布置,纵横交错,狭窄悠长。通过整治中和街景观、旅游线路环境等,历史街巷的路面材质、沿线景观和环境卫生发生了变化,焕发出新的活力。

①中和街景观整治。中和街是徽州古城的轴线所在,是古城的核心街巷,是明清时期徽州府服务于整个徽州地区的商业中心。目前中和街主要经营服装、食品及百货等,服务对象是本地居民。

2009年,按照整体性、真实性、实用性、可操作性和美观性相结合,徽州老街风格与现代材料相结合的整治原则,将中和街分为重点保护段、一般保护段和协调改造段三个等级保护街段。同时,实施绿化和亮化工程,采用季节性花卉和盆栽植物,应用现代园艺(即木塑木围合可移动式盆栽)技术,对中和街进行点式绿化。街道设置悬挂式仿古路灯,对部分建筑(构筑)物如陶馆、角楼、德胜门布置点式光源。

中和街分为三个等级保护街段:重点保护段从西入口至小北街口、原同顺布店至大北街口,保护传统商业街环境和建筑的原有风貌,建筑物内部更新、改造;一般保护段从小北街口以东至原同顺布店以西、大北街口以东至双凤巷口,在保护传统商业街原有风貌前提下,对环境、建筑进行改造,以提高质量;协调改造段从双凤巷口以东至德胜门,改造时注意与传统商业街风貌协调。

②旅游线路环境整治。在徽州古城旅游线路环境整治工作中,除墙体立面整治属于建筑整治外,其余工作均涉及街巷整治,包括对历史街区范围内的府前街、斗山街、打箍井街、十字街等街巷实施“三线”下地、路面改造、墙体立面整治和卫生环境整治等。

目前,历史街巷的环境整治工作初见成效。游客走在古城的街巷中,首先映入眼帘的是青石板路面,两边店铺、宅院、牌坊、古井等一一呈现在游客面前,店铺中的歙砚、徽墨、宣纸、宣笔、土特产品,宅院里的徽州砖雕、木雕、徽派盆景,牌坊上的徽州石雕等,让人目不暇接。良好的旅游景观和环境氛围,使古城焕发出新的活力,提升了游客的体验质量。

③街巷旅游业态提升。在外观整治的基础上,对徽州古城商铺(景点)的旅游业态主题和街区(景点)功能进行了总体策划(表4-1)。通过外观整治和旅游业态策划,中和街逐步向旅游业态丰富的综合性徽州古街方向发展,各景点主题明确,实现了古城街区与景点的功能互补。

表4-1 徽州古城各街巷、景点旅游业态总体空间布局

街巷或景点	旅游业态主题	街区或景点功能命名
中和街	观光游览、特色购物、休闲等功能	综合性历史文化旅游街
大北街	百姓生活型特色店铺	特色店铺一条街
斗山街、中山巷	徽州民居院落式旅馆	旅游住宿街巷
打箍井街	徽州民间收藏	徽州民间收藏一条街
小北街、十字街	新安医学	新安医学一条街
徽园	文房四宝、徽州民俗	
徽州府衙	徽州历史综合展示	徽州文化立体展示区
太白楼、新安碑园	书画展览和拍卖	
万年桥至渔梁坝段	徽州水上夜游	徽州水上夜游区

(3)历史格局在修复中重新显现。徽州古城的历史格局特征,以徽州府衙为核心,以中和街为中轴,古府城、古县城所遗留下来的城门、城墙,与历史城墙有紧密关系的斗山、长青山、问政山、玉屏山等山体,环绕古城的练江,共同界定着古城的空间范围。

徽州府衙是徽州古城的核心。徽州古城的空间布局"依山据水、府县双城"。以斗山和长青山为界,徽州古城有徽州府衙和歙县县衙两个中心,西面为徽州府城,东面为歙县县城。前者的政治地位高于后者,因此徽州府衙是徽州古城的核心。

古城以中和街为中心轴线,形成了十字形和T字形两种轴线。主要街道系统为十字形,包括大北街、中和街、新南街、十字街、打箍井街、小北街。以十字形为主的主干道，通达性好，通行快速便捷，以商业功能为主。次要街道系统以T字形为主，以居住功能为主。如斗山街历史文化街区是现存巷道较为集中的区域，路网密度很高，宽度仅1~2米，不可通行机动车，但是形成了完整的步行系统。这些巷道对居民作用非常大，是大部分院落的出入口，形成了传统民居的出行和交流空间。

在古城的一系列保护利用工程实施之后，古城的中心、轴线、空间范围等历史格局重新呈现在世人面前。古城人通过复建徽州府衙，丰富府衙的展示、科普、演艺等旅游功能，限制古城建筑高度等措施，引导古城旅游中心由中和街、徽园逐步向府衙转移。通过恢复历史街巷的青石板路，对空调、太阳能热水器等不协调设施进行隐蔽性处理或生态包装，改善卫生环境和街巷旅游业态设计，突显出古城轴线作为古城重点旅游线路的旅游功能。通过修复和加固古城墙、修缮东谯楼，古城的整体格局得以清晰地展现出来。

2.传统工艺得到继承和发扬

徽墨和歙砚是国家级非物质文化遗产。歙县的工艺师们继承徽墨和歙砚的传统制作工艺，并将其发扬光大。民国时期，徽墨曾遭受外国资本冲击，短暂衰落。抗战时期，由于提倡国货，墨坊增加，墨业兴盛。新中国成立前，古城共有老胡开文、胡开文正记、胡开文顺记、胡开文仁山氏四家墨庄。1956年，四家墨庄合并为地方国营歙县徽墨厂。1987年，徽墨产量由新中国成立前的不到两吨增加到22.93吨[1]。1963年，歙砚恢复生产。改革开放后，歙砚产量随着需求量的增加而逐年增加。由于砚石资源的稀缺性，罗纹、眉织等名贵品种的歙砚价格不菲。

如今，当游客在徽州古城游览时，在徽园的旅游商街可以看到不少经营歙砚、徽墨的店铺。但是，由于古城内的旅游购物氛围不浓，徽墨、歙砚主要销往外地，屯溪老街是徽墨和歙砚在黄山市最大的展示和销售地。

3.民俗活动从零星闪烁到常态演出

2005年以来，在每年举办的徽州古城民俗文化节上，游客们可以观赏到丰富多彩的徽州民俗表演。这些徽州民俗表演堪称徽州民俗的视觉盛宴。但古城内长期没有固定的民俗表演活动，民俗活动景观虽然热闹精彩，但仅在文化节时零星闪烁，知名度小，大多数游客无法感受其独特的魅力。2012

[1] 歙县地方志编纂委员会. 歙县志[M]. 北京：中华书局，1995：235.

年1月,伴随着徽州府衙的建成开放,历史情景剧《接任》首次公演。这部情景剧采用了常态化演出的形式定期演出,有效地丰富了游客的旅游体验,值得坚持。

4.土地利用格局因类型而异

从旅游角度来看,古城居住用地所占比例过大,2006年达到46%,老城区人口密度较大,最高达500人/公顷。城区内行政办公、教育卫生等功能用地偏多,将大量的人流、交通引入城内,传统的道路系统已经很难承担大量的人流、车流。同时文化娱乐用地偏少,还存在着零散分布的工业用地,有些工业企业与居住区混杂在一起,对古城的风貌和功能有一定影响。道路广场用地过少,尤其是社会停车场非常缺乏,大部分社会车辆采取见缝插针的停车方式,对古城生活、交通等造成较大影响。绿化面积较少:古城内虽有斗山和长青山等重要的自然山体,但大部分山体长期被单位及私人建筑占用,未能形成开放的绿地;除行知公园及黄宾虹纪念园外,基本上无公共绿地;庭院绿地和单位附属绿地及河滩沿岸,有的被居民辟为自家菜地;缺乏街头绿地。

在《歙县国家历史文化名城保护规划(2006—2020)》中,对徽州古城的土地利用进行了科学规划。

(1)保持文物古迹用地不变,并按照文物保护相关法律法规,协调周边建筑,以保持历史风貌。

(2)增加商业金融用地、文化娱乐用地、道路广场用地和公共绿地。拆迁古城周边违章建筑,在古城墙脚下建设一座以历史文化名人黄宾虹、陶行知、王茂荫、张曙命名的主题休闲公园。公园内设有四位名人雕像及花廊、亭廊、宾虹亭、景石、鹅卵石路径和青石板广场,青石栏杆,配植名树古树,起到点缀修饰作用,衬托出古徽州府城墙的恢弘气势。

(3)减少工业用地、仓储用地、行政办公用地和居住用地。逐步搬迁工业企业,减少工业用地和仓储用地。拆迁黄山轻工机械厂,在原址建设城墙绿地;县政府外迁,原址复建徽州府衙;适当疏散人口,保留一定的住户。

古城外围也进行了绿化和美化。以防洪堤、滨江路为主线,以绿色为基调,以亲水为主题,实施滨江长廊建设工程,努力展示出徽州古城的山水城市风貌。

第五章　乡村型旅游地景观变迁研究

二十世纪八十年代以来，随着改革开放的不断深入和城市化进程的加快，人们面临着生活节奏不断加快等一系列压力。在这种背景下，能够满足旅游者回归自然、放松身心等需求的乡村旅游得到快速发展。

在乡村旅游发展过程中，古村落以其独特的文化魅力逐渐成为乡村旅游目的地的重要组成部分。古村落是一种特殊的乡村类型，著名文化学者冯骥才先生说过："中国古村落是一个最大的文化遗产，是物质文化遗产和非物质文化遗产的综合体。"[1]在乡村旅游发展过程中，古村落以其独具特色的文化景观逐渐成为乡村旅游的热点，一大批古村落型旅游地脱颖而出。与此同时，随着城市化、工业化的浪潮由城市席卷乡村，古村落面临着被"城市化"强势吞噬的危险，许多有着悠久历史的古村落不断在人们视野中消失，古村落面临着严峻的生存危机。旅游发展为古村落保护创造了契机，但不可否认的是，古村落旅游的发展打破了中国传统乡土社会的经济和文化结构，尤其是对古村落自然景观和文化景观的过度开发和包装，给乡村旅游赖以依存的自然景观和文化景观带来一系列不良影响，古村落景观的良性发展必须引起学界的高度关注。

第一节　乡村型旅游地景观变迁基本原理

乡村型旅游地是在乡村地区开展旅游活动而形成的一种特殊类型的旅游地。和城市型旅游地或旅游景区相比，乡村型旅游地有其特殊性。一方面，乡村是我国农村社会基本组成单元，是农民生产生活场所；另一方面，乡

[1] 冯骥才. 古村落是中国最大的文化遗产[N]. 洛阳晚报，2008-06-16(15).

村依托各种自然景观和人文景观发展乡村旅游,必然要在许多方面为满足旅游者需求做出调整。在乡村型旅游地,旅游者的大量涌入势必会与当地村民发生各种形式的交流,游客的各种行为必然会对当地居民的行为产生"示范效应",影响乡村居民生产生活的各个方面。

一、乡村与乡村型旅游地

乡村与乡村型旅游地是两个不同的概念,前者的外延与内涵远远大于后者。乡村型旅游地有多种类型,但无论何种类型的乡村旅游地,它首先都是乡村。伴随着乡村旅游业的发展,普通乡村逐渐发展成为旅游乡村、乡村型旅游地。

(一)乡村和乡村类型

1.乡　村

乡村是一个历史概念,历史时期的乡村是由原始部落发展而来。原始部落时期,部落依靠采集渔猎为生,过着逐水草居巢穴的原始生活,居无定所。发展到新石器时代,人类掌握了农业生产技术,有了耕种土地、栽培作物、饲养畜禽等生产活动,开始定居下来,原始部落居住场所逐渐发展为居民点,成为真正意义上的乡村。乡村是聚落的一种基本类型,最初形成时期,聚落规模较小,在某种程度上乡村与聚落是相通的;但随着聚落规模的不断扩大,经济活动类型日益多样化,一部分聚落逐渐由最初的乡村发展成为另一种聚落形态——城邑。

在对乡村概念的理解上,国内外学者观点不尽相同。一种观点认为,乡村相对于城市而言,是城市以外以从事农业生产为主要生活来源的人口分布相对较为分散的地方;另一种观点认为,乡村是伴随着社会生产力的发展而出现的,它是社会生产力发展到一定阶段的产物,是具有一定自然、社会经济特征和职能的地域综合体;还有观点认为,从行政区划的角度看,在中国,乡村是指县级行政单位以下的广大地区。综上所述,本书认为,在一定意义上,乡村的实质是一种居民点,是以自然经济和第一产业为主,包括种植业、林业、畜牧业和水产养殖等为主要经济活动类型的一种规模相对较小的聚落类型。

透过乡村的概念可以看出,乡村具有以下特点:①由"乡"和"村"两部分组成,"乡"是田园,主要是村民生产空间,"村"是村庄,主要是村民生活空间；②地广人稀，人口密度低，聚落规模较小；③以自然经济和第一产业为主，村民主要从事种植业、林业、畜牧业和水产养殖等经济活动类型；④社会结构相对简单、稳定，且具有较高的同质性；⑤是一个相对完整的社会经济实体，随着乡村社会生产力的发展而处在动态的变化过程中。

2.乡村类型

乡村是我国一种基本的社区组织单元，数量众多，分布范围极广，且在不同的地域，因自然和社会环境的差异性形成了独具地域特色的乡村类型。

（1）根据经济活动类型，乡村可以划分为以某种单一经济活动为主的乡村和兼具几种经济活动类型的复合型乡村。前者如平原地区以种植业为主的乡村（这类乡村的居所通常是固定的），高原、草原地区以放牧业为主的牧村（这类乡村的居所既可能是定居的，也可能是迁徙的），沿海（湖、江、河）、岛屿以渔业和水产养殖业为主的渔村等。后者可以划分为农牧兼营村、农渔兼营村等复合型乡村类型。

（2）乡村是社会生产力发展到一定阶段的产物，因此，可以从生产力发展水平的角度进行划分。以此为标准，可以将乡村划分为原始乡村、古代乡村、近代乡村和现代乡村等类型。原始乡村最早出现于原始社会中后期，浙江河姆渡、陕西半坡等遗址就是原始乡村的遗物。在奴隶社会，生产力得到发展，乡村数量增加。古代乡村主要是指我国封建社会时期的乡村。在封建社会，乡村数量增加，规模扩大，已经成为社会的一种基本组成单元。近代乡村是鸦片战争以后出现的，前提是封建社会时期自给自足的自然经济结构被打破。新中国成立后，乡村进行了土地改革，由封建土地所有制转变为集体土地所有制，个体农民经济成为最主要的经济成分。1979年开始进行经济体制改革，在土地集体所有的基础上，实行家庭承包经营，乡村地区得到快速发展，乡村面貌发生了翻天覆地的变化。随着社会主义新农村建设的提出和实施，我国乡村地区开始进行综合性改革，目前正处于由传统近代乡村向现代乡村过渡阶段。

（3）根据开放程度，乡村可以划分为封闭型乡村和开放型乡村。封闭型乡村与外界联系较少，大多位于交通不便的偏远山区，经济活动以自给自足为主，村民的生产活动能够满足村民自己的需要。在我国，目前这类乡村数量极少。随着交通条件的改善和经济联系密切程度的加强，越来越多的乡村由原来的封闭状态发展为开放状态，与城镇及邻近乡村的交往越来越频繁，不仅为城镇提供农副产品，也逐渐成为工业产品的重要消费市场，乡村的开放程度日益提高，与城镇及其他乡村的联系日益紧密[1]。

此外，还可以从其他不同的角度进行划分。例如从行政管理的角度，可以将乡村分为行政村和自然村。一个行政村可以管辖多个规模较小的自然村；一个大的自然村也可能包括若干个行政村。根据经济发展水平，可以将乡村划分为欠发达乡村和发达乡村两类。

（二）乡村型旅游地的概念和类型

1.乡村型旅游地概念

乡村旅游的发展，使邻近城市的城郊乡村地区、或邻近著名景区景点的乡村、或具有特色旅游资源（如生态环境优美，民俗风情独特，民居建筑精美等）的乡村逐渐成为乡村旅游的热点区域，进而发展成为重要的乡村型旅游地。因此，乡村型旅游地可以简单地理解为乡村旅游目的地，本书将其界定为以各类乡村为依托，以优越的生态环境、田园风光、农事活动、民俗风情和历史文化遗存等各种自然和人文景观为核心吸引物，发展乡村旅游的乡村区域。

2.乡村型旅游地类型

（1）根据乡村主体经济活动方式的差异性，乡村型旅游地可以划分为农村、渔村和牧村等类型。

农村型旅游地是早期以第一产业为主要经济活动类型的旅游地，观农家景、住农家屋、吃农家饭、干农家活、采农家果、买农家物、享农家乐是农村型旅游地主要旅游活动方式。如新疆吐鲁番葡萄沟、安徽芜湖陶辛水韵等。

渔村型旅游地是沿海（湖、江、河）或海岛渔村提供的一种回归自然从而获得身心放松、愉悦精神、了解渔家民俗的休闲旅游地。其主要旅游项目是住渔家船屋，体验渔家风情，开展的旅游活动一般是欣赏海岛风光，品尝特色海鲜，游泳、钓鱼、赶海、沙滩游戏（排球、足球等体育活动）等。例如东部沿海地区的渔家乐。

牧村型旅游地主要以民族风情、特色民俗活动等为吸引物开展相关旅游活动。随着旅游业的发展，旅游带来的经济影响日益显著，牧民收入更加多元化，少量传统的牧村逐渐发展成为以牧业为基础的乡村型旅游地。

（2）根据农业现代化程度的差异性，乡村型旅游地可以划分为传统农业

[1] 金其铭，董昕，张小林. 乡村地理学[M]. 南京：江苏教育出版社，1990：234.

型和现代农业型等。

传统农业型乡村旅游地以传统的田园风光和农业生产活动为主,旅游活动以农事生活体验、传统农具参观为主,开辟特色果园、菜园、茶园、花圃等农业观光园或采摘园,让游客摘果、拔菜、采茶、赏花,尽享田园劳作乐趣。

现代农业型乡村旅游地以现代科技为重要特征,通过建立现代农、林、牧业生产基地,在从事第一产业活动的同时,供游客参观游览。例如现代农业观光园、高科技农业示范园等,游客身入其中既可采摘部分时鲜或反季节农产品,又可以了解现代农业生产,集观光旅游与修学科普旅游等于一体。

(3)根据空间区位,乡村型旅游地可以划分为城郊和景区依托等类型。

城郊分布着数量众多的普通乡村,它们是城市与经济腹地联系的重要桥梁。这些城郊型乡村区位条件优越,交通便捷,且距离城市客源市场较近。此外,郊区乡村是城市的绿色开敞空间,是城市居民满足回归自然、放松身心、实现旅游动机的重要去处。在这种背景下,城市周边乡村逐渐发展成为一种重要的乡村型旅游地。

景区依托型乡村旅游地是在核心景区的辐射下,通过挖掘自身特色旅游资源,例如田园风光、传统村落、生态环境等,实现自身特色资源与核心景区优势互补,从而使自身得到发展,逐渐由普通乡村发展成为乡村型旅游地。黄山是著名的山岳型旅游地,黄山周边分布着数量众多的具有旅游价值的乡村,黄山和周边乡村具备资源优势互补、抱团发展的有利条件。黄山周边的古村落,文化遗产丰富,借助黄山旅游的快速发展,依托黄山风景区,部分古村落逐渐发展成为著名的古村落型旅游地。

(4)根据乡村旅游发展所依托的核心旅游吸引物的差异性,乡村型旅游地可以划分为古村落、休闲农业和民俗风情等类型。

古村落型乡村旅游地主要以历史时期的物质或非物质文化遗产为主要旅游吸引物发展旅游。我国古村落数量众多,例如湖南张谷英村、广东梅县桥乡村(中国最典型的围屋古村落)、浙江松阳古村落和安徽皖南古村落等。其中,以安徽西递、宏村和江西晓起、理坑等为代表的徽州古村落,以完整的村落布局、丰富的明清古建筑遗存,逐渐成长为我国著名的古村落型旅游地。

休闲农业型乡村旅游地主要以生态环境、现代农业和休闲度假为卖点,主要利用不同的农业资源,如森林、牧场和高科技农业园区等,吸引游客前去度假,开展农业观光、农业体验,领略自然生态等各种旅游活动。成都三圣乡幸福村围绕梅花做文章，梅花品种齐全，数量众多，是全国四大梅花基地之一，以休闲农业为特色，形成梅林、农居、湖面交相辉映的特色农业景观，逐渐发展成为著名的休闲农业型乡村旅游地。

民俗风情型乡村旅游地主要是在乡村旅游和民俗旅游发展的双重背景下出现的。乡村旅游的发展有助于促进乡村经济发展，改变乡村地区贫穷落后的面貌。与城郊乡村、景区周边乡村相比，边远和少数民族地区似乎缺少发展旅游的区位优势，民俗旅游的兴起为这些民族地区乡村旅游的发展开辟了一条新的道路。民俗文化是一个地区一个民族在悠久的历史长河中孕育的历史文化的结晶，蕴含着极其丰富的社会信息，独具地方特色的民俗文化是这些乡村地区旅游业发展的灵魂。在民俗旅游发展过程中，借助较为便捷的交通，普通乡村逐渐发展成为民俗风情型乡村旅游地。

二、乡村型旅游地景观基本特征和旅游价值

乡村型旅游地景观是一种特殊的乡村景观，目前尚未有统一的定义。关于乡村景观：①从地域范围来看，乡村景观是泛指城市景观以外的，具有人类聚居及其相关行为的景观空间；②从景观构成上看，乡村景观是由聚落景观、经济景观、文化景观和自然环境景观构成的景观环境综合体；③从景观特征上看，乡村景观是人文景观与自然景观的复合体，人类干扰强度较低；④乡村景观区别于其他景观的关键，在于乡村以农业为主的生产景观和粗放的土地利用景观，以及乡村特有的田园文化和田园生活[1]。

乡村型旅游地景观不等同于乡村景观或旅游景观，是乡村旅游地这一特定区域内的各种自然景观和人文景观的综合，不仅包括经开发利用后对旅游者具有吸引力的旅游景观，也包括尚未被旅游开发利用、保持原来风貌的各种乡村自然与人文景观。

（一）乡村型旅游地景观基本特征

我国幅员辽阔，在不同的自然和人文环境下所形成的乡村具有浓厚的地域特色，在旅游开发中，形成了各具特色的乡村型旅游地景观。

1.农事的地域性和季节性

在乡村型旅游地景观中，农业生产劳作等是吸引游客的重要乡村旅

[1] 王云才，刘滨谊. 论中国乡村景观及乡村景观规划[J]. 中国园林，2003(1)：55-58.

游景观类型。农业生产在很大程度上随气候等条件的变化而发生变化，因此，在区域气候、耕地类型等不同的背景下，农事具有地域性特点。例如，北方平原以旱地为主，小麦等旱地农业景观格外丰富；南方以梯田、水田为主，水稻等水田农业景观引人注目。光照、水分、热量等因素的变化影响农业生产，在此基础上形成的乡村旅游景观具有季节性。如在长江中下游平原地区，春看油菜花海，夏看荷花映日，秋看棉田吐絮，冬看梅花飘香。

2.景观的丰富性

农业生产受自然环境制约，但同时人类活动在某种程度上可以弱化自然环境对农业生产的不利影响，因此，农业可以看作是半自然半人工的生态系统，兼具自然景观和人文景观的双重特点。乡村旅游景观不仅有以田园风光为代表的景观，而且还有极具地域风情的民俗活动、特色建筑等景观，乡村旅游景观类型丰富多样。

3.景观的乡村性

乡村旅游景观区别于其他类型旅游景观的根本之处在于乡村旅游景观的乡村性。一是空间的乡村性。乡村旅游景观是指在城市空间以外仅仅存在于乡村地区的各种类型的旅游景观。二是内涵的乡村性。乡村旅游景观内涵的乡村性是乡村旅游景观对旅游者产生吸引力的核心，无论是大漠孤烟、杏花春雨、椰林蕉风等景观，还是乡土聚落、乡土建筑、民风民俗等景观，都体现出浓郁的乡土特色，以乡村性为吸引力核心。

（二）乡村型旅游地景观的旅游价值

乡村景观，尤其是乡村人文景观，与乡村居民的生产生活密切相关，有着浓厚的乡土性，对旅游者有着极大的吸引力。这种吸引力使乡村景观产生一定的旅游价值，进而构成发展乡村旅游的基础。

1.自然景观的旅游价值

乡村自然景观主要有或平旷或起伏的地文景观，以河流湖泊为代表的水文景观，以动植物资源为主的生物景观等。现代城市生活节奏加快，城市居民身心处于亚健康状态。城市建设过程中忽视自身特色而导致城市景观千篇一律，使城市居民产生审美疲劳。而以优越的自然生态环境和秀美的乡间田园风光为代表的静谧的乡村自然景观，能够满足旅游者尤其是城市旅游者逃离拥挤、嘈杂的城市环境的需求，以达到释放压力、放松身心、回归自然、享受乡村美景的目的[1]。

2.文化景观的旅游价值

(1)聚落景观的旅游价值。乡村聚落主要是乡村居民生活的空间,包含民居、道路、仓库、场院、牲畜棚圈及其他一些附属设施等乡村要素。我国东西地域广,南北跨度大,不同地域的自然和社会环境存在着很大的差异性,以致乡村聚落无论是聚落形态、聚落规模,还是民居建筑风格、建筑材料和民居功能等方面,都存在着明显的地域差异。从本质上看,这种差异性是各自地域特殊的地理环境的产物,是人类适应环境的产物,是人地关系的反映。

在北方地区,地形多以平原为主,这为建设集聚型聚落提供了良好的条件。我国有着聚族而居的文化传统,因此,北方乡村聚落多集聚分布,形成集聚型乡村聚落,乡村规模较大,民居建筑在文化传统和气候环境的影响下多以四合院、三合院的平房为主。

南方地区多山地丘陵,地形条件的局限性使这一地区无论是乡村聚落规模、聚落形态,还是民居建筑都受到了一定的限制,因此南方山地丘陵地区乡村聚落规模普遍较小,且聚落形态多不规则,空间分布较为分散,仅在盆地或沿河地带形成较大规模聚落;山地丘陵地区山多地少,为节省耕地,加上气候和物产的影响,民居建筑多为楼居式型制,且民居建材多木、竹、石料。

相当长的时间内,在内蒙古等少数民族牧区,牧民多以游牧为生,居无定所,逐水草而居。因此,在这些民族地区广泛使用拆建极为便利的毡房,在聚落形态、结构和内部装饰等方面都体现出游牧民族所特有的居住文化。

此外,乡村聚落,尤其是中国传统乡村聚落,深受中国传统文化所特有的风水观念的影响,在聚落形态和聚落选址方面尤具特色。例如,浙江诸葛村,传为诸葛亮后裔聚居地,村落布局十分奇巧罕见,村落形态按照九宫八卦阵精心构建,高低错落有致,气势雄伟壮观,结构精巧别致,俯瞰轮廓美轮美奂,整个古村落以其“原汁原味”的神秘文化与文物古迹引来无数海内外游客,成为浙江旅游的热点。浙江俞源太极星象村,是中国民俗文化村,系明朝开国谋士刘伯温按天体星象排列设计建造,整个村落实现了人文景观

[1] 常玺强,武继欣,王崑. 论乡村景观的旅游价值[J]. 黑龙江生态工程职业学院学报,2009,22(1):30-32.

与自然景观的完美融合，是古代生态文化的经典遗存。这些地域特色明显、风格迥异的乡村聚落及其构成要素，以及其所蕴含的中国传统文化、建筑理念等，都是乡村旅游发展中的亮点和看点，是乡村旅游业发展的核心吸引物之一。

(2)生产景观的旅游价值。乡村农业生产活动是乡村居民重要的经济活动形式之一，是一种重要的乡村人文景观，可以分为农事生产活动和农业生产成果两大类。乡村生产景观具有极高的参与性和观赏性，是乡村景观体系中不可或缺的组成部分，是对旅游者具有吸引力的景观类型。

与城市快节奏的工作方式相比，乡村农业生产活动是一种相对较为松散的生产活动，具有可参与性。旅游者可以通过参与农业生产活动，例如捕捞鱼虾、牧场放牧、采摘蔬果和土地耕作等生产活动，体验农业生产活动的趣味性，获得愉悦、轻松的旅游经历。

农业生产成果是乡村居民借助一定的生产工具，通过辛勤劳动，作用于自然界的产物。云南元阳哈尼梯田景观，茶园、观光果园，现代高科技农业生产基地，水产养殖基地和畜牧基地等，都是对乡村自然景观的再塑造。在乡村农业生产活动中，动植物的生长发育有一定的规律，并且受自然因素的影响，随季节而变化，呈现出一定的周期性[1]。非设施农业生产中的一切活动都与季节有关，必须按季节安排，这就使乡村生产景观受季节影响较为明显，具有明显的季节变化，在不同的季节欣赏不同的农业生产景观。

(3)民俗景观的旅游价值。民俗景观的旅游价值可以通过民俗旅游的形式体现出来。民俗旅游的发展模式可以分为精华荟萃式、复古再现式和原地浓缩式三种类型。

精华荟萃式是将不同地域不同民族的民俗景观以民俗公园的形式展现出来，如深圳的中国民俗文化村，集中体现中国多民族民俗文化的北京华夏民俗文化园，集中体现云南少数民族民俗文化的云南民族文化村等。

复古再现式主要是以主题公园和民俗博物馆的形式，搜集、整理、再现已经消失了的民俗文化，供游客游览。

原地浓缩式主要是在民俗文化保存较为丰富完整的地区发展民俗旅游的一种模式。乡村地区，尤其是偏远的少数民族乡村，经济发展相对缓慢，

[1] 冯淑华. 乡村景观旅游开发[J]. 国土与自然资源研究，2005(1)：69-71.

民俗文化受到的破坏相对较小,保存了较为丰富完整的民俗文化,从而为乡村民俗旅游的发展奠定了基础。

我国是一个由五十六个民族组成的多民族国家,不同地域、不同民族文化传统各不相同,形成了丰富多彩的民俗文化景观。民俗文化景观包括民间节日习俗、民间娱乐习俗、服饰、饮食和语言等类型,已经成为民族地区发展乡村旅游的重要吸引物。以广东三排瑶寨为例,它是一个保留了原生态生产生活方式的瑶族村寨,在旅游开发过程中,以民间工艺品制作(刺绣)、传统生产习俗(传统蒸酿酒坊、传统木榨油坊)、民间节日习俗(耍歌堂)和民间娱乐习俗(唱山歌谈恋爱、篝火表演)等独特的瑶族民俗景观作为核心吸引物,发展民俗旅游,使民俗景观的旅游经济价值得以实现。

三、乡村型旅游地景观系统

乡村景观有多种分类标准,曾有学者将乡村景观分为自然景观、亚自然景观、半自然景观和农业景观四类;从景观功能形态的角度,可以分为景观区、景观类、景观亚类和景观单元四个层次[1]。对于每一层次的景观类型可以进一步细分为不同的景观亚类。例如景观区有农区景观、林区景观和牧区景观等。

对乡村型旅游地而言,可以根据其旅游业发展依托的核心吸引物的不同划分为不同的类型。不同类型的乡村型旅游地,景观侧重点差异很大。有些乡村型旅游地,尤其是古村落型旅游地,以聚落景观为核心吸引物;休闲度假型乡村旅游地以秀美的田园风光、丰富的动植物资源等自然景观和以农、林、牧、渔为代表的农耕文化景观、田园风光为核心;有些乡村型旅游地,尤其是少数民族村寨,以独特的村寨、民居造型和极具民族特色的民风民俗为核心旅游吸引物。

(一)古村落型旅游地景观系统

从空间尺度,可以将古村落型旅游地景观分为村落景观和宅院景观两大类。

1.村落景观

村落景观是乡村型旅游地景观的重要构成部分,可以进一步分为村落

[1]李作鹏,刘黎明,谢花林.乡村景观分类的方法探析——以北京市海淀区白家疃村为例[J].资源科学,2005,27(2):167-173.

形态和村落内部景观两部分。

(1)村落形态。村落的形成和发展与一个地区的自然环境密切相关,但同时又受到当地传统文化的影响,有着很深的地域文化烙印。不同的地区,聚落形态不同。以乡村聚落为例,在山地丘陵地区,聚落分布较为分散,规模较小;而在北方平原地区,聚落规模较大。旧时,在强大的宗法制度的影响下,中国传统乡村聚落多聚族而居,一个聚落以一个或两三个姓氏为主。

一般而言,村落整体形态有团状、线状和阶梯状之分。团状村落是我国最常见的一种村落形态,主要分布于平原和盆地地区,是以交通线结合点或以某种标志性建筑为中心聚居发展形成的一种村落形态,其平面形状以不规则的多边形居多。线状村落主要分布在河网密布地区,是沿河流发展所形成的村落形态,或者沿主要道路干线发展起来的一种村落形态。阶梯状村落主要分布在山地丘陵地区,依山势而建,呈阶梯状分布。

象形村落是指村落按照某种图案有意构建形成的一种村落形态,承载着村民诸多期望。在古徽州,特殊的地理环境加之风水学说的影响,使相当一部分古村落按某种图案构筑,逐渐发展成象形村落。黟县西递是象形村落的典型,明清时期西递是商贾之乡,整个聚落状于舟船,村首七哲祠象征眺台,附近的大树和牌坊象征桅杆和风帆,鳞次栉比的民居象征船舱,期盼行贾一帆风顺[1]。

(2)村落内部景观。村落内部景观是乡村旅游景观的重要组成部分,主要是指村落的街巷、广场、标志性景观和村落水系等景观要素。

街巷是连接乡村聚落关键节点的纽带,构成乡村聚落的骨架。乡村聚落街巷,尤其是以古村落为代表的传统聚落街巷,设计科学合理,具有浓厚的地域风貌,往往以石板铺路,基本上能够保持数百年来原有的风貌,与传统村落古老的建筑、古朴的氛围相得益彰。与现代村内笔直宽敞的街巷不同,传统村落街巷狭窄曲折,使村落内部空间形态富有变化,往往会给行走于街巷中的行人以“山重水复疑无路,柳暗花明又一村”的感觉。街巷也是居民交流的重要空间,是乡村居民生活的重要场所,展示的是乡村居民重要的生活场景。

广场是村落内部重要的公共空间之一,是连接村落内部众多街巷道路

[1] 黄成林. 徽州文化景观初步研究[J]. 地理研究,2000,19(3):257-263.

的重要节点，也是村落中聚集人流、举办各种公共活动的重要场所。现代乡村往往设计有供村民健身娱乐的村民广场，而在传统聚落中，广场主要是宗族祭祀或生产生活性场所，文化娱乐只是其附属功能。不同村落，广场的性质和功能有差异。徽州传统村落往往会在宗族祠堂前辟有一定规模的广场或称之为方坦（村落中非常少见的公共广场），其主要功能就是宗族祭祀。在鄂西土家族传统村寨，坝场是村寨中重要的广场，是村民交流集会的场所，也是村民打谷、晒谷的生产性场所。

乡村标志性景观是乡村旅游景观的重要组成部分，对于人们了解村落传统文化具有重要作用。乡村中地理位置突出、公共性强的自然景观或文化景观，对整个村落环境具有表征作用，是某一地区记忆的象征。乡村聚落中的标志性景观具有明显的地域特色，不同地域的乡村聚落中标志性景观具有差异性。在徽州传统村落中，水口、祠堂和牌坊是重要的标志性景观；在傣族村落中，寺庙是重要的标志性景观；在侗族村落中，鼓楼和风雨桥是重要的标志性景观。

村落选址多与水系有关。例如，徽州古村落选址时要求“枕山面屏”“临水而居”，沿河岸发展，以便充分利用周边溪流为村落提供生活和消防用水；人们还会开辟水塘，设法引水进村，形成绕村串户的水圳。水塘、水圳的修建，不仅为村民日常生活提供了便利，还成为美化和活跃聚落景观的重要元素，为聚落增添了灵动之美。此外，水塘、水圳还具有调节局部小气候的功能，为乡村聚落创造灵动宜居的环境氛围。

2.宅院景观

宅院景观是乡村景观系统中不可或缺的一部分，主要分为民居建筑和庭院两部分。

(1)民居建筑。由于文化背景和自然环境的差异，不同地区的民居建筑呈现出明显的地域差异性。

从建筑风貌看，不同地域建筑风貌存在显著差异。黄土高原地区，人们利用黄土直立性好的特点，在地形有利部位挖洞建窑而居；东北林区盛产木材，因此房屋多以木制板屋为主。

从宅院空间格局看，四合院是我国乡村宅院的一种主要院落形式，但是由于受各地环境和社会因素的影响，各地四合院这一院落空间布局发生了不同程度的变化：在北方，为了获得足够的太阳光照，建筑物之间保持相对较大的间距，建筑物围合而成的四合院空间较大；在南方，夏季湿热多雨，为了减少太阳光照，尽可能减少建筑物之间的间距，以获得较大的阴影区，建筑物间间隔缩小，北方四合院的院内空地到了南方演化成狭长的天井院。

从建筑样式看，北方乡村建筑以平房为主，墙体厚实，注重防寒、保暖等实用功能；南方山地丘陵地区乡村建筑以楼居式建筑为主，注重通风、遮阳功能；西南少数民族地区山区民居往往以具有民族特色的干栏式建筑为主，底层储放杂物或为禽畜圈舍。

(2)庭院。庭院主要是由建筑和院墙围合而成的封闭型空间，是居民重要的户外活动空间。普通庭院主要用于堆放农具杂物、放养家禽、晾晒谷物等，具有浓厚的乡土生活气息，展示了一幅悠闲的农家庭院风光。

徽州传统村落中的庭院另有风光，庭园规模一般较小，但景观要素丰富，有山水花木盆景和楹联题刻等，并通过漏窗、异形门等多种造园手法，合理布局各景观要素，在有限的宅院空间内创造出赏心悦目、意味隽永的庭院景观。

(二)休闲农业型乡村旅游地景观系统

对于乡村型旅游地而言，田园风光、茂林修竹、古树名木、奇花异草、民居村落等是重要的景观类型。不同类型的乡村，这些景观存在差异性。如云雾缭绕、绿荫葱葱的山村，河网密布的江南水乡，一望无际的牧场和点缀其间的毡房，海阔天高的渔村等，都是在特定的自然环境下形成的独具旅游吸引力的乡村景观。

农耕文化景观是农民在长期的农业生产过程中创造出的一种文化景观类型，以农业生产和农民生活服务为中心。我国是一个农业大国，农业生产历史源远流长，不同地区不同民族形成了风格迥异的生产劳作形式，构成了丰富的农耕文化景观：不仅包括农业科技、农事节令习俗、耕作制度等，还包括具体的农事活动。历史上，农业生产主要是刀耕火种的耕作方式，而今这种原始的耕作方式基本绝迹。江南水乡地区的水车灌溉，海边渔村的结网捕鱼，旧时农业生产工具等，都是重要的农耕文化景观类型，对城市居民极具吸引力，是发展休闲农业旅游的重要凭借物。在现代农业的背景下，依托现代科技发展的各种高科技农业观光园，正在成为现代农耕文化景观的重要组成部分。

(三)民族风情型乡村旅游地景观系统

1.民族村寨

民族村寨是不同民族在本民族文化和特定的自然环境影响下形成的具有本民族风格的民居建筑、公共建筑(构筑)景观。村寨文化是民族文化的一个基本单元,尤其是少数民族地区。民族传统文化,特别是少数民族的传统文化,主要通过其村寨文化、服饰文化来展示。民族村寨文化能够直观地反映某一民族传统文化,因其具有民族特色,风格迥异,成为吸引游客的一种重要的景观类型。例如青藏高原的碉房,内蒙古草原上的毡房,喀什乡村的"阿以旺",云南傣族的干栏式竹楼,苗乡的山寨等,千姿百态,都具有浓郁的民族风情。

2.民俗文化景观

民俗文化景观是一种重要的非物质文化景观类型,是一定地域的居民在长期的生产生活中所形成的风俗习惯、风土人情的一种文化沉淀,如传统节日、传统曲艺表演、饮食风味习俗、民间文学、服饰等。

乡村传统节日,尤其是少数民族传统节日,可以分为不同的类型。有以农业生产习俗为主的传统节日,如满族的虫王节,在每年农历六月初六举行,届时每家每户派一人去虫王庙宰杀牲畜摆上供品,祈求虫王神保佑庄稼免遭各种灾害,秋收丰硕;新疆维吾尔族的播种节,一般在农历四月初十左右举行,节日期间,农家扶老携幼,带着食品,来到地头一起祈祷,然后下地播种,以期秋后获得丰收。有以祭祀为主题的传统节日,如蒙古族的祭天节、祭秋等,土家族的谢神会,彝族的认祖节,羌族的山神节等,以家庭或村寨为单位杀猪宰羊,供奉祖先神灵。有以文娱活动为主题的社交节日,最为典型的是傣族的泼水节、白族的三月街、彝族的火把节和蒙古族的那达慕大会等。

传统曲艺表演是非物质文化景观的重要组成部分,是地域文化的缩影。不同地域都有具有地域文化特色烙印的地方剧种。例如,徽剧是一种重要的地方戏曲,是徽州文化灿烂篇章中的重要一页,主要流行于皖南和江西婺源一带;昆曲发源于江苏,有"百戏之祖""百戏之师"之称,是我国第一批入选"人类口头和非物质遗产代表作"名单的地方戏曲。此外,河北梆子、山东吕剧和蒙古族长调等,都是具有地方文化和民族特色的地方戏曲。

饮食风味习俗是一种重要的非物质文化景观类型,中国各地的饮食习惯因其地理位置、自然环境和文化传统的不同而呈现出明显的差异性。如同为以辛辣著名的川菜、湘菜和黔菜，因三地人耐辛辣程度和辛辣特色而各有不同：四川人不怕辣，湖南人辣不怕，贵州人怕不辣；川菜以麻辣见长，湘菜以香辣闻名，黔菜以酸辣出众。

四、乡村型旅游地景观变迁基本特征

在乡村旅游发展过程中，乡村内部及其周边地区景观因旅游而发生了一系列变化，这种变化突出表现为村外景观田园化和村内景观村庄化。

(一)村外景观田园化

亲近自然、唤醒对传统农耕文化的记忆是人们开展乡村旅游的一个重要动机，以原生态和乡土特色为核心的乡村景观正逐渐成为乡村旅游的吸引力源泉。在这种背景下，人们越来越注重改造村外环境，村外景观逐步田园化、生态化。

村庄外围环境是乡村旅游的重要内容，如何做好外围环境整治工作，事关乡村型旅游地的吸引力。很多地方成功的做法值得借鉴。前些年，江西婺源农民并不愿意成片种植油菜，为了使婺源乡村旅游更上一层楼，政府以资金补助的方式引导农民种植油菜。几年下来，农民尝到了“梯田花海”的“甜头”：过去没有的乡村旅馆、农家餐饮生意火爆，市场销路不好的农产品销路好了，卖不上价钱的农产品价格上去了……如今，种油菜已经成了农民的自觉行为，农民市场意识空前提高，千方百计努力改善乡村旅馆、农家餐饮条件，发展特色农产品种植。政府小投入撬动了乡村旅游大发展，婺源县乡村旅游除了古村落又多了“梯田花海”景观。

浙江安吉、安徽广德是我国著名的毛竹之乡，两地千方百计营造竹海景观，吸引游人前来赏竹，带动竹业大发展，让游人看万顷竹海，吃多种美食，购买竹制品，了解竹文化。

(二)村内景观村庄化

乡村型旅游地具有景区与社区的双重性，在乡村旅游发展过程中，村庄内部环境不断得到改善，基础设施日益完善，乡村型旅游地逐渐发展到村有村样、庄有庄貌。

过去由于组织程度低、集体资金不足，新民居不断出现，但村容村貌始终比较差，脏乱差似乎是乡村留给人们的普遍印象：四散的生活垃圾，漫流的生活污水，道路上的牲畜粪便，横七竖八的电线电杆，无人过问的环境卫生……如今，在乡村型旅游地，发展旅游的愿望和旅游发展带来的经济收入，为村落内部环境整治提供了动力和物质基础，管理者采取各种措施改善村容村貌，治理村落环境：设置环卫设施，聘请保洁员，定期清运垃圾，村内环境卫生状况得到根本改善；电线隐蔽了，民居建设有规划了，村容村貌和村落环境空前美好和谐了。有些地方，乡村垃圾实现了“村集乡运市处理”。

五、乡村型旅游地景观变迁中的问题

乡村型旅游地是我国旅游经济重要的增长点，是我国旅游目的地体系的重要组成部分，目前乡村旅游者约占旅游者总量的三到四成。但是，在乡村旅游快速发展过程中所暴露出的一系列问题也值得我们关注和思考。

（一）“美丽中国”与乡村型旅游地

党的十八大报告旗帜鲜明地指出，要把生态文明建设放在突出地位，融入经济建设、政治建设、文化建设和社会建设各方面和全过程，努力建设美丽中国。美丽中国的建设离不开美丽乡村的建设，而美丽乡村建设的一个突破口就是发展乡村旅游，建设乡村型旅游地。

1.建设乡村型旅游地有助于“美丽中国”建设

发展乡村旅游，建设乡村型旅游地，是推动美丽乡村建设的重要途径，有助于美丽中国这一宏伟目标的实现。

乡村旅游为乡村地区经济发展注入新的动力，拓宽了农民增收渠道，村民通过办旅馆、摆小摊、开餐馆、加工纪念品等多种方式增收，改善了自身的物质生活条件。随着旅游者的到来，村民与游客的交流日益频繁，旅游者的观念和信息对村民产生了潜移默化的影响，学文化、学知识、懂经营成为乡村地区的一股潮流，许多农民掌握了普通话甚至外语，村民素质不断提高。另外，在乡村旅游发展过程中，通过实施农村清洁和农村垃圾无害化处理等工程，乡村环境卫生水平得以提升；随着村民环境意识的提升，保护环境已经内化为村民的日常行为。

2.警惕“美丽中国”建设中的“千村一貌”

美丽乡村或者美好乡村建设是一项系统工程，需要统筹兼顾，除了提升乡村物质生活条件和改善生态环境外，还必须考虑乡村文脉的保护，提升村民的科学素养。当前，有的地区在对乡村建筑整治时，往往“拆老屋、建新房”，缺少对乡村原有文化的尊重和保护。在这种背景下，一批有历史价值的古建筑被拆除，取而代之的是千篇一律的新式楼房，即使一些老房子得以保留，但也淹没在现代建筑的包围圈中，乡村的个性消失殆尽。在城镇化的社会背景下，乡村地区原汁原味的乡土味道正逐渐变淡，最核心的乡土文化特色没有得到很好的体现，“村村相似、镇镇相同”的现象普遍存在。

“千村一貌”是雷同，游一村而知千村；“千村千貌”是特色，游千村而知不同。建设美丽乡村或者美好乡村，一定要和地脉、文脉相和谐，留住特色和魅力，即使将来不发展旅游，也应给村民和后人留下一份传统和文化记忆。

（二）传统风貌保护与村民生活现代化问题

伴随着旅游业的发展，一些乡村旧貌换新颜，原本低矮的平房、尘土飞扬的土路逐渐被拔地而起的现代建筑、水泥公路所取代，传统的乡村风貌正发生着剧烈的变化，乡土文化气息大有逐渐消失在旅游发展的浪潮中之势。从这点看，在旅游发展过程中，传统乡村风貌的保护与村民对现代化生活的追求似乎是一对不可调和的矛盾，尤其是在古村落型旅游地，乡村风貌保护与村民对现代化生活的追求这一对矛盾似乎更为尖锐。在旅游发展过程中，如何协调乡村风貌保护和村民对现代生活的追求二者之间的关系，对于以文化遗产为主的乡村型旅游地的可持续发展具有重要意义。

1.传统风貌保护的必要性

传统风貌是乡村地区尤其是中国传统乡土村落的重要文化遗产，是乡村旅游发展的重要吸引物。尤其是在古村落型旅游地和民俗型乡村旅游地，传统的乡土风貌与其他文化遗产共同构成了旅游地的核心吸引物，是旅游发展所依赖的基础要素之一。在新农村建设过程中，要强调注重保护有历史文化价值的古村落和古民宅，保护和发展有地方和民族特色的传统文化，绝不能以牺牲宝贵的古村落资源为眼前的经济利益或政绩服务[1]。乡村地区发展旅游可以看成是新农村建设的一条重要途径。

然而，在新农村建设和旅游发展过程中，有的传统的乡村风貌遭受了破坏，片面的追求现代与时尚，在房屋建设上片面追求“洋气”，地方景观中最核心的乡土风貌和乡土特色逐渐消失[2]。在旅游发展过程中，在旅游经济收

[1] 刘华领，莫鑫，杨辉. 古村落的保护与开发策略研究——以河北省井陉县于家石头村为例[J]. 规划师，2004，20(12)：80-83.

[2] 邓明艳，曹菊新，余斌，等. 旅游发展背景下乡村景观格局变迁与优化[J]. 生态经济，2010(2)：82-86.

益的刺激下，对历史建筑、民风民俗进行过度的包装与开发，必然使传统乡村风貌的完整性遭到严重破坏。例如被誉为“淹没在深山的璞玉”的浙江林坑村，近几年旅游业发展很快，当地村民把原来质朴的旧木门换上了新木门，鹅卵石铺装的地面用水泥填得平平整整，破坏了古建筑古朴的美感[1]。此外，作为乡村主人的村民，或者由于缺乏保护意识，或者受短期经济利益的驱动，砸墙凿洞，肆意装修改动，使房屋的传统建筑风貌和空间布局发生明显变化，明显有违传统乡村风貌。

2.村民享有现代生活的权利

伴随着乡村地区旅游业的发展，村民的现代生活愿望更加强烈。在与旅游者的接触中，村民传统的生活理念受到冲击，一些不文明的生活陋习被摒弃，同时越来越注重追求更高的生活质量。与此同时，乡村旅游的发展促进了乡村经济的发展，村民收入日益增加，为村民追求现代生活奠定了坚实的经济基础。生活设施的现代化、传统的乡土建筑被现代建筑所取代，这在古村落型乡村旅游地屡见不鲜。

完整的传统风貌是古村落型旅游地的一大卖点，在旅游发展过程中，必须把古村落传统风貌保护放在首要位置。但是，对古村落的保护并不意味着对村民追求现代生活权力的剥夺，古村落旅游发展就是为了保护古村落，改善村民生活水平，二者并不是一对不可调和的矛盾。

对传统风貌的保护并不意味着完全排斥现代元素的进入，在保护古村落传统风貌的前提下，允许现代元素以适当的方式进入古村落。在核心保护区，要重点突出保护功能，尽可能杜绝与古村落不协调的现代元素破坏传统风貌。对于普通村民的日常生活而言，村民住宅外观上要保留本地传统建筑符号，保持与古建筑的协调，保护古村落整体协调的氛围，在内部装饰上，可以根据生活需要进行现代装修，添置现代生活设施设备；村内公共基础设施的建设，要实现现代元素与传统元素的有机结合，满足村民对现代生活的追求。

（三）乡村型旅游地保护问题

在旅游发展过程中，加强对乡村旅游地的保护已经迫在眉睫。

我国的乡村型旅游地，尤其是历史久远，历史风貌、历史建筑和民风民

[1]张春然．新农村建设中的古村落保护问题研究[D]．保定：河北农业大学，2009.

俗等文化遗产保存相对完整的古村落型旅游地，在旅游发展之前大多是“养在深闺人未识”。旅游业的发展有可能对旅游地带来各种消极影响，保护乡村型旅游地势在必行。对于不同的旅游地可以采取不同的保护模式，就古村落型乡村旅游地而言，所采取的保护模式主要有就地保护、异地保护和博物馆式保护等类型。

1.就地保护

就地保护是在原生的社会文化环境内所进行的保护，是目前村落保护中较为常用的一种保护方式。这种保护方式较适用于历史风貌保存较为完整、规模相对较大的村落，其优点是可以实现村落与原生社会文化环境的紧密结合，有助于塑造真实的环境感受。就地保护模式主要包括静态保护和动态保护两种主要方式。

（1）静态保护。静态保护是指对单体建筑等有形的物质载体进行原封不动的保存，同时又允许在不改变原貌的前提下进行科学合理的修复。这种保护方式虽然有助于物质实体的保护，但缺少合理利用，容易使建筑失去生机与活力。在合理利用中保护是静态保护的发展方向。

（2）动态保护。动态保护是对居民传统的生产生活方式、传统服饰、传统习俗等的另一种保护方式。动态保护方式有助于保持村落环境的真实性，有助于弥补静态保护的不足，在保护村落原生风貌的同时，能够满足村民对现代生活方式的追求，不仅注重物质文化的保护，同样重视非物质文化的传承和延续。就地动态利用式保护，是保护古村落的最佳保护方式。

2.异地保护

异地保护又称为拼贴式保护，是采取异地搬迁、集中保护的方式，主要针对具有较高历史文化价值，但空间分布地域较为分散、保护难度较大的民居建筑等文化遗存，在保持原有风貌的基础上搬迁到其他地域进行集中保护。在国外，日本从二十世纪六十年代就陆续将散落分布在全国各地的修建于明治维新时期的西式建筑搬迁到一地，形成著名的明治村[1]；在国内，安徽潜口民居是我国异地搬迁、集中保护的典型范例。二十世纪八十年代，政府陆续将零星分布的10座明代建筑搬迁至潜口紫霞山麓进行集中保护，开

[1] 荣盼盼. 太原市店头古村落的保护与利用模式探析[D]. 太原：太原理工大学，2011.

创了古建筑保护的"潜口模式",为其他地域古民居保护提供了借鉴。但是,异地保护仅仅保护了文物,并没有再现居民真实的生活场景,于乡村文化传承无益。

无论是古镇,还是古村落型旅游地,在保护过程中,不能只注重民居建筑等物质形态的保护,更重要的是传承历史文明的文化形态、风俗形态的保护。后者是古镇、古村落最为核心、最为宝贵的历史文化资源。

3.博物馆式保护

以乌镇为例,乌镇的保护是一种典型的静态博物馆保护,通过修复景观、注入新业态,将整个古镇打造成一个观光景区,并以产权置换的方式将镇中原居民迁出,通过另建新镇满足村民生活需求。这种模式虽然有助于古镇保护和旅游业发展,但是这种保护模式使古镇的性质发生了改变,古镇不再是居民世代生活的场所而成为一个供游客参观游览的景区,长此以往,必将导致古镇的空心化。因此,迁出原有居民、建新村新镇的保护模式对古村落和古镇保护虽然产生了一定的积极作用,但实质上是一种重形式轻内容的保护,这种模式不利于古村落或古镇的长远保护。

在古村落型旅游地保护过程中,应当追求村民生活与村落保护之间的平衡,不能简单地采用某种单一的保护模式。无论是就地博物馆式保护,还是异地搬迁保护,都会割裂古村落历史文脉。人是古村落最重要的构成要素,古村落居民是历史文化的传承者,在古村落保护过程中必须重视古村落居民的作用,在保护村落的同时,让村民享受现代文明。古村落保护要以高水平高起点的保护规划为前提,从整体上对古村落进行保护,不仅要保护古村落建筑,还要保护古村落的空间尺度和文化肌理,可以采取保护古村落与改造古村落并举的方针,采用完全保留、修复和外观改造等方式,既保护古村落原有历史风貌的完整性,又符合村民现代生活的要求,调动古村落居民保护的积极性。

(四)原真性与过度商业化问题

乡村是一个充满生机活力的生命体,乡村的相对封闭性使乡村生态文化处于动态的平衡之中。在乡村旅游发展过程中,旅游者的到来使乡村旅游商业蓬勃发展。在现有关于旅游商业化的研究中,过度商业化已经成为一个默认的概念,但大多依赖于研究者对目的地商业环境的主观判断;同时,在旅游商业发展过程中,旅游地文化或仪式的商品化以及商品化背后的原真性问题是诸多学者所关注的问题[1]。对于具有较高历史文化价值的乡村而言，真实性和完整性是其最基本的内在属性，乡村的真实性是乡村原生的真实、整体的真实，由此又引申出乡村的整体性。乡村的真实性可以通过乡村的整体性得以体现和保护。

在旅游发展过程中，旅游发展为乡村地区带来了巨大的商机，以住宿、餐饮和旅游购物为主的旅游商业活动蓬勃发展，缺少活力的乡村因此充满生机与活力，呈现出新景象。乡村型旅游地必要的旅游商业必不可少，但过度商业化并不可取。目前，乡村型旅游地过度商业化主要表现在以下几方面：功能区不分，家家开店，户户经商，进村如同进了大市场；商业习惯不好，习惯于店外店、占道经营，习惯于吆喝，甚至尾随兜售，拦路拉客；商品同质化严重，地方特色商品少，兼具纪念性、实用性、艺术性的商品更少，进村时似乎商品很多，但购物时又无货可买。

（五）乡村型旅游地转型升级问题

我国大多数乡村型旅游地在发展初始阶段，基本上都是以优美的田园风光、良好的自然生态环境、完整的村落布局和极具地方特色的建筑风貌为旅游吸引物发展乡村观光旅游。这一时期，乡村旅游主要以各种形式的农家乐和农业观光园为主，游客在欣赏田园风光的同时，可以"住农家屋、吃农家饭、干农家活、享农家乐"。游客虽然能够从中获得一定的农事体验，但是这种以观光为主的旅游活动难以满足游客的多元化旅游需求，难以实现乡村旅游的深度发展和长远发展。

1.由乡村观光旅游向民俗游、文化游转型

乡村民俗游、乡村文化游等要以乡村深厚的历史文化资源为特色，开发一系列具有较高文化内涵和可参与性的旅游体验项目。如极具康巴风情的藏族"篝火晚会"，游客可以与当地村民一起跳"锅庄"舞。通过这种具有较高参与性的旅游活动，游客可以在获得愉悦旅游体验的同时，感受到旅游地深厚的历史文化底蕴，满足求知求异的旅游动机。

2.由单一的观光、体验性旅游向观光、度假、休闲复合型旅游转变

乡村型旅游地以其宁静的氛围、优越的自然生态环境逐渐成为重要的度假旅游目的地。乡村度假旅游目的地是乡村旅游地发展的高级阶段，在

[1] 保继刚. 历史城镇商业化研究[J]. 地理学报，2004，59(3)：427-436.

这一过程中，乡村型旅游地功能更加健全、设施更加齐全、业态更加丰富，旅游产业链得到延伸，有助于提升乡村型旅游地的品位，促进乡村旅游发展。

（六）景观变迁驱动因素问题

对于不同力量主导下的乡村地区的发展，其景观变迁的驱动因素存在一定的差异。在社会主义新农村建设背景下，城镇化、工业化等力量都推动着我国乡村地区发生巨大变化，乡村面貌日新月异，乡村景观正经历着深刻的变化。与城镇化、工业化等其他力量不同，旅游化所推动的乡村地区文化景观变迁是以旅游功能为导向，在满足居民现代生活需要的同时，更多的关注文化景观的保护和旅游发展的需要。因此，对于乡村型旅游地而言，旅游是推动乡村发展的主导力量，也是推动乡村景观变迁的决定力量。

人是一切活动的主体，旅游化驱动的乡村文化、乡村景观变迁是通过人的行为发生作用，因此，人的活动构成了推动乡村景观变迁的根本性力量。乡村旅游发展涉及不同的行为人，从利益主体的角度可以将行为人分为政府、旅游者、当地村民、学者等不同利益主体。不同的利益主体为了实现自身的利益诉求会做出不同的行为选择，这些不同作用力的合力推动着乡村型旅游地景观的变迁，并决定着景观变迁的方向。

第二节　西递文化景观变迁研究

古村落型旅游地是一种特殊的乡村型旅游地，是乡村旅游和文化旅游的结合。古村落是一定历史时期形成的，在特定的自然环境和人文社会环境中产生的人类聚居地，是村落环境、民居建筑等历史文化风貌保存较为完好的一种聚落类型。由于风雨的侵蚀、战乱的破坏，我国绝大多数古村落已经消失在历史长河中。我国目前尚存5 000多个古村落，且保留较为完整的古村落多为明清时期遗留下来的。从地理位置看，古村落主要分布在历史时期经济、商业活动较为繁荣，而近现代交通相对不便的地区。

旅游开发有助于促进古村落地方经济发展，同时也为古村落保护奠定了物质基础。但是，旅游这一要素的介入会改变古村落文化景观赖以生存的社会和自然环境，打破古村落文化生态系统的平衡，加剧古村落文化景观变迁。安徽省黟县西递镇西递村是古村落型世界文化遗产，自1986年发展旅游以来,已经有近30年的旅游发展历史。西递旅游业发展不断成熟,已经成为我国目前最具代表性的古村落型旅游地之一,旅游对古村落的影响已经渗透到古村落生产生活的各个方面,同时对景观产生明显影响。

一、西递与西递旅游

(一)西递古村落

西递,古名西川,又称西溪,取水势西流之意。与其他徽州古村落一样,西递是在古徽州特定的自然地理环境中,在徽州文化熏陶、徽商经济实力支撑下形成的以血缘关系为纽带,历史上以胡姓宗族聚族而居的传统聚落。山地、丘陵地区聚落选址的一般规律是"依山建屋、傍水结村",在风水观念的影响下,又要求"枕山面屏"。西递的选址深受风水观念影响,据清道光六年(1826)《新安名族志》记载:"其地罗峰当其前,阳尖障其后,石狮盘其北,天马霭其南。中有二水环绕,不之东而之西,故名西递。"[1]西递奠基于北宋皇祐年间,据清道光《西递明经胡氏壬派宗谱》记载:"壬派五世祖因公务去金陵,道经西递铺,见其山多拱秀,水势西流,爰偕堪舆家入西川境,遍观形势,有虎阜前蹲,罗峰拱秀,天马涌泉之胜,犀牛望月之奇,产青石而如金,对霭峰之似笔,风燥水聚,土厚泉甘,遂自婺源迁来此间。"[2]

西递以古朴典雅的明清古民居、肃穆庄严的祠堂牌坊、和谐宜居的建筑布局、古朴淳厚的民风等著称于世。在社会变迁和风雨侵蚀的影响下,西递虽已不见当年境况,但仍然留存有大量的古建筑。《皖南古村落:西递宏村保护规划文本》(2006)表明,西递共有各类建筑物332幢,其中保存完好的明清古民居有124幢(明代民居建筑2幢,清代民居建筑122幢),另有明代祠堂3座和牌坊1座,基本上保留了明清时期的建筑风貌和韵味,素有"桃花源里人家"和"中国明清民居博物馆"的美誉。西递古村落,2000年入选世界文化遗产,2001年入选全国重点文物保护单位,2003年入选中国历史文化名村。

(二)西递旅游发展历程

西递是在程朱理学观念的影响下,以徽商经济实力为物质支撑而兴起的村镇。清朝后期,随着徽商失势,西递逐渐破败。到改革开放前夕,和中

[1] [明]戴廷明,陈尚宽,等.新安名族志[M].朱万曙,王平,何庆善,等点校.合肥:黄山书社,2004:315.

[2] 黄成林.徽州文化景观初步研究[J].地理研究,2000,19(3):257-263.

国其他的普通农村一样，西递是一个地地道道的以农业生产为主的农民生产生活的社区。由于多种原因，西递与外界交通相对不便，所受破坏相对较小，大量明清古民居得以保存下来。科学合理的村落布局，美妙绝伦的"三雕"装饰，寓意深刻的楹联题刻，独具匠心的徽州古典园林和淳朴的乡村民情，是西递旅游发展的重要旅游资源。目前，西递旅游业发展主要依靠古朴典雅的明清古建筑，已开放的主要有走马楼、"胶州刺史"坊、敬爱堂、履福堂、追慕堂、旷古斋、东园、西园、瑞玉庭、青云轩和大夫第等明清建(构)筑。

二十世纪八十年代，中美古民居考察团中方专家来西递实地考察，这是学者首次来西递调研。自此以后，不同领域的专家学者到西递调查，西递蕴含的历史文化价值逐渐为外界所知。随着以科学考察为目的的大量专家学者的到来，当地政府逐渐认识到西递历史文化遗存所具有的旅游价值，旅游开发遂提上议事日程。

1986年，黟县政府成立旅游资源开发利用领导小组；西递作为旅游景点，成立西递旅游景点管理处，开始出售门票(0.2元/人)。这标志着西递旅游业正式起步。1993年9月，村办集体企业"西递旅游接待站"成立，当年门票收入超过47万元，首次超过农副业收入。1994年，"西递旅游接待站"正式更名为"西递旅游服务公司"。1995年，西递门票收入首次突破100万元。1997年，西递旅游门票收入达到230万元。2000年11月，西递被列入世界文化遗产名录，当年景区收入达1 800万元。随着西递知名度的提高，西递旅游走上了持续、健康发展的快车道。2007—2011年，西递景区旅游接待总量达300万人次，旅游直接收入1.24亿元。2011年，西递入选AAAAA级景区。

二、西递文化景观构成

西递是在古徽州这一特定地域内，在特定的自然环境和人文环境下形成的徽州古村落。西递文化景观是在徽商的经济实力支撑和传统的儒家观念影响下兴起和发展的。徽商的经济实力为民居建筑、家族祠堂和各式牌坊的修建提供了物质基础，程朱理学深刻地影响着西递文化景观。在外经商和入仕的西递人发迹后，受传统观念的影响，回乡大兴土木，修建了装饰儒雅的民居建筑，极大地丰富了文化景观内容。

(一)物质文化景观

西递物质文化景观类型多样，其中民居景观和街巷景观极具特色。

1.民居景观

民居景观是西递极为重要的物质文化景观，最能够体现西递特色。从外观上看，西递民居建筑色彩以黑、白、灰色调为主，外观以粉墙黛瓦马头墙和门楼为主要特征。从文化内涵上看，西递民居强调儒家伦理道德秩序。

西递地处山峦丘陵之中，山多地少。在这种地形条件下，西递民居多向垂直方向发展，以二层楼居式建筑为主。

从平面布局看，西递民居基本上是由厅、厢房和天井所构成的三面房一面墙的四合院模式。在此基础上，房屋主人为满足自己的需要，通过建筑之间的组合衍生出“不同类型”，如前后多进住宅或者左右连栋住宅等。天井由高墙和楼房围合而成，是民居内部空间沟通外界自然的一个重要媒介，具有通风、采光等重要功能。天井与明堂相组合，可以使雨水沿天井瓦檐四周的水瀍流入明堂。这种“四水归堂”的建筑设计，习惯上被误读为徽人“肥水不流外人田”聚财意识的物化，实质上则是高围墙、大进深民居通风采光的必然选择。

在建筑造型上，西递保存下来的明清建筑多为三面房一面墙的楼居式形制，民居建筑外墙高大，门窗较少，仅在较高处开有小窗，内向性明显，封闭性极强。其形成原因在于：①明清时期，壮年男子多外出经商，留守村中的多为老幼妇孺，出于防火、防盗等安全因素考虑，外墙多高大；②建筑物的这种封闭性是中国传统文化内向性气质的表现，也是徽人在儒家伦理束缚下的慎独心理的外化。

在建筑材料上，因西递地处古徽州，多山地丘陵，盛产木材，因此建筑多为砖木结构，并且内部多用木板壁、木门等构件分割内部空间，形成不同功能的室内空间布局。

马头墙和门楼是民居中重要的构成要素。马头墙是在山墙之上砌筑的呈阶梯状的墙体，其原始功能是防火。马头墙除具有实用价值外还具有美学价值，其阶梯状的造型使民居建筑显现出一种韵律美。

西递因商成镇，在“商家不宜南向”这一观念的影响下，民居门向多朝北、东、西三个方向，忌讳朝南；即使在某些情况下需要向南开门，一般不会朝正南方向。门楼是主人的“门面”，它能够反映出房屋主人的社会地位和经济实力，按其样式可以分为门罩、牌楼和八字门楼三类。

2.街巷景观

街巷是连接古村落中关键节点的纽带，四通八达的街巷网络构成古村落的骨架。水是生命之源,方便取水是村落布局的重要原则之一。因此,西递主要街巷大都与穿村而过的溪流平行或交会,且以曲折蜿蜒的街巷为主。

据相关资料,鼎盛时期,西递曾有99条街巷,有"西递好似安乐宫"之说,寓意西递街巷之多。以大路街、前边溪街和后边溪街为代表的主要交通干道和其他街巷,共同构成西递古村落完整的街巷系统。从街巷形式上看,西递街巷除主要交通干道线形较直外,其余街巷以蜿蜒曲折的线形居多。曲折的街道,有助于景观切换,丰富景观,为行人营造出"山重水复疑无路,柳暗花明又一村"的视觉感受。从高宽比上看,不同类型巷道的高宽比差异性明显,从主要交通干道到生活性巷道再到民居之间的弄堂,高宽比逐渐增大。从建筑材料上看,西递街巷多以黟县青石铺砌而成,色泽古朴厚重,石板路与街巷旁边古老的明清建筑相协调,增添了古村落厚重的氛围。从街巷设计看,西递街巷设计科学合理,为应对夏季阴雨天气较多,设计有类似现代下水道性质的雨水收集系统。此外,西递作为古代驿站驻地,为了方便车马通行,在村落大路街等主要交通干道设计有专供车马通行的车马道[1]。

(二)非物质文化景观

非物质文化景观是依附于其他载体而存在的文化景观,在文化景观体系中居于重要地位,是地方文脉的重要构成要素,是传承地方传统文化不可缺少的要素。西递非物质文化景观类型多样,有价值观念、人口景观、语言景观、生活景观和民俗景观等。其中,祠堂和牌坊、以砖雕石雕和木雕为代表的民间工艺制作以及节日习俗最为重要。

1.祠堂和牌坊

祠堂和牌坊属于公共建筑,其形式是物质的,其功能是精神的,因而属于非物质文化景观。祠堂是祭拜祖先、商议族中大事的场所,是宗法观念的体现。牌坊是一种歌功颂德的纪念性建筑,最能体现封建伦理道德。

祠堂是一个村落的精神中心,可以分为宗祠、支祠(总支祠和分支祠)和家祠等不同等级。无论是宗祠还是支祠,都严格遵循"男女有别、长幼有序"的封建礼制。祠堂作为一个宗族的精神中心,集全族之力修建而成,因此,无论是在规模和形制上,还是在地理位置上,祠堂建筑都与普通的民居建筑明显不同。从规模和形制看,祠堂建筑更加强调封建伦理纲常和宗族的凝

[1] 胡时滨,舒育玲. 中国明清民居博物馆西递[M]. 合肥:黄山书社,1993:11.

聚力，氛围庄重肃穆，以便维护宗法制度的权威性。从地理位置看，祠堂建筑多选址在地势相对开阔的地方。西递历史上曾有二十多座祠堂，最早的是建于清乾隆年间的宗祠，即位于西递村落入口处、与胡文光“胶州刺史”坊相对应的本始堂（明经公祠），总支祠有敬爱堂，分支祠有追慕堂、七哲祠等，家祠有迪吉堂等。因为社会和自然原因，目前只有敬爱堂、追慕堂等少数几座祠堂保存尚好。

牌坊主要有功名坊、忠孝节烈坊和敬贤尚义坊等类型。牌坊的修建并不是单纯的民间行为，功名和忠孝节烈坊等牌坊的修建是一种官方行为，有官方出资修建和官方批准、自筹资金修建之分。西递历史上曾有十五座牌坊（孝子牌坊一座，贞节牌坊十座，功德牌坊四座），由于历史原因，大多数牌坊已经损毁，现仅存建于明万历年间的胡文光“胶州刺史”坊一座[1]。胡文光，明嘉靖三十四年（1555）中举，后经巡抚推荐，任胶州刺史兼理海运；以后官至荆州王府长史。为表彰胡文光的功绩，明万历六年（1578），皇帝“恩荣”敕建了这座牌坊。牌坊坐东朝西，通高12.3米，通宽9.95米，四柱三间五楼单体仿木石建筑，以四根50厘米见方石柱为支柱，并有镂空石雕，造型精美，寓意深刻。既有象征吉祥如意的“麒麟嬉逐图”，又有象征福禄双全的“鹿鹤同春图”。在牌坊中间两柱前后两侧置有高约2.5米的两对倒趴石狮靠背撑，造型逼真，威猛传神，既庄重美观、具有装饰功能，又巧用三角形增加牌坊的稳定性。

2.徽州三雕

西递非物质文化景观类型多样，以砖雕、石雕和木雕为代表的民间工艺制作是西递十分重要的非物质文化景观类型。在中国封建社会，商人为“四民”之末，虽具有雄厚的经济实力，但社会政治地位不高。因此，在外经商的西递人致富后回到故里，大兴土木，修建房屋，以彰显其经济实力。由于封建伦理纲常的束缚，房屋的形制和样式受到诸多限制，一般只得“三间五架”，富商大贾转而追求精美的装饰，从而极大地促进了以“三雕”为代表的民间手工艺的发展。砖雕主要镶嵌在民居建筑入口的门罩或门楼上。木雕主要用于民居建筑内部装饰和家具上。西递木雕丰富多彩，不仅雕刻精美，还具有深刻的寓意，从某种程度上可以反映出房主的精神追求。石雕常用

[1] 段进，龚凯，陈晓东，等. 世界文化遗产西递古村落空间解析[M]. 南京：东南大学出版社，2006.

于石磉、石桥、石栏、石坊、石窗等，在祠堂、宅第中比较常见。在西递，比较常见的石雕是庭院宅第中的石雕漏窗（如西园中的“松石”和“竹梅”两块石雕漏窗），民居、祠堂等建筑照壁墙上的石雕图等。

3.节日习俗

西递传统节日种类较多，内容丰富多彩，可以分为农事性节日、祭祀性节日和庆贺性节日等三种类型。

农事性节日有的是在春季播种时举行，如每年早稻的第一次插秧“开秧门”，以希望当年获得好收成；有的是在秋季举行，以庆祝丰收。

祭祀性节日分为祭祀天地神灵和祭祀祖先两类。祭祀天地神灵性节日，如迎神庙会，古时西递在每个农历有闰月的年份举行迎接观音菩萨和药王周老爹的迎神庙会，十分隆重。在迎神庙会前，全村禁屠斋戒，素食七天。迎神庙会期间，举办各种表演，如抬阁、地戏和花船等，热闹非凡。祠堂是祭祀祖先的重要场所，每逢重大节日，例如春节、清明、端午和冬至等，都会举行祭祖仪式，其中以农历腊月祭祖最为隆重。

（三）西递文化景观的价值分析

2000年11月，在澳大利亚凯恩斯召开的第二十四届世界遗产委员会上，西递与宏村一同被列入世界文化遗产名录。联合国教科文组织世界遗产委员会对西递、宏村这一世界文化遗产的评价是：“西递、宏村这两个传统的古村落在很大程度上仍然保持着那些在上个世纪（指十九世纪——引者注）已经消失或改变了的乡村的面貌。其街道的风格，古建筑和装饰物，以及供水系统完备的民居都是非常独特的文化遗存。”[1]这是对西递文化景观价值的高度肯定。

1.文化价值

西递古村落历史悠久，自北宋皇祐年间形成以来距今已有900多年历史。在历史的长河中，西递人在生产生活方方面面所留下来的烙印，已经成为重要的文化景观，为人们了解古徽州历史文化提供了一个窗口。

西递现存的明清建筑群为了解历史时期政治制度、建筑文化提供了佐证。《明史·舆服志》曾记载有“庶民庐舍，洪武二十六年定制，不过三间五架”之规定，西递民居则是这一规定的实物。作为徽派建筑的杰出代表，西递古建筑群因其保留完整已成为国内众多高等院校美术、建筑等相关专业学生

[1] 余磊.旅游产业发展与西递古村落的保护[D].合肥：合肥工业大学，2009.

的写生基地。学生在此写生，为古村落添加了一道靓丽的风景线，赋予古村落新的文化韵味。

2.审美价值

西递在园林造景、建筑装饰方面具有极高的美学价值。西递古民居建筑群是典型的徽派建筑风格，“粉墙黛瓦马头墙”是其主要特点，民居建筑以黑、白、灰色为主，朴素淡雅的色调与青山绿水相呼应，给人以视觉的享受。民居建筑以祠堂为中心，向外扩展，空间结构紧凑有致，从高处俯瞰，整个村落建筑鳞次栉比，显现出一种韵律美。徽州文风昌盛，西递民居建筑楹联题刻众多，风格多样，有较高的审美价值。楹联题刻内容丰富，寓意深刻，有反映主人处世哲学的，如大夫第门额“作退一步想”等，也有宣扬儒家伦理道德的。

在园林造景和建筑装饰方面，砖雕、石雕、木雕是西递最常见的装饰艺术，并且多与柱梁门窗等建筑构件巧妙结合，三雕内容丰富，构思巧妙，工艺精美，每一个建筑构件都是一件艺术品。在园林造景方面，多采用漏窗、异形门装饰，以使庭院景观与外界处在“隔与不隔、界与未界之间”[1]。

3.科学价值

西递文化景观的科学价值主要体现在聚落选址、建筑规划、建筑防火防盗等方面。西递聚落选址和聚落规划方面，体现了人类顺应自然，遵循自然规律，是人地关系和谐的典范。在聚落形态上，西递呈船形。西递村民多外出经商，船形聚落寓意外出谋生的西递人能够一帆风顺，为村民提供了心理上的慰藉。从气候上看，西递属北亚热带湿润季风气候，夏季湿热且持续时间较长，为了适应夏季湿热气候，西递建筑结构紧凑，单体建筑间距较小，易形成阴影区和狭管效应，在炎热的夏季可以充分发挥其遮阳和通风的功能。西递建筑物密集程度高且多为砖木结构，极易发生火灾，因此，西递在聚落规划和建筑设计中注重防火功能。在聚落规划方面，西递重视水系规划，村落跨越前边溪、后边溪和金溪三条溪流，为消防用水提供了方便。在建筑设计方面，民居多有阻隔火灾和防止火势蔓延的防火巷和马头墙等。此外，古时西递留守家中的多为妇孺老幼，房屋建筑极为重视防盗功能，在民居建筑防盗方面有许多举措，其中有些措施在今天仍然有一定的借鉴意义。

---

[1] 黄成林. 安徽旅游文化研究[M]. 芜湖：安徽师范大学出版社，2011：147.

4.旅游价值

从旅游资源禀赋上看,西递古村落文化景观空间分布高度集中,有着极高的历史文化价值、科学价值和艺术价值。西递高品位的文化景观是其产生旅游经济价值的前提和基础,西递以明清古建筑群为代表的文化景观已经成为吸引旅游者的重要旅游资源。西递文化景观的旅游价值可以分为直接旅游价值和间接旅游价值。现代旅游活动从本质上看是一种跨文化的交流活动,旅游者寄希望于通过旅游活动追求有异于其日常生活所接触的文化,追求地域特色文化。西递是徽州文化的典型区域之一,作为徽州地域特色文化积淀的各种文化景观对旅游者有很强的吸引力,能够满足旅游者的精神需求,通过对西递文化景观旅游开发能够带来直接经济效益。同时,旅游又是一项综合性很强的行业,文化景观的旅游开发能够促进其他商业活动的开展,从而创造出间接的经济收益。

区位条件的优越性和广阔的客源市场,为实现西递文化景观的旅游价值提供了条件。

三、西递物质文化景观变迁

西递作为世界文化遗产地,是我国古村落旅游发展的典型代表之一。西递在近三十年的旅游业发展过程中,在旅游这一驱动力的推动下,无论是其物质文化景观,还是非物质文化景观,都发生了一系列的变迁。在这些变迁中,既有积极的变迁,也不可避免地存在着消极变迁。积极的变迁对于古村落的发展和文化遗产的保护发挥了重要的推动作用,消极的变迁会破坏古村落厚重的历史文化韵味,某些新出现的现代景观突兀地夹杂在西递特有的文化景观之中,削弱了文化景观的原真性,不利于世界文化遗产的保护。西递物质文化景观变迁,主要表现在土地利用、商业景观、建筑景观和街巷景观等方面。

(一)土地利用类型的变化

土地利用是文化景观中一种基本的景观类型,是一种极为重要的物质文化景观。土地利用景观并不是固定不变的,随着经济社会的发展,对土地的利用强度不断加大,各种建设用地等使土地破碎化程度进一步加强,土地利用景观发生了深刻的变化。

从新中国成立到二十世纪八十年代,西递与中国其他农村一样,都是一个极为普通、鲜为人知的农业村落，其最主要的生产活动是农业生产。相对单一的农业生产活动使西递土地利用结构也较为简单，长期以来主要是耕地、林地和园地等农业用地以及居住用地，其他土地利用类型用地较少甚至没有，例如公共管理和公共服务用地等。1986年西递旅游发展以后，经过近三十年的发展，西递已经成为我国著名的古村落型旅游地，伴随着旅游业的发展，土地利用类型出现了较为明显的多样化趋势。

1988年，西递村关掉石灰厂，着手恢复植被，工矿用地变成了林业用地。

1.耕地减少，住宅用地受到约束

(1)耕地减少。随着旅游者的到来，为了满足旅游者食、住、行、游、购、娱等方面的需求，住宿、交通等旅游相关设施建设力度逐渐加强。西递作为世界文化遗产地和全国重点文物保护单位，村落内部受到严格保护，相关设施建设只能布局在村落周边。大量基础设施的建设促使建设用地不断扩张，占用了一定面积的农田，一部分耕地逐渐转化为其他类型用地。

二十世纪八十年代，西递旅游业处于起步阶段，游客数量相对较少，到1990年才有1万名游客。这时，西递尚未进行相关设施的建设，土地利用变化不明显。1991年以后，随着游客人数的增加，为了满足游客需求，更好地促进西递旅游发展，开始逐步完善和建设相关基础设施，在村落入口处修建了第一块停车场。九十年代中后期，游客数量迅猛增加，既有设施难以满足旅游发展需求，西递村征用了村落入口处的土地修建了旅游服务公司办公楼、旅游接待中心、旅游厕所和第二块停车场。

为了让村民参与旅游经营，方便管理，西递在牌坊广场附近修建了商业街，供村民出售旅游商品之用。2003年，西递征用牌坊附近部分用地，将其开挖为“明经湖”。2000年之后，西递南面毗邻民居的一片土地作为绿化用地被征用，修建了乡村公园。

(2)翻建和新建住宅受到约束。在报批的基础上，我国多数农村村民可以根据自己生活需要在原址翻建或者择址新建自住住宅，对于房屋的风格等，政府不会做出过多限制，村民可以根据自己的生活需要和经济实力建设。西递作为受保护地域，村民翻建和新建住宅受到约束：村民不能在村内自行建造房屋，只能有限地装修房屋，以满足自身现代生活的需要；建筑外立面必须采用传统徽派民居建筑风格，“粉墙黛瓦马头墙”，以保持与古民居的协调。

1986年以前,西递村民修建房屋的社会环境相对宽松。在旅游发展初期,部分有经济条件的村民修建了新房。九十年代末,为了加强对古村落的保护,西递制定了极为严格的建房审批程序。尤其是2000年西递成功列入世界文化遗产名单后,审批程序更为严格,并对私自建设、改造房屋的行为采用法律、行政和经济手段予以处罚。

西递核心保护区内所有房屋的维修都必须严格履行相关程序。首先,村委会对维修房屋申请签署相关意见,经镇政府审核,交县城建局、文物局、土地局和旅游局等相关部门统一审查;通过审查后,将图纸送交规划办审批;若通过审批,还需根据宅基地所处地段,向镇政府交纳维修保证金后才能按图纸施工[1]。此外,对于村民修缮房屋时间也做出规定,尽量避免旅游旺季,尽可能地在游客数量相对较少的旅游淡季。

2.商业服务用地增加

在《土地利用现状分类》(GB/T 21010—2007)中,商业服务用地是指用于商业和服务业的土地,主要分为批发零售用地、住宿餐饮用地、商务金融用地和其他商业用地。在西递,商业服务用地的变化突出表现为批发零售用地、住宿餐饮用地和商务金融用地的增加。

西递旅游业的发展推动了西递古村落的保护,同时以旅游为龙头,带动了以餐饮、住宿和旅游购物为主的旅游商业的发展。1986年发展旅游之前,西递住宿、餐饮等商业店铺数量极少。伴随西递旅游业的发展,村内以批发零售和住宿、餐饮为代表的商业店铺数量迅速增加。伴随着西递旅游商业的繁荣,与1986年以前相比,商业服务用地已经成为西递一种重要的土地利用类型。

在西递旅游发展之初,村民自发参与旅游经营活动,或者利用自有房屋固定摊位经营,或者在村中搭建临时摊位经营,或者流动经营。为了加强商业店铺的管理,避免村内因过度商业化影响游客体验和文化遗产保护,西递在村落入口处集中安排了旅游商业用地,迁出村内日益增加的商业摊点。在停车场和直街安排固定经营摊位,将原来部分村民的流动经营转为固定经营,并征用"胶州刺史"坊附近土地兴建商业设施。在西递村前新建商业街,将部分商业店铺搬迁至新商业街。

[1] 车震宇. 旅游影响下稳定型村落形态变化特征及影响因素分析——以黄山市西递村为例[J]. 生态经济,2010(5):124-127.

3.出现公共管理和公共服务用地

公共管理与公共服务用地主要分为机关团体用地、新闻出版用地、科教用地、医卫慈善用地、文体娱乐用地、公共设施用地、公园与绿地以及风景名胜设施用地(含旅游景点及管理机构用地)等八个土地利用亚类。在旅游业发展过程中,西递公共管理与公共服务用地的变化主要表现为机关团体用地和科教用地不断减少,出现了文体娱乐用地、公园与绿地以及风景名胜设施用地。

西递镇原为东源乡,1998年更名为西递镇,西递村为镇政府驻地。西递村作为镇政府驻地,村内有一定数量的行政机关、教育机构和医疗卫生机构等事业单位,因此,村内政府行政办公用地和行政事业单位用地占有一定的比例。随着西递旅游业的快速发展,大量游客的涌入,使西递古村落保护的压力日益增大,尤其是在2000年西递成功列入世界文化遗产名录以后,对古村落保护提出了更严格的要求。为了减轻这些行政事业单位给古村落保护带来的压力,西递镇政府在西递水口西侧建设新区,搬出部分行政机关、事业单位和敬老院等,原政府办公用房改建成明经客栈。

在事业单位用地减少的同时,出现了文体娱乐用地、公园与绿地以及风景名胜设施用地等新的用地类型。在西递村南侧,原来的农业用地已辟为公园与绿地,被改造成生态公园;在西递村口停车场东北侧,紧邻西递售票中心和检票处新建了一处占地约600平方米的文化广场。此外,西递旅游服务公司为了加强西递这一世界文化遗产保护,成立了文化遗产管理办公室等相关单位,使西递出现了新的公共服务用地。

总之,在西递旅游业的发展过程中,政府、学校等行政事业单位的外迁使机关团体用地面积不断减少;而为了创造良好的旅游发展环境,加强村落环境整治,不断丰富村民精神文化生活,西递出现了公园与绿地、文体娱乐用地等新的土地利用类型。

(二)商业景观的变化

西递因商成镇,商业在西递旧时发展过程中扮演着极为重要的角色。明清时期,西递人口、社会和经济的发展有过辉煌,据说繁荣时期店铺数量达到百家以上。西递曾为古驿站,在村内主要交通干道沿线分布有商业店铺,沿大路街分布有作坊、酒馆、茶楼等商业店铺,大路街一带是西递村重要的商业中心。

在历史的进程中，随着徽商的失势，西递村落的发展失去了重要的物质支撑，逐渐回归为最初的农业村落。

1986年，西递走上发展旅游的道路，旅游活动的开展带动了村内旅游商业的发展与繁荣。与旅游发展之前相比，村内商业景观发生了一定的变化。

1.店铺类型的变化

从新中国成立到1986年，即西递发展旅游之前，与中国广大农村一样，西递是一个普普通通的农业村落，经济活动以农业生产为主，手工业为辅，农业生产活动主要以水稻、油菜、茶叶种植和桑蚕养殖为主。这一时期，西递商业发展相对较为缓慢，村内只有几家商业店铺，主要是面向当地村民销售一些生活日用品的零售店铺和服务性店铺，如供销社、理发店等，基本上以本村村民为服务对象。

随着西递旅游业的蓬勃发展，大量游客到访，旅游商业日益繁荣。在旅游初期，只有少数农民参与到旅游经营中来，而到了九十年代中期以后，与旅游有关的商业店铺数量大幅度增加。

根据在实地调查中所观察到的店铺经营内容和与店主的交流得知，西递村内商业店铺分为三大类：①旅游类店铺主要以旅游者为服务对象，经营内容多以土特产品销售、住宿餐饮服务为主；②综合类店铺兼顾当地居民和旅游者；③生活类店铺以本村居民为服务对象，如理发店等。2011年实地调研过程中，共调查到131家对外营业的商业店铺（表5-1），其中78%是旅游类店铺，共102家，而综合类店铺和生活类店铺数量相对较少，只有29家。

表5-1　2011年西递主要街道沿线商业店铺类型

功能分类		村落入口商业街	大路街	横路街	直街	前边溪	后边溪	合计
旅游类	旅游商店	4	31	18	16	6	0	75
	酒楼饭店	5	5	0	0	0	1	11
	客栈旅馆	0	1	0	0	5	8	14
	创意产业	0	1	0	0	1	0	2
综合类	日用杂货	1	5	0	0	2	1	9
	饮食小吃	3	1	2	7	3	0	16
生活类	服务行业	3	1	0	0	0	0	4
总计		16	45	20	23	17	10	131

2.店铺空间分异

西递店铺的增加是在旅游需求的刺激下出现的，在某种程度上可以说，西递店铺是依赖旅游而生存，旅游活动的范围决定了不同类型店铺的空间分布。目前，在西递村内形成了以大路街、横路街、直街和前边溪为主的固定游览线路。从表5-1可以看出，大路街至前边溪一线共有各类店铺105家，以旅游类店铺为主（84家），店铺分布呈现出相对集中、线状分布态势，部分为兼顾旅游者和当地村民需要的综合类店铺，而单纯的以本地村民为服务对象的生活类店铺仅有1家。这种现象的出现，是因为越靠近游览线路的房屋，一是市口好，赢利多，二是租金高，旅游类店铺的高收益能够弥补租赁房屋经营所产生的较高的经营成本。在旅游类店铺中，店铺经营门类的空间分布也存在差异性，沿游览线路分布的主要为销售土特产品与旅游纪念品的旅游商店、酒楼饭店和小吃店，客栈旅馆的数量相对较少。

西递村30多家农家乐客栈多数并不分布在主要街道沿线，而是呈点状散落在村落范围内，游人不常去的后边溪数量相对较多。

（三）建筑景观的变化

建筑是文化的固化，是一种重要的物质文化景观类型。“粉墙黛瓦马头墙”是徽派民居建筑给人最直观的视觉感受。徽派民居建筑融入了风水观念、宗法观念等深层次的精神文化，是徽州文化的重要载体。徽派建筑中的祠堂、牌坊和民居，是人文景观中的“徽州建筑三绝”。

在发展旅游前，西递是一个以农业生产为主要经济来源的农村社区，无力修缮和保护损毁的古建筑。旅游业的发展为古民居的保护提供了动力和坚实的物质基础。

1.建筑风貌的变化

《世界遗产地——皖南古村落西递、宏村保护规划》（2006）表明，西递共有各类建筑物332幢，分为保护类和非保护类两大类。西递村现有建筑可以分为三类：①明清古建筑，修建于明清时期并遗存至今，其中，明朝建筑遗存较少（2幢民居，3座祠堂，1座牌坊），清代建筑数量相对较多（122幢民居）；②新中国成立后至1986年西递发展旅游前修建的房屋，主要是村民根据自己的生活需要和经济实力修建，数量相对较少，分布零散，主要集中于村落北面，其建筑风格与传统徽派民居存在较大差异；③徽派风貌建筑（又称“徽风”建筑、“新徽派”建筑），二十世纪八十年代之后，按照传统徽派民居风格，采用其典型建筑符号(马头墙,黑、白、灰三色)新建或改建的各种建筑,数量相对较多。

建筑风貌的变化是西递旅游化进程中建筑景观发生的一个显著变化,其中最为典型的就是出现了采用现代建筑材料建成的具有徽派民居风貌的建筑,如墙体粉刷材料由石灰浆变成化工涂料,小窗变成了大窗等。西递以徽派民居建筑风格的明清古建筑为卖点,旅游业的发展产生了徽派风貌建筑。对于旅游经营者而言,徽派风格是一个重要卖点。实地调研中发现,在游览线路两侧,尤其是大路街沿线商业建筑,特别是客栈、酒楼等,多为采用马头墙、木构门窗等徽派民居建筑元素的徽派风貌建筑。

在旅游业的发展过程中,当地政府逐渐采取日渐严格的保护措施。尤其是在2000年前,为了申报世界文化遗产,加大了对村内建(构)筑物的整治力度,村民新、改、扩建建筑必须采用徽派民居建筑符号,使其在高度、体量、材料、色彩、环境尺度、比例等方面与历史建筑风貌相协调。

作为世界文化遗产地,西递建筑受到严格保护,建筑外观保持协调。在调研中发现,西递建筑,除重点保护建筑外,普通民居尤其是参与旅游经营的民居建筑,内部装饰变动较大,改建情况较为明显。参与旅游经营的商业店铺内部装修变化力度大于普通民居建筑,在大路街,不少客栈酒家内部都进行了吊顶和铺设地板砖等现代装修。提供住宿服务的农家乐为满足旅游者对住宿设施的需求,将大房间分隔成几个小房间用于住宿接待,并增加现代卫生设施等。

2.建筑功能的变化

1986年前,西递只是一个普通的农业社区,村中建筑,尤其是民居建筑,基本上以居住功能为主,类型相对单一。西递旅游业的发展促使建筑功能发生了明显的变化。

(1)居住功能与旅游功能相结合。新中国成立后,除祠堂这种公共建筑外,西递众多的明清古建筑都是村民的私人住宅。为了吸引游客来参观游览,西递村在二十世纪八十年代中后期,先后将村中保存完好、具有较高历史文化价值的明清古建筑开辟为旅游景点,如旷古宅、桃李园、西园、瑞玉庭、绣楼、大夫第、履福堂、敬爱堂和追慕堂等。虽然这些古建筑很多为私宅,但当游客购买门票后,其实质已经成为游客所购买的旅游产品的一部分,游客可以进出这些作为定点景点的私宅参观游览。而作为补偿,景点类的私宅所有者会获得一定的报酬,这就使民居建筑由单一的居住功能转化为兼具居住和旅游功能,由私密建筑转变为半私密半公共性质的生活-旅游类建筑。

(2)居住功能向商业功能的转化。在旅游发展初期,只有少数人参与旅游经营。随着旅游业的深入发展,涌入的大量旅游者在住宿、餐饮、购物等方面产生了更多的旅游需求,使越来越多的村民参与到旅游经营中,促使民居功能发生了明显变化。西递村中建筑使用功能主要分为四大类:居住,居住和商店,居住、餐饮和家庭旅馆,观光和文化展示。从空间分布看,以居住功能为主的建筑多集中于距离游览线路较远的村落北部,而兼具居住、餐饮和家庭旅馆等功能的民居基本上沿游览线路分布。在沿大路街、横路街、直街等主要游览线路调查时发现,线路两侧建筑功能发生了明显变化,由原来单一的居住功能演化为兼具居住与商业功能。为了满足旅游者需求和获得参与旅游经营的机会,在大路街、横路街、直街和前边溪等主要游览线路两侧,房主往往会利用自家房屋开设各种店铺,向游客出售土特产、旅游纪念品,提供食宿服务等,或者是将房屋租赁给他人开店,原本封闭性较强的私人生活建筑转变为半封闭半开放的生活-商业类建筑。

(四)街巷景观的变化

西递作为世界文化遗产地,保留了相对完整的道路交通系统,大路街、横路街、前边溪、后边溪和村中多条巷弄均得到保留,所有的街巷皆由黟县青石铺砌而成,历史风貌保存较好。西递发展旅游以后,当地政府出于古村落保护和创造优越旅游环境的需要,加大了对村内环境的整治力度,促使街巷环境保洁水平不断提升。随着旅游者的到来,根据旅游者的主要活动区域和对村内街巷的使用情况,可将村内的街巷分为两大类:生活类街巷和生活-旅游类街巷。生活类街巷使用主体主要是村民;生活-旅游类街巷分布在核心旅游区,在旅游高峰期,使用主体以旅游者为主,而游客较少时,村民是其使用主体。这两类街巷无论是在街巷风貌,还是在街巷功能方面都存在一定的差异性。这种差异性是旅游功能主导下出现的,是西递街巷景观在旅游化进程中变迁的一个重要表现。

1.街巷风貌的变化

在西递调查中发现,村内街巷基本上是用黟县青石铺砌的石板路,发展旅游后在牌坊附近商业街出现了一条与古村落风貌格格不入的水泥路。

在西递,青石板路完好程度和街道环境卫生等方面表现出一定程度的空间差异性。在青石板路完好程度方面,重点修缮了游客为使用主体的生活-旅游类街巷,用黟县青石重新铺砌了游客使用较多的大路街、直街、横路街、会源桥至牌坊广场一线等街巷的破损路面,保持了其历史街巷风貌完整性;村民使用的生活类街巷修缮力度相对较弱。

在街道环境卫生方面,西递制定了严格的环境卫生管理办法,并有环卫人员负责保洁景区内的主要街道、广场和公共水域。从整体上看,西递村内大街小巷干净整洁,但不同类型的街巷在环卫设施分布上存在差异性。在空间分布上,垃圾收集点、废物箱等环卫设施主要分布在游客相对集中的大路街、前边溪、后边溪、会源桥至牌坊广场一线,而在村落的东北部,主要是村民的活动区域,游客较少到此,环卫设施相对较少。

2.街巷功能的变化

西递发展旅游业以后,古老的街巷不仅仅是居民生活的普通街巷,更为重要的是已经成为景区不可或缺的一部分,本身就是旅游活动的重要载体之一,承担着旅游观光功能。在旅游业的发展过程中,古村落内部街巷功能呈现出明显的旅游主导下的功能分异。

在普通的农村社区,街巷承担着重要的生产功能和交通功能,为村民生产生活服务,各种机动非机动车辆可以自由通行。1986年发展旅游以后,西递逐渐由传统的农业社区向旅游社区过渡,街巷生产功能和交通功能日益减弱,旅游功能日益凸显。西递代表性旅游景点,如旷古斋、追慕堂、桃李园、东园、西园、大夫第、敬爱堂、青云轩、仰高堂等,基本上沿大路街、横路街、直街和前边溪分布。因此,这些街巷已经成为游客的主要通道,发挥着重要的旅游观光功能。这些街巷因旅游因素出现了大量店铺,已经成为西递重要的商业街道。根据《西递村规民约》等材料,在这些旅游街巷上,村民不得在游览线路附近晾晒衣物,不得从事放养家畜、屠宰家畜家禽、加工肉类和水产品等活动;游览参观时间(7时至17时),不能在街巷上出售废品;7时半至16时半,牛、马等牲畜不得进入村中主要旅游街巷;8时至16时,严禁摩托车、马车、板车在游览线路上通行;马车、摩托车、板车、自行车不得在游览线路上乱停乱放,以免影响游客通行。

笔者在调研中发现,在大路街这些旅游类街巷中极少见到行驶的机动车辆,电瓶车、摩托车和人力车等从牌坊广场至会源桥一线再进入各个巷弄,大路街、横路街、前边溪已经成为西递一条旅游观光步行道;后边溪区域，由于游客较少到此，街巷的使用主体仍然是本村村民，偶尔可以见到行驶的摩托三轮车、牛马车和板车等，生产和交通功能依旧。

四、西递非物质文化景观变迁

在旅游化进程中，西递非物质文化景观变迁主要发生在语言景观、民俗景观、生活景观、人口景观及价值观念等层面。

2002年6月18日，西递村民庄严地许下自发保护遗产的承诺，并向时任联合国秘书长安南先生发送电子邮件，表达保护遗产的决心。这是西递人观念的重大变化。

（一）祠堂和牌坊功能的变化

1.祠堂功能的变化

旧时，祠堂是宗族系统的重要构成要素，是宗族的精神中心和权力中心。明中叶以后，西递明经胡氏修建了大量祠堂，发挥着祭祖、尊宗、睦族等诸多精神功能，有助于强化宗族的认同感和凝聚力，是宗族文化的核心组成部分。新中国成立后，乡村宗族的作用逐渐被村民基层自治组织所取代，祠堂的传统教化功能逐渐削弱直至消失，逐渐演变为生产（门前广场作为晒场）、仓储功能。

旅游发展以后，祠堂重新焕发生机，逐渐成为村落内部重要的旅游景点。在这种背景下，破败的祠堂不仅得到修复，其所蕴含的深厚的祠堂文化也得到挖掘。祠堂作为一个宗族重要的精神遗产，本身蕴含着遵纪守法、孝顺父母和诚实守信等丰富的精神文化遗产，进而衍化到报效祖国等更为广博的孝道内涵。在旅游发展背景下，祠堂建筑价值和孝道文化遗产共同构成了祠堂的核心旅游吸引力，祠堂的教化功能部分得以恢复。

2.牌坊功能的变化

与祠堂相似，牌坊，无论是功名坊、忠孝节烈坊，还是敬贤尚义坊，都是儒家伦理精神的体现，彰显忠孝节义等。例如，忠孝坊表达的是对君王尽忠、对国家尽忠、对父母尽孝的思想；贞节坊反映了男尊女卑、维护封建伦理纲常等制度。西递胡文光“胶州刺史”坊是一处功名牌坊，是为表彰胡文光为官期间大胆革新、清除弊端、兴文重教等方面的功绩而修建。新中国成立后一段时间里，人们仅仅关注它在建筑学上的价值。在发展旅游的今天，除去牌坊本身建筑所具有的文化价值外，更为凸显的是牌坊所特有的诸如报效祖国、爱国敬业、孝顺父母和道德诚信等诸多文化教化功能，对游客具有重要的教育和启迪意义。

（二）就业方式的变化

伴随着旅游业的发展，西递村民的就业方式发生了明显变化，村民就业方式实现了由务农向非农就业和务农务工兼业的转变，在村中形成了多种就业方式并存的格局。在发展旅游之前，西递作为一个农业性村落，其产业结构主要以第一产业为主，村民主要从事农业生产劳动。在西递发展旅游后，村民纷纷以各种方式参与旅游经营，或者个体经营，或者在宾馆上班，或者游客多时经商、游客少时务农。

在旅游业的发展过程中，西递村民农业从业人员逐渐减少，而非农就业人员逐年增加，逐渐由第一产业向第二、三产业转移，就业方式多元化，就业非农化趋势明显（表5–2）。

表5–2　1980—2005年西递劳动力就业结构的变化

年份	劳动力总数（人）	各部门就业人数（人）			各部门就业比例（%）		
		农业	工业	其他	农业	工业	其他
1980	395	346	33	16	87.6	8.3	4.1
1987	370	313	24	33	84.6	6.5	8.9
1990	350	263	20	67	75.1	5.7	19.2
1995	583	454	43	86	77.9	7.4	14.7
2000	567	373	41	153	65.8	7.2	27.0
2005	677	271	60	346	40.0	8.9	51.1

（三）语言景观的变化

语言是人们沟通与交流思想感情的重要工具，是重要的非物质文化景观。语言产生于特定的社会环境，产生以后并非一成不变，而是随着社会环境的变化而发生变化。语言会在不同文化背景和不同地域空间人群的相互交流过程中发生融合，以更好地适应交流需要。

1.方言弱化，普通话逐渐普及

我国村民之间的交流，方言占重要地位，即使在外学习和工作时讲普通话，但回到家乡仍然用方言与家乡人交流。旅游发展之前，西递具有较强的封闭性，属于徽州方言区，主要讲徽州方言。在徽州一带，山南山北、东乡西乡方言差别很大。

1986年以后,随着旅游发展的不断深入,到西递参观游览的旅游者不断增加。在与外地游客的交流中,西递方言晦涩难懂,增加了当地村民与外来游客交流的难度,对于旅游经营者而言,沟通不畅不利于商业活动的开展。另外,讲方言还极易被贴上"愚昧""落后"的标签,甚至使村民在与游客交流过程中有自卑感。因此,在旅游业发展过程中,在外部经济利益和内在自尊的双重驱动下,西递村民学习使用普通话的积极性不断提高,村民中说普通话的人数不断增加,普通话普及程度提高。

2.语言群体分异

旅游业的发展推动了西递村语言景观的变化,其中一个较为明显的变化就是语言景观出现了群体和年龄分异。

在西递旅游业发展进程中,西递村民由单一的农业生产群体,大体分化为参与旅游活动的旅游从业者和以传统农业生产为主的非旅游从业者两大群体。旅游从业者和非旅游从业者这两类群体与旅游者接触交往的频率与深度存在显著差异,致使语言景观在两类群体中出现分异。旅游从业者,无论是导游人员,还是旅游小企业主,都与旅游者经常接触。导游人员为游客提供导游服务,旅游小企业主期望能与游客顺利开展商业活动,然而晦涩难懂的方言阻碍了他们与游客的交流,因此,工作本身的需要和对经济利益的追求,激发了旅游从业者学习和使用普通话。以务农为主的非旅游从业者较少与游客发生接触,且交往对象主要以本地村民为主,缺乏学习和使用普通话的动机,方言仍然是其日常生活中使用的主要语言。

就年龄段而言,因为交往对象和频度的差异,年轻人多讲普通话,中老年人多讲方言。

3.出现多国语言文字

西递被列入世界文化遗产名单后,国际知名度不断提高。此后,随着黟县国际摄影节、黄山国际山地车节的成功举办,西递国际影响力逐渐增强,到西递参观游览的外国游客日益增多。虽然到西递游览的外国游客基本上都带有翻译,对外语导游服务需求不大,但在国外旅游者增加的背景下,西递旅游服务公司仍然加强导游的外语培训,部分导游是双语导游,包括部分旅游商店店主,或者会一点英语,或者会一点韩语,或者会一点日语。此外,英文和韩文店招景观较为常见。

如今,在西递,最普及的语言是汉语,经常听到来自不同国家的语言,游览线路指示牌、旅游景点名称以及相关的旅游服务设施除用中文标示外,还用英文和韩文标示。

(四)民俗景观的变化

民俗的一个重要特征就是地域性,不同地域都有极具本地特色的民俗文化,有"十里不同风,百里不同俗"之说。民俗文化虽然在某一时期具有相对稳定性,但是在传承的过程中会因内外因素的变化而发生变化。

在现代生活方式的冲击下,一些民间传统习俗已经逐渐为人们所淡忘。旅游业的发展,促使具有地域特色的民俗文化景观被作为特色旅游资源开发出来,并在保留地方特色的同时,为了满足旅游者需求对其进行加工和包装,民俗文化景观发生了不同程度的变化。

1.节庆民俗方面

西递旅游业依托具有较高历史文化价值的明清古建筑开展文化观光游、修学旅游。随着旅游业的深入发展,为了满足旅游者日益多样化的旅游需求,丰富西递旅游产品类型,延长游客逗留时间,当地人重拾一段时间里被人遗忘的传统习俗,开展民俗表演,复兴部分民间传统习俗。

(1)抛绣球。抛绣球是西递开发较早的民俗旅游项目之一,也是西递唯一的常设性表演活动,每天上午8时半至11时和下午1时至4时在紧邻景区入口处的走马楼表演,每天表演十几场,基本上平均半小时一场。在某种程度上说,抛绣球是为游客提供的一种"民俗快餐"。

(2)祭祖仪式。祭祖仪式是西递在2006年恢复的民俗旅游项目。这种祭祖仪式并不是固定于我国传统的祭祀节日(清明节)举行,而是视游客需求和公司安排,因此,在某种程度上,这种祭祖仪式实质上是为游客安排的一场"民俗秀"。

从根本上看,这些民俗表演活动是为了满足旅游者需求,在传统民俗活动的基础上进行加工和创作的产物,但旅游这一要素的介入使传统民俗生存和传承的土壤发生变化,民俗表演活动成为满足旅游者需求的一种"舞台化表演"。

(3)旅游节庆活动。所谓旅游节庆活动,是指在旅游业发展的背景下,为了吸引游客或提升旅游地影响力,而在某一固定或者不固定的时间内,围绕某个主题而开展的一种大型节事活动。西递在旅游业的发展过程中,为进一步提升西递旅游形象，吸引海内外旅游者，当地政府先后举办了一系列在国内外具有较大影响力的节事活动。例如，2008年11月举办了第三届中国黟县国际摄影节；2009年3月黄山国际山地车节期间，举办了全国山地自行车冠军赛、个人山地车越野赛等体育赛事，以及健身行走参观世界文化遗产地西递、宏村等旅游休闲活动；2006年以来每年举办一届“西递·宏村杯”中国黟县摄影大展，“风光无限，皖南黟县”；2010年6月，全国山地自行车锦标赛暨全国青年锦标赛在西递开赛；2011年4月举办“西递·宏村杯”全国山地自行车冠军赛；2012年，举办“寻找最根源的徽州美食颁奖典礼”“西递新天地·山市”等系列节事活动。在某种程度上，这些节庆活动是为了扩大西递旅游影响力，是开展旅游营销的一种手段。

(4)西方节日。随着改革开放的不断深入，东西方文化交流日益频繁，在许多地区，尤其是在城市地区，过西方节日，尤其是情人节、圣诞节已经逐渐成为年轻人生活时尚的一种象征。而在中国绝大多数的农村地区，仍然以中国传统节日为主，西方节日难觅其踪。在旅游业发展之前，西递是一个传统的农业村落，村中的节日与中国其他地区相差不大，以春节、中秋节、端午节等传统节日为主。旅游业发展以后，或者因为旅游业发展的需要，或者因为村民思想观念的变化，村中偶尔出现西方节日：如2006年在黄山国际山地车节期间，西递举行了“寻找复活节彩蛋活动”；2007年在黟县国际山地车节期间，西递利用旷古斋、桃李园和西园等8幢古民居开展了“寻找复活节彩蛋——古镇寻宝活动”；2008年西递举行了“第三届中国黄山国际山地车节迎奥运西递寻宝活动”。

2.娱乐民俗方面

旅游业发展后，随着旅游商业的发展，西递出现了酒吧、网吧和台球室等新兴休闲娱乐场所，在满足旅游者需求的同时，也为村民提供了一种新的休闲娱乐方式。随着村民收入持续增加，电视、电脑等电子产品进入寻常百姓家，看电视、玩电脑逐渐成为村民尤其是年轻人重要的娱乐活动之一。在旅游业发展过程中，村民精神文化生活不断丰富，开展了丰富多彩的民间娱乐活动，传统娱乐民俗得到复兴，呈现出现代娱乐活动与传统民间娱乐活动并存的新格局。

2012年10月，在西递举办的“中秋赏月”歌舞晚会上，村民编排了戏曲节目《红云岗》《贵妃醉酒之海岛冰轮》等，表演了广场舞《泉水叮咚》《三笑》

等。现在村中不仅有“广场舞”这种现代市民娱乐活动,还有“唱戏”这种传统的民间娱乐活动。在过去,“看戏”是最受西递民众欢迎的娱乐活动,而如今,“看戏”变成了“唱戏”,“唱戏”成为西递重要的民间娱乐活动之一。

3.传统手工艺方面

传统手工艺品是地域文化的重要载体,以物质的形式承载着地域文化的重要信息。然而,在经济快速发展的过程中,人们越来越多地关注时尚和现代工艺美术品,而对反映历史积淀的传统手工艺品关注不多。在不少地方,传统手工艺失去了生存的土壤,甚至消失在城市化、现代化的历史进程之中。

砖雕、石雕、木雕是西递传统手工艺品的代表,西递旅游业的发展为地方民间传统手工业发展注入了新的活力,为传统民间手工业的复兴与繁荣创造了契机。在旅游业发展之前,西递作为一个以农业生产为主的社区,传统手工艺品并不能为村民带来经济收益,因此,传统民间手工艺逐渐被当地人冷落。随着西递旅游业的发展与繁荣,具有浓郁地方特色的民间传统手工艺品逐渐成为旅游者购物的主要选择,由旅游者需要所产生的市场需求给予当地传统手工艺品以新生。在西递旅游业发展进程中,各种旅游工艺品店铺发展迅速,在村内主要游览线路两侧,销售木雕、砚台等传统手工艺品的店铺随处可见。

在旅游市场需求的引导下,西递不仅有手工制作的传统手工艺品,也出现了工厂化生产的手工艺品,并且成为西递出售的主要工艺品类型。外地工厂化生产的手工艺品的涌入,使手工艺品的传统真实性发生了变化。

(五)生活景观的变化

生活景观是人们在日常生活中所形成的一种文化景观类型,包括人们的衣食住行、行为方式等生活的各个方面。西递生活景观是在传统乡村生活的土壤中形成和发育的,乡土韵味浓厚,具有鲜明的乡村特色。1986年西递发展旅游以后,旅游这一要素的介入打破了西递原本相对封闭的生活环境,并且对乡村生活景观带来持续性冲击。因此,在旅游发展进程中,西递生活景观正在发生一系列变化。

1.生活节奏的变化

在旅游业发展之前,西递乡村生活呈现出较为明显的“日出而作、日落而息”的规律性。

在西递旅游发展初期，只有少数村民参与旅游经营，大多数仍以农业生产为主，这种生活规律的变化尚不明显。但是，随着旅游业发展的不断深入，“日出而作、日落而息”的生活规律发生了较为明显的变化。西递旅游业的发展，促进了村内旅游商业的发展与繁荣，商业活动逐渐成为西递村民一种经常性经济活动，在村内主要游览线路上随处可见招揽顾客的商人。在后边溪一带，因距离核心旅游区相对较远，村民参与旅游经营的机会较少，生产活动仍然以农业生产为主，生活节奏不同于参与旅游经营的村民。参与旅游经营的村民农业生产劳作时间在很大程度上受旅游活动的影响，由于9时至11时和13时至16时是西递每天旅游高峰期，因此，在这个时间段，在大路街、横路街和直街一带，基本上是以商业活动为主，而农业生产活动会错开这个时间段进行，村民生活规律发生了较为明显的变化；而在后边溪，因为并非游人游览区，在9时至11时这一时间段，村民仍在田间劳作。

2.交往方式和空间的变化

在旅游业发展进程中，西递知名度不断提高，对外交流日益频繁，村民逐渐摆脱了以往单调的交往方式，交往空间日益扩大，交往对象和交往目的日益多样化。

在与外界交流相对闭塞的情况下，村民交往对象、目的具有一定局限性，交往对象往往局限于自己的亲朋好友，交往目的以走亲访友居多。随着旅游者的进入，以及村民个人生活方式的转变，村民原有的交往方式、交往对象和交往目的发生了变化，呈现出多元化趋势。旅游业发展后，很多村民以各种形式参与到旅游经营中，无论是个体经营，还是在宾馆上班，基本上都是以旅游者为主要服务对象。在这种情形下，村民与旅游者的交流不可避免，旅游者成为村民主要的交往对象之一，交往目的也由村民之间的走亲访友转变为个人经济目的；村民与旅游者之间的交流方式除了面对面的直接交流外，还借助新兴沟通媒介，如电话、网络等，从而突破时空的限制进行交流。

此外，村民与村民之间的交往行为也发生了一定的变化，由于旅游者的进入，村民之间的交往空间缩小。发展旅游前，村内的交通道路、祠堂前的广场都是村民交往的主要空间。旅游发展后，尤其是在旅游旺季，村内道路、广场等空间由于旅游者的到来，村民之间的交往自动退缩到旅游者较少进入的其他空间进行。虽然在大路街、横路街等主要街巷上仍可看见村民三三两两地聚在一起聊天，但是这部分村民大多数都是游览线路两旁的经营户，且基本上选择在游客较少的时间进行，当游客进入店铺消费或有消费的潜在可能时，村民就会自动终止交流。

（六）人口景观的变化

在西递旅游业的发展过程中，随着旅游者的涌入和就业方式的多样化，西递人口景观发生了一定的变化。

1.人口流向的变化

旅游发展伊始，西递村农业生产功能突出，旅游经济没有得到充分发展，难以充分解决本地劳动力就业问题，为本地村民带来的经济收益尚不明显。因此，在这一时期，西递和其他农村相似，为了获得较高的经济收入，劳动力除部分参与农业生产外，部分选择去经济发达的地区务工。此外，参军、外出求学和姑娘出嫁都会导致人口的外迁，而人口的流入则以结婚嫁到西递为主。因此，在旅游发展之前及初期，西递人口流向以从西递向外流出为主，主要分为外出务工、参军、求学和出嫁几大类，迁入人口主要是夫方在西递的女性，流动人口很少。

随着西递旅游业的繁荣，到西递参观游览的游客数量不断增加，旅游者已经成为村中最重要的流动人口。旅游发展提供了大量的就业机会，吸引了外地人到西递“淘金”，西递村中外来劳动力人口明显增加，人口流向也不再是单一的流出为主。另外，与户口挂钩的分红政策，使有的西递姑娘出嫁后不愿迁出户口；旅游发展带来就业机会的增加，促使部分外出务工人员返乡创业，尤其是住房距离游览线路较近、回乡有机会参与旅游经营的外出务工人员。

2.人口密度的空间分异

旅游发展后，西递空间功能格局发生了变化，由旅游前单一的生活空间逐渐变化为生活空间和旅游空间并存。在不同的空间开展的活动存在一定的差异性，不同类型的活动对村民的吸引力不同，从而导致西递人口分布的空间差异性，形成了核心旅游空间人口密度高、周边人口密度低的空间分布格局。旅游发展后，大路街（牌坊广场到追慕堂）、直街、横路街和前边溪（敬爱堂至仁让里）逐渐成为村落内部的核心旅游空间，旅游活动和大量店铺聚集在这一区域，人口密度明显高于村中其他区域。尤其是在旅游旺季，日游客接待量突破1万人次，核心旅游区域人口密度大为增加；而在其他区域，如后边溪、镇卫生院附近和村落东北部，都不在游览线路附近，是村民的生活空间，对游客缺少吸引力，这些区域的人口密度低于核心旅游空间。

五、西递文化景观变迁影响因素和走向

在西递旅游业发展过程中，旅游在西递社会经济生活中扮演的角色日益重要，旅游这一外部因素的进入冲击了原有的社会环境结构，打破了原有的平衡状态，从而使文化景观发生了一系列的变化。在旅游业发展过程中，文化景观变迁是一个多动因、多方向的复杂过程，因此，通过探讨包括影响因素和变迁方向在内的文化景观变迁机制，有助于理清各种复杂关系，构建旅游发展过程中文化景观变迁路径。

（一）文化景观变迁影响因素

旅游，与其他社会经济现象一样，涉及不同的利益主体。利益相关方为了谋取自身利益，在旅游发展过程中相互博弈，博弈的结果关系着文化景观变迁的方向。文化景观，无论是有形的物质文化景观，还是无形的非物质文化景观，都是由人在特定的自然和社会环境中所创造的，说到底，文化景观就是人的文化景观，人是文化景观的创造者、诠释者和传承者。因此，对于旅游发展过程中文化景观变迁因素的分析，要从人的角度，尤其是从旅游地相关利益主体的角度进行探讨，分析不同利益主体在文化景观变迁中扮演的角色，对文化景观变迁起着什么样的作用与影响，这有助于采取科学合理的调控手段，以加强旅游发展过程中文化景观的保护。

一般而言，旅游地相关利益群体主要包括地方政府、社区居民、旅游者、旅游企业和专家学者等相关群体。从西递旅游者发展的实际情况来看，西递旅游公司为村办企业，西递旅游小企业主多为西递本地村民。因此，对于旅游发展过程中西递文化景观变迁驱动因素的分析，主要从地方政府、西递村民、外来游客和专家学者四类利益群体的角度展开。

1.政府行为

毋庸置疑，地方政府在文化景观变迁过程中发挥着重要作用，甚至在某种程度上主导着文化景观的变迁。在“国家—社会”的二元结构框架下，政府拥有大量的行政资源，往往以其所独有的行政权力为资本参与旅游发展过程中各利益主体的博弈，并且在博弈过程中往往通过宣传和法律、法规、政策作用于文化景观的变迁。因此，在旅游发展过程中，政府对于文化景观

变迁发挥着其他利益主体难以企及的作用。

在古村落旅游开发中,除涉及省、市、县、乡四个层级外,还涉及村集体这一不可或缺的村民基层自治组织。与省、市一级政府相比,县、乡一级政府和村民委员会更是各种矛盾的焦点,承担着发展地方经济和保护世界文化遗产的双重重任。在发展旅游经济的过程中,地方政府,尤其是基层组织加强旅游基础设施建设,征用大量土地兴建旅游基础设施,导致土地利用景观发生变化;为了丰富旅游内容,设计开发民俗表演活动;举办大型节事活动,提升西递旅游知名度。地方政府和基层组织为发展西递旅游所采取的一系列措施,在一定程度上促使西递文化景观发生变化,在这一过程中,地方政府和基层组织更多的是运用经济手段、行政手段作用于文化景观变迁。

在宏观层面,安徽省人大1997年颁布《安徽省皖南古民居保护条例》,其主要目的就是对具有重要历史、文物、艺术和科学研究等价值的民用建筑物加以保护。2004年,安徽省人大修订《安徽省皖南古民居保护条例》,明确规定不同职能部门在古民居保护中的相关职责,明确划分不同部门在古民居的保护、维修、利用与管理等方面的职责,明确规定相关破坏行为应承担的法律责任,为皖南古民居景观的保护提供了强有力的法律支撑。

在中观层面,与《安徽省皖南古民居保护条例》相对应,黄山市政府颁布了《黄山市古民居保护暂行办法》(2003),对黄山市境内古民居保护做出了相关规定;2009年,黄山市政府开始实施“百村千幢”工程,以加强对古民居古村落的保护,在全市选取101个古村落和1 065幢古民居加以保护和利用,西递为101个古村落之一。此后,黄山市政府先后出台了《黄山市古民居认领保护利用暂行办法》(2009)、《黄山市古民居迁移保护利用暂行办法》(2009)和《黄山市古村落保护利用办法》(2009),对市域范围内古村落保护与利用做出了系列规定。

在微观层面,黟县政府、西递镇政府和西递村委会制定了具有针对性的相关规定。黟县先后编制了《西递古村落保护规划》(1997)和《世界遗产地——皖南古村落西递、宏村保护规划》(2006),明确了西递核心保护区域和古村落物质文化遗产和非物质文化遗产保护目标与措施;1998年,黟县政府出台了《黟县古民居保护管理办法》,规定在古村落内开展的各项建设活动必须严格执行审批程序,西递古村落中新建房屋和古民居的维修、拆建、改建等工作必须经过一系列严格的审批方能进行。尤其是在2000年以后，基本上停止了古村落内部新建房屋的审批。

西递、宏村被列入世界文化遗产名录后，为了加强保护，黟县政府于2011年出台了《黟县西递、宏村世界文化遗产管理保护办法》，严禁在古村落违法乱拆乱建等破坏文化遗产的建设活动，在发展旅游经济的同时，加大了文化遗产的保护力度。《黟县西递、宏村世界文化遗产管理保护办法实施细则（暂行）》（2011），针对村中店铺日益增多，古村落商业氛围日益浓厚的情况，明确规定，主要街巷严禁新增店面。

以西递镇政府和西递村委会为代表的基层组织，对西递旅游发展过程中文化景观变迁的作用更为直接、更为明显。

为了加强西递村容和环境卫生管理，《黟县西递旅游景区市容和环境卫生管理办法》明确规定，“任何单位和个人不得在景区街道两侧和公共场所堆放物料、搭建建筑物、构筑物或者其他设施”，“不得在街巷上从事屠宰家畜、家禽和加工肉类、水产品等影响环境卫生的活动”，对西递生活景观、建筑景观和街巷景观保护产生了明显的影响。2003年，西递颁布《西递景区管理办法》，在爱护古村、文明经商、线路畅通、门前三包和饲养牲畜等方面，实行与村民分红相挂钩的评分制度，有效地遏制了村中乱拆乱建乱搭现象，改变了村中交通无序现象。针对古村落旅游发展中出现的各种问题，西递还下发了一系列通知，例如《关于进一步加强西递景区管理的通知》和《关于西递景区饭店、旅社管理的通知》（2005），对村内相关旅游企业的经营行为做出规定。西递村委会是村民自治组织，西递村先后通过了《西递古村落保护村规民约》和《西递村村规民约》（2003），通过村民严格自我管理，来防范和减少破坏行为的发生。

2.村民行为

西递村民不仅是西递文化景观的创造者，同样也是西递文化景观的传承者。在旅游发展过程中，西递村民基于自身经济利益和其他利益，采取不同行为，引起文化景观不同程度的变化。

人是现实社会中的人，在现实社会生活中会产生不同的利益诉求。伴随西递旅游的发展，村民不仅希望通过旅游增加就业机会，提高收入水平，还希望能够改善基础设施，提升生活水平。这些现实的经济和社会利益诉求，促使西递村民在多方利益博弈过程中做出自己的选择。村集体企业西递旅游服务公司为村民提供的就业机会相对有限,且存在一定的进入门槛,参与旅游经营可能带来的经济利益的诱惑,促使村民利用自有房屋或者租赁房屋开展旅游经营活动。这肯定会影响旅游氛围,同时也会对建筑景观变迁产生不可估量的影响。在西递,普通村民,尤其是游览线路附近的村民,往往选择经营旅游商店或客栈,这不仅使村内店铺数量大量增加,也不可避免地要对原有民居建筑进行改造,居住空间逐渐转化为商业空间和旅游空间,建筑风貌和建筑功能发生一定的变化,商业景观和建筑景观变迁现象日益显现。

随着西递门票收入的增加,西递开始从门票收入中拿出一部分在本村村民中分红,主要采取"人口分配"和"房屋分配"两种分配模式。按"人口分配"的分红模式使西递人口流向发生一定的变化。在门票收入按人口分红之前,姑娘出嫁、外出上学或参军入伍,基本上都会迁出户口关系,从而使西递人口流向以外迁为主。"人口分配"的分红模式的一个重要依据就是村民的户口关系,户口不在西递不能享受门票分红,以致村民中出嫁的姑娘或外出上学的子女不愿将户口迁出,甚至出现了过去不常有的女婿户口落户西递女方家的现象。旅游发展过程中出现的商业机遇,为本地村民提供了较多的创业和就业机会,吸引着西递外出务工人员返乡就(创)业,离土不离乡。

西递制定了诸多与村民年终分红相关的规章制度,例如《西递景区管理办法》规定,对于年度考评得100分(不含100分)以上的奖励本户分配总额10%,年度考评得50分(含50分)以下的取消本年参与分配的资格。

无论是与户口相挂钩的分红模式,还是与年终分红相挂钩的评分制度,都会促使村民基于自身经济利益采取不同的行为,从而引起村内人口景观、生活景观等相关文化景观的变迁。

3.旅游者需求刺激

在市场经济背景下,任何经济活动的开展都以市场需求为导向。因此,在西递旅游发展过程中,旅游者需求必然会对文化景观变迁产生推动作用。古村落文化景观是吸引游客的重要旅游资源,能够满足旅游者的旅游需求,这就促使当地政府对文化景观采取积极的保护措施,例如古村落风貌的保护、民居建筑的修缮等。同时,旅游者需要当地能够提供必要的旅游基础设施,例如交通设施、娱乐设施和购物设施等,以及旅游者在文化交流活动中所扮演的“文化掮客”角色，不可避免地会引起文化景观的变化，例如耕地减少、古村落商业化氛围和村民思想观念的变化等。以商业景观为例，旅游者的现实或潜在消费行为引起了店铺功能的变化。旅游者为了纪念或者向别人介绍自己的旅游经历，通常会在目的地购买相关旅游纪念品或地方特色明显的土特产品，以满足自己的某种需求。在西递，游客对以茶叶、雕刻工艺品等土特产品为代表的旅游食品、旅游纪念品的消费构成了其在西递重要的旅游消费内容。旅游者对旅游纪念品的偏爱，使旅游沿线的店铺经营内容以茶叶、雕刻工艺品等各种旅游商品为主，逐渐呈现出明显的旅游功能。

4.学者和媒体的影响

专家学者和新闻媒体是文化景观变迁过程中一支不容忽视的力量。受政府委托的专家学者所做出的前瞻性、科学性的保护规划或发展规划，有助于文化景观的修复，使其在旅游发展过程中免遭破坏，例如古建筑的修缮与复原、古村落风貌完整性的保护等。西递第一部保护性规划《西递古村落保护规划》(1997)是黟县建设局委托黄山市规划设计院编制，规划中所提出的大部分保护措施都得到了落实，以古建筑修缮为中心的保护措施取得了良好的效果；2006年，黄山市规划设计院编制的《世界遗产地——皖南古村落西递、宏村保护规划》，为新时期古村落文化景观的保护提供了新的指导。然而，专家学者对文化景观变迁所起的作用受到其他客观因素的制约，例如规划的执行力度等。如果能够严格实施保护规划制定的保护措施，则会有助于文化景观保护和传承。

在西递旅游发展过程中，媒体的宣传报道发挥了重要作用。媒体的正面报道大大提升了西递知名度，极大地推动了西递旅游业的发展；对于西递旅游发展过程中所暴露出的一系列问题的报道，倒逼当地采取必要措施加强对文化景观的保护。2005年，西递在《致西递村民的一封信》中指出：“西递旅游落后的原因，其中重要一点就是景区商业气氛过浓，严重影响了古村落的古朴风韵，特别是部分经营户拦路拉客、尾随兜售等不文明经营行为，不仅违背了我们祖先古徽商的诚信理念，还给西递旅游造成极大的负面影响。目前，已有多家全国性网站、报刊等新闻媒体对此刊登批评性文章。”由此可见，新闻媒体的批评性报道会推动当地检点自己的工作，采取有效的整治措施，从而作用于文化景观。

(二)文化景观变迁走向

1.文化景观变迁向纵深方向发展

进入二十世纪九十年代,西递旅游进入快速发展时期,西递文化景观在旅游发展过程中所发生的变化日益显现。从前文的分析中可以看出,近些年来,西递文化景观经历了从“量变”到“质变”的变化,文化景观变迁的深度与广度不断扩展。

在西递,明清古建筑是其核心旅游资源,因此,西递文化景观变迁最初主要表现为建筑景观的变化,包括古建筑的维修与保护,古村落整体风貌的保护与整治。伴随着旅游业的发展,物质文化景观变迁逐渐由表层向纵深方向演化。在旅游经济的影响下,建筑景观逐渐向深层次变化,建筑功能和建筑风貌发生变化,旅游沿线建筑商业功能日益突出,现代装修改造改变了部分古建筑的内在风貌。在广度上,发生变化的物质文化景观范围不断扩大,土地利用、商业景观和街巷景观等在旅游发生过程中都发生不同程度的变化。在土地利用类型中,农业用地减少,商业服务用地增加;在商业景观中,古村落中店铺数量增加,经营内容和店铺功能逐渐以旅游为主,旅游商业化现象明显。

此外,这种广度的变化还表现为非物质文化景观变迁。与物质文化景观相比,非物质文化景观变迁进程相对缓慢。例如,村民思想观念的变化、语言景观的变化和生活景观的变化等,都是在旅游长期发展过程中居民与旅游者长期接触的结果。

2.文化景观的解组与重构

西递旅游发展后,旅游这一要素的进入使文化景观新陈代谢的过程加快。在这一过程中,一些原有的景观要素逐渐消失,新的景观要素不断产生,文化景观所具有的传统意义发生改变,在旅游背景下被赋予了新的时代意义。文化景观,尤其是非物质文化景观的解组与重构贯穿于文化景观变迁全过程。以“抛绣球”民俗表演为例,其开发的最初目的是为了丰富西递旅游活动内容,在一定程度上向游客展示了西递民俗。目前,“抛绣球”已经成为西递最主要的民俗表演活动,有着固定的表演时间和表演人员,在旅游场域中,已经成为一种成熟的旅游产品。然而,这种舞台化的表演,使其所蕴含的徽州传统文化内涵消失殆尽,以致有人戏称表演抛绣球者“天天做新娘”,接到绣球者“付费做新郎”,所具有的传统意义在旅游发展过程中被逐渐解组和重构，逐渐成为为旅游者提供的一种“民俗快餐”，沦落为一种为追逐经济利益而开展的旅游表演。

在西递旅游发展过程中，文化景观解组的同时，也伴随着文化景观的重构。以语言景观为例，西递原有的语言以本地方言为主，为了适应旅游发展的需要，村中旅游从业者或普通村民开始主动或被动地使用西递方言以外的其他语言，语言景观在原有方言的基础上出现了普通话、外地方言、英语等新的语言要素，语言要素逐渐多样化。

在西递旅游发展过程中，地方政府、本地村民、外来旅游者和以规划师为代表的专家学者及新闻媒体等不同的利益群体，为了实现各自利益而进行博弈，使西递旅游化进程中文化景观发生变迁已经成为一个不可避免的趋势。伴随着西递旅游发展，文化景观变迁的深度与广度不断扩大。无论是以土地利用、商业景观、建筑景观和街巷景观为主的物质文化景观，还是以民俗景观、生活景观、语言景观、人口景观和价值观念为代表的非物质文化景观，都正在发生着深刻的变化。例如，土地利用类型结构的多样化，建筑风貌和建筑功能的变化，传统民俗活动的复兴和舞台化，以及大型节事活动出现等。在文化景观变迁中，既有积极变迁（如建筑的维修和保护等），也有消极变迁（如破墙开店等）。因此，针对旅游化进程中文化景观的变迁，要以主动调控为主，被动调控为辅，积极引导文化景观正向变迁，避免文化景观逆向变迁，在保护好这一世界文化遗产的基础上，实现西递旅游可持续发展。

在建设美丽乡村的社会背景下，旅游似乎已成为美丽乡村建设不可或缺的推手。各地乡村或借助美丽的田园风光，或借助乡村人文景观大力发展乡村旅游，乡村型旅游地数量迅速增加。乡村的多样性导致乡村型旅游地旅游景观的复杂性，进而使其呈现出明显的差异性。正是这种差异性以及差异性背后的异质异地文化，吸引着大批异地旅游者争相前往。乡村因发展旅游，不仅使其旧貌换新颜，而且使村民的观念焕然一新，带动了乡村经济的蓬勃发展，推动着乡村文明的空前提升。

在乡村旅游发展过程中，随着旅游者旅游需求层次的不断提升，乡村型旅游地的核心吸引物的文化气息越来越浓。在这种背景下，拥有丰厚历史文化遗存的古村落逐渐由普通村落发展成为古村落型旅游地，成为乡村型旅游地的重要组成部分。与其他类型的乡村型旅游地相比，古村落型旅游地历史文化价值尤为突出，旅游者渴望古村落传统建筑风貌、空间结构和肌理等得到充分展示毫不为过，古村落村民希望自己的生产生活空间与时俱进情在理中。因此，古村落型旅游地保护和利用的矛盾格外突出，景观变迁表现出自己的个性特征。本章以在古村落保护与利用方面走在前列的世界文化遗产地安徽黟县西递为例，从土地利用、商业景观、建筑景观和街巷景观等方面，分析了其在旅游发展过程中所发生的各种变迁，讨论了旅游驱动下的旅游景观变迁的基本机理。

作为政治、经济、社会综合体的乡村型旅游地，引起其景观变迁的因素是多方面的，工业化、城镇化、农业现代化都会引起景观变迁，旅游因素仅仅是其中之一。如何在诸多因素中更好地分析旅游化进程中乡村型旅游地景观变迁机理，廓清诸多要素孰轻孰重，将是今后一个重要的研究方向。

第六章　新兴城镇型旅游地景观变迁研究

新兴城镇型旅游地是指为旅游者提供旅游配套服务而逐步发展起来的旅游城镇。相对于历史文化名城(镇)型旅游地而言,新兴城镇型旅游地本身往往并不具有高品位的旅游资源,但由于具有毗邻旅游区(点)的优良区位,利用较完善的设施条件,逐渐成为游客的主要集散地、食宿地、购物地和信息交汇地[1],有学者将其称为"旅游依托型小城镇"或"景区服务型城镇"。由旅游区(点)和新兴城镇型旅游地共同组成的旅游地系统,是一个互动型动力系统,二者存在着唇齿相依的关系。

随着旅游业的蓬勃发展、旅游区(点)规模的不断扩张,一方面,旅游区(点)的开发建设需要配套一定规模、类型齐全、供给完善的旅游服务设施来满足大量旅游者的需求,另一方面,旅游区(点)为保护旅游资源不被破坏,必须限制开发强度,从而导致其内部配套服务设施容量有限,旅游区(点)周边的城镇因此承担起旅游配套服务功能,这些城镇就具有了依托旅游需求、发展旅游配套产业的发展动力[2]。例如黄山市,依托黄山风景区,形成了屯溪、甘棠、汤口等新兴城镇型旅游地,其中屯溪为新兴城市型旅游地,甘棠、汤口为新兴集镇型旅游地。围绕九寨沟风景区,除九寨沟县县城永乐镇得以较快发展外,在九寨沟旅游的促进下,周围的漳扎镇、大录镇及干海子镇也逐渐发展为旅游依托型小城镇,并且其规模和功能伴随着九寨沟旅游的发展而逐步扩张和完善[3]。

对许多新兴城镇型旅游地来说,它们在区域旅游体系中处于和旅游区

---

[1] 毛长义,艾南山,胡国林. 旅游依托型小城镇与景区联动开发初探——以汉水源头景区与汉源镇为例[J]. 乡镇经济,2007(8):31-35.

[2] 魏皓严,许靖涛. 景区旅游服务型城镇规划设计方法探讨——以金佛山景区三泉镇为例[J]. 城市规划,2011,37(9):33-40.

[3] 毛长义,艾南山,胡国林. 旅游依托型小城镇与景区联动开发初探——以汉水源头景区与汉源镇为例[J]. 乡镇经济,2007(8):31-35.

(点)联系最为紧密的基本层次,因此往往成为旅游区(点)最经济、最有效的依托,其旅游开发最初是一种紧密依附于旅游区(点)的功能互补型开发。在当前国家加大推进新型城镇化、旅游产业与其他产业融合发展、旅游由观光向休闲度假转型、旅游者对于旅游区(点)配套服务需求升级等发展趋势的共同影响下,新兴城镇型旅游地为共享其所依托的核心旅游区(点)发展带来的利益,正在发生着大规模的景观变迁。在景观变迁的过程中,新兴城镇型旅游地逐步发展壮大,成为现代旅游地系统中必不可少的重要组成部分。

第一节　新兴城镇型旅游地景观变迁基本原理

新兴城镇型旅游地最初是为旅游区(点)提供配套服务而发展起来的。与历史文化名城(镇)型旅游地相比,新兴城镇型旅游地具有自己的个性,如旅游区位优势突出,旅游交通相对便利,旅游服务设施相对齐全,旅游基础设施现代化水平相对较高,景观风貌地方化与现代化融合等。这些特殊性进而导致新兴城镇型旅游地成为区域旅游的交通集散中心、旅游食宿中心和区域旅游购物中心等。同时,在逐渐发展的过程中,为延长游客的停留时间,丰富游客的旅游体验,更好地适应旅游需求,新兴城镇型旅游地积极尝试旅游业态创新,在当初单纯旅游服务功能的基础上叠加了旅游景区功能,演变成为旅游服务功能日趋完善,旅游景区功能逐步发展,既具有适度的现代气息,又具有浓郁地方传统文化特色,功能多样、现代化与地方化交融的新兴城镇型旅游地。

一、新兴城镇型旅游地基本特征

新兴城镇型旅游地最根本的特征是与旅游区(点)联动互补发展,这也是此类旅游地得以发展壮大的根本原因。围绕这一根本特征,新兴城镇型旅游地表现出以下基本特征。

(一)旅游食宿服务中心

旅游食宿功能是新兴城镇型旅游地最基本的功能。新兴城镇型旅游地最初能够兴起的原因,就是因为能够为旅游者提供具有一定规模、类型齐全、供给完善的餐饮和住宿等旅游服务设施。

新兴城镇型旅游地相对于其所依托的旅游区(点),具有更好的旅游食宿供给能力。其原因有三:一是旅游区(点)生态环境脆弱,供给能力有限,只有少量的旅游食宿设施,不能满足大量旅游者的食宿需求,旅游食宿服务能力不及新兴城镇型旅游地。二是在可持续发展理念指引下,旅游区(点)的保护意识逐渐增强,为确保旅游资源永续利用,旅游区(点)管理部门主动减少景区食宿供给,将一部分配套服务功能转移到邻近的城镇,促进景区内外协调发展。例如位于黄山风景区南大门的汤口镇,除了为旅游者提供食宿服务外,还承担着为山上宾馆饭店提供净菜、洗涤布草的任务,发挥着重要的景区补给功能。三是在发展过程中,旅游区(点)基于保护生态环境和旅游资源的需要,必须选择临近的城镇作为其配套的旅游食宿服务中心。在旅游发展实际中,一些旅游区(点)由于开发不当,破坏了旅游资源和旅游环境,影响旅游业可持续发展,受到广泛批评。如2003年,有关部门违规将世界文化遗产武当山遇真宫出租给某文化武术影视学校,以致用电不当引发火灾,受到联合国教科文组织的警告。

新兴城镇型旅游地的饭店业、餐饮业发达,是旅游者的食宿服务中心,不仅具有较高的硬件条件,而且具有良好的管理和服务水平。新兴城镇型旅游地的饭店业、餐饮业在为旅游者提供标准化服务的基础上,注重挖掘地方文化内涵,开拓创新,提升人力资源素质,为旅游者提供个性化服务,树立专业品牌,塑造企业文化,进而培育出不易被人模仿的核心竞争力。

(二)旅游区位优势突出

由于临近旅游区(点),新兴城镇型旅游地具有提供旅游供给的区位优势。良好的区位优势为其旅游经济的快速发展提供了前提条件。

改革开放以来,我国旅游业进入了发展的快车道,最早开发的旅游区(点)当数国家级风景名胜区。1982年,国务院公布了第一批共44处国家级风景名胜区。在这44处风景名胜区中,除杭州西湖、桂林漓江、武汉东湖等少数景区位于设施完善的大中城市外,大多数位于偏远地区,如安徽黄山、九华山、天柱山,四川九寨沟-黄龙,贵州黄果树瀑布等。在这些风景区周边,邻近景区且处在进入景区交通干线上的小城镇,由于具有突出的旅游区位优势,成为提供旅游综合配套服务的"近水楼台"。

在全国范围内,依托国家级风景名胜区逐步发展起来的一批新兴城镇型旅游地，与风景名胜区形成了唇齿相依、密不可分的关系。如山东省泰安市依托泰山风景区而发展，四川九寨沟县永乐镇借助九寨沟-黄龙风景区而发展等。又如安徽，依托黄山、九华山、天柱山三处国家级风景名胜区，逐步发展起来的黄山市汤口镇、池州市柯村、安庆市天柱山镇，成为远近闻名的旅游接待型小城镇。同时，在风景名胜区旅游发展的巨大辐射效应的推动下，周边距离较近、等级稍高的地级小城市，通过构建包括旅游住宿业、旅游餐饮业、旅游交通业、旅游商业在内的较为完整的旅游服务接待体系，逐步发展成为以旅游业为重要产业的新兴旅游接待型城市，如安徽省黄山市和池州市等。

(三)旅游交通集散中心

新兴城镇型旅游地位于联结旅游区(点)与客源市场的节点位置。旅游资源不可移动性的特征，决定了旅游者的空间移动是旅游区(点)旅游业发展的必要条件。新兴城镇型旅游地承担着旅游者中转、集散、分流的交通功能，为游客提供"进得来、出得去、散得开"的旅游交通服务。同时，为满足大量游客的交通需求，新兴城镇型旅游地不断更新旅游交通基础设施，以提高旅游可进入性。在旅游业的推动下，新兴城镇型旅游地的旅游交通日益便利，更加适应旅游市场的需求，成为区域性的旅游交通集散中心。

(四)区域旅游购物中心

四面八方旅游者的集聚给新兴城镇型旅游地带来了巨大的商机。新兴城镇型旅游地的旅游购物品类型多样，不仅包括旅游防护用品(如雨伞、雨衣、登山拐杖、防晒护肤品等)和食品，种类多样的旅游纪念品，还包括摄影器材等专业设备等。丰富的旅游购物品，丰富了游客的购物体验，延长了游客的逗留时间。

旅游者购买当地特色旅游商品需求的增加，促进了特色旅游商品生产的发展，培养出一批身怀绝技的手工艺人、继承传统工艺的工匠，特色旅游商品制造业逐步振兴。与此同时，销售旅游商品的街巷通过卫生清理、环境整治、建筑维修旧貌换新颜，各类商业街、步行街得以建设和发展，并且开始出现融汇文化创意理念的新兴旅游购物街区。旅游购物环境日益提升，新兴城镇型旅游地逐步发展成为旅游商品种类齐全、购物环境优良的区域旅游购物中心。

(五)建设用地相对充足

历史文化名城(镇)型旅游地受到历史城镇的城墙、城门、护城河等历史格局的限制，拓展空间有限。同时由于历史上人口相对较少等原因，历史文化名城（镇）的街巷和院落空间尺度也相对较小，为了保持其历史风貌，历史文化名城（镇）建设用地空间相对有限。

相对于历史文化名城（镇）型旅游地，新兴城镇型旅游地的建设用地相对充足。即使是位于建设用地较少的山区，随着城镇道路的通畅，交通工具的升级，原本距离较远的用地其时间距离也得以缩短。新兴城镇型旅游地可以根据经济发展需要，朝着可建设的周边区域灵活拓展。

（六）传统风貌与现代风貌协调发展

与历史文化名城（镇）型旅游地在景观风貌上尽力展现地方传统不同，新兴城镇型旅游地在景观风貌上应该更多地将传统和现代融合在一起。其原因在于：一方面，由于是新兴城镇型旅游地，与历史文化名城（镇）型旅游地相比，其可能会有一定量的历史文化旅游资源，但并不占优势，为了体现"历史发展的延续性"，展示现代新兴城镇型旅游地的特色，同时为了与完全以历史文化见长的旅游地相区别，其景观可以有一定的现代特征；另一方面，新兴城镇型旅游地临近旅游区（点），并且处在某一特定文化地理区域之中，为了与旅游区（点）的景观协调发展，同时为了避免在快速城镇化的过程中走入"千城一面"的误区，其景观设计上需要从地方特色文化中寻找灵感。景观风貌的地方性，是旅游吸引力的源泉。新兴城镇型旅游地在景观上与核心旅游区（点）景观共轭协调，逐步达到景观特色的和谐交融和吸引叠加，有利于共同营造出浓郁的旅游氛围，进而增强旅游者的整体体验水平。这也使小城镇由满足游客吃、住等基本的生理需要发展到审美、体验等高层次的心理需求，逐步与旅游区（点）在更广的层面上接轨、联动开发[1]。

二、新兴城镇型旅游地景观变迁基本特征

新兴城镇型旅游地景观变迁，主要表现在城镇空间形态、城镇建筑风貌、旅游服务设施、旅游基础设施和旅游景区等方面。

（一）城镇空间形态不断演化

新兴城镇型旅游地的空间形态，因其所处的地理位置不同，明显表现出"点—线—面"或"点—面"渐进演化两种变迁特征。

---

[1] 毛长义，艾南山，胡国林. 旅游依托型小城镇与景区联动开发初探——以汉水源头景区与汉源镇为例[J]. 乡镇经济，2007(8)：31-35.

1."点—线—面"渐进演化

我国很多新兴城镇型旅游地临河而居,也有一些城镇临近公路,以享有交通之便。这些城镇在空间形态变迁过程中,呈现出"点—线—面"渐进演化的特征。在发展初期,城镇规模较小,空间形态上往往表现为若干居民点的零散分布。随着旅游业的发展,旅游设施增加,城镇化进程的推进,人口向城镇集聚,居民点扩大,依河而建或是沿路而建的城镇,通常沿河流或公路延伸,城镇空间形态演变为线状(或称为带状)布局。此后,新兴城镇型旅游地进一步发展,旅游设施进一步增加,人口规模进一步扩大,线状(或带状)布局的空间形态进一步演进,向河流两岸或道路两侧的纵深处拓展,形成面状(或团状)空间布局,最终形成较大规模的面状城镇型旅游地。

2."点—面"渐进演化

不临近河流也不靠近公路的新兴城镇型旅游地,其空间形态直接由点状演进到面状。最初是若干点状居民点的零散分布,之后逐渐向这些居民点的外围扩展,最终发展成为面状空间形态,呈现出"点—面"渐进演化的特征。

(二)城镇建筑风貌融合发展

1.城镇建筑风貌:从"建设中的破坏"到"一味仿古"再到"融合创新"

大体上,城镇建筑风貌变迁经历了"建设中破坏""一味仿古"和"融合创新"三个发展阶段。城镇建筑风貌是建筑形式、建筑高度、建筑体量、建筑色彩等信息的综合体,表现为建筑特色。在我国辽阔的地理区域中,优秀的地方传统建筑体现了地域传统文化特色,其典型代表主要有京派、海派、徽派和岭南派等。

传统京派建筑以"重檐、齐襟、厚墙"为特色,具有官场气息,矜持而凝练,唯我独尊。宫殿、四合院、大街、胡同,把城市空间切成一个又一个方块,"中轴对称",反映出京城人强烈的政治伦理观念。

海派建筑具有"海纳百川、兼容并蓄"的特点,注重实用性、可行性及可操作性,善于"在螺蛳壳里做道场"。石库门、小弄堂、老街坊,构成了上海的风景线。由于租界文化的影响,其在接受外来文化时迅速快捷,因此其建筑带有较为浓郁的中西合璧的特点。开放、包容、创新,以吸收"西艺"为特点,标新立异且灵活多变,商业气息相对浓厚。在建筑形式上,不拘于传统形式,一切设计均以"实用"为最高原则,在"小巧玲珑"中透露出精明,同时又具有极强的"排外"思想和自我保护意识。

徽派建筑具有“精巧雅致”的特点，色彩上粉墙黛瓦，单体建筑高墙小窗的封闭式结构等，是中国传统文化内向型气质的表现。天井虽小，却将日月星辰、风雨雷电和春夏秋冬引入高墙之内，室内与室外、人居环境和自然环境融为一体；徽人努力使聚落轮廓与聚落所在地的地形、山水取得协调，并赋予特定的含义等，反映了中国人讲究自我完善以达到内心平衡、人际关系协调、人与建筑及环境和谐统一的传统文化，以及对“天人合一”理想境界的追求。徽州民居以堂屋为中轴线左右对称，重视孝悌，正房长辈居住，厢房晚辈居住，有伦理型文化特色[1]。

岭南派建筑的特色是自由、自然和符合人们活动规律布局，具有明快、开朗、形式多样的立面和形制，与园林绿化和城市或地域环境有机结合。岭南派建筑元素包括骑楼、万字格、龙船脊、满洲窗、灰塑、镬耳墙等。1989年建筑评论家艾定增在其论文《神似之路——岭南建筑学派四十年》中指出：“岭南建筑学派在地域上指的是以广州为中心、主要分布在珠江三角洲及桂林、南宁、汕头、深圳、珠海、湛江和海口等地的近代建筑主流，在时间上指的是19世纪中期以来的建筑新风格的发展与成熟。”

除了以上四种具有典型地域特征的建筑风貌外，中国还有很多具有特色的地方居住建筑，如以吊脚楼为代表的西南地区的干栏式建筑风貌，以布达拉宫为代表的西部高原地区建筑风貌，以大扎巴、平屋顶为代表的新疆维吾尔自治区建筑风貌等。

体现地方特色的现代化，是新兴城镇型旅游地新建建筑风貌的理想状态，即将地方化与现代化融为一体，既体现地域文化传统，又具有当今时代的特征。具体来说，我国南方，在设计和建造上，借鉴传统建筑的轻巧通透、雅致含蓄、造型多变和飘逸的神韵，学习传承传统建筑的因循地况、因循气候和院落空间与总体布局的科学设计理念，达到造型轻巧挺括、色彩清新明快、装饰精致典雅、外观靓丽大方，既有地方传统风韵，又具强烈时代气息的总体风貌效果。

然而，在旅游发展过程中，特定历史时期认识上的局限性，导致不少新兴城镇型旅游地的建筑建设上一度走了弯路，进入了“建设中的破坏”和“一味仿古”的误区。

---

[1] 黄成林. 徽州文化景观初步研究[J]. 地理研究，2000，19(3)：257–263.

(1)"建设中的破坏"的主要特征之一是城市建筑千城一面,缺乏特色。改革开放以来,我国城镇化率不断提高,很多新兴城镇型旅游地,由于旅游业发展,财力和物力得到增强,城镇发展速度加快,城镇建设规模扩大。在大发展的过程中,新兴城镇大量引入西方的方盒子式建筑,进行所谓的"现代化"改造。在不少城镇建设决策者的眼中,大量方盒子式建筑的引入,改变了城镇落后的旧面貌,使城镇"焕然一新",城镇发展呈现一派繁荣景象。但事实上,西方的方盒子式建筑与其周围旅游区(点)的景观风貌和其所处地域的传统风貌不一定很协调,新兴城镇型旅游地因此而出现"建设中的破坏"。这一现象受到规划学界的批评,1996年,任职桂林市城市规划设计研究院的李长杰先生等尖锐地评论道:"传统城市风貌,受到低劣的方块建筑的'方盒堆'的严重破坏,急待拯救。"[1]

(2)"一味仿古"的误区。随着思想认识的提高,越来越多的人开始意识到城市建设中的盲目"焕然一新"并不可取,城镇景观千城一面、缺乏特色没有出路,新兴城镇型旅游地的建筑要想具有地方吸引力,应注重挖掘地方传统特色。

但是,单纯复制地方传统建筑,不注重体现时代特征,同样不可取。"一味仿古"表现为:一些新兴城镇型旅游地,为了营造历史文化旅游氛围,忽略了历史的延续性,一味地仿制当地的历史建筑,甚至是将临近地域的历史建筑"移植"到本地,出现了一批历史建筑的仿制品,如年轻的"老街"等。在这种情况下,真正的历史建筑和其仿制品同时展现在游客面前,使缺乏专业古建知识的大众游客们分不清真假、摸不着头脑,进而对旅游地的真实性产生质疑。

(3)"地方化与现代化融合"。事实上,对传统的继承主要是对优秀设计思想、设计理念和建筑文化精神的继承,而不是简单的形式上的沿袭和模仿,甚至完全回到传统建筑的历史形态。国内外建筑界目前形成的共识是:可以把一些传统建筑特征性的局部和细部作为建筑符号运用在现代建筑之上,以体现建筑的地域特色和文化特征;也可以更深刻地提炼出一些代表传统建筑本质特征的要素,写意式地体现在现代建筑上。这种设计比前者更为高明可取,因为它对地域传统文化的表达已经从"形似"的层次升华到"神

[1] 李长杰,陶柯.旅游城市的发展与城市传统风貌的保护和延续[J].社会科学家,1996,11(4):80-83.

似"的境界，既可以满足建筑的现代物质功能，又能够满足人们对地域传统文化的高情感的追求。这种建筑的优秀范例越来越多，如上海的金茂大厦、拉萨的贡嘎机场、四川的九寨宾馆等[1]。安徽省黄山市的新徽派建筑也是成功的范例。

2.城镇建筑功能：由"以居住为主"变迁为"旅游与居住相结合"

城市建筑在风貌变迁的同时，功能也在发生着变化。在新兴城镇型旅游地兴起之初，城镇建筑主要是满足当地居民的居住需求，主要发挥着居住功能。随着旅游业的发展，为纷至沓来的旅游者提供住宿、餐饮、休闲、娱乐、保健、购物等多样服务，城镇建筑的主要功能由"以居住为主"转向"旅游与居住相结合"，具有"旅居"双重功能的旅游度假建筑开始兴起。

如今，我国旅游业正在由观光旅游阶段向度假旅游阶段转变。伴随着我国房地产业由城市房地产向景观房地产转移，在新兴城镇型旅游地，一种具有旅游和居住双重功能的"旅居式"房产开始兴起。该功能的房产，通常以酒店或度假村的客房为载体，或独立出现，或以旅游度假综合体组成部分的形式出现，旅游业界将具有这一功能的建筑称为分时度假酒店。

(三)旅游服务设施逐渐丰富

在旅游者的消费结构中，食、住、行、游属于刚性消费，即旅游活动中必须要消费的部分；娱乐和购物属于弹性消费，即旅游活动中可以选择消费的部分。新兴城镇型旅游地的旅游服务设施，通常是从满足旅游者刚性消费需求起步。

新兴城镇型旅游地旅游业发展初期，旅游者数量有限，对于饭店和餐馆的要求不高，此时新兴城镇型旅游地的旅游服务设施多以社会招待所和家庭旅馆为主，少量星级酒店主要为消费等级较高的旅游者提供食宿服务。

随着社会经济的发展，人们收入水平提高和休闲时间增加，旅游者人数日益增多，出游频率逐步提高，出游范围逐步扩大，消费水平也日益提高，这就需要不断增加旅游服务设施数量，提高旅游服务设施等级。

在饭店类型上，由原来的以社会招待所和家庭旅馆为主发展为以星级饭店为主。同时，针对旅游者"卫生、快捷、方便"的食宿需求，产生了一批不评星级、以提供星级饭店中的有限服务为特色的"经济型"饭店。此外，随着

[1] 陈硕. 浅谈城市建筑风貌的地域特色[J]. 贵州工业大学学报：社会科学版，2007(4)：201-202.

会议旅游、商务旅游的兴起,原有的饭店开始增加会议设施,针对更为明确的市场细分,出现了以会议设施为特色的会议型饭店。在提供标准化服务的基础上,适应旅游市场“个性化”需求的主题酒店和精品酒店也随着旅游者需求的升级而发展起来。

随着旅游业向成熟阶段发展,自助旅游者增多。出于提高旅游品质的考虑,很多自助旅游者的旅游线路不再是大跨度、多景点的“周游型”,而是以一个旅游区(点)或一座城镇为目的地的“逗留型”。为适应这一需求,饭店方面出现了公寓和度假村。两者都可以为旅游者提供长时间住宿服务,但等级不同:公寓价格低廉,针对消费层次较低的长住型旅游者;度假村价格较高,针对消费档次要求较高的长住型旅游者。餐馆方面,出现了数量更多、档次齐全的特色菜馆,在提供地方菜品的同时,在店堂装饰、菜品包装上尽可能展示地域文化特色。

为延长旅游者的停留时间,新兴城镇型旅游地除了提供不同档次、适应不同类型旅游者的餐饮和住宿设施之外,在休闲娱乐设施、商业购物设施、旅游解说系统、旅游问询设施和旅游景点公交系统建设上也加快了步伐。总体来看,旅游服务设施逐步丰富,表现出数量增多、质量提高、类型多样的特征。

(四)旅游基础设施渐趋完善

随着旅游业的发展和科学技术的进步,新兴城镇型旅游地的旅游基础设施逐步完善,表现出不断完善、便利和人性化的特征。

1.旅游交通设施

随着旅游地的深入发展,新兴城镇型旅游地的旅游交通设施逐步完善。汽车站、火车站和飞机场等对外交通站场硬件条件逐渐提升,从外观设计到内部装饰,体现出地方化和现代化的融合。

旅游地外部交通方面,汽车、火车、飞机等交通工具逐步配套,交通通达度不断提高。公路交通方面,道路等级逐步提升;铁路方面,高速铁路等现代新型交通设施从无到有、逐步发展;航空方面,机场航班数量增多,航线密度增大。

旅游地内部交通方面,与高速、国道、省道相互配合,通过消灭“断头路”,拓宽旅游道路,景区之间的交通网络逐步形成;汽车、火车和航空站场等级提高,服务设施更加完备;路面条件改善,减震性能好的柏油路逐渐取代了水泥路和砂石路。

交通工具多元化，除出租车和公交车外，很多城镇保留了具有地方特色和历史色彩的交通工具，如人力三轮车、手划船等。地跨河流两岸的城镇，桥梁增多，古桥与新桥并存，成为城镇新的风景线。人力三轮车、电动游览车、景区公交车、出租车等多种陆路交通工具并存。在河流具有通航能力的城镇，还开发了游船、游艇等水路旅游交通工具，共同构成了丰富多彩的旅游交通工具体系。

与此同时，随着都市生活节奏的日益加快，来自大城市的旅游者更加向往旅游城镇的休闲慢生活。在这一旅游需求的推动下，一些新兴城镇型旅游地开始逐步建立徒步、自行车等慢行交通系统，在满足"旅游可进入性"要求的基础上，开发出新兴的交通类旅游产品。

2.环卫设施

在旅游环卫设施方面，旅游厕所数量增加，标识明显，卫生条件改善，免费向游客开放。公共厕所是影响游客体验质量的重要环节，硬件设施更加人性化，如为女性特别增加化妆台，为哺乳期女性特别增设哺乳间，为残疾人、儿童特别设计扶手和高度适中的洗手台，为带小孩的家长特别设立独立卫生间等。城镇的保洁水平日益提高，城镇垃圾逐步由统一回收发展到分类回收；洒水车根据天气情况，适时作业，净化环境。

3.其他基础设施

旅游业发展也促进了新兴城镇型旅游地其他旅游基础设施的改善，包括旅游金融设施、城镇绿地和游憩设施、城镇亮化设施、给排水系统、电力电讯设施等。旅游发展让城镇的基础设施条件日益提高，旅游让城镇更美好。随着旅游业的繁荣和发展，原本偏僻的城镇，其基础设施甚至达到了经济发达城市的标准。

旅游金融设施的便利性方面，体现在能够刷卡消费的旅游商户数量增多，可刷的信用卡种类不仅有国内卡，还包括国际通用的信用卡；银行网点增多，可兑换的币种增多。

城镇绿地和游憩设施方面，城镇游憩空间扩大，城镇绿化覆盖率提升，城镇向着卫生城、园林城、宜居城、森林城的方向发展。

城镇给排水系统、电力电讯系统逐步完善，手机无线信号实现全覆盖，有无线上网服务的公共场所逐渐增多；逐步实现电线、电话线、有线电视线

“三线”下地；逐步建立起智能化电子监控系统，安全保卫水平和能力不断提高。

另外，合理实施城镇亮化工程，能够使城镇的夜色更美，从而丰富游客的旅游体验，深化游客对旅游城镇的印象。如亮化建筑的飞檐，能够勾勒出建筑的轮廓线；亮化山体、水体和驳岸，能够显现出城镇的山水特色。需要注意的是，新兴城镇型旅游地的亮化工程，切忌过于城市化，不提倡使用过多的霓虹灯，将整个城镇变成“不夜城”的做法。安静是一种文明。

（五）旅游景区日益增多

在逐渐发展的过程中，为延长游客的停留时间，丰富游客的旅游体验，新兴城镇型旅游地积极尝试旅游业态创新，在当初单纯的旅游服务功能的基础上，叠加了旅游景区功能，演变成为旅游服务功能日趋完善、旅游景区功能逐步发展的旅游目的地。

在旅游产品类型上，这些旅游景区往往与旅游城镇所依托的核心景区有差异。如依托山岳、海滨、水体型景区的新兴城镇型旅游地，发展历史街区旅游、宗教旅游、演艺旅游、文化创意旅游、休闲度假旅游等产品，能够相互补充，错位发展。

三、新兴城镇型旅游地景观变迁中的问题

在新兴城镇型旅游地景观变迁的过程中，出现了一些新问题。这些问题与景观变迁联系密切，值得关注。由于是新问题，虽然不少旅游地进行了有益的探索，并积累了一些好的经验，但并没有形成规律性的正确答案。对于新兴城镇型旅游地景观建设而言，一方面可以借鉴好的经验，解决这些问题；另一方面还需根据自身的实际情况，综合考虑应对之策。

（一）旅游地城镇更名问题

20多年来，新兴城镇型旅游地为提高旅游地自身知名度、塑造特色城镇品牌形象，掀起了一股更名热潮。继1987年11月徽州地区更名为黄山市之后，出现了一股以风景名胜、森林公园等核心旅游资源地命名的城市更名热潮（表6-1）。最近一次的更名是2011年10月，湖北省襄樊市改名为襄阳市。“襄阳”作为行政区名，西汉初年设县，1983年襄阳和樊城合并，改称襄樊市，2011年改名襄阳市（地级市）。当地政府称，更名为襄阳市旨在推动以诸葛亮旧居“隆中”为龙头的三国文化旅游区的发展。

表6-1　部分城镇型旅游地更名概览

城市现名	城市原名	隶属省份	国务院批准时间	依托的核心旅游资源
黄山市	徽州地区	安徽省	1987年11月	黄山风景名胜区
都江堰市	灌　县	四川省	1988年5月	都江堰水利工程
峨眉山市	峨眉县	四川省	1988年9月	峨眉山风景名胜区
武夷山市	崇安县	福建省	1989年8月	武夷山风景名胜区
张家界市	大庸市	湖南省	1994年4月	张家界国家森林公园
九寨沟县	南坪县	四川省	1997年12月	九寨沟风景名胜区
香格里拉县	中甸县	云南省	2001年12月	香格里拉
普洱市	思茅市	云南省	2007年4月	普洱茶
襄阳市	襄樊市	湖北省	2011年10月	诸葛亮旧居“隆中”

城市改名,古今中外不乏其例,但城镇更名之后不一定会有效地推动旅游发展。以安徽省黄山市为例,黄山市原名徽州地区,1987年改名为黄山市。城市更名之后,原徽州行署驻地屯溪市(1987年更名时改为屯溪区)的火车站、汽车站、机场更名为黄山火车站、黄山汽车站、黄山机场。其实,这里距离黄山风景区还有70多千米,导致“皖南处处皆黄山,到了黄山不见山”,给游客带来许多麻烦。不少人指出,改名称黄山市,与原来的徽州地区、屯溪市地名相比,弱化了历史悠久、风格独具的徽州文化。类似的情况还发生在云南省普洱市。2007年4月,云南思茅市为打造“世界茶源、中国茶城、普洱茶都”,改名为普洱市。但普洱茶因过度炒作,近几年价格盛景不再。思茅市的改名,对于发展普洱茶并没能发挥长效的实质作用,却淡化了“思茅”原有的历史文化底蕴。

新兴城镇型旅游地更名和旅游经济发展之间并不存在着必然的因果联系。城市改名牵一发而动全身,涉及社会民生方方面面。凡涉及该城市名称的企事业机关单位都将更名;公章、财务章等必须变更;地图、标牌、户籍、工作证等也必须随之变更。以上花销,曾有人估算,即便是中等城市更名,其耗资也达亿元。

因此,应冷静地看待这一问题,不能盲目跟风。城市地名是否要更改,要深思熟虑,慎之又慎,应当遵循以下三条原则:第一,保持地名相对稳定,能不改尽量不改;第二,必须更名时,应审慎地科学论证得失;第三,无论更名与否，都不能切断历史脉络[1]。

（二）现代风貌与传统风貌协调问题

近年来，在城镇建设过程中，不少新兴城镇型旅游地出现了盲目"城市化"的倾向。酒店档次越建越高，建筑高度不断向现代化大城市看齐，广场建设得像现代化大城市的城市广场，城镇夜景如同现代化大城市一样纷繁闪烁。表面上看，新兴城镇型旅游地旅游发展一派繁荣；实质上，却恰恰体现了其在建设过程中没有从旅游者实际需求的角度考虑，旅游地建设缺乏先进理念。

新兴城镇型旅游地，在景观现代化与地方化上，既不同于经济发达的现代化大城市，城市街头高层建筑林立，现代化建筑争奇斗艳，又不同于历史文化名城（镇）型旅游地，需严格保护历史风貌，所有新建建筑必须在体量、高度、风貌、色彩上都要与历史街区建筑相协调。新兴城镇型旅游地如果一味地以大城市的现代景观为标杆，追求现代化，没有传统文化韵味，就会丧失自身的景观特色，降低城市的文化品位，会使游客，尤其是来自于大城市的游客，无法感受到景观的差异性和吸引力。

现代风貌与传统风貌协调，这种提法一眼看上去似乎是相互矛盾的，其实不然，相对于历史文化名城（镇）型旅游地，新兴城镇型旅游地的景观可以源于传统，高于传统，将传统与现代融合起来。

良好的城镇型旅游地建设，应具有自身的特色，应从地方传统文化中寻找灵感，将现代化与地方化融合，创新出具有地域特色的旅游景观。在城市建筑景观、旅游交通景观、旅游基础设施和旅游服务设施建设中，体现地方传统元素。如对于控制建筑高度的问题，历史街区应予以控制，以突显历史街区建筑；完全新建的新区，在"显山露水"的前提下，建筑高度可适当增高，但必须通过科学规划，将其控制在合理的范围内。在建筑风貌上，提倡在设计时体现传统风貌元素，建造时采用现代建筑材料和建筑结构，建成"新式的地方建筑"。

（三）旅游综合配套服务设施数量与等级问题

近些年来，为适应旅游需求的变化，我国旅游产品正在经历由观光产品向休闲度假产品的转型。同时，在房地产业的推动下，旅游房地产蓬勃发展。随着我国旅游业快速发展，新兴城镇型旅游地的旅游经济实力普遍增

[1] 谭汝为. 城市改名热的冷思考[EB/OL].（2011-01-06）[2013-02-20].http://www.tianjinwe.com/tianjin/tjyl/201101/t20110106_3085063.html.

强。在这些因素的共同作用下,旅游服务设施建设力度加快,陆续建成或正在规划建设一批投资巨大、配套服务功能全面的旅游综合配套服务设施,如旅游度假区、旅游度假城、旅游度假综合体、旅游服务综合体、旅游小镇等。

针对旅游需求,建设旅游综合配套服务设施,必须符合旅游经济发展的一般规律,其前提是此类设施的建设数量、等级规模应与旅游者的需求相适应并适度超前,不同等级的新兴城镇型旅游地之间应有所不同。在建设之前,应根据旅游地等级、旅游者需求,合理规划未来旅游综合配套服务设施的需求数量和档次,在规划的引领和指导下,科学开发建设。一般来说,旅游地等级较高,旅游消费群体规模较大,旅游可进入性良好的新兴城镇型旅游地,旅游综合配套服务设施需求量大,等级也相对较高,反之亦然。若没有科学规划,盲目跟风上马,势必会增加投资风险,造成资本浪费或设施闲置。

第二节　屯溪景观变迁研究

屯溪是新兴城镇型旅游地的代表,全称安徽省黄山市屯溪区(1987年之前称屯溪市),地处黄山市域中心偏东位置,东与歙县为邻,北与徽州区接壤,西、南两面为休宁县环抱,总面积约248.9平方千米。

屯溪是黄山市的城市中心区,黄山市委市政府驻地,黄山市经济最为发达、人口最为集中、商业最为繁荣的地区。屯溪的发展与旅游业的繁荣休戚相关。黄山市是皖南旅游的中心城市,正向现代国际旅游城市的方向迈进。从旅游产业发展角度而言,屯溪是依托黄山风景区发展起来的旅游配套服务中心,是黄山市境内旅游服务设施等级最高、旅游配套服务功能最为完善的地区,是黄山市建设现代国际旅游城市的核心区。

除了具有新兴城镇型旅游地的一般特征之外,屯溪还具有自身的特点。与一些缺乏旅游资源、仅靠提供旅游配套服务而发展起来的新兴城镇型旅游地不同,屯溪的旅游资源较为丰富,自然旅游资源和人文旅游资源兼备。屯溪有国家级历史文化保护区屯溪老街(早在二十世纪八十年代就是著名景点),全国重点文物保护单位程氏三宅、程大位故居,纪念徽派朴学家戴震的戴震纪念馆;屯溪盆地周围有花山、华山、金竹山,群山环抱,新安江穿城而过，自然景观优美；鬲山、小龙山，佛教兴盛。这些丰富的旅游资源，使屯溪不仅能够发展成为旅游配套服务中心，而且还具有发展成为城市休闲旅游目的地的潜力。

一、屯溪景观变迁阶段

历史上，屯溪景观变迁曾走过弯路，但总体上以正向演替为主。随着人们认识的深入、建设水平的提升、保护意识的增强，屯溪景观正向演替的现象越来越多。

屯溪景观正向演替主要表现在：

(1)旅游交通景观便利化，进出屯溪的齐云大道、屯光大道、机场大道等道路拓宽、绿化、美化，成为向旅游者展示屯溪现代旅游城市形象的窗口。

(2)建筑风貌在保护与传承中协调统一。除基督教堂是西方建筑风貌之外，屯溪的城市建筑有两种类型，一种是地方化的传统徽派建筑，另一种是地方化与现代化融合的新徽派建筑，但都能够体现出徽派建筑的风貌，粉墙黛瓦马头墙，给人以"精巧、雅致、徽韵"的视觉感受。

(3)旅游服务设施种类丰富，数量多，质量高。近些年来，屯溪星级饭店、经济型饭店、民居客栈等多种类型旅游饭店数量明显增长，特别是填补市场空白的经济型饭店以及由古民居改造而来的民居客栈，受到旅游者的普遍欢迎。旅游餐饮、购物、娱乐设施有了长足的发展，涌现出黄山·新徽天地旅游度假区、黄山茶博园、元一大观黄山旅游度假区、黄山国际中心、"天下徽州"徽州文化与生态长廊等一批综合性旅游服务设施，提升了城市旅游休闲品位。

(4)基础设施逐步完善。主干道路宽阔，城市环境干净整洁，广场绿地增多，建成区"显山露水"，绿化覆盖率、绿地率逐年增长，旅游公厕数量增多、标识明显，城市夜景流光溢彩。

(5)老景区改造提升，新景区锦上添花。屯溪老街得到有效保护和利用，出现了一批由老街古民居改造的餐饮、住宿设施，成为老街传统的观光旅游、购物旅游的良好补充。依托丰富的旅游资源，开发出花山谜窟、新安江滨水景区等新兴旅游景观，恢复建设了小龙山、鬲山等宗教旅游景观；挖掘和创新徽州文化内涵，开发出现代新型演艺旅游产品。

在屯溪景观正向演替的同时，也客观存在着一些破坏景观的现象：

(1)旧城改造中破坏历史遗迹。在新黄山商业步行街开发建设的过程中,拆除了见证清末民初徽州茶商兴衰的著名历史街巷柏树巷,以及巷内由十余幢古民居建筑构成的古建筑群,仅孤立地保留了其中的全国重点文物保护单位程氏三宅,在原址兴建的徽派仿古建筑已难以寻觅古街巷古建筑的遗风。同样的破坏还出现在黎阳老街的改造过程中。由黎阳老街改造而成的黎阳水街(又称黎阳印象),是黄山国际中心的核心建设项目。在改造过程中,拆除了历史街巷黎阳老街的石板路,破坏了它的空间肌理,仅保留了列入屯溪区、黄山市的重点文物保护单位的几幢古民居。这种仅保留部分建筑的改造行为,破坏了历史街巷和古建筑群的完整性,使黎阳老街传统整体建筑风貌荡然无存。

(2)城市夜景亮化工程对屯溪桥的损害。2003年,在给建于明嘉靖十五年(1536)的屯溪桥(又名镇海桥,俗称老大桥)安装路灯的过程中,在桥两侧石栏杆上钻孔,安装用以固定路灯的膨胀螺丝,造成桥体局部损害。2010年,屯溪夜景亮化工程升级,屯溪桥路灯被拆除,改用黄色LED灯照亮桥身的方式进行亮化,但桥上的钻孔难以去除,成为屯溪桥永远的痛。

(3)新安江畔个别建筑超高。近年来,屯溪旅游城市建设步伐逐年加快,新安江两岸,尤其是建设用地充足的南岸新城区,兴建了一批新住宅。这些住宅北依新安江,南望群山,地理位置优越,但建筑高度均超过了《黄山市城市总体规划》的限制,最高的建筑达27层81米,从新安江北岸南望,高层建筑挡住了远处的山峦。

大体上,屯溪景观变迁可划分为五个阶段:明清及以前,民国时期,1949—1979年,1979—2005年,2005年至今。选择1979年和2005年作为新中国成立以来屯溪景观变迁阶段分界线,主要原因是:①1979年,黄山风景区正式对外开放,当年客流规模首次突破10万人次,风景区的发展直接带动了屯溪的发展。②2005年以后,黄山市编制或实施《黄山市旅游总体规划》《黄山市城市总体规划》,获批成为首批国家服务业综合改革试点城市,国家级徽州文化生态保护实验区、皖南国际文化旅游示范区、"百村千幢"古民居保护利用工程、新安江流域综合改革试点等项目的相继实施,加速了屯溪旅游景观变迁的步伐,老景区改造升级,新兴景区开发建设,城市旅游服务设施和旅游基础设施景观发生了突飞猛进的变化。

(一)明清及以前

“屯溪”名称的由来,一种说法是源于水名,据我国最早的一部百科词典《广雅》解释为“聚也”,诸溪聚合,谓之屯溪。第二种说法是东汉屯兵说。东汉建安十三年(208),即赤壁之战发生的同一年,三国吴王孙权派威武中郎将贺齐进剿“山越”,屯兵于溪水之上,始有“屯溪”之称。贺齐在屯溪设犁阳县,晋朝改“犁阳”为“黎阳”。南朝陈文帝天嘉三年(562),撤黎阳县入海宁县(今休宁县),屯溪为休宁县首镇。

屯溪最早的旅行通道是商人开拓的。屯溪是新安江上重要的水陆码头,坐拥新安江水运的物资集散优势,商业是其立足的根本,自古便是皖南商业重镇。南宋时期,徽州木材多由新安江下浙江。清康熙《新安志》载:“休宁……山出美材。岁联为桴,下浙江。往者多取富。”元末明初,程维宗在屯溪建造店房47间,除自营4间外,余用以招徕商贾,囤居客商货物。唯当时市集尚在黎阳、西镇一带。明嘉靖十五年(1536),屯溪桥建成,街市逐向河东发展,屯溪商业日趋旺盛。明天启年间,屯溪即为休邑总市。清康熙《休宁县志》载:“屯溪街,县东三十里,镇长四里。”[1]

咸丰时期,徽州炒青绿茶云集屯溪,形成驰名中外的“屯绿”,各地商贾亦来屯溪开设商号,街道又从八家栈、新市街逐年沿江向东蜿蜒,形成长达约一千米的商业街。直至清末,市面仍集中在今西镇、屯溪桥至原江西会馆(地处“老街”)一段街区。街上没有机关、没有非商住户,全是店面,鳞次栉比,店店毗连,绸市、百货、南北货、中药、酱园等大店都开设在这条街上。河街原是船民、排工、卖柴炭农民会聚之处,以粮食、烟酒、小吃、豆腐店为主。横街设有旅馆、酒楼、浴池等,处处可见“客栈”“安寓客商”的牌子。

除茶商外,还有许多商号也历史悠久,如“老翼农”药号,开创于明崇祯十三年(1640),“紫云馆”改建于清咸丰年间,“同德仁”“程德馨”都是闻名的百年老店。清同治、光绪年间,已形成钱庄、典当、银楼、药材、绸布、京广百货、南北货、盐糖、日杂、瓷器、黄烟、锡箔、纸张、酒楼、饭店……行业比较齐全繁荣的市场。

屯溪的美景,也吸引了文人墨客的游历和咏叹。清代休宁人查锡恒著有《屯浦归帆》的咏景诗,记载在清道光《休宁县志》中。屯溪民间诗人应安

---

[1] 屯溪市地方志编纂委员会. 屯溪市志[M]. 合肥:安徽教育出版社,1990:176.

澜的《春江泛棹》，描写了新安江景观。近代作家郁达夫的《屯溪夜泊》，“新安江水碧悠悠，两岸人家散若舟，几夜屯溪桥下梦，断肠春色似扬州”，成为赞誉屯溪的经典诗篇。

（二）民国时期

民国初期，屯溪较为出名的旅社有兆丰、宏安、同春等。民国时期，安徽省厘税局、盐公堂、商会等商业机构均设在屯溪。抗日战争时期，为躲避战乱，大批商贾和难民涌入屯溪，加上内迁的机关、团体、学校等，市区人口膨胀，经济一度畸形繁荣，时称“小上海”。

民国二十六年（1937）后，苏、浙、沪、杭、芜各地商人迁入屯溪，又兴盛起西药、钟表、眼镜、照相、鞋革诸行业。特别是官僚、政客、富商大贾，以此为安乐窝，旅社、酒楼生意兴隆。

民国二十七年（1938）后，屯溪陆续设立黄山、六路、车站、中南、新交通、老交通、新安、皖南、浙江、东南等大小旅社客栈50多家，其中黄山、六路、车站、中南等店为旅社业中的佼佼者[1]。

民国三十年（1941），屯溪老街由西向东修建了横穿南北的上、中、下三条马路[2]。

抗日战争胜利之后，各机构相继撤销或他迁，避难难民相继返回原籍，屯溪人口锐减，商业衰落。

（三）1949—1979年

1949年4月29日屯溪解放，建制为省辖市。新中国成立以后，屯溪百废待兴。1949—1979年，道路、交通以及供水、供电等基础设施逐步兴建，市区逐渐东移南扩，各项基础设施在建设中完善。

与1949年相比，1975年市区道路总长由5.26千米增长到11.95千米，下水道长度由1.94千米增长到9.77千米，防洪堤长度由0.71千米增长到1.57千米，市区路灯由63盏增长到281盏[3]。1966年，在屯溪桥、西镇桥的基础上，新建屯溪第三座桥梁——新安桥，南通阳湖，成为联系新安江南北的交通新通道，为市区向新安江南岸扩展提供了便利交通。

新中国成立后，由于一些小客栈改行，旅馆有所减少，由最为兴盛的民

[1] 屯溪市地方志编纂委员会. 屯溪市志[M]. 合肥：安徽教育出版社，1990：128.
[2] 屯溪市地方志编纂委员会. 屯溪市志[M]. 合肥：安徽教育出版社，1990：178.
[3] 屯溪市地方志编纂委员会. 屯溪市志[M]. 合肥：安徽教育出版社，1990：177.

国二十七年(1938)的50家减少到1950年的32家。1954年,一些个体客栈、旅馆改为招待所,有些进行公私合营,继续开办旅馆。1956年,屯溪对私人客栈、旅馆进行社会主义改造,屯溪的黄山、中南、车站、交通等4家旅馆组成公私合营旅社,另有33家小旅社组成合作旅社[1]。

在此阶段,屯溪兴建了当时徽州地区最好的两座饭店,一座是1959年10月开业的新安江饭店,另一座是1976年11月开业的屯溪饭店。截至1961年,屯溪有旅馆41家[2]。

总体来看,新中国成立至1979年,屯溪的旅游基础设施和服务设施建设取得了进展,但受经济发展水平总体落后的限制,各项设施的建设总量不大。

(四)1979—2005年

随着改革开放的深入发展和旅游业的振兴,屯溪景观进入城市总体规划指引下的变迁时期。1979年8月清华大学建筑系编制完成《屯溪市城市总体规划》,1983年5月经安徽省人民政府批准实施。1986年起对横江两岸进行了补充规划。1986—1987年按该总体规划要求,先后编制了局部和专业性规划,并根据城市建设发展出现的新趋势,对该总体规划进行了适当调整。

《屯溪市城市总体规划》(1979)指导思想是:"充分利用附近的山、水、景观和交通条件大力发展旅游业……把屯溪建成皖南风景旅游区的政治、经济、文化、旅游中心,建成为一个环境优美、景色宜人的花园城市。"屯溪先后开辟了老街、程氏三宅、程大位故居、戴震纪念馆等旅游参观点,兴建了戴震公园、昱中花园、荷花池公园和江心洲公园。黄山国际大酒店、红塔酒店、高尔夫酒店等一批高档酒店开业,大大提升了屯溪的旅游接待设施水平。

在这一阶段,屯溪积极治理环境污染。为净化市区大气,一方面发动群众植树造林,提高森林对大气的净化能力;另一方面进行环境质量监测和综合治理,设立监测网点,随时掌握大气变化动态,制定治理措施。为减少煤炭烟尘污染,屯溪于二十世纪八十年代进行了工业锅炉改造。为了保护新安江流域的生态环境,对包括工业在内的各类项目建设实行严格的准入制度,同时对现有的工业企业采取污染治理、关停淘汰等多种方式进行清理

[1] 屯溪市地方志编纂委员会.屯溪市志[M].合肥:安徽教育出版社,1990:128-129.
[2] 屯溪市地方志编纂委员会.屯溪市志[M].合肥:安徽教育出版社,1990:128.

整顿。

1992年，黄山市政府出台《黄山市饮用水水源保护区污染防治管理规定》。1994年，黄山市环保局颁布《黄山市城市大气噪声环境功能区划分暂行办法》，市政府颁布《黄山市全市地面水水域功能区划分暂行办法》，对各功能区执行相应的质量标准。1998年，市政府颁布《黄山市人民政府关于加强环境保护工作的决定》，对全市环保工作提出明确要求。2000年，市政府颁布《黄山市服务行业环境监督管理暂行办法》，对服务行业的环境申报、排污收费、锅炉烟尘、餐饮油烟、生活废水都做出了明确规定。2003年，市政府发布实施《黄山市饮用水源保护暂行办法》，划定了饮用水源保护区，明确规定了处罚措施，同时废止1992年的《黄山市饮用水水源保护区污染防治管理规定》。2005年，市政府颁布《黄山市建设项目环境保护管理实施办法》[1]。一系列地方环境法规的出台，有效地强化了环境管理，确保屯溪旅游环境质量。

（五）2005年以来

2005年以来，在规划的科学指导、地方法规的规范保障和一系列发展机遇的推动下，屯溪加快了建设步伐，城市建设突飞猛进。2005年，《黄山市旅游总体规划》（2004）正式实施。2006年，《黄山市徽派建筑风格保护管理暂行规定》获得通过。2008年，《黄山市城市总体规划（2008—2030）》修编完成。2009年，文化部批准设立"国家级徽州文化生态保护实验区"，保护区域包括安徽省黄山市三区四县、宣城市绩溪县，江西上饶市婺源县；安徽省委省政府提出建设"皖南国际文化旅游示范区"战略决策；黄山市实施"百村千幢"古民居保护利用工程。2010年，黄山市获批成为首批国家服务业综合改革试点城市。2011年，新安江被列为全国首个跨省流域水环境补偿试点，新安江流域生态保护和污染治理有了国家补偿资金支持。2012年，国务院在中部崛起战略中，进一步提出推进"皖南国际文化旅游示范区"建设，示范区建设上升到国家层面。

旅游交通升级。徽（屯溪）杭（州）、合（肥）铜（陵）黄（屯溪）、黄（屯溪）塔（岭）桃（林）等高速公路相继通车，飞机航线加密，航班增多，外部交通通畅。内部交通建设提速，齐云大道及延伸段、屯光大道及延伸段成为进入屯

[1] 黄山市地方志编纂委员会. 黄山市志[M]. 合肥：黄山书社，2007：133.

溪的快速通道，旅游主干道路拓宽、延长、黑化，大大提升了旅游交通质量。

旅游服务设施建设速度加快，黄山香茗酒店、碧桂园凤凰酒店、皇冠假日酒店等一批高档旅游接待设施建成运营，新黄山商业步行街、元一大观商业街、黄山·醉温泉醉风情街、奕旗美食街等一批现代餐饮街、购物街、娱乐街快速兴起。

屯溪老街改造升级，花山谜窟景区、新安江滨水景区、黄山·醉温泉景区成功晋级AAAA级景区，小龙山、鬲山宗教旅游景区开发，《徽韵》《花山激光秀》等演艺旅游新产品上演，“天下徽州”徽州文化与生态长廊等文化创意旅游景区有序推进。这些项目的建设，延长了游客在屯溪的停留时间，推进了屯溪由单纯的旅游服务中心向综合性旅游目的地的转变。

二、屯溪景观变迁基本特征

作为新兴城镇型旅游地，屯溪是从住宿、餐饮等旅游服务设施建设发展起来的。在旅游业快速发展的推动下，屯溪在城市空间形态、城市建筑风貌、旅游基础设施和旅游景区等方面都发生了很大变化。

（一）城市空间形态：由带状向团状发展

屯溪地处新安江休（宁）屯（溪）盆地。休屯盆地是黄山市最大的盆地，总面积156平方千米，其中屯溪52平方千米[1]，建设面积相对充足。屯溪的城市空间形态，最初是依托新安江在江北岸临江呈带状发展。但北岸平地较少，继续向北发展受到金竹山的阻挡。在城市面积扩大过程中，屯溪一方面继续临江向新安江北岸的东、西两个方向发展，另一方面向地势平坦的新安江南岸扩展，空间形态逐步发展为团状。

1.带状发展阶段

1979年以前，屯溪城市呈带状发展。历史上屯溪的中心在黎阳、西镇，通过屯溪桥连接老街，逐步向老街以东延伸发展。1949年以前，市区主要在黎阳以东、原汽车站（现交通驾校）以西一带。1949年以后，市区向东部、南部逐渐扩展，东联前园路，南接阳湖镇，市区范围发展到5.52平方千米[2]。1979年版的《屯溪市城市总体规划》对屯溪空间形态现状概括为：“主城区位于新安江以北，前园路以西，沿新安江呈带状分布。”

[1] 黄山市地方志编纂委员会. 黄山市志[M]. 合肥：黄山书社，2007：95.

[2] 黄山市地方志编纂委员会. 黄山市志[M]. 合肥：黄山书社，2007：176.

2.团状发展阶段

《屯溪市城市总体规划》(1979)提出了“依托老城,向内向外,逐步紧凑发展”[1]的城镇发展方向。此后,屯溪城区向老城的东、西、南三个方向扩展。城区东部建设了东部新区,包括世纪广场、市委市政府大楼、体育馆、花山谜窟、新安江滨水景区以及黄山·醉温泉国际旅游度假区等。西部形成了以黄山高尔夫乡村俱乐部、黄山香茗酒店等游乐、休憩、会议为主的旅游区。南部是新安江以南、徽杭高速公路以北的阳湖区,以行政和住宅为主。

《黄山市城市总体规划(2008—2030)》规划未来的黄山市中心城区由单一的屯溪中心,拓展为屯溪组团、新城组团、岩寺组团三大组团。2008年以来,按照规划,屯溪的空间拓展,一方面往老城区南面集中紧凑发展,形成团状的屯溪组团;另一方面向西北方向跨越式发展,形成新城组团。其中,屯溪组团的职能定位是传统与现代相结合的城市金融商贸服务、行政办公、文化娱乐、科研文教以及商业服务综合区,重要的城市历史风貌保护区,新兴的市域旅游经济增长点,环境优良的城市住区。本章所研究的景观变迁,仅限于由屯溪原主城区拓展而成的黄山市中心城区屯溪组团。

(二)城市建筑风貌日渐协调

建筑是凝固的音乐。屯溪的城市建筑体现了徽风皖韵的地方特色,彰显了屯溪城市的文化内涵和独特品位,但屯溪的城市建筑景观建设并不是一帆风顺的,建筑风貌大体上经历了从偶遭破坏到逐渐恢复的曲折变迁过程。

1.偶遭破坏的过去

历史上,屯溪是皖南的商业重镇。新中国成立前,屯溪店铺集中的老街有房屋731幢,占屯溪房屋总幢数的30%。多数店铺门面狭窄,内进深长,形成“前店后坊、前店后库、前店后居”的特殊格局[2]。民国时期住房多聚集在后街和各条巷弄里。屯溪建筑遭受破坏的主要原因有两个:一是建设中的破坏,二是火灾。

(1)新中国成立后,随着经济的发展,屯溪建筑风貌发生了较大变化。由于认识上的局限性,屯溪原本协调统一的徽派建筑风貌遭受到了破坏。建筑外观上,在二十世纪八九十年代,屯溪的新建建筑大量采用现代方盒子

[1] 屯溪市地方志编纂委员会. 屯溪市志[M]. 合肥:安徽教育出版社,1990:175.

[2] 屯溪市地方志编纂委员会. 屯溪市志[M]. 合肥:安徽教育出版社,1990:176.

式建筑，如滨江路、延安路、前园路等主干道路沿线建筑等。建筑的高度不断增高，尤其是新安江南岸的阳湖片区，2005年以来，东方丽景、滨江国际、元一公馆、玉屏府、供电局宿舍等新住宅建筑，或是沿江而建，或是临近江边，均为小高层建筑。《黄山市城市总体规划（2008—2030）》明确指出，"不允许再出现滨江国际（住宅小区，位于新安江南岸、黄口桥边，建筑高度81米——引者注）一样破坏山体轮廓线的高层建筑"。

（2）火灾对屯溪历史建筑的破坏不容忽视。屯溪古建筑大多是砖质外墙，木质骨架。砖木结构的房屋容易遭受火灾。屯溪历史上有记载的老街重大火灾包括：1964年，河街火灾，烧毁房屋437平方米；1967年，印刷厂门市部兼职工宿舍火灾，烧毁房屋417平方米；1976年，祁红巷火灾，烧毁、拆除公房317平方米；1995年，悟岗巷19号火灾，烧毁砖木结构房屋一幢[1]。

2.恢复协调的现在

为使建筑风貌协调，屯溪从颁布地方法规、修订城市总体规划、探索继承创新方式、实施保护工程等多方面综合入手，收到了良好的效果。

（1）依法保护。为保护徽派建筑风格，2006年，《黄山市徽派建筑风格保护管理暂行规定》出台，明确了建筑分类管理的保护原则：对现存传统建筑，要按照相关规定严格保护；对新建建筑，要按保持徽派建筑风貌的要求进行控制和建设；对非徽建筑，要按照不同区域相应的控制要求，对现有非徽派建筑逐步组织改造。各级政府负责组织编制管理区域的城镇建设规划和风貌保护整治规划，把继承和弘扬徽派建筑风格纳入规划强制性内容，制定建筑空间环境和景观的保护要求及相应的风貌管理控制措施。

《黄山市徽派建筑风格保护管理暂行规定》（2006）将建筑风貌的管理区域划分为三类。①一类区域：世界、国家级文化遗产地；各级历史文化名城、名镇（村）、历史文化保护区、文物保护单位；城市（含区、县城）中的历史文化街区；具有历史文化价值的古镇、古村落。此类区域建筑风格一律按照该区域保护规划中确定的范围、内容和要求严格控制。②二类区域：城市（含区、县城）中历史文化街区以外的老城区、城市主要出入口、景区（点）和主要交通干线（公路、铁路、航道）两侧300米可视范围的村镇。此类区域建筑风格按照体现徽派建筑特征的要求进行控制。建筑外观形式为徽派建筑风格，

[1] 黄山市地方志编纂委员会. 黄山市志[M]. 合肥：黄山书社，2007：1 177–1 178.

外墙色彩以灰、白色为主色调。多层和高层建筑应合理运用徽派建筑符号，多层建筑（不包括大型公共建筑）屋面宜采用坡屋顶形式。③三类区域：城市新区、各类经济园区及其他集镇、乡村。此类区域建筑风格要按照适当体现徽派建筑特征的要求进行管理，外墙色彩以灰、白色为主色调。

《黄山市徽派建筑风格保护管理暂行规定》（2006）还规定了各类区域建筑风格：严禁采用外来建筑风格（特定区域另行规定），严禁使用大面积的红、黄、蓝等艳丽色彩；严禁使用葫芦栏杆、罗马柱等具有典型地域性特征的外来建筑构件和马赛克等外墙装饰材料；严禁在一类管理区域和城市规划区内采用封闭式卷闸门，已有的封闭式卷闸门应在建筑改徽中一并改造。

（2）规划引领。为适应城市发展，《黄山市城市总体规划（2008—2030）》对景观保护工作做出明确规定：黄山市中心城区及周边独具特征的三江两岸、新安江山水画廊、花山谜窟-渐江风景名胜区、城市绿脉和历史文化街区是城市重要的景观区，城市高层建筑的空间分布要统筹考虑与新区、景区和老城区的关系。城区内部和周边山体尤其是风景旅游区的山体上，不允许布置过大、过高的建筑。建筑必须与山体轮廓线、滨江轮廓线相协调。严格控制历史文化街区的建筑高度。历史文化保护街区内和外部协调区的建筑高度严格按照历史文化街区保护规划执行。老城区以外的居住建筑一般不超过18米；新区公共建筑高度一般不超过30米，城市高层建筑主要分布于新站核心区以及齐云大道、梅林大道沿线，具体建筑高度根据实际情况，在地段控制性详细规划中确定。

探索徽派建筑继承创新方式。徽派建筑使建筑物与山水自然融为一体，体现最佳“人居环境”，是珍贵的文化遗产。徽派建筑工艺是徽州古代劳动人民智慧的结晶。近年来，专家、学者和建筑师们对徽派建筑进行了大量的研究和探索，在保持地方特色建筑风格的基础上，进行适应现代生活需求的改造，创造出了地方化与现代化融合的“新徽派”建筑。所谓“新徽派”建筑，是指根据徽派建筑的外观、功能等特点，设计形似并传神的建筑作品，用现代建筑材料和建筑技术施工的新式徽派建筑。

花溪饭店主楼山墙顶部设计成马头墙造型，黄山国际大酒店或用通透的马头墙框架，或采用在实体墙面绘制马头墙的表现手法，黄山供电局大楼顶部用浮雕状的牌坊梁架结构，都是以抽象手法表现徽派建筑元素的新徽派建筑。屯溪中心城区连接老街的旧城改造项目宇隆商贸城、黄山市人大常委会和黄山市政协办公楼组合建筑群、横江南岸的锦绣横江住宅小区，也是创新的徽派建筑。

2003年，黄山市人民政府主办了"21世纪徽派建筑(民居)设计竞赛"。竞赛获奖的设计方案、图片和模型在同年的黄山国际旅游节上以"徽派古建筑暨21世纪新徽派建筑设计大赛成果"的形式展出，同时展出的还有100幅徽派建筑摄影作品，以及部分徽派建筑装饰工艺木雕、砖雕和石雕实物。黄山市建筑学会将这些精品级的新徽派建筑摄影作品和设计方案汇编成册，用以指导全市的建筑工作，为保持统一的徽派建筑风貌服务。

(3)实施"百村千幢"保护工程。屯溪不但是一座以旅游服务接待功能为主的新兴城镇，而且是具有悠久历史的城镇，但由于保护意识不足、缺乏维修资金等原因，历史建筑日渐破损、濒临坍塌。为保护历史建筑，黄山市政府于2009年5月制定并启动了"百村千幢"保护工程。工程遵循"保护为主，抢救第一，合理利用，加强管理"的工作方针，共选取黄山市目前保存比较完好的101个古村落和具有历史、艺术、科学价值和代表性的古民居1 065幢古民居，进行保护性利用。五年内分两期实施，2009—2010年完成33个古村落和505幢古民居的保护与利用，2011—2013年完成68个古村落和560幢古民居的保护与利用。其中，打造具有旅游新业态特色的古村落30个，古民居集中保护地10处。通过"整体保护、集中保护、重点保护"等多种模式，维修古建筑单体、防治虫害、治理古建筑周边环境等，抢救与保护原生态文化、民俗等非物质文化遗产。保护工程还规定古民居可采取七种方式加以利用，包括：①乡村艺术会所、农家乐、民宿客栈；②传统手工作坊、民间工艺及制作旅游产品；③地方小吃店、地方特色店、特色小酒吧；④传统娱乐及民间艺术表演活动；⑤民间工艺品开发、收藏、展示、交易活动；⑥各类专题博物馆、纪念馆；⑦综合文化站、农家书屋。

在黄山市"百村千幢"古民居保护利用工程中，屯溪区有50幢古民居入选。2009—2010年，已完成一期共25幢古民居保护利用工作。程氏三宅、程大位故居、皖南特委旧址、老街茂槐堂、同德仁药店、汪一挑馄饨店、永和酒楼等10幢古民居分别维修开发为旅游景点、爱国主义教育基地、古玩经营商铺、老字号店铺、特色小吃经营、酒店等。为最大限度发挥"胡开文"品牌优势和徽墨文化的独特魅力，胡开文艺术品有限公司通过整体收购和搬迁重建方式，恢复墨香居、墨缘两幢古民居，建立独具特色的"墨香村"。屯光镇尤溪坝口胡步云宅，黎阳贾家大院、石家大院基本完成维修，下一步将加强周边环境整治，进行开发利用。屯光镇南溪南村5幢古民居目前也在异地集中保护过程中。

“百村千幢”古民居保护利用工程，是一项保护历史、传承文化的精品工程。工程的实施，既保护了屯溪50幢古民居的“筋、骨、肉”，又传承了徽州文化的“精、气、神”，不仅使濒临消亡的古民居得到了保护，而且推进了文化与旅游的深度融合，丰富了已开发的古民居的利用方式，由原来文化观光的单一利用模式向多元业态转变，焕发了古民居的活力，使屯溪大地的传统建筑景观尽显当代价值。

（三）旅游基础设施逐渐完善

屯溪围绕“宜居宜游、怡人怡情，生态型、文化型、休闲型、友好型现代国际旅游城市”的发展目标，大力推进旅游基础设施建设。

1.城市交通便利化

自2005年以来，屯溪交通发展突飞猛进。以高速公路、高速铁路为骨架，航空、航运等相配套的立体综合交通网络正在快速建设。航空交通的发展，一方面为远程旅游者提供便利，另一方面机场设施、飞机起降过程本身也是一道现代景观。陆地交通方面，旅游者无论是通过铁路还是公路进入屯溪，都能欣赏到道路两旁雄伟的山峦、起伏的丘陵、连绵的森林、淡淡的雾霭、清澈的流水，满眼是优美的生态环境，给人以“人在画中游”的美妙体验。

（1）外部交通上，高速公路四面通达，机场等级提升，三条高速铁路即将交会。

高速公路方面，以2006年徽杭高速通车为标志，屯溪高速公路建设进入快车道。2007年，（北）京福（州）高速合（肥）铜（陵）黄（屯溪）段通车；2008年，黄（屯溪）塔（岭）桃（林）高速公路通车；2011年，（北）京福（州）高速黄（屯溪）衢（州）南（坪）段竣工；2013年，屯溪往西方向的黄（屯溪）祁（门）景（德镇）高速公路有望通车。至此，黄山市的高速公路四面通达，十字形构架基本形成。高速铁路方面，规划建设的（北）京福（州）高铁、徽（屯溪）杭（杭州）高铁、皖赣铁路复线交会于屯溪。航空方面，黄山机场完成4D级改造，开通了直飞首尔等地的国际航班，国内航班通达的城市逐步增加。

（2）内部交通上，历史街区道路得到保护，进城和城市主干道路得到拓宽和延长，道路畅通，站场升级。

历史上，屯溪主干道主要有老街、河街、横街、西镇街、黎阳街等[1]。屯溪以街道为主干道，巷弄为辅道，路面材质均是石材。1949年，屯溪市区道路长度仅为5.26千米，市区桥梁仅有屯溪桥和西镇桥两座。到1987年黄山市正式成立之时，市区道路长度扩展到19.94千米，市区桥梁达到四座。

黎阳街是屯溪历史上除老街之外的另一个商业聚集区，早在元末明初便已是繁荣的街市，直到明嘉靖十五年（1536）屯溪桥建成之时，屯溪的商业中心一直在黎阳街和西镇街。西镇街南连黎阳街，北接戴震路。河街濒临新安江，接盐埠头和渔埠头，原来是船民聚集之地，后随水运衰落而冷清，1982年后拆迁改建为滨江路。横街，曾是酒楼、浴池等服务行业集中区，新中国成立后逐步成为居民区。

改革开放以来，屯溪旅游业发展推进了城市化进程，市区道路长度、宽度都有了大幅度地增加。1998—2001年，屯溪共新建、扩建、改造城市道路38条，总长17.83千米。2001—2005年，新建城市道路32条，扩建17条。

①主干道路建设。1979年兴建的前园路，连接火车站和新安江，是当时屯溪最重要的旅游道路，也是当时最宽的道路。1987年，屯溪市内共有道路29条，总长19.94千米。1996年，改造滨江中路（新安大桥至三马路）。1999—2001年，屯溪实施中心城区黄山路、延安路、跃进路改造，在改造过程中首次铺设盲道。

2005年以来，道路建设不仅在长度和宽度上拓展，而且更加注重道路景观建设。其中，涉及旅游发展的道路和桥梁建设主要有：2006年，齐云大道建成；2008年，改造老街北侧的延安路，实施沿街建筑改徽、夜晚景观亮化工程；2008年，建成新安江南岸滨江路；2009年，改造新安江北岸滨江路，路面“白改黑”，同时进行改徽和亮化；2011年，拓宽改造连接机场至中心城区的西海北路，完成稽灵山路拓宽和路面“白改黑”工作。2013年，连接屯光大道至花山谜窟景区的花山大桥通车，梅林大桥建成，古色古香的文峰桥完成主体工程。

2010年完工的齐云大道、屯光大道是拓宽改造工程最大的亮点。两条道路畅通了屯溪的东、西两个出入口，是“三桥五片九点十路”建设工程中的重要工程。齐云大道是屯溪的西向主干道，连接屯溪区新潭镇和休宁县城，

[1] 屯溪市地方志编纂委员会. 屯溪市志[M]. 合肥：安徽教育出版社，1990：178.

接合(肥)铜(陵)黄(屯溪)高速公路屯溪南出口和黄山旅游集散中心,是游客自屯溪进入黄山风景区和休宁县、黟县、祁门县各景区的必经之路。屯光大道是屯溪的东向主干道,是游客自屯溪进入歙县、徽州区的主干道路。

②交通站场在改造、扩建、新建中升级。黄山火车站和汽车站均建于1981年。2007年,汽车站搬迁至齐云大道,升级为黄山汽车客运总站。总站在运营长途汽车的同时,开通三路旅游专线车,分别通往宏村、歙县、九华山,并有公交游1路至花山谜窟。2008年,黄山火车站按照旅游车站的设计标准和建设等级,完成升级改造。

黄山机场始建于1958年,曾因多种原因一度停航,1979年复航。随着黄山入境旅游的升温,来自韩国、日本、美国等地的入境游客增加。在需求的拉动下,2008年,黄山机场由4C机场升级为4D机场,能够起降B757-300型以下的大中型飞机。2012年,黄山航空口岸正式对境外飞机开放,开通黄山到首尔等地的航线和黄山至釜山包机。

③多种交通工具并存。在屯溪城区,人力三轮车、旅游公交车、出租车、游船等多种交通工具并存,构成了水陆立体的交通景观。其中,最为特别的旅游交通工具当数人力三轮车。这种在很多经济发达城市历史上存在、如今已销声匿迹的特种交通工具,对很多旅游者,尤其是来自经济发达地区的旅游者具有特殊的吸引力。对于旅游者而言,乘坐人力三轮车畅游屯溪,享受的正是悠闲自得的时尚“慢生活”,别有一番情趣。

此外,临水而建的屯溪,依托新安江,逐步发展起水上夜游。在水路交通繁荣的历史时期,新安江是皖南重要的水上运输通道。如今水路交通的衰落,加上新安江水库的建设,新安江全线通航成为历史。随着旅游业的发展,屯溪新安江段消失多年的船泊重新出现,但功能已由货运、客运转向了观光游览。2005年,“新安江夜游”项目运营,目前正在全力打造“流光溢彩、夜游新安江”旅游产品。

2.城市绿地逐渐增多

早在1987年,黄山市建委已编制了《屯溪市绿地系统规划》,根据屯溪依山傍水、三江汇合于城市中心的地理特点,充分利用屯溪山水自然条件,三江两岸的大面积沙滩及江心洲,以Y形江面为中心,建成城市中心内环绿地,用放射状园林化的道路伸向城市外环绿地,将城市四周的苍翠山林和开朗水面空间连接起来,形成山、街、路、水融为一体的绿化系统,将屯溪建成一个以山为背景,四季有花,江水常秀,环境优雅的花园城市[1]。

在绿地系统规划的指导下,屯溪在城市发展过程中,注重城市绿地和游憩景观的建设,营造出“山环水绕、城在园中”的优美景观。截至2013年,已建成荷花池公园、昱中花园、戴震公园、世纪广场、徽骆驼广场、新安江湿地公园、稽灵山公园等一批城市公园广场,正在建设的有江心洲文化体育广场,绿地和游憩景观逐渐增多。经过不懈努力,屯溪不仅在自身景观建设上获得佳绩,而且为黄山市争得了荣誉。2007年,黄山市荣获“国家园林城市”称号。2010年,黄山市在中部六省城市中率先摘取全国人居环境建设领域的最高荣誉奖项——中国人居环境奖,荣获“中国最佳休闲城市”称号。

3.防洪驳岸景观化

屯溪受亚热带季风气候和盆地地形的共同影响,在6—7月的梅雨季节,因为阴雨连绵、暴雨频发,山洪灾害较多。唐永徽元年(650)至民国八年(1919)1 269年间,黄山市境内共发生较大洪灾402次,相当于每三年一次。二十世纪中叶以后,特别是九十年代以来,受人类活动的影响,水土流失严重,河道填堵,洪灾频繁。据《黄山市志》(2007)记载,新中国成立后屯溪曾先后发生过11次洪涝灾害。为防范洪涝灾害,1997年,进行新安江河道一期清淤清障;2000年,修建了全长1 047米的安东排水渠,使屯溪屯光镇安东片的排涝标准由一年几遇提高到十年一遇。在进行河道清淤和兴建排水渠的同时,屯溪不断加强城市防洪驳岸建设,努力使驳岸景观化。

4.环卫水平日益提升

改革开放以来,屯溪通过开展环境卫生综合整治、增加和改造旅游公厕、常抓不懈环境保洁等措施,促进了环境卫生质量的提升。

旅游公厕对旅游者的旅游体验质量影响很大。良好的旅游公厕,应设施卫生、数量适当、分布合理、标识明显、外观设计体现地方性,并且与环境协调。屯溪历史上在街巷、路口设有简陋公厕,多为旱厕,无专人清洁和管理。经过长期建设,屯溪环卫直管公厕和城区各单位公厕全部免费开放,在数量、质量上基本能够满足游客需求[2]。

在旅游公厕外观设计上,注重体现地方性,并能够与环境协调。延安路戴震公园旁边的旅游公厕,采用了黑、白、灰三色,坡屋顶,较好地体现了新

[1] 屯溪市地方志编纂委员会. 屯溪市志[M]. 合肥:安徽教育出版社,1990:175.

[2] 黄山市地方志编纂委员会. 黄山市志[M]. 合肥:黄山书社,2007:170.

徽派建筑风格。新安江滨水景区湖边古村落的旅游公厕，体现了传统徽派风格，与湖边古村落整体建筑风格保持一致。除此之外，内部装修也采用了徽派元素，入口等候区设置木制座椅，盥洗区域有青砖台面、青花瓷洗手盆。

5.城市夜景流光溢彩

以安装彩灯为标志，屯溪夜晚的亮化由单纯的路灯照明发展为营造多彩夜景。在城市夜景建设的过程中，采用了灯具换代、适当降低亮化密度等方式，体现了节能环保的理念。

1997年，屯溪在旅游主干道路前园路和黄山西路上安装了24架拱形（龙门架）彩灯，每架各装彩灯460只，成为当时屯溪夜晚最靓丽的风景。1998年，前园路又兴建了30多座不锈钢跨街灯桥，形成“灯光隧道”[1]。此后，屯溪在旅游主干道两旁，以及三层以上、六层以下建筑上，安装了不同类型的艺术街灯、轮廓灯和射灯。2011—2012年，屯溪分两期实施了新安江沿江两岸景观亮化工程。

2012年，黄山中心城区有5 000多杆近3万盏路灯，景观亮化有三条10千米以上道路和沿江驳岸、桥梁、景观亮化带。如此多的城市亮化灯，消耗了大量的电力。于是，屯溪人通过采用先进的灯光器材，适当降低亮化密度，实施分区、分级和分段节能管理等措施，在保证城市亮化效果的前提下节能降耗。

（四）旅游服务设施：数量增多，质量提高，彰显特色

《黄山市旅游总体规划》（2004）指出了屯溪在黄山市域旅游发展中的发展目标定位：2005—2010年，发展成为区域接待中心、组织中心和主要旅游目的地；2010年之后，逐步向国内一流旅游目的地、国际知名的旅游城市迈进。由此可见，提供旅游配套服务是屯溪旅游业发展的基础和应尽职责。

改革开放以来，屯溪立足于旅游服务设施建设，景观不断升级发展：住宿设施由初期以旅馆、招待所等为主，发展到高档酒店密集、经济型酒店丰富、民居客栈文化特色鲜明的多样化阶段；餐饮设施、购物设施、娱乐设施走上了数量增多、质量提高、特色发展的道路。

1.旅游住宿设施数量增多、空间扩展、质量提升、类型丰富

（1）住宿设施数量逐渐增多。以星级酒店为例，长期以来，黄山市的星级酒店集中于黄山风景区和屯溪区。近年来，南大门黄山区汤口镇的旅游

[1] 黄山市地方志编纂委员会. 黄山市志[M]. 合肥：黄山书社，2007：188.

接待设施升级，北大门黄山区甘棠镇的旅游接待景观建设也取得了一定的进展。黄山市（除黄山风景区）星级酒店已由1996年的7家，增加到2011年的66家，其中40%以上在屯溪；2000年之后，四星级、五星级酒店数量增长迅速，其中大部分都坐落在屯溪。

（2）空间分布逐步扩展。2005年之前，接待设施沿着交通站场和新安江沿岸分布。一是以火车站和老汽车站为核心呈半圆形分布，包括心族之旅、华辰酒店、徽商故里酒店、政通宾馆、新天鹅宾馆、明珠大酒店、国脉大酒店、金溪饭店、杭徽大酒店、九州大酒店等；二是沿着新安江分布，自东向西有新丽园大酒店、新安江宾馆、花溪饭店、华山宾馆、黄山国际大酒店等。

2005年以来，接待设施数量和等级都上了一个新台阶。同时，空间分布上逐步扩展，表现为：一是延续之前的空间分布格局，酒店密度在原有空间范围内进一步提高。连接火车站和新安江的前园路，相继新开了徽商国际大酒店（2007年开业）、华茂国际大酒店（2011年开业）、馥丽蓝山酒店（2012年开业）。沿新安江北岸的老城区，随着城市向东、西两个方向扩展，东部新增外滩大酒店（2009年开业）、天都国际饭店（2012年开业）、柏晶戴斯酒店（2011年开业）、新安山庄（2005年开业），西部新增胡开文大酒店（2007年开业）、宝利风尚酒店（2006年开业）、君瑞百合大酒店（2011年开业）、豪泰酒店（2009年开业）、盛世齐云国际大酒店（2012年开业）、碧桂园凤凰酒店（2011年开业）。同时，沿新安江南岸的新城区，自东向西新增了华美达温泉度假酒店（2008年开业）、昱城皇冠假日酒店（2012年开业）、元一柏瑞酒店（2010年开业）、广交大酒店（2010年开业）。二是沿着连接高速公路出入口的城市主干道路分布。高速公路在屯溪有3个出入口，分别是屯溪南出入口、屯溪出入口和屯溪西出入口。其中，屯溪南出入口位于新安江北侧，连接屯溪通往休宁的主干道路——齐云大道。2007年4月28日，黄山客运总站由环城北路搬迁至齐云大道31号。自此，齐云大道的交通区位条件更加优越，由出入口至城区中心新增了前述胡开文、宝利风尚、君瑞百合、豪泰、盛世齐云、碧桂园等6家酒店。屯溪出入口连接205国道，两侧的酒店数量随着交通便利性的提升而逐步增加，在原有黄山国际大酒店（1995年开业）、建国酒店（2001年开业）、馨园国际大酒店（2003年开业）的基础上，增开了日普国际大酒店（2006年开业）、阳光酒店（2007年开业）、香茗酒店（2008年开业）、如家快捷酒店（2009年开业）、锦江之星酒店（2009年开业）等。

(3)视觉效果逐步提升。屯溪二十世纪八十年代的住宿设施外观现代色彩浓厚,如位于老街附近的改造前的新安江宾馆,建筑样式是现代方盒子式,外墙贴马赛克瓷砖,窗户采用茶色玻璃。

屯溪提升旅游住宿设施景观质量的方法有两种:第一种是针对已有的住宿设施,在改造过程中,通过“改徽”实现;第二种是针对新建的住宿设施,在设计建造的过程中采用徽派元素,注重景观的协调性。

新安江宾馆改造是采用第一种方法的代表,通过“改徽”提升了景观质量。2007年,新安江宾馆加盟国内经济型酒店连锁品牌“莫泰168”,在外观和内部进行了大规模的装修改造,去除外墙的马赛克瓷砖,采用“新徽派”建筑形式,坡屋顶,建筑侧面屋顶错落,体现马头墙元素,色彩上用透明玻璃替代了茶色玻璃,使用黑、白、灰三色。

黄山国际大酒店是采用第二种方法的代表。酒店位于新安江畔、横江桥头,主体建筑高五层,采用徽派风格,因山就势,错落分布。建筑容积率低,通过宽敞的绿地广场和停车场,与新安江和华山路保持一定的距离。西侧设计了景观道路和园林绿地,既方便了酒店交通,又美化了酒店的生态环境。从横江对岸远远望去,黄山国际大酒店精致、淡雅,徽派建筑文化氛围浓郁。

(4)酒店类型逐渐丰富。改革开放以前,屯溪旅游住宿设施主要以小旅馆和招待所为主,仅有新安江饭店(1959年开业,现为“莫泰168”)和屯溪饭店(1976年开业)两家设施较好;如今已发展成为以星级酒店、经济型酒店为主体,精品酒店、民居客栈、短租公寓、公寓式酒店等各种类型的酒店并存、百花齐放的局面。

①星级酒店。二十世纪九十年代以来,随着国家饭店星级评定制度的贯彻落实,屯溪旅游住宿设施开始向星级方向发展。截至2011年,屯溪共有3家五星级、10家四星级、13家三星级和3家二星级酒店;黄山市仅有的三家五星级酒店(黄山松柏高尔夫乡村俱乐部、黄山国际大酒店和黄山香茗酒店),全部集中于屯溪。

2010年以来,涌现出一批按照五星级标准建设,但因开业时间不长、尚未评定星级的高等级酒店,包括华茂国际大酒店、天都国际饭店、柏晶戴斯酒店、馥丽蓝山酒店、雨润涵月楼酒店、华美达醉温泉度假酒店、碧桂园凤凰酒店等。这些酒店的开业,提升了屯溪旅游接待设施的档次,也为屯溪旅游星级酒店质量的提升做出了贡献。

②经济型酒店。在星级酒店蓬勃发展的同时,与中国经济型酒店崛起的浪潮同步,2000年后屯溪也出现了众多经济型酒店,最早的是新安江饭店改造的莫泰168(2005年开业)。之后,知名经济型酒店连锁品牌锦江之星、如家、汉庭、速8,通过兴建、改造等多种形式,纷纷抢滩屯溪市场。与此同时,一些冠以假日、快捷、商务等名称的民营经济型酒店增多,如杭州假日酒店、博慧堂假日酒店、丽都假日酒店、温徽假日宾馆、百度假日酒店、康益商务酒店、新宇假日酒店、城市快捷酒店等。

③精品酒店、民居客栈开始兴起。这两类住宿设施主打文化牌,体现浓郁的徽州文化气息。屯溪民居客栈集中于老街附近,由古民居改造而成,很受散客旅游群体的欢迎。"老街口客栈""徽舍客栈""夜泊客栈"等是其中的代表。屯溪的精品酒店不多,"老街苑精品酒店"和"蝶尚非经验酒店"进行了有益的尝试,走的是精品文化路线,住客普遍对其印象深刻。

④短租公寓、公寓式酒店开始出现。短租公寓和公寓式酒店是针对大众度假游客的住宿设施,对于屯溪来说是住宿设施中的新现象。目前在携程旅游网上仅有"黄山之家短租公寓"一家。黄山元一大观公寓式酒店刚建成不久,黄山国际中心正在建设公寓式酒店。虽然是新现象,但随着旅游目的地的发展和度假旅游的兴起,屯溪旅游由观光旅游中的服务节点逐渐转向旅游"营区基地",成为逗留型旅游线路中的"营区"之一,短租公寓和公寓式酒店大有发展前景。

2.餐饮设施集聚化、品牌化、创新化、多样化

1992年后,在旅游业发展的推动下,屯溪餐饮业迅速发展,规模扩大,设施不断完善。除了大多数中高档酒店内设有餐饮设施外,还出现了酒楼、饭店、大排档、快餐店、菜馆、面馆等形式多样、档次齐全的餐饮设施,餐饮设施变迁呈现出集聚化、品牌化、创新化、多样化等特征。

(1)餐饮设施集聚化。改革开放之初,屯溪出现最早的旅游餐饮设施,是密集分布于汽车站附近的前园路"餐饮一条街"和屯溪老街东入口的夜市排档。夜市排档丰富了屯溪的餐饮市场,但由于设施简陋,存在油烟、污水、噪声扰民等问题。2003年8月,为规范餐饮市场,屯溪关闭了滨江路、黄山会堂夜市排档群,全面取缔主次干道零星夜市排档,在新安桥南岸建设"夜市排档群",共安置78户夜市排档。

随着旅游业的发展，屯溪老街南侧滨江路一带、广宇桥下跃进路一带集中分布着两片徽菜馆，徽州传统小吃则集中于屯溪老街二马路和商贸城。

2000年以来，在旅游需求推动下，屯溪逐步兴起了一批以“美食广场”命名的餐饮街区，包括元一大观商业街、新黄山商业步行街美食广场、徽州大道徽派美食城广场等。店户集聚程度高，店堂装修注重品位，屯溪传统餐饮景观因此大幅度优化升级。

奕旗徽菜美食街是农家菜馆集聚发展的典范。2004年，随着旅游业的发展，位于原屯溪机场旁边的奕旗镇徐村，在原机场大道两侧自发建起了一批以“阿牛草堂”“山里伯娘”为代表，具有徽州文化特色的徽式农家菜馆，但由于缺乏统一规划，美食街总体品位不高。2010年以来，按照“粉墙黛瓦马头墙”的徽派民居特色，从立面“改徽”、节点塑造、雨污分离、弱电下地、绿化亮化等方面入手，对农家菜馆周边环境、沿街建筑立面、道路等进行综合整治，新建农家乐酒店、茶楼、生态停车场，改造停车位，形成了一条全长670米，风格统一、形式各异、特色鲜明、品位高雅的徽菜美食街，促进了屯溪城郊农村逐步向新型农村社区转变。游客漫步其间，体味到的是“小桥流水人家，徽菜美食飘香”的美丽画卷。

(2)餐饮企业品牌化。在这一方面，最具代表性的当属黄山一楼实业有限公司。该公司成立于1998年12月，以“传承徽州饮食文化，打造一楼知名品牌”为目标，历经了自主创业、品牌实现和集约打造三个阶段，从一个只有20多张桌子的餐饮单位，走上了连锁经营的快速发展之路，共开办了“老街第一楼”“美食人家”“临江一楼”“百家仟味”“徽煌府第”五家餐饮名店。在屯溪老街，只要游客在街口的牌坊边驻足，“老街第一楼”和“美食人家”两家餐馆便映入眼帘。如今，“老街第一楼”“美食人家”和屯溪老街一道，成为屯溪乃至黄山市的餐饮名片。这两家餐馆是黄山一楼实业有限公司开设最早的餐馆，针对不同人群和不同消费群体，实施差异化发展战略。“美食人家”以经营徽州小吃为主，“老街第一楼”主要经营正餐。继老街两家餐馆之后，相继开设“临江一楼”“百家仟味”“徽煌府第”三家徽菜连锁店。五家餐饮连锁店，从外观到内饰，都注重挖掘徽州建筑内涵，古朴典雅，雕梁画栋，演绎着徽州的古风遗韵。黄山一楼实业有限公司努力挖掘传统徽菜，着力开发徽菜新品，常年坚持做到每月推出10道创新菜，开发的菜品有10个进入了黄山市地方标准，获得了“中国徽菜名店”和“中国国际徽商大会美食展金奖”等殊荣。2010年,安徽省技术监督局、安徽省名牌推进委员会授予黄山一楼实业“安徽名牌”称号,黄山一楼实业有限公司成为安徽省首家获此殊荣的纯餐饮企业。

屯溪知名的品牌餐饮企业还有在屯溪开有“披云徽菜馆”和“披云百变徽宴”两家餐馆的黄山披云餐饮文化有限公司。“环翠堂”是徽派餐饮品牌的后起之秀,定位为黄山最具吸引力的徽派餐饮文化体验店,走精品化品牌化菜馆的道路。

(3)菜品创新化。菜品创新主要体现在徽菜的改良创新上。在旅游者的旅游体验中,色、香、味俱全的美食体验是旅游中的难忘经历,让人记忆犹新,回味无穷。屯溪是黄山市境内徽菜馆最密集的地方,游客在这里可以品尝到地道的徽菜美食。2012年,随着纪录片《舌尖上的中国》在中央电视台的热播,越来越多的游客按图索骥般地来到屯溪,指名要品尝臭鳜鱼、毛豆腐等徽州美食。

传统的徽菜是徽州土菜,这种传统的民间菜肴,带有浓郁的地域属性,原料多就地取材,烹饪中讲究重油、重色、重火功,保持原汁原味。其中,“重油”的原因在于,徽州人常饮用的“山谷水”(俗称“山骨水”)含有丰富的矿物质,有较强的分解脂肪的作用;徽州居民有传统的饮茶风俗,茶叶具有“解油腻”的作用,久而久之,形成了徽州人饮食上偏重油脂的特点。“重色”,一种说法是徽菜好用豆瓣酱上色,故而“重色”;另一种说法是徽菜偏咸。徽菜偏咸的原因在于,徽州人居住于崇山峻岭之中,他们去田间劳作、上山野砍樵、种植、采伐、狩猎,即便是探亲访友,也要比平原地带的居民耗费更多的体力和汗水,为补充体内过快消耗的钠离子,民间日常烹调的菜肴要比一般地区偏咸。“重火功”,指的是徽菜以善于巧控火候而闻名。

徽菜的创新最初是随着徽商的崛起、徽菜馆在徽商客居地的传播开始的。在清咸丰初年到1949年的近百年里,徽菜最为兴盛。咸丰初年,徽菜馆进入杭、嘉、湖、苏一带城镇码头;清末,扩展至沪、宁、芜及武汉三镇;抗战期间,扩展至川、湘、桂、黔、云。其中,上海、南京、武汉的徽菜馆最为有名。随着四面八方的游客涌入屯溪,屯溪的徽菜适应现代健康理念和南北口味,不断创新。①赋予文化意味的创新。如从传统的徽州土菜炖猪蹄发展出金银蹄、走油蹄等以猪蹄为原料的菜品,从传统的豆腐肉圆中创新出红烧狮子球、五色绣球、珍珠圆子等徽菜新品。②适应食客喜好的创新。既保持传统特色，又适合各地食客口味的创新。如上海人喜欢吃鱼头鱼尾，徽厨们研发出红烧头尾、青鱼划水等菜肴；武汉人喜欢吃鱼身，徽厨们研发出连刀鱼、红烧瓦鱼块等菜肴。适应江浙口味，徽菜增加了甜味；适应广东口味，徽菜减少了辣味和咸味等。③朝着健康方向的创新。随着现代人生活水平的提高，饮食中脂肪含量的增多，加上普遍缺乏运动等因素，肥胖者和“三高”人群日益增多。从追求健康的角度，现代人更崇尚少油清淡的菜肴。徽菜创新中，改变过去强调“多用油”的传统作法，赋予“用油”更深的含义。讲究“过油”，除水发之类的菜肴外，多数菜肴在制作中均要在油中短时间氽一遍，然后沥去油，这样，菜品中的油脂含量减少，还除去了菜肴的苦涩味和腥味，使菜肴保持鲜嫩、柔软。如徽式烧鱼，鱼肉不煎不炸，仅以少量油滑锅，并以旺火紧汤，加盖速烧七八分钟即成，这样鱼肉的水分不致散失，保持原汁，保证质嫩味美。

(4)风味多样化。除徽菜馆外，澳门豆捞店、韩国烧烤店、各式时尚火锅店、肯德基连锁快餐店、必胜客连锁快餐店等外来风味餐饮店也落户屯溪，为旅游者提供了更多的餐饮选择。

3.购物设施主题突出，集群发展

二十世纪八十年代以来，随着旅游业的发展，屯溪的商业焕发了生机。原本为本地提供物资集散服务的屯溪老街，由于较为完整地保存着徽派建筑风格，拥有深厚的历史文化底蕴，成为众多旅游者必经的旅游点，并逐步发展成为屯溪最大的旅游购物街。

随着旅游业的发展，屯溪旅游商品的品种日益增加，形成旅游工艺品、旅游纪念品、旅游用品和旅游食品四大类1 200多个品种。旅游购物设施逐渐增多，以屯溪老街为核心逐步拓展，形成了主题突出、集群发展的格局。先后建成黄山旅游商贸城、黄山茶城商贸新区、新黄山商业步行街等多处集中的旅游购物设施，主题各异，特色鲜明。屯溪老街以历史街区为主题，文房四宝是其最大的特色；黄山旅游商贸城和新黄山商业步行街，以现代商业为主题，以专卖店、现代商场为特色；黄山茶城商贸新区以茶业为主题，以茶产品和土特产品为特色。还有一些小型购物店零散分布在闹市区和酒店周围，成为集群旅游购物设施的有益补充。

4.娱乐设施从无到有，形成特色

屯溪旅游发展初期，主要为游客提供旅游住宿、餐饮服务。随着旅游业的发展,来屯溪的旅游者需求升级,在旅游食宿需求的基础上,衍生出购物、休闲娱乐等多种旅游需求。当丽江古城的酒吧兴起之时,屯溪的酒店业态还很少,游客甚至抱怨屯溪没有一个像样的酒吧。缺乏休闲娱乐设施,屯溪的旅游夜生活显得单调乏味,降低了屯溪的旅游吸引力。2005年前,屯溪的休闲娱乐设施数量相当有限,档次较低,服务对象主要是当地居民,很少有游客光顾。

屯溪旅游娱乐设施最集中的地方是屯溪老街。2008年,屯溪老街启动综合提升改造工程,将老街二马路改造成休闲风情街。经过五年的建设,与老街主街垂直的休闲风情街,新增风味小吃、咖啡馆、酒吧等84家,陆续开设了"老街壹号酒吧""夜泊""暇湾咖啡""夜憩静舍""过客""醉心吧"等酒吧或具有酒吧功能的休闲餐厅。这些休闲设施,统一采用传统木质招牌,室内装饰多采用徽州元素,如砖雕、木雕、石雕、竹雕、徽州漆器等,从内到外都透露着古色古香的徽州传统文化气息,古朴而内敛。如今,休闲风情街被越来越多的游客所喜爱,成为以观光购物为主的老街主街的重要补充。

在屯溪老街增加休闲功能的同时,一批设备精良的KTV、咖啡馆等适应现代旅游休闲需求的休闲娱乐设施,如雨后春笋般地出现在屯溪大地上。KTV类有"翡翠名珠""沃得湾""钱柜""城市花园"等,咖啡馆类包括"银蝶咖啡""古德咖啡""布莲咖啡"等。高星级酒店具有多样的旅游休闲设施,除KTV外,还有各具特色的休闲娱乐设施,如高尔夫酒店18洞的高尔夫球场,黄山香茗酒店、阳光酒店的室内恒温游泳池,碧桂园凤凰酒店、高尔夫酒店的室外游泳池,黄山国际大酒店的足浴设施等。

在休闲娱乐设施增多的过程中,受到旅游市场欢迎的足浴、洗浴场所逐年增多,并成为屯溪旅游休闲娱乐设施的一大特色。游客在游览黄山风景区之后腿脚十分疲劳,因此,缓解疲劳的足浴、洗浴设施很受游客欢迎。翠林连锁洗浴中心、黄山·新徽天地旅游度假区醉温泉是其中的代表。前者面向大众消费市场,后者面向较高端消费市场,两者错位发展,逐步形成了自己的目标市场群体。

2010年,以元一大观黄山旅游度假区的建成为标志,一批以旅游发展为导向,同时为城市居民提供服务的现代综合性旅游商业中心开始兴起。主要包括黄山茶博园(一期2008年建成),新安江滨水景区湖边古村落(2010年完成硬件建设,2013年开业经营),黄山·新徽天地醉风情街(一期温泉2008

年开业，目前正在进行二期建设)，元一大观黄山旅游度假区商业街(2010年开业)，新黄山商业步行街(2012年开业)，黄山国际中心(2013年开业)，“天下徽州”徽州文化与生态长廊(一期工程2015年完成)等。其中，黄山茶博园中的香茗大剧院是屯溪具有国际水准的娱乐设施。香茗大剧院为大型多媒体现代歌舞《徽韵》量身定做，设1 500个普通座席和22个贵宾座席，采用世界最先进的设备及顶尖技术，其中有高8米、长22米、面积176平方米、当时国际最先进的高清晰全彩LED屏。

元一大观黄山旅游度假区商业街汇集了越界酒吧、雕刻时光酒吧、好乐星KTV、银蝶咖啡、天澜庄茶楼、山水间SPA(水疗)、欢乐谷电玩城、中影环球影城等丰富多样的休闲娱乐设施。在新黄山商业步行街，上影国际影城、5D影院、量贩式KTV、游艺城为核心的影视娱乐广场投入使用。新安江滨水景区的湖边古村落，硬件设施已建成，招商业态立足于茶楼酒吧、书画展示、文化演艺、休闲客栈等文化旅游产业，目前已经有包括谢裕大茶业等七家知名企业签订入驻协议。黄山国际中心暨黎阳老街改造项目，也已完成硬件设施建设，进入招商阶段。规划中的滨江酒吧悠享街区，包括时尚酒吧、休闲咖啡、高档餐饮、艺术体验馆和金逸影城。

(五)旅游景区：老当益壮，新景不断

屯溪山环水绕，风景优美，文化积淀厚重，历史上曾有“屯浦归帆”“华山叠翠”“珠塘鸥雨”“稽灵真境”“二童讲读”“百鸟和鸣”“鬲山林泉”和“仙人洞府”八处美景，合称“古八景”。在旅游业发展早期，屯溪以旅游接待功能为主，观光游客有限，因此，古八景的吸引力仅限于市民。随着屯溪旅游的深入发展，旅游接待功能向旅游目的地功能转化，屯溪的旅游景区逐渐受到旅游者的关注。2013年2月起，屯溪开展了“屯溪八景”评选活动，“谜窟探奇”“新安怀古”“华山思贤”“老街问市”“三江烟霞”“稽灵松涛”“龙山禅月”和“鬲山荷韵”，被评为“新八景”。

从屯溪“古八景”到“新八景”的变迁中可以看出，随着屯溪作为黄山市旅游集散地和交通枢纽作用的日益凸显，屯溪的旅游发展日新月异，旅游景区功能逐渐丰富，旅游产品层出不穷。新八景中，“谜窟探奇”“新安怀古”分别在屯溪东郊的花山谜窟-渐江风景区、新安江滨水景区，两景区分别于2005年和2013年被评为国家AAAA级景区，成为吸引旅游者的亮点和热点景区。戴震公园的建设增加了华山的人文色彩，“华山叠翠”变迁为“华山思贤”。随着三江口公园的建成，横江、率水、新安江沿岸夜景亮化工程的建设，“三江烟霞”成为屯溪新景观。位于老城区中间地带的老街，更是“老树春深更着花”，见证了屯溪商贸繁荣的“屯浦归帆”生活性景观变迁为“老街问市”的休闲、观光、购物旅游景观，正在向着休闲旅游胜地的目标迈进。还有稽灵山、小龙山和鬲山，经过近几年的精心开发，特色更加明显，景致愈发诱人，新八景中，分别用“松涛”“禅月”和“荷韵”来体现她们的文化底蕴和风采意趣，更能展现其美学价值。

总体上，屯溪旅游景区景观的变迁，主要表现为老街景区改造升级、新兴景区开发建设两个方面。

1.老街景区改造升级

老街是屯溪历史上最主要的街道之一，步行街总长为895米。老街两侧有武举巷、珠塘巷、祁红巷、渔池巷、海底巷、劳动巷、新河巷、立新巷、榆林巷、还淳巷、永新巷、凤林巷、梧岗巷、德仁巷、地盘巷、枫林巷、青春巷共17条巷弄，与老街呈鱼骨形排列。民国三十年（1941）由西向东修建横穿南北的上、中、下三条马路。

早在二十世纪八十年代老街便已进行旅游开发，是屯溪开发最早的老牌旅游景点之一，堪称黄山文化旅游市场第一品牌。老街全长1 220米，其中步行街895米，占地21.3万平方米。北倚华山，南濒新安江，街道沿新安江由西向东延伸。古时，屯溪是皖南山区水陆交通枢纽，山区土特产品在此集散，明末清初，老街已具有一定的规模。清咸丰、同治年间，“屯绿”外销兴盛，屯溪茶号林立，茶工云集，各类商号相继开设，街道逐年拓展，终成老街。

新中国成立后，特别是改革开放以来，屯溪老街进行了多次景观风貌整治，严格保护历史遗存。1954年，市政府投资用当地产赭红色砂岩石板替换原来破损的石板路面；1980年，政府再次全面翻修赭红色砂岩石板路面，并将污染严重的电镀厂和几家仓库迁出老街[1]；1984年6月1日，市政府颁布《关于加强保护屯溪老街的布告》，做出了老街保护、消防安全、环境卫生方面的规定，禁止机动车、畜力车进入保护区范围，把屯溪桥至青春巷830米列为重点保护区；1985年，修复、出新商店70家，新开商店33家，并恢复一些老

[1] 屯溪市地方志编纂委员会. 屯溪市志[M]. 合肥：安徽教育出版社，1990：185-186.

字号；1986年1月，在老街八家栈地段开辟一段“屯溪古代街”，开设茶馆、酒肆、旅游工艺品和文房四宝商店等；1986年7月，邀请清华大学建筑系编制了《屯溪老街历史地段的保护和更新规划》；1989年5月，安徽省政府将屯溪老街列为省级历史文化保护区；1995年3月，建设部将屯溪老街列为国家级历史文化保护街区；1996年，市政府正式印发《黄山市屯溪老街历史文化保护区保护管理暂行办法》，从地方法规的角度强化了屯溪老街的保护与管理。经过多方努力，老街的历史街区传统风貌基本得以保存。1997年，屯溪老街成为建设部历史文化街区规划保护管理综合试点单位，其经验向全国推广。

进入二十一世纪，随着屯溪经济社会的快速发展，旅游需求由观光向体验的转向，给屯溪老街的保护与管理提出了新的要求，不仅要全面传承历史的真实信息，整体保存老街的传统空间风貌，而且要延续和改善社区生活，繁荣商业经济，促进文化资源和城市建设的协调发展。为此，屯溪老街围绕“完善旅游功能、体现文化特征、彰显景观美妙、传承徽商精神”主线，采取了一系列景观保护和整治提升的措施，进行了新一轮的景观改造，提升了景观质量和景观功能，发展了老街旅游，繁荣了老街文化，提升了老街品位。

2.新兴景区开发建设

除屯溪老街的开发之外，屯溪还进行了生态旅游景区、文化创意旅游景区、演艺旅游景区等新兴景区的开发，丰富了旅游景观。

(1)生态旅游景区。屯溪的生态旅游景区开发建设主要有新安江滨水景区等。

为了更好地保护和开发利用新安江，2008年年底，正式启动了新安江滨水旅游景区项目综合开发，到2011年，项目基本竣工，由“林廊清影”“屯浦归帆”“屯溪码头”“坝址广场”“湖边村落”“照壁怀古”“湿地栈道”“摩崖石刻”“徽风水街”和“山阁远眺”十大节点组成。景区恢复了新安江屯溪段的水上通道，连通了黄山市区至花山景区的水路旅游交通，映入眼帘的是蓝天白云，绿水青山，粉墙黛瓦，桃红柳绿，鸟飞蓝天，鱼游浅底，蝶逐芳菲，宛若丹青。新安江滨水旅游景区开发，用文化提升旅游品质，用旅游彰显文化内涵。景区沿岸建设恢复了徽州园林水口、古渡码头、古村落、徽州照壁、亭台楼阁等徽州古貌，使原本依山傍水的自然景观增添了一笔浓墨重彩的历史文化气息。这些人文景观传承了博大精深的徽州文化，与新安山水相得益彰，提升了旅游产品的文化内涵。位于景区中部的湖边古村落，按照“百村千幢"古民居保护利用工程的要求，将尤溪古渡对面、新安江北岸散落在民间，具有一定价值且不利于在原地保护的民居、祠堂等进行异地保护和展示，同时再新建部分仿古建筑，通过科学规划和合理布局，按照徽州古村落的构成肌理，将其有机地结合在一起，建设出了一个具有浓郁徽派建筑特色和文化气息的，集古民居保护、展示、开发、利用于一体的湖边古村落。同时，开发了新安江水上夜游项目，使游客白天"畅游新安江，怡情徽州行"，夜晚"夜游新安江，品味徽文化"。2013年初，新安江滨水旅游景区被评为AAAA级景区，旅游发展渐入佳境。

(2)宗教旅游景区。屯溪的宗教旅游景区主要集中于郊区的小龙山和鬲山。

小龙山位于屯溪西郊，因形似卧龙而得名。峰顶有二石，是屯溪古八景之一"二童伴读"。小龙山因龙山寺而出名。龙山寺是佛教早期在屯溪的发源地，始建于唐，原名"仁寿寺"，历来为佛教活动重地，古人有诗云："山阴道上人如织，唯一禅林是小龙。"明弘治年间、清道光年间和民国三十四年(1945)三次重修。1982年正式列为屯溪重点文物保护单位。小龙山景区的开发，在丰富佛教文化旅游内涵的同时，结合黎阳镇"全国重点小城镇综合改革试点"规划，发展各种观赏林、果木林和花卉、盆景、蔬菜以及特种动物、鱼类养殖场等，逐步向功能齐全、内涵丰富的城郊综合旅游休闲地发展。

鬲山坐落于风光秀丽的率水南岸，是屯溪佛教的发源地之一。历史上的鬲山，庙宇错落，香烟缭绕，佛事兴盛，曾经有"佛海三千丈，禅门第一家"的美誉。诸多禅院始建于唐，重建于明，清代大修，民国年间重修，享有"佛国仙城"之称。鬲山是清代著名思想家、理学家戴震的归葬地，还有与"花山谜窟"相媲美的"十八洞房"等众多的石窟群。景区以"莲花佛国，鬲山胜境"为主题，从鬲山大道入口处开始，按照进山的远近设立"鬲山胜境""莲花佛国""鬲山"三座门楼，并巧妙地与周边村庄实行绿色软隔离，形成佛教中"天梯"意境，树木葱茏，风景绝佳。

(3)温泉旅游景区。黄山·醉温泉是黄山·新徽天地旅游度假区的核心旅游产品，2008年5月开业，是屯溪新兴的温泉旅游景区，位于新安江南畔山麓，是华东地区最具特色、最高规格及最具文化底蕴的纯山地露天温泉之一，主打"养生"品牌，分为水疗区、动感区、养颜区、美食区、温泉广场区、徽粹区与木屋区，拥有50多个系列60多个温泉池，最高峰时可接待2 000位宾客同时沐浴。醉温泉景区的开发，适应了现代旅游者的休闲、养生、保健的旅游需求，同时在季节性上与自然旅游景区形成互补，弥补了黄山冬季旅游产品之不足，极大地提升了屯溪作为国际旅游城市主城区的接待能力和规模档次。2011年，荣获AAAA级景区称号和第十七届亚洲旅游业金旅奖。

（4）文化创意旅游景区。在当前旅游融合发展的背景下，屯溪从文化创意产业与旅游产业融合的角度出发，立足自身文化、旅游资源优势特色，从提升城市的文化价值品位，增强发展动力和后劲的长远高度，在建设现代国际旅游城市战略目标布局中，提出开发文化创意旅游景区的发展思路。

“天下徽州”徽州文化与生态长廊景区以徽州文化的传承体验、聚集展示和创意利用为主线，通过雕塑、园林、建筑、展演等各类艺术表现手法，系统地表现“徽州记忆”“天下徽商”“诗意徽州”“梦幻徽州”四大主题，形成以传统文化生产展销、现代文化创意设计、观光游览参与体验、休闲娱乐度假居住的文化产业体系，建成可观赏、可感受、可学习、可消费、可体验的文化创意旅游景区。

黎阳古镇景区是屯溪文化创意景区的又一代表，位于黄山国际中心内。黎阳老街位于横江、率水与新安江三江交汇之处，是屯溪的历史街区，素有“唐宋之黎阳，明清之屯溪”之称。景区建设建立在黎阳老街旧城改造的基础上，以“保护、移植、创新”为理念，以黎阳水街为中轴，由徽州文化特色体验街区、滨江旅游休闲商业街区、风味特色美食街、中心广场等组成。其中，黎阳水街源引三江之水，运用现代设计手法，建设长400米、宽25米的超宽水景主轴，修缮徽派民居贾宅、石宅，沿街主轴线点缀徽州文化小品，增强趣味性，充分展示徽州文化，再现悠久的徽派建筑风格。徽州文化特色体验街区在保留老建筑街巷肌理上，业态有博物馆、国医堂、国画堂、徽州老字号商行和旅游纪念品、土特产商店等。滨江旅游休闲带，利用三江口优越自然资源，沿江采用骑楼式设计，布局酒吧、咖啡馆、茶楼，利用酒吧文化所代表的格调、品位，营造出黄山国际化旅游城市休闲氛围。风味特色美食街，引入屯溪各类民间特色风味小吃。中心广场设计有剧院、教堂等公共建筑，可举行西式婚礼，成为游客深度体验区。

黎阳古镇景区在景观营造上集历史文化与现代时尚于一体，现代建筑与徽派文化交相辉映，既有突出徽州特色的灯笼、木雕等徽派元素，又有体现时代特征的花台、喷泉、雕塑，给游客传统与时尚交融的景观体验。

(5)现代新型演艺旅游景观。《徽韵》和《花山激光秀》是屯溪现代新型旅游演艺景观。

2009年,大型多媒体歌舞《徽韵》在黄山香茗大剧院举行首场公演。《徽韵》是黄山市标志性旅游演出,是文化与旅游深度结合的高端产品,2010年入选文化部、国家旅游局评定的29个“国家文化旅游重点项目——旅游演出类”,获得安徽省精神文明建设“五个一工程”奖。全剧共分《四季黄山》《天上人间》《痴梦徽州》《徽班进京》和《皖风徽韵》五幕,每一幕相对独立,又互相关联。通过史诗般的场景,以音乐、舞蹈、杂技、现代徽剧、京剧、花鼓灯、民歌联唱、欢歌载舞等多种表现手段,奉献给观众一台多姿多彩、美轮美奂的旅游文化大餐。

2011年,《花山激光秀》在花山谜窟景区上演。激光秀是花山谜窟全新的演艺旅游产品,围绕花山之“谜”做文章,有跌宕起伏、扣人心弦的剧情,演出场地整体设计为山水田园风格,与新安江风光巧妙融合。与采用传统舞台灯光表现手法的演艺项目相比,《花山激光秀》采用了色彩缤纷、奇特壮观的高科技表现手法,将视频与现场实景相结合,具有色彩艳丽、穿透力强、对比度高、尺寸超大、功耗较小等特点;利用光束及光束干涉效应,营造光束光网、海涛波浪、时光隧道、万丈光芒等效果,为花山谜窟景区旅游增添新的亮点,为广大观众奉上了一场精彩纷呈、气势恢宏的视听盛宴。

第七章　主题公园型旅游地景观变迁研究

主题公园是一种人造旅游吸引物，是相对于“原赋旅游景区”而言的新型旅游景区。“原赋旅游景区”是指以自然遗产为主体的自然旅游景区和以文化遗产为主体的人文旅游景区[1]。主题公园是旅游业发展到一定阶段的产物，是为了满足旅游者多样化休闲娱乐需求和选择而建造的一种具有创意性游园线索和策划性活动方式的现代旅游目的地形态[2]。荷兰人马都洛夫妇为了纪念他们死于二战中的儿子，在海牙市郊，按1∶25的比例将荷兰典型城镇缩小，投资兴建了世界上第一个小人国式的微缩景区“马都洛丹”(Madurodam)，1952年开业。这是世界上第一个微缩景观型主题公园。1955年，沃尔特·迪斯尼(Walt Disney)在美国加利福尼亚州建成迪斯尼乐园，标志着真正意义的现代主题公园的诞生。由于它的成功，在半个多世纪的时间里，主题公园得到巨大发展，并逐渐成为一种成熟的旅游业态。北美的环球影城、环球嘉年华和迪斯尼乐园，已经成为世界三大最具影响力的主题公园品牌，主题公园以美国—欧洲—亚洲的发展方向拓展到世界各地。1989年，深圳“锦绣中华”的建成拉开了我国主题公园发展的序幕，其显著的经济效益和社会效益产生的轰动示范效应，引发了我国主题公园的建设热潮。

相对于欧美国家的主题公园，中国的主题公园建设起步较晚，但发展较快，相继涌现了一批国家级(或地区级)的主题公园品牌，如欢乐谷、方特欢乐世界、中华恐龙园、宋城、大唐芙蓉园、长隆水上乐园等。各地政府看到建设主题公园发展旅游业对居民生活质量和投资环境的积极影响，出台多种优惠政策，在基础设施投入和房地产用地配套等方面予以扶持。现阶段，各地争相投资建设规模巨大的主题公园，浙江安吉将打造Hello Kitty 主题公园，长隆集团计划在珠海筹建亚洲最大的海洋乐园，华强集团计划在芜湖再

[1] 董观志. 旅游主题公园管理原理与实务[M]. 广州：广东旅游出版社，2000：14.
[2] 董观志. 旅游主题公园管理原理与实务[M]. 广州：广东旅游出版社，2000：15.

建三个主题公园(其中中国非物质文化遗产博览园建设已经启动),重庆建设中国西部最大的动漫基地"中华动漫大观园"。除了本土投资的主题公园,国际主题公园品牌商看到中国市场的巨大潜力,开始进驻中国内陆,上海迪斯尼项目已经启动,于2015年开园,美国环球影城也向中国市场抛出了橄榄枝。

从二十世纪八十年代后期至今,纵观中国主题公园的发展,经历了一条由对国外游乐园的刻意模仿或中国传统名著小说的空间再现到建设具有民族特色的主题公园,由小规模的游乐园到大规模的集景园、民俗园,类型由少到多,品位由低到高,投资决策由随意到科学分析、逐步成熟的道路[1]。主题公园已经成为丰富我国旅游产品类型、促进旅游业发展、满足海内外游客多元化休闲娱乐需求、敢与世界主题公园市场展开强力竞争的一支生力军。

随着国民收入水平提高,人们的旅游需求日趋旺盛,对旅游的感受也从最初的"观光型"逐步向"体验型"转变。一直以来,国内的旅游项目多属于旧式文人般慢节奏的游山玩水类型,以"挑战自我"为特征的新兴旅游一旦闯入了中国人的生活,便迅速拉动以年轻人和儿童为主体的消费市场[2]。主题公园因其"新颖、动感、刺激"的体验特点,受到了越来越多游客(尤其是年轻游客)的青睐。主题公园的诞生使旅游吸引物从自然旅游资源和历史人文旅游资源扩展到人为创造的幻景环境,旅游业从过去单纯依托自然和历史条件的发展阶段攀升到了依托人为可控制条件的发展阶段,形成了旅游目的地吸引游客的新方式。主题公园对区域社会、经济、文化等方面产生了广泛的关联带动作用,是促进区域实现可持续发展的重要途径之一。

第一节　主题公园型旅游地景观变迁基本原理

旅游业是世界上成长最快的产业之一,而主题公园作为现代旅游业中成长较快的品牌资源,正以它独有的文化内涵、丰富的科技含量和强大的娱乐功能,吸引着众多游客流连忘返,同时也以超额的利润集聚了无数投资者。世界旅游组织将主题公园旅游、生态旅游与文化旅游并列为二十一世

[1] 吴承照. 现代旅游规划设计原理与方法[M]. 山东:青岛出版社,1998:95.

[2] 胡钰. 主题乐园遭遇三大魔咒[N]. 华夏时报,2010-07-10(23).

纪的三大新兴旅游消费增长点，足以说明主题公园发展的强劲势头。

主题公园经过几十年的演进更替，已经成为旅游业不可或缺的支柱性业态，更有甚者，成为提升区域竞争力的战略性引擎。主题公园已经走过了技术和资本密集型的产品创新阶段，全面进入文化和人力资源密集型的战略创新时期。产业革命、城市化、文化扩张、经济周期性波动是主题公园发展进程中最重要的四个驱动力[1]。当年深圳锦绣中华主题公园的巨大成功，带动了国内主题公园的快速发展。但至今，除深圳华侨城、杭州宋城、苏州乐园、常州恐龙文化园等少数主题公园外，七成主题公园都是在惨淡经营。排除交通区位和经营因素，其中景观要素的属性和质量是其成败的关键。

一、主题公园概念与发展历程

（一）主题公园概念

从美国加利福尼亚州迪斯尼乐园诞生以来，主题公园就引起了人们的兴趣和关注，尽管现代主题公园（Theme Park）在国际上已有五六十年的发展历史，但国内外对主题公园的概念没有一个统一的界定。这主要是因为主题公园的内容和形式随着社会发展而不断变化，尤其是体验经济时代的来临，各种休闲娱乐设施功能的趋同，使主题公园与一般的城市公园、休闲度假中心、宫馆展览等景区的界限变得更难以识别。

由于旅游主题公园从内容到形式的不断发展，使试图界定旅游主题公园的努力实际上成为了一种感性的做法。“Theme Park”是英文国家对这种旅游目的地形态的比较一致的称谓。美国国家娱乐公园历史协会（National Amusement Park History Association，NAPHA）认为，主题公园是指“乘骑设施、吸引物、表演和建筑围绕一个或一组主题而建的娱乐公园”。美国“主题公园在线”（Theme Parks Online）给出的定义：主题公园是“这样一个公园，它通常面积较大，拥有一个或多个主题区域，区域内设有表明主题的乘骑设施和吸引物”。美国马里奥特（Marriott）公司的定义是：“以特定的主题或历史区域为导向，将具有连续性的服装和建筑结合起来，利用娱乐和商品提升幻想氛围的家庭娱乐综合体。”[2]

迄今为止，国内对这一问题还未取得一致意见。我国学术界、实业界和

[1] 董观志. 主题公园的世界观与中国志[N]. 中国旅游报，2011-03-09(11).

[2] 张芳. 中国主题公园发展历程研究[D]. 南宁：广西大学，2006.

舆论界对主题公园的称谓经历了“人造微缩景观”“人造景观”“人造景点”“人工景区”等阶段。这种称谓上的变化,一方面反映了旅游主题公园在我国发展的不断创新和提高,另一方面也反映了人们对这种旅游新业态的认同和接受。

1.人造微缩景观

“锦绣中华”景区从1989年9月开园纳客到今天,其游园指南和正式对外宣传文件上一直写道:“深圳锦绣中华微缩景区是世界上面积最大,反映当今中国历史、文化、艺术、古代建筑最丰富的实景微缩景区。”从“锦绣中华”正式对外宣传系列文件中,我们可以获得一个明确的概念:“人造微缩景观”是指按照一定的比例对原有景物进行缩小制作而成的景物;在景观开发技术上,对原有景观按缩小了的比例进行移植仿造。

2.人造景观

凡是人工制作的景物都是“人造景观”,是相对于自然景观而言的,是一种重视“视觉”景观开发的单一性的观赏型人造旅游吸引物,基本上只能满足旅游者“看”景的需求;在景观开发技术上,既具有对原有景观按比例进行仿造的含义,又具有根据创新设计建造新景观的含义。

3.人工景区

人工景区是指人工制作的优美的景区,是在“人造景观”的基础上赋予了规模和空间的概念。

4.主题公园

1995年以后,学术界感到采用以上概念很难界定这种新旅游业态的确切含义,人们开始试图采用更确定的称谓来界定这种旅游新业态,于是出现了具有拿来主义色彩的“主题公园”概念(英文文献采用“Theme Park”来特指这种旅游形态)。

国内主题公园诞生伊始,国内实业界、舆论界和学术界就给予其极大的关注和兴趣,虽对其定义没有达成统一定论,但都从不同的角度发表了各自的看法。代表性观点有:

保继刚认为,主题公园是一种人造旅游资源,它着重于特别的构想,围绕着一个或几个主题创造一系列有特别的环境和气氛的项目吸引旅游者。

周向频认为,主题公园是一种以游乐为目标的拟态环境塑造,或称之为模拟景观的呈现,它的最大特点就是赋予游乐形式以某种主题,围绕既定主题来营造游乐的内容与形式,园内所有的色彩、造型、植被等都为主题服务,共同构成游客容易辨认的特质和游园的线索。

楼嘉军认为,主题公园是现代旅游业在旅游资源开发过程中所孕育产生的新的旅游吸引物,是自然资源和人文资源的边际资源、信息资源与旅游企业经营活动相组合的休闲度假和旅游活动空间,是根据一个特定的主题,采用现代科学技术和多层次空间活动的设置方式,集诸多娱乐内容、休闲要素和服务接待设施于一体的现代旅游目的地。

马志民认为,主题公园是某些旅游资源相对贫乏地域,为适应游客多种需求与选择的一种补充。

魏小安等认为,主题公园就是以特有的文化内容为主题,以现代科技和文化手段为表现,以市场创新为导向的现代人工景区。

董观志把主题公园称为旅游主题公园(Tourism Theme Park),认为旅游主题公园是为了满足旅游者多样化休闲娱乐需求和选择而建造的一种具有创意性游园线索和策划性活动方式的现代旅游目的地形态。

综合以上观点,尽管专家学者因切入角度不同而对主题公园概念理解各异,但均大致包括如下内容:①主题公园以满足游客多样化休闲娱乐需求为目的。自然和人文景观大多是观赏型景区,游客在游览中都是静态欣赏,随着旅游业的深入发展和旅游者的成熟,旅游者希望更新鲜、刺激和能够参与体验的项目出现。主题公园是一种游乐方式,是一种顺应旅游者休闲娱乐变化趋势的具有创新特色的游乐方式,让旅游者参与其中之后获得强烈的感染和震撼,满足了游客的多样化休闲娱乐需求。②主题公园是注重一个或多个主题的创意、策划与塑造的旅游景区。这里的"公园",是借用传统意义上的"公园"概念,用来指旅游景区的空间形态和形象定位;这里的"主题"是指人类创造出来的一种具有震撼效果的游园线索,让旅游者参与其中并获得特殊感受。显然,"主题"的创意、策划、塑造是主题公园的核心问题。③主题公园是人造的旅游资源。主题公园是相对于原赋景区而言的新型旅游景区。这种新型旅游景区是人们受到原赋景区的启发和旅游者需求变化的拉动而建造的旅游活动场所,也就具有"人造"的基本含义[1]。主题公园的出现,增加了旅游产品的丰富度,为旅游者的休闲娱乐扩大了选择范围。

[1] 王文娟. 中国主题公园空间分布与优化研究[D]. 芜湖:安徽师范大学,2010.

(二)主题公园发展历程

1.国外主题公园发展历程

主题公园作为一种娱乐形态,起源于人们在生产劳作之余对娱乐休闲的需求。主题公园起源于欧洲,最早可追溯至古希腊、古罗马时代的集市杂耍,世界公认最早的主题公园前身是娱乐园。十七世纪初,欧洲兴起了以绿地、广场、花园与设施组合,再配以背景音乐、表演和展览活动的娱乐花园(Pleasure Garden)。最古老的娱乐园是建于1583年的丹麦的“拜肯”园。随着科技和社会的进步,娱乐花园中逐渐加入了一些机械游具,1894年芝加哥的保罗·波顿水滑道公园出现了乘骑项目,1937年维也纳世界博览会中展示的乘驰(Rides)及多种机械娱乐设施使世界各地游客为之一震,随后各地纷纷仿效,使气氛温和轻松的娱乐花园最终变成了以机械游乐为特色、追求喧哗刺激的游乐园。

随着十九世纪后期机械及工业技术的突飞猛进,游乐园彻底抛弃了表演和游人自娱的形式,转而完全依赖机械设施来满足游人对刺激的需求。1893年George W. Gale Ferris发明的大转盘(Ferris Wheel)在芝加哥纪念哥伦布的博览会上露面后,更刺激了游乐园设施向大型、惊险性机械游具方向发展。美国成为世界游乐园发展的先锋,新的游乐园不断出现。1910—1930年是机械游乐园的黄金时期,这个时期,美国成为了世界游乐园发展的先锋,以旋转木马、摩天轮、过山车等刺激性游乐设施为主体的游乐园蔚然成风。

第二次世界大战以后,欧美等国家经济和科技的飞速发展,人们的生活方式日趋多样化,游乐偏好也在发生改变。汽车工业的发展促进了交通方式的改变,私人汽车拥有量的增多使人们可以到离家更远的地方去娱乐度假,机械化游乐园的游人量开始急剧下降,喧嚣的游乐园已经无法满足人们企图摆脱巨大生活压力的需求,机械化游乐园开始衰弱。游乐园主为了保持盈利,只好减少设备更新及管理等方面的费用,甚至停开机械、缩短营业时间,由此造成的恶性循环使游乐园品质下降,其竞争力开始不如其他娱乐行业如电影院、溜冰场、赌场等;同时随着城市不断向外扩展,地价及相应税收的增长,也使许多游乐园主纷纷把原本位于市郊的游乐园改建为购物中心或住宅,以期获得更高利润。到二十世纪五十年代中期,英国只剩下极少数游乐园在苦撑中经营。

荷兰的马都洛夫妇为纪念他们死在“二战”纳粹集中营的爱子，以与实物1:25的比例将荷兰典型城镇缩小，建成世界上第一个小人国“马都洛丹”，1952年开业，随即轰动欧洲，成为主题公园的鼻祖。它的浓缩形式便于在短时间、小范围内展示悠久的历史和广阔的空间，主题情节的贯穿使本来独立、冰冷的模型变成了有生命、能给人们讲述历史和描绘自然风光的情景空间。由于手段简单而效果显著，如今“小人国”这种形式在世界各地依旧风行，成为主题公园营业模式中最受欢迎的一种。“民俗村”即是借鉴了“小人国”这种形式发展产生的。“民俗村”浓缩了历史与民俗风情，通过演员的现场表演，展示了不同民族的生活起居和不同文化，在具有浓郁民俗风情的国家和地区尤受欢迎，成为主题公园发展方向之一。

机械游乐园的衰落孕育着新的游乐方式的诞生。美国电影动画师沃尔特·迪斯尼针对二十世纪三十年代游乐园以儿童为主要服务对象存在的缺陷，开始构思父母和孩子可以共同娱乐的方式。沃尔特·迪斯尼形成了一个天才设想，把屏幕上的卡通形象物化为一个新的乐园，于是第一个现代意义的主题公园——加利福尼亚州的迪斯尼乐园诞生了。它包括以主题为背景的各种表演，不断地为游客提供冒险经历，无论是儿童还是成人，都喜欢到那里去体验惊险、享受欢乐、寻找梦幻之旅。作为世界真正意义上的第一个主题公园，迪斯尼乐园还是机械型的游乐园，但其魅力在于大投入、大制作，将现代高科技手段与设施应用到旅游景区建设中，以及开业后对景点和设施的不断升级换代。迪斯尼乐园是主题公园发展的一块里程碑，在这之后，美国的好莱坞影城也从简单的外景基地发展成了新型的主题公园，以乘骑为主的美国六旗主题公园开业。从此，主题游乐园风靡世界，成为现代游乐园中的重要一员。

在经过五十年代末至六十年代中期的起步阶段后，美国主题公园行业于六十年代末进入了高速增长阶段。进入八十年代，由于成本的不断攀升和缺乏足够的市场容量，美国本土主题公园增长速度有所放缓，很多主题公园开发商或运营商将视线转移到海外，如迪斯尼公司在日本、法国的主题公园依次于1983年和1992年开业，六旗公司自1997年收购欧洲Walibi Family Parks以来，至今已拥有和管理着海外10家主题公园[1]。

[1] 李志飞. 主题公园开发[M]. 北京：科学出版社，2000：303.

1970年美国只有3个主题公园,1980年增至18个,到1990年已有大型旅游主题公园40多个,中型旅游主题公园50个以上。1995年美国国内旅游主题公园已接待游客2.8亿人次。

在迪斯尼进入法国之前,欧洲的主题公园业非常不起眼,大多数的欧洲主题公园是在二十世纪六十年代末至七十年代中期家族经营的游乐园。这时欧洲有六大主题公园,分别是法国的阿斯特利斯游乐园、德国的欧洲主题公园、荷兰的艾夫特琳游乐园、瑞典的尼斯堡乐园、意大利的加达云霄乐园和英国的奥尔塔顿公园。随着迪斯尼乐园轰动效应的逐渐扩散和迪斯尼公司的全球商业扩展,美国式主题公园的概念逐渐推广到世界其他国家,并结合各国的文化传统、自然特色和经济状况产生了许多新的类型。它还影响了很多传统意义的博物馆、展览馆、植物园、动物园等的展示概念,使它们的表现主题和形式日趋丰富,产生了诸如展示植物生态及地理环境的植物主题公园,展示动物生存环境和习性的动物主题公园(野生动物园),以及可让游客参与劳动的农业主题公园等,其中以"小人国"和"民俗村"最有影响力[1]。1992年迪斯尼在法国落户。二十世纪九十年代是欧洲主题公园的成长时期,德国、法国、英国、西班牙、意大利、希腊等国的主题公园在应对外来主题公园的环境下开始崛起。

二十世纪八十年代,亚洲开始成为主题公园发展最为活跃的地区之一。1983年日本东京迪斯尼乐园开业,标志着日本发展大规模主题公园的开始。它完全以美国佛罗里达州的迪斯尼世界为样板,设施与管理也几乎是原版复制,其丰富的主题和展示方式给日本的娱乐业以巨大的震撼。韩国、新加坡等国为促进旅游业的发展,相继建设各种主题游乐园,如韩国的乐天世界和爱宝乐园,新加坡的圣淘沙旅游主题公园,印尼的查雅安可梦幻乐园等,多数以浓郁风情和地域文化为表现素材。

主题公园走过近60年的历程,随着时代的前进和不断变化,主题公园的内容和形式也在不断更新,大致经历了"街头娱乐场—城市花园—机械游乐园—主题公园"的发展过程[2]。目前,主题公园已进入现代大发展时期,形成了百花齐放的局面,成为现代旅游业的重要内容。各国都在研究自身的文化优势,挖掘自己民族特有的文化内涵,努力建设具有特色的旅游主题

[1] 张伟强,陈文君. 旅游规划原理[M]. 广州:华南理工大学出版社,2005:204.

[2] 许忠伟,魏翔,李伟. 中国休闲地产运营与创新[M]. 北京:中国经济出版社,2011:102.

公园。

2.我国主题公园发展历程

我国香港和台湾地区是主题公园建设比较早的地区：早在1977年，香港就建立了海洋公园；1983年，亚哥花园的建立标志着台湾主题公园的诞生；随后，台湾地区相继建造了“小人国”（1984）、九族文化村（1986）、剑湖山乐园（1990）等。

很多专家已经对主题公园的发展阶段进行划分，划分的标准不同，结果有着明显的差异。本章在划分时，主要以每个阶段主题公园实业界的一些标志性事件为依据。

（1）萌芽阶段（1982—1988）：影视游乐园和机械游乐园。中国主题公园的萌芽阶段是以1982年的广东中山长江乐园为标志。该游乐园大胆引进国外机械技术设施，以机械游乐场为主要形式，突破了以风景名胜和文物古迹的保护性修缮开发为主的“游山玩水看庙”的旅游形式，很快在国内形成建设高潮。

1983年建成的北京大观园和1984年建成的河北省正定县荣国府，拉开了国内人造景观的序幕，成为国内主题公园发展历史长河中的标志。1984年电视连续剧《红楼梦》拍摄基地荣国府的建成，当时在全国尚属首例，因而吸引了众多的游客，很快就收回投资。改革开放后，以“西游记宫”为代表的一批影视基地的出现是主题公园在我国旅游业上演的前奏。“西游记宫”实际上只是中央电视台拍摄大型电视连续剧《西游记》的道具展览，并不能说是严格意义上的主题公园。但其围绕“西游记”这个主题，把旅游者好奇的影视道具陈列在游客眼前，一定程度上满足了游客消遣娱乐和追求新奇的需要，而投资者也在较少投资的基础上很快收回了成本，产生了强烈的市场轰动效应和示范作用。国家旅游局为此召开现场会，正定旅游业的发展被称为“正定模式”。此后，全国各地纷纷效仿，形成了人造景观建设高潮[1]。随后，出现了无锡吴文化公园以及各地小型鬼府神宫等静态的观赏型娱乐项目。这类项目大多属于以声光电技术支撑的立体连环画式的简单人造景观，有专业化娱乐设施，但规模较小，且娱乐活动性差。此外，各个城市在原来的城市公园基础上增加了雕塑园、旋转飞机、摩天轮、高架车等游艺娱乐项目，已经有了娱

[1] 张丽，吴必虎. 人造景观地区旅游产品的选择与切换——石家庄市正定人造景观旅游开发的实证研究[J]. 地理学与国土研究，1997，13(4)：56-60.

了国内主题公园从静态观赏到动态参与的转变，以及高科技、娱乐型主题公园的建设。1998年欢乐谷开放，高科技的运用给游客带来了更多的乐趣，亚洲首座集视觉、听觉、触觉于一体的四维影院，亚洲最高、中国第一座“惊险之塔”——太空梭，世界最高落差的“激流勇进”等高科技项目，带给了游人无尽的刺激与欢乐。高科技支撑的现代游乐设施提升了休闲娱乐功能，增强了游乐活动的参与性。这一时期，主题公园在知识性、参与性、娱乐性和科技性方面取得新进展。这类主题公园主题鲜明，个性突出，引入了高科技游乐设施，提升了休闲娱乐功能，强化了游乐活动与游客之间的互动关系，提升了游乐活动的参与性，提高了游客的重游率[1]。

1997年9月10日，华侨城控股有限公司在深圳证券交易所成功上市，标志着中国主题公园开始构建资本运作平台，具备了投融资对接的渠道。政府强力主导、新休假制度释放的市场井喷效应、东南亚金融危机三者形成了共轭驱动力，“发展大旅游，做强大产业，建设大项目，抓紧大投入”的逻辑思维演变成了集体意志，极大地刺激了中国主题公园的建设热情。数量多、分布广、规模大、地域相对集中、大型演艺节目等是当时主题公园的五大特征，拓展了主题公园的内涵和外延，演绎了“东西南北中，主题公园向前冲”的独特风景。市场臆断和盲目攀比等，导致主题公园不可逆转地出现了第二轮“多米诺骨牌效应”[2]。

(4)品牌化阶段(2005年至今)：品牌连锁主题公园。2005年9月12日香港迪斯尼乐园的正式开业，标志着中国主题公园产业全球化时代的来临。中国目前已有大中型游乐场1 200余家，公园3 000多个，县以上规模景区1.5万多处，游乐业每年的产值达100多亿元，并且以每年20%以上的速度增长。有分析表明，当迪斯尼进入一个地区的时候，它一定会带来当地的主题公园的大力发展，一方面是投资增加，另一方面是市场扩大。迪斯尼进入欧洲以后，欧洲前十名的主题公园3年内客流量增长42%；迪斯尼进入日本以后，日本的主题公园客流量在10年内从数百万增长到1亿。迪斯尼落户香港后，中国主题公园会有长足的发展[3]。

[1] 李兆华，王晓丽，秦成. 我国主题公园的发展历程及成功因素分析[J]. 法制与经济，2006(2):68-69.

[2] 董观志. 主题公园的世界观与中国志[N]. 中国旅游报，2011-03-09(11).

[3] 欢乐谷集团. 中国的欢乐谷构建主题公园的连锁品牌[M]. 广州：中山大学出版社，2008:12.

世界主题公园巨头迪斯尼在中国大展拳脚，国际竞争逐渐国内化。同时，国内的主题公园竞争也相当激烈。面对国际跨国企业旅游市场本土化竞争，华侨城集团在继续加大对原四大主题公园更新改造的同时，积极实施区外拓展战略。欢乐谷在全国布点格局已经形成，我国主题公园的连锁品牌开始锋芒初露，主题公园产业已经从零散发展阶段进入品牌经营时代。

中国自主品牌的主题公园正日益走上规模发展道路。华强集团文化产品已经涵盖主题公园、数字动漫、特种电影及多种衍生品。此外，华强集团还申请中外专利50多项，在欧美40多个国家建有60多座“环幕4D影院”。华强集团推出了中国文化类主题公园“方特梦幻王国”，先后在安徽芜湖、山东青岛、山东泰安、湖南株洲、辽宁沈阳、河南郑州等地开园，成为当地及周边旅游聚集地和新热点。

海外品牌进驻中国市场，引起国内主题公园的奋起，中国主题公园开始向海外输出。2010年，华强集团在伊朗第二大城市伊斯法罕的主题公园建成。“方特卡通动漫园”，拥有自主知识产权的“中国迪斯尼”走出国门——乌克兰、沙特、南非……华强集团开始将“中国迪斯尼”从设计到制造、从软件到硬件、从管理到运营整体“打包输出”。

二、主题公园型旅游地基本特征

（一）占地规模大

根据国内外主题公园的投资和土地规模，主题公园可以分为大型主题公园和小（微）型主题公园。国外将投资0.8亿至1亿美元，占地200英亩（约0.81平方千米）以上的主题公园称为大型主题公园；将投资在1 000万至2 000万美元的主题公园称为小（微）型主题公园。依据国外标准，参照锦绣中华和中国民俗文化村的现状，我国将投资在0.8亿至1亿元人民币，占地约0.2平方千米（不包括停车场等附属设施占地面积，国外包括这部分面积）的主题公园称为大型主题公园；将投资在1 000万至2 000万元人民币，占地规模相对较小的主题公园（如西游记宫）称为小（微）型主题公园[1]。我国拥有数量众多的主题公园，在激烈的市场竞争条件下，缺少创意和规模不大的主题公园逐渐被市场淘汰，而大型的主题公园集食、住、游、购、娱于一体，能

[1] 保继刚. 旅游开发研究——原理·方法·实践[M]. 北京：科学出版社，2005：16.

务于游客的餐饮、住宿、娱乐设施等。同时,主题公园带动了周边的土地价格,房地产也逐渐在主题公园周边形成,因此,成熟的主题公园周边除了服务于旅游者的旅游设施以外,还有服务于当地居民的配套设施,如商业、文化、教育设施等。

(三)主题突出,科技含量高

1.主题突出

作为现代文化创意产业类项目,主题公园围绕一个或几个主题,运用科技手段打造一系列有特别环境和氛围的项目以吸引游客。主题是公园的精髓,是吸引游客的基础,主题内容往往决定着公园项目的成败。国内许多主题公园的凋敝,恰恰就因为缺少鲜明时代特色的文化主题。楼嘉军认为,我国的主题公园明显缺乏一些有影响力的主题文化,许多主题公园仅是一种盲目模仿,缺乏文化内涵。在具体选题时,缺乏细致的市场分析和真正的创意,往往具有重复和简单化的缺点。二十世纪八十年代末,随着锦绣中华的开园,主题公园如雨后春笋般在全国各地涌现,数量上有了大幅度增长,但是主题雷同,很多主题公园都是互相复制模仿。从1987年至1992年拟建和已建的近百处人造景观中,以《西游记》为蓝本开发的计23处,以民间传说、神话故事、名著等为主题内容的计17处,以历史人物为主要题材的有8处,以风光、民俗、游乐为内容的计34处,以参观、游览为主的有13处[1]。到了九十年代末,很多主题公园因主题定位不明确、特色不鲜明而被市场淘汰。

我国现存的主题公园主题多样,归纳起来主要有以下几类:

(1)微缩景观类。这类主题公园以深圳锦绣中华首开先河,此后有北京世界公园、深圳世界之窗和长沙世界之窗等。它们的共同特点是在有限的空间内将世界奇观、历史遗迹、古今名胜以及世界民居等展示在游人眼前,是以人类文明史为主题的公园,体现了自然、人文并重,历史、现实与幻想共存的精神。该类景观充满了历史文化感和异国风情,又富有精致的制作工艺,还有奇特的比例反差,就像到了传说中的小人国一样。

(2)民俗景观、仿古建筑类。这类主题公园比较有代表性的是深圳中华民俗文化村、广州世界大观、杭州宋城、北京中华民族文化园、昆明云南民族文化村、珠海圆明新园。它们的共同特点是大规模地复制了典型的古代民

[1] 佚名.我国主题公园发展存在的问题分析[EB/OL].(2011-09-01)[2013-06-20].http://www.ccitimes.com/other/other/2011-09-01/465141314870584.html.

族建筑和某一特定的场景，重现了当时在这些建筑中的人们的生活状态和故事，在其中能让游人跨越时间的隧道亲身体验民族文化的博大精深，时空的差距造成的历史感有很强的感染力和吸引力。

(3)影视城类。这类主题公园有中央电视台无锡拍摄基地、无锡唐城等。它们是旅游产品和影视拍摄相结合的经典之作，集观赏性和实用性于一体。国外此类主题公园往往是把景点的电影电视内容改制成可供游乐的项目，让游客在熟知影视内容的前提下，身临其境地体验影视节目梦幻般的意境，如美国的环球影城。我国的影视类主题公园主要是可接待游客的影视拍摄基地，如横店影视城。还有一种是以引进影视特技及动感电影等技术为主制成游览项目的影视乐园，如长影世纪城。方特欢乐世界以自主知识产权设计制造的电影设备和动画内容制成的游览项目也可归于此类[1]。

(4)文学文化遗产类。即是将中国古典文学名著中的建筑、人物、重要情节再现的主题公园。如北京大观园，河北正定的西游记宫，无锡三国城和水浒城。

(5)动物景观类。这类主题公园比较有代表性的是深圳野生动物园、广州番禺香江野生动物世界、广州海洋馆、济南野生动物园等。动物是人类的朋友和伙伴，回归自然是人类的天性，在此驻足，游人会体悟到奇妙无比的生物世界的奥妙。

(6)主题游乐园。这类主题公园比较有代表性的是苏州乐园、广州航天奇观、广州东方乐园、上海水上乐园“热带风暴”、深圳水上世界、广州大河马水上世界以及深圳的欢乐谷。它们以现代高科技为背景，体现了参与性、刺激性的特点，让游人体会到现代科技的无穷魅力。

(7)观光农业园。这类主题公园比较有代表性的是深圳青青世界、广州百万葵园、芜湖大浦乡村世界等。通过特色农业和农业技术的展示，将农业领域的文化历史和技术通过艺术化的环境表达出来，带给游人的不仅是生命的物质基础，还有与之相连的农业文化和科学知识[2]。

2011年5月18日开园的安徽太湖五千年文博园是一个综合性的主题园，包括人文历史景区、主题公园景区和休闲度假景区，占地约80公顷。人文历史景区由中华百工坊、五千年文化长廊、五千年根雕文化园等60个小景点组成。

[1] 赵抗卫. 主题公园的创意和产业链[M]. 上海：华东师范大学出版社，2010：5.

[2] 房世宝. 园林规划设计[M]. 北京：化学工业出版社，2007：260.

2.科技含量高

随着人类科技的不断进步,科学领域的研究成果逐渐成为娱乐的媒介。作为旅游吸引物的主题公园,科技是其重要卖点,许多景观本身就是技术存在的表现。深圳华强集团董事长说:“迪斯尼的魅力第一依托是高科技,而国内大多主题公园的凋敝,就因为主要依靠自然山水、人造景观、低档的游乐设施,恰恰缺少不断创造新魅力的高科技。”目前,大型主题公园都注重高科技的应用,高科技是实现主题公园主题的重要技术支撑以及实现满足现代游客多元化需求的重要手段。主题公园内的大型娱乐设施和演艺形式等都依托现代科技,运用声、光、电、数字技术、自动控制、人工智能等高科技手段,让游客在虚实结合、亦真亦幻、动感交互的体验项目中,感受现代科技与历史文化水乳交融的独特魅力。

高科技在主题公园景观中得到深入的运用,主要表现为:

(1)景观自身的高科技性,即人工景观取材、设计、造型和建造技术性强。新动力、新材料、新性能的机器产品形态不断涌现,高度更高、坡度更大、速度更快、晕旋感更强、安全更有保障的乘骑产品更加丰富。为了减少管理成本支出,提高运作效率,智能化的高科技运营管理系统在主题公园里被广泛应用。

(2)参与性体验项目的高科技性,即普遍采用现代光、声、电、影等技术,三维影像、全息技术、电脑合成等,营造出逼真或者虚幻的意境,增强了活动的现场感。随着信息时代的到来和虚拟技术的成熟,主题公园产品形态出现了智能化和虚拟化特点。

在高科技和产业战略的支持下,电影产业在主题公园中得到极大的发展,除了演员装扮的电影角色以及大量的道具、布景,更利用许多现代高科技手段,将电影里的角色、故事、环境逼真地模仿和再现到游乐场中。

特种电影是数字电影的主要形式,即以非常规电影制作手段,采用非常规电影放映系统及观赏形式的电影作品(如环幕、巨幕、球幕、动感及立体电影等)。它是包括运用多媒体、高科技播放技术、视觉音响效果、播放环境设置等先进科技来生产和播放的电影。按其播放方式和效果,可分为环幕4D电影、环境4D电影、球幕立体影院、水幕影片、天幕电影、幻影成像影片、动态立体跟踪电影、旋转剧场电影等。在中华恐龙园,4D影院让早已消亡的恐龙逼真地“走”到了游客的面前,令人震撼的效果让游人久久不愿离去;4D过山车等高科技装备的应用，极大增强了游艺项目对游客的吸引力。在安徽芜湖方特欢乐世界，游客不仅可以通过球幕影院在“飞越极限”中体验凌空飞翔的逼真感受，还可以通过4D影院在“海螺湾”欣赏栩栩如生的海底世界。

(3)游乐设施活动控制的高技术性。与虚拟影像、声光电等高科技游乐项目不同，诸如过山车类的器械游乐项目给人的感觉是高科技含量并不多。其实不然，它们的材料、研发、制造等各种工艺，无一不是高科技的结晶。通过高难度旋转、高速运动、特殊方向或垫面运用，体现出自动化控制的高科技水平。

(四)景观具有模拟性和创意性

主题公园是人造景观，与自然景区和人文景区相比，它的景观具有模拟性和创意性。主题公园的景观是围绕公园主题展开设计的，是主题的外在表现，能满足市场需求、符合现代价值观念的任何创意都可以成为公园的主题。自然景区开发时依托多样的自然环境，人文景区开发时依托深厚的历史文化，这些资源是“天赐”或长期的历史积淀形成的，具有唯一性及不可移植性的特点，景区在开发过程中必须尊重自然和历史，不能随意更改历史，呈现出的景观必须具有真实性和符合历史的原真性。而主题公园的景观是可以移植的，具有模拟性。如深圳锦绣中华微缩了我国各地的代表性景观，中华民俗村将我国56个民族地区的建筑和民俗汇聚一园，日本、法国和我国香港的迪斯尼乐园主体的景观建筑和活动内容也是美国本土迪斯尼的翻版。

从创意构思到规划设计，从整体布局到单项景观设计，从路线组织到气氛渲染，从外围配套到形象策划，一个成功的主题公园凝聚了设计者的创意，主题公园景观充满了创意思维的挑战。没有创意，就没有主题公园的成功。旅游主题公园最重要的创意在于其景观空间的创意，即在确定主题的基础上，为了表达其主题，需要大力创设景观，并将它们布置于不同的园区，着力处理单体景观、景观组群空间表现及其与主题的呼应，同时在园区合理布局旅游服务设施，力图使园区成为游赏、娱乐、度假、购物等多功能的旅游产业园区。奥兰多的迪斯尼除乐园外，配备有购物中心、网球场、游泳池等，使这一地区成为功能齐全的梦幻乐园[1]。主题公园是游客游乐空间和情感

[1] 江金波. 旅游景观与旅游发展[M]. 广州：华南理工大学出版社，2007：130.

体验对象，是一个非日常的舞台化世界。如迪斯尼乐园中的梦幻城堡、魔幻影城，完全是虚幻世界的实物再现。

（五）门票价格高

主题公园是一种投资额高、风险大的项目，为了还本付息，减少经营风险，门票定价都比较高。中国大型知名主题公园门票价格都在两百元左右，相当于中部地区2012年在岗职工月平均工资的二十分之一。对绝大多数中国人而言，这是一种奢侈消费。这仅以门票消费计算，不包括交通费用、园区饮食和购物等其他消费。对国外门票价格的研究结果表明，意大利的门票价格最高，该国是以居民月工资收入的1%来计算公园门票价格的。在美国、日本等国家，主题公园的门票价格一般相当于个人月收入的0.02%左右[1]。因此，对中国人来说，主题公园是一种奢侈消费品，而不是一般消费品，这类消费的重复消费比例较低[2]。我国大部分主题公园的收入80%以上来自门票，而衍生产品和其他盈利渠道的开发仍处于启蒙阶段，与迪斯尼乐园每年30%收入来自门票、30%收入来自购物、还有40%其他收入的成熟营收结构仍然相差甚远[3]。

三、主题公园型旅游地景观变迁基本特征

主题公园是一种创意产业。创意产业不同于传统产业，是以人的创造力为核心增长要素的产业。创意产业的生机和活力体现在它深刻的文化内核里面，是通过这种创造性的文化内核的渗透，使与它有关的产品取得更高的实现价值，从而形成自己的产业模型，取得自己的产业地位。在某种程度上说，主题公园的成败就在于主题公园的策划者和投资者是否了解和掌握了这些特征[4]。我国主题公园30多年发展历程中，公园景观发生了巨大的变化，受到了多种因素的影响。主题公园属于人造景观，景观具有创意性和模拟性，其景观变迁轨迹与原赋景区有着本质的区别。

[1] 郑文玲. 主题公园门票定价机制研究[J]. 价格月刊，2012(8)：17-20.

[2] 保继刚. 中国主题公园的发展反思及国际主题公园进入中国的透视[J]. 风景园林，2005(2)：27-30.

[3] 沈波. 浅析中国主题公园的发展之道[EB/OL]. (2010-9-20)[2013-5-10].http://www.cztour.com/zt/2010ztgyfh/sb.html.

[4] 赵抗卫. 主题公园的创意和产业链[M]. 上海：华东师范大学出版社，2010：1.

(一)主题由单一向多元化发展,侧重娱乐性

1.主题由单一向多元化发展

我国主题公园发展的萌芽阶段是以改革开放后建立起来的各种游乐园为标志,以1982年诞生于广东省中山市的首家大众游乐园“长江乐园”为起点,短时期内在全国引起了建设游乐园的热潮。广东是我国主题公园最先兴起的地区,1983年广州东方乐园、南湖乐园建成,1984年深圳湾游乐场建成,1985年深圳香蜜湖中国娱乐城、太阳岛乐园及珠海珍珠乐园建成。同时,其他地区也相继建起游乐园,如上海锦江乐园,北京龙潭湖乐园和大观园,四川成都游乐园,无锡太湖明珠乐园。从这些主题公园的名称可以看出,主题单调且有限,其主题都是游乐[1]。虽然起步阶段也有以影视为主题的北京大观园和河北正定的西游记宫,但这两个影视主题公园依次是拍摄影视剧《红楼梦》和《西游记》的场景基地,建成初期并未对游客开放,初衷并不是为了满足大众休闲娱乐的需求,只是随着电视剧的热播,人们蜂拥而至,获得了意想不到的收益。因此,起步阶段的主题公园主题仍然是以游乐为主。

随着主题公园的不断发展,为了在市场竞争中处于优势,主题公园在主题创意上都注重创新,主题选择开始多样,甚至一个主题公园内有多个主题区域。在新一轮的主题公园洗牌中,功能单一、仅靠人工景观揽客的主题公园肯定会被淘汰,而集观光、参与和休闲为一体的综合性主题公园则将受到青睐。现代主题公园的主题多种多样,如以民族文化为主题的中国民俗文化村,以地方历史文化为主题的杭州宋城,以童话幻想为主题的迪斯尼乐园,以影视文化为主题的横店影视城等。现代主题公园常常是在一个统一的大主题下,包含不同的小主题,从而形成多层次的主题结构。丰富多彩的主题有利于增强游乐环境的丰满度。

2.主题侧重娱乐性

传统的旅游观光已经不能满足人们娱乐休闲的需求,主题公园应运而生。刚开始,大家去游玩就是为了快乐,乐一乐就走了。实际上,这就是主题公园天然的特性,“快乐才是第一的”。因为游客追求快乐的人生理念没有变,所以,主题公园营造快乐、贡献快乐的本性不会变,在未来的一段时间

[1] 张芳. 中国主题公园发展历程研究[D]. 南宁:广西大学,2006.

内，主题公园在产品内容上将更加追求娱乐性。

体验经济时代的来临，推动着旅游需求由过去单一的观光、娱乐等形式向休闲化、个性化和参与性转变。以前我国旅游需求市场主要是大众旅游市场，都是标准化的旅游产品，旅游者都是“一般意义上住、行、观光的被服务者”。体验经济的到来，让部分旅游者开始对大众旅游产品感到厌倦，开始追求主动参与和体验旅游活动，这时候的旅游者转变成“主动体验一种特殊生活，主动参与一种特殊仪式，主动加入一回有保障的冒险活动的参与者”。体验旅游是体验经济时代产生的一种全新的旅游产品，强调游客自身的参与和体验，使游客融入旅游活动的全过程，满足游客各个层次的需求。

随着文化的多元化、技术的现代化以及游客娱乐需求的多样化，主题公园将在导游系统、餐饮系统、购物系统、表演系统、乘骑系统、氛围营造系统等方面丰富表演性内容，强化参与性内容，增加互动性内容，甚至推出创意性内容，亲子娱乐、情侣娱乐、团队娱乐将日益丰富、更加精彩[1]。

(二)景观文化内涵经历“缺失—丰富—弱化—文化回归”的发展过程

二十世纪八十年代，东方乐园、南湖乐园等在广州热闹登场，并引发了游乐园的快速发展，游客在震耳欲聋、快速翻转的过山车等机械游乐设施的刺激下，获得了身体上的极大刺激，并带来了发泄后的快乐，但旅游者很快就厌倦了这样的娱乐方式。这些单纯依靠过山车、摩天轮的主题公园其实就是游乐场。这一时期以游乐体验为主要内容的公园，缺乏最终的主题诉求，没有鲜明的精神主旨及文化，短时间内可以满足游客求新求奇的需求，但难以满足游客的文化渴求。

主题公园的主题本身就是文化命题。1989年，深圳华侨城集团在酝酿建设锦绣中华、中国民俗文化村时，首先明确的是展示五千年华夏文明史和多民族的民俗文化。“一步走进历史，一日畅游中华”的理念强烈感召和震撼着人们，随后“锦绣中华”成为我国主题公园发展的模板。以苏州乐园、欢乐谷为代表的科技型游乐园，游乐设施以高科技为支撑，提升了休闲娱乐功能，强化了游乐活动与游客之间的互动关系，增强了游客体验和参与性。但是，主题公园过分依赖于高科技游乐设施，淡化了游乐项目的文化内涵和游乐活动的魅力。现代旅游行为学研究表明：旅游本质上是旅游者寻找与感

[1] 董观志，苏影. 主题公园营运力管理：“六员一体”解决方案[M]. 北京：中国旅游出版社，2004：15.

悟文化差异的行为和过程。在主题选择方面，未来主题公园将更加关注旅游动机的本原，体现旅游行为的本质，突出主题的文化性[1]。2009年，国务院颁布的《文化产业振兴规划》提出，主题公园是扩大文化消费、发展文化产业、实现文化传承的重要平台，要"加快建设具有自主知识产权、高科技含量、富有中国文化特色的主题公园"。如何利用好中国元素、发扬中国文化特色，是中国本土主题公园"突出重围"的一条重要路径。要深挖主题公园的文化内涵，继承历史发展的优良传统，优化各类主题的表现形式，进一步打造品牌主题公园，提升我国主题公园文化和市场的双重吸引力，实现我国主题公园品牌的国际化，引领中国现代商业文化走向世界。

(三)景观由静态欣赏型向动态参与体验型转变

博物馆式的静态展示型主题公园已经不能满足游客的审美娱乐需求，锦绣中华的成功与其所处的时期有着密不可分的关系。当时，我国旅游业处于起步阶段，国内旅游需求旺盛，大众旅游需求的特点是用最短的时间和最少的花费获得最多的旅游信息。微缩景观囊括了国内外景观的精华，让游客在短时间内和少花费条件下获得了最大的旅游感知，因此，在市场上引起很大反响。但是，随着旅游产品不断丰富，旅游者的旅游需求不断提高，这种微缩景观形态主题公园已经难以满足游客的休闲娱乐要求。

成长起来的旅游市场主体是七零八零九零后，他们的性格特点趋向于个性张扬，由于其所处时代的社会压力，也需要通过释放自我的方式来减压。因此，参与性、体验性的产品更能满足他们的需求。主题公园景观"活"起来，更加趋向动态参与性活动的创意和规划。游客在欣赏静态景观过程中，可以通过慢慢品味或通过导游讲解感受景观的文化内涵，游客被动接受景观的文化信息。对于文化信息，游客可能是全部接受，或者部分接受，或者全部摒弃。主题公园通过演艺的形式传达给游客更多的信息，游客对信息的理解可以是多样的，这种信息的获取更具有自主性，更符合新一代年轻人的心理需求和思维模式。

文化演艺、节庆活动和景区演出是体现主题公园景观动态参与活动的重要方式。无论是新建的主题公园还是早期建成的主题公园，都增加了动态参与性项目。世界十大主题公园游园内容中，包括大量互动文化演艺节

[1] 董观志. 主题公园：城市的商业集群与文化游戏——解读发展历程和战略趋势[J]. 现代城市研究，2010(3)：7-14.

目。东京迪斯尼乐园提供至少9台演出节目，佛罗里达州迪斯尼神奇王国演出节目达7台；杭州宋城景区有15种民间杂艺表演、9种宋史人物表演、17种作坊表演和4种大型影视表演，使景区成为800年前“东南形胜、三吴都会”的鲜活标本。最具代表性的是杭州宋城旅游发展股份有限公司打造的一台立体全景式大型歌舞——《宋城千古情》。该剧以杭州历史典故、神话传说为基点，融合歌舞、杂技艺术于一体，运用现代高科技手段营造如梦似幻的意境，给人以强烈的视觉震撼。《宋城千古情》推出至今累计演出15 000余场，接待观众4 300万人次，是目前世界上年演出场次最多和观众接待量最大的剧场演出。水浒城内有大型攻城演出《义取高唐州》、活泼的街头表演《杨志卖刀》、充分展示中华武术文化的《武松醉打蒋门神》《燕青打擂》等节目，令游客随时随地都可看到“水浒故事”，品位到宋人除恶扶弱的尚武习气。三国城跑马场上演气势恢弘的《三英战吕布》，特技场有《火烧赤壁》影视特技，这些表演令旅游者流连忘返，以最生动的方式获得了文化的解读[1]。随着现代科技手段的全方位应用，主题公园产品形态演变的总体趋势表现为参与性越来越强，个性化越来越突出。

（四）景观回归真实性，园林愈加自然化[2]

景观环境是旅游者的游乐空间和情感体验对象，它奠定了主题公园品位效应和品牌形象的基础。我国主题公园在景观环境塑造方面，经历了“人造仿景观—人造真景观—真景观与仿景观结合”的演变过程。随着消费意识的日益成熟，旅游者对游乐空间和情感体验对象的要求不断提高和深化，而且出现了追求本原性、真实性景观环境的倾向。因此，主题公园在塑造景观环境方面必须跟进这种趋势。目前，这方面的跟进有三个基本途径：一是应用有形实物，直接设计和建设具有艺术气息与文化氛围的景观环境；二是充分应用虚拟现实技术，创造出具有想象力的人格化景观环境；三是综合应用有形实物和虚拟现实技术，塑造出“真中有假、假中有真、真真假假”的非日常的舞台化世界。在景观环境回归真实性的演进过程中，景区将根据主题的需要，尽量按照自然的本来面貌进行绿化，惟妙惟肖地创造出具有天然意义的园林环境。可

[1] 曾亚玲，李娌. 旅游景区文艺表演的文化内涵和商业化运作[J]. 长春大学学报，2007，17(6)：27-30.

[2] 董观志，苏影. 主题公园营运力管理："六员一体"解决方案[M]. 北京：中国旅游出版社，2004：19.

以说,自然、野性的园林环境将成为主题公园的主流趋势。

(五)游乐项目科技含量越来越高

主题公园从策划、创意到形成一个个真实的能吸引人的旅游吸引物,不仅需要丰富的想象力和充分的创造力,还需要相当的科学技术水平和工程技术力量。只有持有先进的高科技的技术能力,才能制作出令人幻想、惊诧、震撼的效果,才能保持与现实生活的距离感,产生使人去追求的神秘感和吸引力。

我国主题公园的发展历程,经历了从简单、原始的机械游艺机到运用声光电等高科技手段的现代化娱乐设备,从单纯娱乐型的游戏场到拥有先进游艺设施、大型剧场、音乐舞厅、博览设施的综合型娱乐场所的变化。进入二十一世纪以来,无论是新开发的主题公园产品,还是早期建成已运营的主题公园,都注重高科技手段的运用以及产品的创新。

先进的科学技术能使主题公园的项目给人们带来新奇、刺激和愉悦。主题公园的发展历程表明,主题公园在概念孕育、概念诞生到概念发展的过程中,科学技术起着越来越重要的作用。没有尖端的机器人制作技术,就没有环球影城"侏罗纪公园"游乐项目中栩栩如生的活动恐龙;没有尖端的声光电前沿科技,就没有迪斯尼的"巴斯光年星际历险"、环球影城的"回到未来"和"终极者"、欢乐谷的"天地双雄"(速降机)等游乐设施。巡回移动式主题公园"环球嘉年华",以高科技的机械娱乐设施为主题,每年轮流到各个城市去吸引自己的相对固定的游客。激光、全息摄影、自动化机械、计算机网络通讯和数字虚拟技术,甚至用于航天、军事的技术,在国际品牌现代主题公园中无处不在。主题公园的景观制作借助高科技材料和技术,无论是荒原高山还是原始丛林,无论是鬼魅世界还是未来星球,无论是北美风情还是欧洲古镇,无论是梦幻世界还是真实世界,都越来越显得逼真、生动,成为构成主题公园幻境的重要手段[1]。

(六)园内配套项目向品牌化方向发展

主题公园的发展历程有力地证明:凡是成功的主题公园都有自己的品牌建设理念和途径。进行有效的品牌塑造,既可在主题公园的竞争中立于不败之地,又可形成巨大的增值效应,并借此形成自己的产业链。品牌企业

[1] 赵抗卫. 主题公园的创意和产业链[M]. 上海:华东师范大学出版社,2010:7.

产生的专利会衍生出一系列的专利产品，主题公园就会成为这种专利产品的推广市场。以迪斯尼为例，充满迪斯尼品牌符号的纪念品、音像制品、玩具、画册书刊，已成为迪斯尼商业收入的极其重要的来源。

以美国迪斯尼乐园为例，通过将娱乐与购物相结合，发展园内小商品，其非娱乐收入已达到总收入的三分之一，并吸引了可口可乐、运通和飞利浦等世界知名大企业共同投资开发。现在，国内像欢乐谷、方特欢乐世界一类的大型主题公园，也在努力学习这种品牌推广的方法。公园内的配套项目如游行、歌舞演出、激光表演、水幕电影等越来越丰富，与主要游览项目一起成为公园提供的重要娱乐手段。而作为公园收入的另一种来源，如正餐、小吃、饮料供应也日趋完善。这些配套设施，既优化了娱乐的环境，又强化了公园的品牌，不仅为游客提供了全方位的舒适周到的服务，还形成了主题公园产业的一系列产品形态。

第二节　华侨城主题公园景观变迁研究

1985年11月，经国务院批准，国务院侨办从地处深圳特区的广东沙河华侨农场划出4.8平方千米土地，作为开展侨务工作的窗口和基地，吸引海外华侨华人资金、技术和人才。华侨城集团的前身就是国务院批准在深圳成立的这个经济开发区。华侨城是一个在国内注册的国有独资企业，1997年10月，经国家工商局批准，成立华侨城集团公司。

华侨城集团是中央企业中唯一以文化为主业的企业，也是中国第一批国家级文化产业示范企业。公司以旅游开发和经营为核心，以文化产业为特色和依托，拥有我国数量最多、规模最大、效益最好的主题公园群。其文化产业的发展始于1989年创建的中国第一个文化主题公园——锦绣中华，此后相继成功建设了中国民俗文化村、世界之窗、欢乐谷（连锁）等著名主题公园，建成了华夏艺术中心、何香凝美术馆、华侨城创意文化园、华侨城美术馆等文化设施，旗下还拥有华侨城国际传媒演艺公司、深圳歌舞团演艺公司等文化企业[1]。

[1] 张秉军，申小林．国企长青之道：泰达控股可持续发展战略研究[M]．北京：清华大学出版社，2011：220.

华侨城是中国主题公园的开创者和领跑者，拥有四个主题公园。四个主题公园四个主题，四种文化，各具特色。华侨城已由单个的主题公园发展成为区域性的旅游目的地。

华侨城拥有国内数量最多、规模最大、效益最好的主题公园群，其中欢乐谷是国人耳熟能详的知名品牌，是中国旅游业当之无愧的旗舰和领军者。近年来，随着北京欢乐谷、成都欢乐谷开业以及上海欢乐谷兴建，华侨城旅游业成功地实践和实现了中国第一个主题公园连锁品牌——欢乐谷的跨区域开发和经营，进一步加强了华侨城旅游业的核心竞争力。

2004年，华侨城被文化部授予首批“全国文化产业示范基地”称号；2006年，深圳华侨城旅游度假区被中央文明办、建设部、国家旅游局评为“全国文明风景旅游区”；2007年7月，深圳东部华侨城获得国家旅游局和环保部联合授予的中国首家“国家生态旅游示范区”荣誉称号；2007年8月，华侨城被文化部授予首批“国家级文化产业示范园区”称号（首批仅有两家）；2007年12月，华侨城旅游度假区被评为首批“AAAAA级旅游景区”；2010年，华侨城集团被中宣部授予“文化企业三十强”称号[1]。如今，华侨城集团已成为世界知名的旅游景区集团，与美国迪斯尼乐园、美国环球影城、六旗集团、布什系列公园、英国美林娱乐集团公司和西德角连锁主题公园等一起，跻身全球旅游集团八强，成为亚洲地区唯一进入“全球旅游景区八强”的公司。

自1989年建成中国第一个主题公园——锦绣中华以来，华侨城集团先后在深圳和全国其他地方建设了13个华侨城和9个主题公园，年接待游客超过2 000万人次，总资产突破600亿元人民币，向社会提供了3.3万个就业岗位。经过20多年的发展，华侨城奠定了其在国内主题公园界的领先地位，成为国内主题公园发展的风向标。欢乐谷是国内第一个参与体验型的现代主题公园，也是第一个自主创新、全国连锁主题公园品牌。欢乐谷的成功不仅推动着自身走向成熟，也带领着国内主题公园的发展[2]。

一、华侨城主题公园发展阶段

华侨城成立于1985年。华侨城集团相继开发了锦绣中华、深圳世界之

[1] 深圳华侨城集团.关于华侨城[EB/0L].[2011-05-28]. http://www.chinaoct.com/category.aspx?NodeID= 20.

[2] 欢乐谷集团. 中国的欢乐谷构建主题公园的连锁品牌[M]. 广州：中山大学出版社，2008：2.

窗、欢乐谷等著名旅游项目,成功地将荒地改造成城市及周边重要的旅游区、宜居区。

早在二十世纪八十年代,华侨城就开始涉足国内主题公园开发领域,于1989年11月推出了中国第一座主题公园"锦绣中华",以微缩景观为表现手法,再现了反映中国历史和文明的82处名胜古迹,并以第一年接待游客超过300万人次,开业9个月收回全部投资的奇迹,创造了中国旅游业的神话。"锦绣中华"之后,全国3 000多座主题公园"忽如一夜春风来,千树万树梨花开",中国现代主题公园产业逐渐形成。

1991年10月,"中国民俗文化村"建成开园,将24个村寨56种风情集于一身,荟萃我国多个民族的民间艺术、民俗风情和民间建筑特色,集中展示了中华民族多姿多彩的民俗文化,赢得了"中国民俗博物馆"的美誉。

1994年,以精美绝伦的景观项目、不同凡响的艺术演出、动感刺激的娱乐项目、配套齐全的优质服务而著称的深圳"世界之窗"建成开业。

1998年,华侨城投资兴建新一代大型主题公园"欢乐谷"项目。品牌形象定位为"动感、时尚、欢乐、梦幻"的欢乐谷寄托了华侨城新世纪的全部梦想,华侨城不只是依赖单纯的游乐设施的感官刺激,而是触及人们的精神世界,将体验性与娱乐性统一,为冰冷的器械注入了灵魂,将欢乐谷品牌价值提升为——繁华都市的开心地,永不落幕的嘉年华[1]。欢乐谷一经推出就受到市场的疯狂追捧,因此也催生了华侨城陆续在北京、上海、成都、武汉等地建造"欢乐谷"。欢乐谷突破地域限制嬗变成全国优势品牌,同时实现了独特的"旅游+地产"的开发模式[2]。

(一)静态景观阶段:锦绣中华、中国民俗文化村、世界之窗

1.锦绣中华

深圳锦绣中华占地30公顷,是一座反映中国历史、文化、艺术、古代建筑和民族风情最丰富、最生动、最全面的实景微缩景区,也是目前世界上最大的微缩景区。按照1∶15的比例建有中国各地的82个景点,并按照各自在中国版图上的相对位置分布。错落于景区内的5万多个栩栩如生的陶艺小人物和动物,生动地再现了中国这个多民族国家风格迥异的生活习俗和风土

[1] 董观志,张颖.旅游+地产:华侨城的商业模式[M].广州:中山大学出版社,2008:9.

[2] 大地风景国际咨询集团.TOLD模式旅游导向型土地综合开发[M].北京:中国林业出版社,2010:100.

人情。锦绣中华以优美的园林为载体，以微缩景观的静态形式结合中国古代建筑及山水名胜、民居民俗，展示了中华五千年文化和祖国的锦绣河山，"一步迈进历史，一日畅游中国"是其最准确的写照。

2.中国民俗文化村

"中国民俗文化村"毗邻"锦绣中华"，占地20公顷，它是国内第一个荟萃各民族的民间艺术、民俗风情和民居建筑于一园的大型文化游览区。景区有21个民族的24个村寨，均按原景区的1:1比例建造。在村寨中，游客可以了解各民族的建筑风格，还可以欣赏和参与各民族的歌舞表演、民族工艺品制作，品尝民族风味食品、观赏民族艺术广场表演和专业水平的演出晚会，欢度民间喜庆节日，领略各民族多姿多彩的文化艺术。

3.世界之窗

"世界之窗"占地48公顷，以传播世界文化为宗旨，将微缩景观和原景观相结合，是将世界奇观、历史遗迹、古今名胜、自然风光、民居、雕塑、绘画以及民俗风情、民间歌舞表演等汇聚于一园的外国文化游览景区。景区按世界地域结构和游览活动内容，分为世界广场、亚洲区、大洋洲区、欧洲区、非洲区、美洲区、现代科技娱乐区、世界雕塑园、国际街九大景区，建有118个景点。

（二）动态参与体验阶段：欢乐谷

1998年，欢乐谷建成；2002年，欢乐谷二期开业，公园面积和游乐项目倍增；2005年，欢乐谷产品升级，常年开设嘉年华夜场。欢乐谷是参与性强、科技含量高的大型旅游主题公园，它以现代科技和全新休闲理念构筑了观赏、游玩、参与、体验相共容的现代娱乐氛围，是专门针对青春族的新一代主题公园。欢乐谷主题公园的规划及项目设计，遵循了"体验即是生活，生活即是体验"的现代休闲理念，一方面注重项目的高科技表现手段，另一方面强化满足游客参与、体验新型时尚娱乐的需求。继深圳欢乐谷后又发展建成北京欢乐谷、上海欢乐谷和成都欢乐谷等，形成了东西南北都有"欢乐"的格局。

与前三个主题公园相比，欢乐谷主题公园进一步融进了现代休闲旅游理念，以青春族为主要对象，体验欢乐，欢乐体验，突出了参与性和现代科技要素。欢乐谷主题公园，通过游客从单纯的观赏向参与体验转变，强化了旅游项目与游客的互动关系，让游客置身于戏剧性的故事情节之中，获得真情实感。

二、华侨城主题公园景观变迁特征

(一)人造仿景观—人造真景观—真景观与仿景观结合

华侨城最早的主题公园——锦绣中华及后来的世界之窗中的景观,是将中国及世界各地的经典景观按照一定比例缩小而建的,属于人造仿景观。此类景观只具有观赏功能。中国民俗文化村将中国民族文化精粹集中于一园,其中的景观如少数民居建筑是按原物建造,除具有观赏功能以外,还具有居住功能。此类景观属于人造真景观。深圳欢乐谷创造的是一种欢乐的文化氛围,属于科技游乐型主题公园,其中的景观主要由游乐硬件设施和娱乐表演软件组成,娱乐表演创造出来的氛围如梦如幻,让旅游者有时空交错之感。欢乐谷的景观具有真仿相结合的特点。后期各个主题公园都增加了表演内容,在景观上也都形成了真、仿景观结合的特征。

(二)由静态展示向动静结合型转变,突出参与性和体验性

华侨城早期的主题公园景观大多是静态景观,游客进行的是走马观花的纯观光型活动,比较容易感到乏味。1989年投资运营的锦绣中华,将中国的名胜古迹浓缩一园,符合当时中国人想要游遍中国名胜古迹但消费能力有限的旅游需求。随着中国经济水平的不断提升,中国人有实力走出去看实景,旅游和消费方式发生了变化,华侨城随之调整了主题公园产品定位,实现了从静态微缩景观向动态参与、文化体验的产品转型。

参与性和娱乐性是决定产品有效供给的基本条件,因为产品只有具有参与性和娱乐性,才能形成感召力和亲和力,从而促进主题公园与游客之间形成良性互动关系。我国主题公园与游客之间的关系经历了"景静人静—景动人静—景动人动—动静结合"的演变过程,在这个过程中,项目的参与性获得了明显的提高。深圳华侨城从锦绣中华—中国民俗文化村—世界之窗—欢乐谷的发展历程,就是一个不断强化参与性的典型代表[1]。华侨城主题公园的动态项目主要体现在文化演艺、景点表演、节庆活动和游乐项目上。华侨城主题公园主题相区别,又形成于不同的历史时期,因此游乐项目主要体现在欢乐谷主题公园中,公园在各自发展过程中并未改变其主题内

[1] 董观志,苏影. 主题公园营运力管理:"六员一体"解决方案[M]. 北京:中国旅游出版社,2004:15.

涵。对于游乐项目除了欢乐谷以外，其他公园很少涉及，但是文化演艺和节庆活动是四大主题公园发展过程中的共同亮点。

1.文化演艺

深圳华侨城突破单纯静态景观建设模式，将文化艺术作为旅游的核心产品来经营，强化主题公园的表演功能，注重文化性和娱乐性。华侨城是我国旅游演艺的开创者和领跑者之一，最早在旅游景区开发演艺产品，并将文化演艺打造成为景区最受游客青睐的拳头产品。锦绣中华的《龙凤舞中华》、世界之窗的《创世纪》、欢乐谷的《欢乐水世界》，每一台表演都称得上精美绝伦。

从1991年8月成立民族歌舞团以后，锦绣中华民族艺术团相继成立民族服饰团、土风歌舞团、编钟乐团、民俗歌舞团，世界之窗建立了"五洲艺术团"，开展艺术表演[1]。华侨城最早的表演，是在1989年"锦绣中华"建成后，从外面请来几个演出队伍做了一些小型表演，这可以说是中国景区秀的雏形。没有专业演员，也没有独立售票，当时的文化演艺可以说是景区里可有可无的一个"点缀"。2001年，华侨城投资1亿多元建设世界之窗环球舞台，当时被称为"中国第一舞台"，最大演出面积可达1 200平方米，台口最宽处达48米，可容纳观众1万余人，多项建设指标都创造了当时中国甚至亚洲第一。自此，华侨城的"景区秀"模式开始被国内同行大量模仿。

景区创造性地推出了动态化广场演艺，通过巧妙的编剧，极大地丰富了主题公园旅游文化的内涵，尤其是精心打造的《绿宝石》《东方霓裳》《创世纪》《天禅》等精品演艺节目，不仅已成为旅游者到主题公园必看的节目，而且构成了深圳城市文化的重要内容[2]。1998年，世界之窗公演的大型史诗音乐舞蹈《创世纪》，创造了中国舞蹈艺术史上的一个奇迹，每天在世界之窗的环球舞台上演。在相当长的时间内，它成为世界之窗的一个品牌乃至深圳市的一个品牌，甚至是接待国内外贵宾的一张王牌。

截至2010年底，华侨城景区累计推出大型演出43台，演出近5万场次，接待观众近7 000万人次。各大主题公园景区共有专业演职人员2 000多名，千人以上大剧场19个。这些场面宏大、效果绚丽的演出吸引着众多旅游

[1] 王为理. 从边缘走向中心——深圳文化产业发展研究[M]. 北京：人民出版社，2007：77.

[2] 张丽，吴必虎. 深圳华强城主题公园发展模式及创新路径[J]. 经济地理，2011，31(11)：1 948–1 952.

者的眼球。

2.节庆活动

主题公园通过节庆活动将分散的日常性项目串接起来，形成一个完整的娱乐体系，为游客创造不同时段、不同季节的兴奋点。华侨城时时刻刻为深圳“造节”，提出了“月月有节过”的口号，四大主题公园深入挖掘历史文化传统，推陈出新，使节庆活动成为景区的一道靓丽风景。民俗村的“傣族泼水节”，世界之窗的“国际啤酒节”，欢乐谷的“国际魔术节”“玛雅狂欢节”，都已成为文化旅游的经典品牌，为游客带来了持续不断的喜庆氛围。

世界之窗“造节”打的是“国际牌”，从日本文化周、印度文化周到埃及文化周，每逢黄金周或节假日，世界之窗都会推出展示不同国家民俗风情的文化活动。世界文化主题是世界之窗成功发展的核心和灵魂。世界之窗围绕“洋文化”做大主题、做活洋节，做到“大活动大策划、小活动小策划”，以文化为主题，以活动为载体，充分挖掘景区文化内涵，创造性地引进世界文化主题节庆活动，为景区打造了一道道活力四射、缤纷动人的异国风情风景线。

欢乐谷“造节”打的是“时尚牌”，瞄准15岁至35岁的青春族，在表演体系的建立中重点关注零距离表演的创新发展。“欢乐、时尚、动感、梦幻”的公园整体品牌形象定位，为表演艺术体系的延伸发展提供了巨大的平台。创编的大量街头表演、景点表演、地道战的改版表演、水世界表演等，在形成欢乐谷艺术表演雏形的同时，通过多元化的展示形式和不断的创新突破，同公园整体的文化氛围紧密融为一体，形成强大的品牌效应，为艺术表演体系的发展腾飞奠定了深厚的基础。零距离表演形式在“国际滑稽节”“国际时尚文化节”等五大主题活动中均呈现出众多亮点，成为欢乐谷特色文化的展现形式，为众多游客留下了深刻的印象[1]。

3.景点演出

与投入演员多达500人、演出时间1小时左右的大型演出相比，一般性的景点演出主要分布在主题公园内部各独立景点，如民俗村的11项小型民俗歌舞表演、欢乐谷的9个主题区的多种表演、世界之窗的13项各国风情景点表演等，这些演出时间短，5分钟到30分钟不等，演员人数较少，2人到30人不等。每一景点一天内有两到三场演出，内容在一段时间内是固定的，并

[1] 董观志，张颖. 旅游+地产：华侨城的商业模式[M]. 广州：中山大学出版社，2008：17.

与景点的文化密切相关。

(三)由文化景观向"文化+科技"景观转变

华侨城的主题公园已经接近世界先进主题公园水准。与美国、日本及欧洲各国的主题公园相比,华侨城的主题公园以独特的文化获取了有利的竞争地位。首先,华侨城所有的主题公园在建设时都会被赋予独特的文化内涵,并进行主题文化包装,锦绣中华浓缩了中华五千年的历史文化,中国民俗文化村是中国民俗文化的集中体现,世界之窗荟萃了世界优秀文明成果,欢乐谷代表了现代时尚都市文化。其次,旅游文化演艺成为华侨城的一大特色[1]。独具特色的文化使华侨城主题公园在激烈的市场竞争中立于不败之地,成为引领中国主题公园的风向标。

华侨城主题公园在建造过程中,非常注重在主题情景的创造中加大高科技的应用。在这一过程中,华侨城充当了一个将资本、技术、主题文化创意以及市场运作连接起来不断创新文化旅游产品的集成商。通过高科技应用,大大增强了华侨城产品的表现力,将抽象的文化具象发展,更加满足了人民群众的观赏需要。华侨城的演艺项目就是文化和科技结合的产物。《金面王朝》是华侨城演艺文化精华之作,故事的核心创意来自中国最古老的文化遗存——三星堆,但如果没有科技作支撑,再好的创意也不可能成为现实。

金面王朝剧场是全国首个为剧本"量身定做"的剧场。舞台上3个"机关"是当时世界演艺界顶尖的舞台装备。一是舞台的一号升降台,可自由升降14米,是当时中国最大的升降舞台;二是舞台中间有进深7米、面宽16米的360度旋转平台,可以允许40个人同时在上面表演,演员可进行倾斜、悬挂等多角度表演,舞台宽达30余米,创国内当时之先;三是洪水场面表演逼真,为了达到"把观众吓跑"的效果,表演时的流量是每小时3 600吨,60米宽的舞台同时"水漫金山",而且洪水还得"来无影去无踪",这些问题的解决都靠高科技。过去在舞台上只能用虚拟化的手段表现出来的场面,现在可以通过科技具象地表达出来,更有震撼力和感染力,科技在旅游演艺中起到了推动情节的重要作用。

《深蓝秘境》标志着华侨城的旅游演艺进入科技与数字化时代。《深蓝秘

[1] 张广瑞,刘德谦. 2009年中国旅游发展分析与预测[M]. 北京:社会科学文献出版社,2009:210.

境》是欢乐海岸中的3D激光水秀表演。与传统的演艺类节目相比，它更趋向表演无人化、场景虚拟化、前台美丽化、集成国际化。类似这样通过把声光电艺术、特技、武术、舞蹈等融会贯通的例子还有很多，如东部华侨城的《天禅》，成都华侨城的《天府蜀韵》等。科技增强文化和旅游的表现力、感染力，使以前无法实现的实景具象式表演能够实现。对华侨城来说，不断推动高科技手段在主题公园景观中的运用，是其在竞争中保持领先的必要手段[1]。

(四)节目内容和娱乐设施不断更新

主题公园超越生命周期定律的关键在于以景区载体为依托进行内涵动态化的创新。以日本东京迪斯尼为例，其成功运营的经验之一就是永远处于建设之中，为使游客不断尝试新的乐趣和体验。该园自开业以来已为增添新的游乐场所、器具和服务方式投资了1 200亿日元，并准备在未来5年再投资650亿日元建设新项目。

主题公园是不同于原赋旅游景区的一种新的旅游业态：原赋旅游景区由于历史的不断积淀，将积累更加丰富的自然或人文价值，增加对游客的吸引力；而主题公园的主题具有实效性，随着时间的发展，主题的新颖度和吸引力会下降，为了延长生命周期，必须不断更新旅游项目，常换常新。

美国迪斯尼一直采取“三三制”原则，即每年都要淘汰三分之一的硬件设备，新建三分之一的新概念项目。迪斯尼专门设有一个庞大的研发部门，集中了各领域人才，鼓励大胆创新[2]。竞争是主题公园的生存法则，项目创新则是其决胜市场的关键。华侨城建成后的景区并不是一成不变的，而是不断对硬件和软件换代升级，不断推出有市场冲击力的新项目，使景区年年有变化，常看常新。倘若说传统旅游资源产品的生命力在于“倚老卖老”，新兴的主题公园则必须“喜新创新”。

1.硬件项目不断丰富和更新

从2001年至今，华侨城先后投资7亿多元对全部景区进行更新改造，对各景区的广场设施进行更新。锦绣中华新建了龙凤广场。深圳世界之窗对原有118个景点进行了重新整合包装，增加到130多个，新建科罗拉多大峡谷探险漂流、中国首座大型室内滑雪场、亚马逊丛林穿梭、富士山环球数码

[1] 佚名.科技舞动文化旅游发展之翼[EB/OL].(2012-08-01)[2013-06-20].http://www.toptour.cn/detail/info68810.htm.

[2] 朱裴，扈明.欢乐谷：“成长”的烦恼[N].北京现代商报，2006-07-10(5).

影院、格陵兰岛地心探险、侏罗纪恐龙世界、委内瑞拉山洪暴发等冒险刺激的高科技游乐项目；改建、增建了环球舞台、凯撒宫、狂欢节广场、海神喷泉广场、巴黎购物拱廊、百米圣诞巨树、罗马假日广场、印加迷城等一系列新景点，使景区功能更加完善。

“建不完的欢乐谷，玩不完的欢乐谷”，是欢乐谷的经营理念。从欢乐谷一期30多个项目到目前100多个项目，从单一的“陆”公园延伸到“海”“陆”“空”三栖游乐公园，产品不断升级，创造了“常看常新、常玩常新”的顾客价值，使欢乐谷成为中国最好的主题公园之一。它拥有从欧美全新引进的世界顶尖级游乐项目“UFO”“发现者”“尖峰时刻”“欢乐风火轮”“龙卷风”，四维电影《极地狂奔》，老少皆宜的“激光战车”“火山爆发”，别具一格的“寻梦河”，三大娱乐表演“炫彩巡游”“高空杂技”“地道战烽火版”以及全新改造后的“玛雅水上公园”。所有这一切，为游客带来的不仅仅是一个个新的旅游项目，而且是全新的娱乐形态[1]。

2.软件项目不断推陈出新

在软件建设上，华侨城重视民俗风情表演和文艺表演，把软件的不断推陈出新作为保持景区旺盛活力和生命力的重要手段。华侨城各景区表演阵容强大，共有4个专业艺术团，专业演员达300余人。华侨城从1991年9月到2005年10月，共策划创作和上演了33个大型节目，平均每年创作大型演出2.4个，已不再上演的项目达21个，淘汰率高达63.6%，平均每年淘汰1.5个。锦绣中华民族艺术团甚至提出“一年一台新晚会”的目标[2]。

中国民俗文化村在发掘深层次、多姿多彩的民间文化方面不断探索，在原有艺术大游行的基础上，于1995年推出了中华百艺盛会，两年后又推出了新中华百艺盛会，各个专业歌舞团也不断推出新的节目，“四季回旋曲”“蓝太阳”“八面来风”扑面而来，世界之窗从“狂欢之夜”“世界在这里相聚”到“梦之旅”，每一个活动都令人耳目一新。这些源于生活、高于生活的文艺创作，使景区充满新鲜活力[3]。

2001年开始，“民俗文化村”和“世界之窗”在演艺方面进行了大量投入，

[1] 董观志，张颖. 旅游＋地产：华侨城的商业模式[M]. 广州：中山大学出版社，2008：10.

[2] 郑凡，李祖恂. 华侨城集团经营文化产业调查报告[C]//彭立勋.文化体制改革和文化产业发展：2003年深圳文化发展蓝皮书. 北京：中国社会科学出版社，2003：271–286.

[3] 中国旅游年鉴编辑委员会. 中国旅游年鉴[M]. 北京：中国旅游出版社，1998：300.

突出了历史文化的展示,制作了场面恢弘的表演剧目。欢乐谷对游乐项目进行文化包装,突出惊险刺激的特色和狂欢气氛的营造,与迪斯尼着重创造梦幻世界差异化发展。锦绣中华编排了《龙凤舞中华》大型表演,启动了园区整体改造的策划设计,特别是针对喜欢怀念经典的人们推出的"印象中国"项目,在文化内涵和文化创新上做足了功夫。"印象中国"项目,以汉族文化为基点,以市井文化、街市文化为内容,以民间艺术风情为形式,让游客通过参与老行当、经典手工艺展示、流动的情景小品等项目,充分体验中国文化的博大精深,再一次回味"印象中的中国"。

后　记

统稿结束，写到后记，又想起前言中谈到的三部书是三部曲的事情。古人以“山水”代表旅游资源，称旅游为“游山玩水”，这里也以“山水”为题，再谈谈三部书的关系。在某种意义上，这三部书都研究广义的“山水”，但三部书核心内容是从“看山是山，看水是水”，到“看山不是山，看水不是水”，再到“看山还是山，看水还是水”。

大体上可以说，《安徽省旅游业竞争力研究》是“看山是山，看水是水”，关注的是山水的物质属性，并且由此生发出后面的竞争力方面的内容。《安徽旅游文化研究》从“山清水秀”“山光水色”出发，试图“看山不是山，看水不是水”，让人们看到隐含在山水物质属性背后的文化内涵和精神境界，看到“游山如读史”“观山如观画”“仁者乐山”，看到“至柔至坚”“上善若水”“智者乐水”。本书还是谈山水，试图“看山还是山，看水还是水”，但此山此水并非原来的那山那水，看到的是在理性支配下经建设者建设、旅游者追求的尽善尽美的山山水水，以及建设者在完善山水过程中所经历的“山山水水”。

本书是2012年度安徽省高校人文社科重点研究基地招标项目“旅游化进程中的旅游地景观变迁研究”(SK2012A146)的结项成果。基于两个原因，我们将题目“旅游化进程中的旅游地景观变迁研究”改成“旅游地景观变迁研究”：一是原题作为书名太长，略去了“旅游化进程中的”这一定语，书名简洁明了些；二是“旅游地景观变迁”是“旅游化”的结果，略去了原因“旅游化”，不影响原意的表达，甚至可以说原来的题目有些累赘。

本书是集体智慧的结晶。安徽省高等学校人文社会科学重点研究基地重点项目申请书由本人撰写，项目由本人主持，安徽师范大学国土资源与旅游学院刘云霞、黄山学院旅游学院王娟是项目参加人。书稿写作分工如下：前言、第一章和第二章由本人撰写，第三章和第七章由刘云霞撰写，第四章和第六章由王娟撰写，第五章由芜湖利海生态旅游开发有限公司赵鹏撰写。书稿最后由本人统稿、定稿。统稿过程中,基于控制篇幅、全书详略基本一致、开展学术争鸣等原因,删除了有些章节非常详细的资料,保留了作者的观点和不同作者对同一问题的不同认识。

多人写作的一本书,要想读起来一气呵成对我们来说确实有些难度。第一,来自各人对题目、大纲的应有内涵和合理外延理解上的差异,这影响到著述的视角和广度;第二,来自学识学养上的差异,这影响到著述的深度,容易使著述中“入木三分”与“隔靴搔痒”共存,“颇有见地”与“人云亦云”混杂;第三,来自语言表达上的差异,这有可能导致著述中简练与拉杂同在……

为了避免出现上述问题,我们做了些工作,除了及时提供样章供交流、讨论之外,我们还认真推敲了“学问”和“学术”两个词,并希望落实于研究之中。如果把“学问”当做知识来理解,那么“学”“问”两个字也客观说明了“知识”的来源。首先是“学”,不“学”无“术”,要向前人“学”,向文献“学”,重点是学习理论;二要“问”学于实践,“问”计于当事人,“问”一切该问之问,重点是调查研究;三要“学”中有“问”,敢于质疑,“问”中有“学”,善于归纳;四是“学”“问”结合,理论联系实际,因为只“学”不“问”是“空中楼阁”,只“问”不“学”难以“高屋建瓴”。“学术”通常被认为是“有系统的、较专门的学问”,强调的是“学问”的“系统性”和“专业性”,似乎也可以理解为“学术”是“学问”与“技术”的结合。“学术”之“术”更多的是“技术”“方法”和“策略”,包括调查研究、语言表达、学术规范等方面的“技术”“方法”和“策略”。简言之,“学术”就是既要边学边问,又要专业规范。

有美好的愿望仅仅是第一步,是否做得有点像,偏离有多远,恭请大家指正。

本书受益于不少单位、领导、朋友和专家学者。调研和征求意见过程中,我们得到了不少单位、领导和朋友的帮助,黄山风景区管理委员会国土规划处王潮泓先生认真审读了第二章内容。写作过程中,我们阅读了很多学人的文献,从中受益良多。付梓之际,谨向直接或间接支持我们工作的单位、领导、学者和朋友致以深深的谢意!

黄成林

二〇一三年八月八日